Wolf Schneider
Deutsch für Kenner

Zu diesem Buch

Quallig, prätentiös, gedrechselt, verschachtelt – kurz: unzumutbar kommt sie oft daher, die deutsche Spache. Wer möchte da nicht eingreifen – und anfangen bei sich selbst? In Wolf Schneider, dem journalistischen Profi schlechthin, begegnet man einem Lehrmeister der Spitzenklasse. Sein Katalog der Verfehlungen ist schier grenzenlos, sein Katalog der Hilfsmaßmahmen praktisch und einleuchtend. Am ausführlichsten widmet er sich dem obersten Gebot der Verständlichkeit – ein weites Feld! Über die Kunst, den Leser einzufangen, wird niemand hinweggehen, der mit Sprache wirken möchte, denn »Schreiben heißt werben«. Daneben gibt er Ausblicke auf die verschiedenen aktuellen Probleme, darunter Themen wie die Computersprache oder die leidige Rechtschreibreform. Zum Schluß enthält das Buch Texte, die Schneider unter die Meisterwerke deutscher Prosa einreiht – zur Nachahmung empfohlen.

Wolf Schneider, Jahrgang 1925, ist der meistgelesene Stil-Lehrer deutscher Sprache. Acht seiner 23 Sachbücher haben die Sprache zum Thema. Schneider war Korrespondent der Süddeutschen Zeitung in Washington, Verlagsleiter des Stern, Chefredakteur der Welt, Moderator der NDR-Talkshow und von 1978 bis 1995 Leiter der renommierten Hamburger Journalistenschule. Seitdem lebt er auf Mallorca als GEO-Reporter, Buchautor, Veranstalter von Sprachseminaren in Presse und Wirtschaft und Dozent an vier Journalistenschulen. Von 1991 bis 1999 hat Schneider in der Zeit und in der Neuen Zürcher Zeitung 150 Sprachkolumnen publiziert. 1994 verlieh die Gesellschaft für deutsche Sprache ihm den Medienpreis für Sprachkultur.

Wolf Schneider
Deutsch für Kenner

Die neue Stilkunde

Piper München Zürich

Von Wolf Schneider liegen in der Serie Piper vor:
Wörter machen Leute (479)
Deutsch für Kenner (2216)
Am Puls des Planeten (3161)
Die Gruner + Jahr Story (3447)

Ungekürzte Taschenbuchausgabe
Piper Verlag GmbH, München
1. Auflage April 1996
8. Auflage Juni 2003
© 1987 STERN-Buch im Verlag
Gruner + Jahr AG & Co, Hamburg
Umschlag: Büro Hamburg
Umschlagabbildung: Christian Northeast
Satz: Utesch Satztechnik GmbH, Hamburg
Druck und Bindung: Clausen & Bosse, Leck
Printed in Germany   ISBN 3-492-22216-1

www.piper.de

Inhalt

Das Problem 9

1. Wegwerf-Sprache und Gefühlsgrammatik 10
   Warum eine Stillehre aktuell und nützlich ist
2. Die Sprache stammt aus der Steinzeit –
   und sie ist auch danach 17
3. Professoren und Experten verschlimmern sie noch ... 26
4. Was wollen Leser und Hörer? 39

Lösung A: Kampf der Blähung 47

5. Adjektive: Wörter ohne Eigenschaften 48
6. Die schönen, scheußlichen Substantive 61
7. Verben: Die Königswörter 66
8. Kurz und treffend: Laßt die Frösche quaken! 75
9. Redundanz: Der Mangel und der Überfluß 85

Lösung B: Kampf dem Krampf 99

10. Sind Fremdwörter innovativ? 100
11. Anglizismen: Die Invasion aus Amerika 107
12. Schablone, Mode und Marotte 116
13. Wie uns der Schnabel verbogen ist 129
14. Synonyme: Der Leimener beim Urnengang 138
15. Die Not mit dem Nein 144

Lösung C: Kampf den Satzpolypen 155

16. Die dicke Muse des deutschen Satzes 156
17. Das Gesetz der drei Sekunden 170
18. Das Ende der Umklammerung 184
19. Siege durch Kürze 192
20. Hauptsätze: Pfeil und Staffellauf 199
21. Nebensätze: Pyramiden und Kaskaden 210

Inhalt

Lösung D: Schreiben heißt werben 219

22.	Farbe – Rhythmus – Melodie	220
23.	Metaphern: Der Reitersprung der Phantasie	236
24.	Was macht Prosa attraktiv?	246
25.	Die Kunst, den Leser einzufangen	255
26.	Vom richtigen Umgang mit scharfen Gewürzen	264

Die aktuellen Probleme. 273

27.	Wer setzt die Normen für die Sprache?	274
28.	manbrif in sachen ortografi	287
29.	Ein Hoch auf Konjunktiv und Genitiv	296
30.	Computer: Die elektronische Schlampe	304
31.	Deutsch – wieder eine Weltsprache	316
Die goldenen Regeln des großen Stils		325

Meisterwerke deutscher Prosa 327

Robert Walser: Brief eines Dichters. 328
Franz Kafka: Der Kampf der Hände 332
Georg Büchner: Sturm in den Vogesen 334
Jean Paul: Rede des toten Christus
vom Weltgebäude herab, daß kein Gott sei 337
Heinrich v. Kleist: Über die allmähliche
Verfertigung der Gedanken beim Reden 342
Friedrich Nietzsche: Die Fröste der Einsamkeit. 349
Thomas Mann: Der Alte Fritz. 357
Robert Musil: Von der Freiheit in der Nähe des Todes. 362
Gottfried Benn: Weihnachten 1943 367

Literaturverzeichnis 372
Namen- und Sachregister 380

Das Problem

1. Wegwerf-Sprache und Gefühlsgrammatik
Warum eine Stillehre aktuell und nötig ist

> Deine Sprache verrät dich.
> *Die Mägde zu Petrus, Matthäus 26,73*

Wer nicht geradeaus schreiben kann – kann der geradeaus denken? Und wer nicht geradeaus denken kann – wozu ist der imstande?

Nichts hat die Sprache im Zeitalter der Computer und der Atomraketen eingebüßt von ihrem überragenden Rang. Mit Wörtern kämpfen Parteien und Ideologien um ihren Platz in unseren Hirnen, in Wörtern denken und sprechen die Programmierer der Computer und die Bediener der Raketen, mit Fernsehreden dirigiert der Präsident der USA sein Volk und damit womöglich das Schicksal der Menschheit.

Gleichzeitig hat die Produktion von Wörtern sich vertausendfacht: eine Springflut von Drucksachen, die mit Hilfe von Schreibautomaten, Fotokopiergeräten und Computer-Ausdrucken aus nationalen Behörden und internationalen Institutionen über uns niederbricht – und dazu die Wortkaskaden, die Tag und Nacht aus allen Hörfunk- und Fernsehkanälen auf uns niederschäumen.

Rundfunk, das heißt ja: Wenige, die immer mehr reden – meist Hohlprosa, aus allzu reichem Mundvorrat gespeist –, setzen den vielen, die nur noch hören, die Sprachmodelle vor. Ihr Publikum hört, statt zu reden; es hört, statt zu lesen; und soweit es noch spricht, spricht es, statt zu schreiben.

Ein neuer Analphabetismus

Kaum, beispielsweise, hat ein Mensch, den seine Beine berühmt gemacht haben und nicht sein Ausdrucksvermögen, zweimal das getan, was er kann, nämlich den Ball ins

1. Wegwerf-Sprache und Gefühlsgrammatik

Tor geschossen – schon muß er das tun, was er nicht kann, nämlich in Mikrofone sprechen; und da stammelt er Antworten auf die geistreichen Fragen, wie er sich gefühlt habe, jetzt fühle, demnächst fühlen werde, überhaupt seine Zukunft sehe und den nächsten Gegner einschätze. Schaum muß er schlagen, und nicht einmal das will ihm gelingen. Fernsehen – Selbstdarstellung jetzt auch für Analphabeten! Wörter zum Wegwerfen! Millionen hören zu, als Endverbraucher eingestöpselt! Das prägt.

„Das ‚tintenklecksende Säkulum‘ ist vorüber, ein bildschirmbegaffendes zieht herauf", schrieb 1985 Albrecht Schöne, Präsident der Internationalen Vereinigung für Germanische Sprach- und Literaturwissenschaft. „Die Lesekraft schwindet, das Schreibvermögen geht zurück, die Redefähigkeit verkümmert... Wie weit sind wir noch davon entfernt, daß eine neue Schriftgelehrtenkaste sich abgrenzt von einem neuen Analphabetismus auf hoher Zivilisationsstufe?"

Selbst die Kaste der Schriftgelehrten ist klein. Die *Schriftsteller* jedenfalls gehören nicht automatisch dazu: Beim Ingeborg-Bachmann-Wettbewerb in Klagenfurt rügte die „Süddeutsche Zeitung" 1985 „schlampige Manuskripte, orthographische Niederlagen, falsche Konjunktive und unsinnige Tautologien" (hartgekochte Gipseier, zum Beispiel).

Auch die *Deutschlehrer* gehören nicht durchweg zur Minderheit derer, die die Sprache in Ehren halten. Etliche von ihnen laufen den Normverletzungen ihrer Schüler „eilfertig und nostalgisch nach, um diese endlich ‚kritisch' einzuholen" (Harald Weinrich 1985). Dazu ist die Hochsprache in den siebziger Jahren in den Ruf geraten, ein Herrschaftsinstrument der Privilegierten zu sein und der Chancengleichheit im Weg zu stehen. Und schließlich gilt das Einpauken, wie es für manche grammatische Feinheit unvermeidlich ist, als altmodisch und unzumutbar. Die Gefühlsgrammatik triumphiert.

Die *Professoren* sind eher zu Feinden der Sprache geworden: Nie zuvor hat die Wissenschaft uns so rücksichtslos einen so scheußlichen Jargon in so ungeheuren Mengen aufgenötigt. Und die *Computer* stehen im Begriff, unseren Umgang mit den Wörtern ähnlich stark zu verändern wie einst die Schrift, der Buchdruck und das Telegramm.

Im korrekten Deutsch steckt der Teufel

Die Bedeutung der Sprache also unvermindert, wenn nicht noch gewachsen, dabei ein rapider Verfall der guten Sitten im Umgang mit ihr und ein Niagara-Fall von Wörtern über uns – das ist der Zustand, der die Freunde der Sprache auf den Plan rufen muß und die politischen Köpfe ebenso. Was ihnen an Rat und Hilfe angeboten wird, ist vor allem zweierlei:

Zum ersten eine Auswahl von Büchern mit Titeln wie „Besseres Deutsch – größere Chancen" oder „Deutsch muß nicht schwer sein". Sie lehren überwiegend *korrektes* Deutsch, und das ist wichtig: Wer die Spielregeln nicht kennt, ärgert seine Mitmenschen, macht sich lächerlich und verpaßt viele Chancen. Des Dudens Stärke war es noch nie, diese Regeln eingängig zu lehren, und von 1971 bis 1985 hat die Duden-Redaktion sogar bewußt darauf verzichtet, als Wahrer der Spielregeln aufzutreten – eine kuriose und traurige Anbiederung an die Mode der Zeit, deren Stationen und Begründungen in Kap. 27 ausführlich geschildert werden.

Zum zweiten bieten viele Zeitungen und Bücher den Freunden der Sprache Glossen und Plaudereien an, die teils ebenfalls von grammatischen Feinheiten handeln, teils Wörter, Floskeln oder Redensarten aufspießen, weil sie gegen die Logik, die Sprachökonomie oder den guten Geschmack verstoßen.

Dieses Buch handelt vom korrekten Deutsch nur am Rande; es beschränkt sich darauf, diejenigen Verstöße gegen die Grammatik anzuleuchten, die unter Gebildeten die häufigsten sind (Kap. 29). Die Wahl der Wörter, die Qualität der Redewendungen sind auch hier ein zentrales Thema, mit einer Systematik dargeboten, die in den Sprachplaudereien nicht üblich ist.

Über diese beiden Aspekte hinaus behandelt das Buch den Bau und die Komposition der *Sätze,* wie es sich für eine Stilkunde gehört – während die typischen Sprachglossen in unseren Zeitungen, auch die Gespräche von Sprachfreunden in einer merkwürdigen Verengung der Aufmerksamkeit meist nur die Grammatik, die Wörter und die Floskeln beleuchten. Dabei sind es die Sätze, die Texte, in denen am meisten gesündigt wird gegen Logik, Verständlichkeit und Eleganz; es ist das *korrekte* Deutsch, in dem der Teufel steckt, viele Beispiele aus unseren angesehensten Zeitungen werden das belegen.

Stillehren, die das beherzigen, gibt es ebenfalls; solche, die es systematisch und mit klaren Anleitungen tun, nur wenige. Die erfolgreichste unter diesen ist die „Stilkunst" des vielseitigen Schriftstellers Ludwig Reiners (1896–1957) sowie eine Kurzfassung daraus, die „Stilfibel" von 1951. Auch in diesem Buch wird Reiners oft zitiert, mit Gewinn und mit Vergnügen. Er ist eine Fundgrube von Beispielen und griffigen Formeln; obendrein schreibt er besseres Deutsch als die meisten seiner Kritiker. Mit allem, was er wissen und zitieren konnte, als die „Stilkunst" 1944 erschien, hat er bis heute recht.

Pro und contra Ludwig Reiners

Schon damals freilich wurden seinem Buch gewisse Einseitigkeiten aufgezwungen: Thomas Mann durfte er 1944 nicht zitieren und schob ihn in der Auflage von 1949 mit lobender Erwähnung nach; an der Sprache von Zeitung und Radio ging Reiners völlig vorbei, vermutlich, weil er nur das von Goebbels überwachte Propaganda-Deutsch hätte behandeln können; an den Fremdwörtern ziemlich viel Gutes zu finden, wie es Reiners tat, war damals derart kühn, daß er auf die Begründung 87 Seiten verwandte – heute ein merkwürdiges Ungleichgewicht in einem Buch, das so zentrale Probleme wie den Vorzug der Hauptsätze vor den Nebensätzen auf zwei Seiten abhandelt und die Schwerverständlichkeit der Verneinung nicht erwähnt.

Inzwischen ist nun eine Menge geschehen. Das Fernsehen, der „Spiegel" und die Deutsche Presse-Agentur sind die wichtigsten Sprachformer unserer Tage geworden, so daß eine Stilkunde sich mit ihnen auseinandersetzen muß. Eine blühende Nachkriegsliteratur, Grass, Böll, Frisch, Handke und andere haben der deutschen Sprache neue Farben abgewonnen. 1949 hat sich in Amerika, 1974 in Deutschland die *Verständlichkeitsforschung* etabliert, mit dem Ergebnis, daß die Mehrzahl der Stilregeln heute der Willkür des Geschmacksurteils entrückt ist, weil sie ein wissenschaftliches Fundament bekommen hat (was übrigens viele Sprachwissenschaftler hartnäckig nicht zur Kenntnis nehmen). Dazu die Invasion der Anglizismen, der Jargon der Soziologen, der Kult der Jugendsprache, der Zweifel an allen Sprachnormen im Geist von 1968 – kurz: eine neue Stilkunde könnte sich lohnen.

Zur Hälfte, das sei nicht verhohlen, wird sie immer eine alte Stilkunde sein. Denn viele Beispiele dafür, was die deutsche Sprache leisten kann, stammen aus dem 18. Jahrhundert, von Lessing, Lichtenberg und Goethe, und sie sind überhaupt nicht veraltet, so wenig wie aus dem 19. Jahrhundert Heine, Büchner oder Nietzsche. „Ich glaub, wenn wir in Himmel kämen, so müßten wir donnern helfen", klagt Büchners Woyzeck – kein heutiger Sozialarbeiter hat die Not der Unterschicht je so kraftvoll ausgedrückt; und in „Leonce und Lena" spricht das abgerissene Schulmeisterlein den zeitlosen Satz: „Wir geben aber auch heut abend einen transparenten Ball mittelst der Löcher in unseren Jacken und Hosen und schlagen uns mit unseren Fäusten Kokarden an die Köpfe."

Über die wesentlichen Kriterien des guten Deutsch hat es unter allen Stillehrern der letzten zweihundert Jahre überhaupt keine Meinungsverschiedenheit gegeben; ja selbst international herrscht Einigkeit, wie etwa die Stillehren des englischen Philosophen Herbert Spencer und der tonangebenden amerikanischen Journalisten Strunk und White beweisen – so daß auch dieses Buch im Kern nicht originell sein kann. Seine etwaigen Verdienste können nur darin liegen, daß es die alten Lehren systematisch aufeinander zuführt, die neue Wissenschaft einbezieht, sich radikal mit dem jungen Phänomen der Massenmedien auseinandersetzt und seine vielen Aspekte jeweils in verwertbare Rezepte münden läßt.

Schlank oder aufgebauscht?

An meinem Buch „Deutsch für Profis", einer Sprachlehre speziell für Journalisten, hat die „Frankfurter Allgemeine" 1985 bemängelt, es sei von eiferndem Sendungsbewußtsein und apodiktischer Schärfe getragen – ein Vorwurf, in den freilich Schopenhauer und Karl Kraus einbezogen werden, worauf ich nicht wenig stolz bin. „Die forciert ‚schlanke' Sprache", für die das Buch Partei ergreife, verkenne den zivilen, skeptischen, freundlichen Geist, der aus der bewußt „unschnittigen", breiten, ja aufgebauschten Rede ströme, schrieb die FAZ.

Mag sein, daß der breiten Rede nicht meine Sympathie gehört; doch die Stoßrichtung meines Buches war nicht die *breite* Rede, sondern die quallige, prätentiöse, gedrechselte, verschachtelte, unzumutbare Rede, von der unsere Massenmedien überquellen – nicht zuletzt die FAZ, wie viele Beispiele beweisen werden, und eins vorweg:

> Die politische Schlüsselrolle, die Kurt von Schleicher seit 1926 im Reichswehrministerium innehatte und von der aus er in der Endphase der Weimarer Republik (seit dem Winter 1929/30) im Zusammenspiel und schließlich in Auseinandersetzung mit Hindenburg, Groener und Brüning sowie (1932/33) mit Papen die Entscheidungen der Reichspolitik mitbestimmte, bis er – als Reichskanzler (seit 2. Dezember 1932) isoliert – vor der neuen Kombination Hitler-Papen-Hugenberg aufgeben mußte, hätte sicher schon längst einen Biographen auf den Plan gerufen, wenn nicht die Schwierigkeit, dies ohne einen substanzvollen Nachlaß tun zu müssen, abschreckend gewirkt hätte.

Und dagegen soll man nicht eifern dürfen? Da sollte man noch beweisen müssen, daß der Satz weder verständlich ist noch irgendeinem Kriterium für gutes Deutsch genügt? „Jeder Wohlgesinnte und Einsichtige ergreife also mit mir Partei für die deutsche Sprache gegen die deutsche Dummheit!" Das ist von Schopenhauer, und hiermit wird sie ergriffen.

2. Die Sprache stammt aus der Steinzeit – und sie ist auch danach

> Die Sprache ist schlechte Fabrikarbeit, zusammengestoppelt von Milliarden von Tagelöhnern. Sie ist geworden wie eine große Stadt: Kammer an Kammer, Fenster an Fenster, Wohnung an Wohnung, Haus an Haus, Straße an Straße, Viertel an Viertel, und das alles ineinander geschachtelt, miteinander verbunden, durcheinander geschmiert.
> *Fritz Mauthner, Beiträge zu einer Kritik der Sprache (1901)*

Wörter sind heilig, Wörter sind köstlich: Sie tragen die Wünsche und Gebete, die Hoffnung und den Trost, den Witz und die Poesie.

Wörter sind Waffen: Sie verführen, sie befehlen, sie beschimpfen, sie beleidigen, und auch Lüge und Verleumdung sind erst mit der Sprache in die Welt getreten.

Wörter sind Tölpel: Sie sind vieldeutig, mißverständlich und für viele Schattierungen in unseren Sinnen und Gefühlen viel zu grob. Das Höchste wie das Niedrigste läßt sich mit Wörtern nicht ausdrücken, sagt Ortega y Gasset: „Weder Gott noch die Farbe dieses Papiers können mit Worten beschrieben werden." Schlichter gefragt – welche Wörter würden auf die Frage antworten: „Wie riecht Dill?"

Und mit Wörtern also wollen wir einander informieren! Unser Grundwortschatz ist in der Steinzeit entstanden – „Erbgut aus Zeiten, wo es in den Köpfen sehr dunkel und anspruchslos zuging" (Nietzsche). Schon weil die Magie am Anfang stand: der Wunsch unserer steinzeitlichen Ahnen, die Geister zu beschwören, die Götter zu gängeln, sich mit Wortzauber zu wappnen gegen die unendlichen Fährnisse einer riesigen Welt. Auch wir betreiben ja noch Wortmagie, wenn wir einander „Hals- und Beinbruch" wünschen oder „unberufen" murmeln, um keinen Dämon gegen uns aufzubringen.

Viele unserer Wörter sind Mumien, die wir mit Erschrecken anstarren, sobald wir die Bandagen lösen. *Sarg?* Das kommt von *Sarkophag* und dies vom griechischen Adjektiv *sarkophagos,* was abscheulicherweise „fleischfressend" bedeutet und sonst nichts – weil die alten Griechen für ihre steinernen Totenladen einen Kalkstein aus Kleinasien benutzten, dem man nachsagte, daß er die Leiche besonders schnell zerfresse.

Porzellan? Die Geschichte dieses Wortes begann damit, daß einst die Italiener das lateinische *porcus* (Schwein) zu *porcella* (Schweinchen) verkleinerten. Später machten sie daraus ein Vulgärwort für Vagina. Die Venezianer sprangen von dieser Bedeutung über auf ein neues Bild: Nun sollte auch die *Meermuschel* „porcella" heißen. Als die ersten chinesischen Keramiken in Venedig ausgeladen wurden, nahmen die venezianischen Kaufleute fälschlich an, das edle Geschirr sei aus zerpulverten weißen Meermuscheln hergestellt. So nannten sie das Material, nach Muschel, Vagina und Schweinchen, *porcellana.* Und dieser Name eroberte das Abendland! Aus Irrtum und Zoten gezeugt, klebt das Wort nun auf unserem Tafelschmuck; warum, weiß fast niemand mehr, und von einem Vorstoß zu mehr Anstand und Wahrheit in der Benennung ist nichts bekannt.

Wir lassen ja auch zu, daß einer, der Bücher *macht* (indem er sie schreibt, setzt, druckt oder bindet), nicht *Buchmacher* heißen darf, weil „Buchmacher" einer heißen soll, der nicht Bücher macht, sondern Wetten vermittelt, und zwar nicht *auf* Bücher, sondern auf Pferde, und nicht *in* Büchern, sondern auf Tafeln – alles klar?

Alle sind keine

Was aber ist schlimmer: daß ein Wort keinerlei erkennbaren Zusammenhang mit dem hat, was es besagt, wie beim Buchmacher – oder daß es das Gegenteil dessen besagt, was es zu besagen scheint? Natürlich so, daß es das Gegenteil vom Gegenteil auch noch bedeutet, der Klarheit wegen.

2. Die Sprache stammt aus der Steinzeit – und sie ist auch danach

Das lateinische *altus* heißt hoch *und* tief. Das französische *personne* bedeutet jemand und niemand, immer mehr aber „niemand", „personne" heißt ja „Person", also vor allem „keine Person".

Wir sind nicht besser. (A propos besser: Die Grammatik tut so, als wäre das Bessere eine Verbesserung gegenüber dem Guten. Oft ist es jedoch eine Verbesserung gegenüber dem Schlechten, also weniger als das Gute – gut geht es dem Kranken noch lange nicht, wenn es ihm besser geht.)

Mit *alle* meinen wir erstens „alle" und zweitens „keine" (jedenfalls in den nördlichen zwei Dritteln des deutschen Sprachraums): Die Äpfel sind alle da – die Äpfel sind alle. *Untiefe* ist erstens eine seichte Stelle und zweitens eine besonders tiefe: Die meisten Wörterbücher haben anerkannt, daß „Untiefe" sich psychologisch an „Unmenge" und „Unmasse" anlehnt und folglich von Laien meist anders als von Seefahrern verstanden wird. *Erst* bedeutet erstens „zuerst" und zweitens „zuletzt": „Nein, *erst* ist Fritz dran, dann *erst* bist du an der Reihe." Willkür und historische Zufälle haben die Sprache geprägt, Inkonsequenz ist ihr Lebenselixier, ihr Resultat allzu oft Verwirrung.

Nehmen wir den Preis und die Gabe. Ein Preis ist etwas Schönes, eine Gabe auch; *Preisgabe* heißt jedoch nicht: jemandem einen Preis geben, sondern: verzichten, aufgeben. So wie die *Aufgabe* einerseits eben die Preisgabe, den Abbruch, die Auflösung bedeutet („Wegen Geschäftsaufgabe geschlossen"); andererseits fast das Gegenteil, nämlich den Auftrag, die Pflicht, die Obliegenheit: „So ein Geschäft ist eine großartige Aufgabe" (bis zur Geschäftsaufgabe); schließlich auch noch die Telegrammaufgabe, die weder eine Pflicht noch eine Auflösung ist. „Ich habe es aufgegeben, die Bestellung aufzugeben. Dabei habe ich diese Aufgabe bis zur Selbstaufgabe zu erfüllen versucht." Preisfrage: Warum diese Preisgabe?

Ein *Ast* geht vom Stamm ab und ist größer als der Zweig, der vom Ast abgeht. Die feinste Form der Verzweigung jedoch nennen wir *Verästelung.* Der *Aufzug* könnte ebenso gut „Abzug" heißen, da er wieder herabkommt, wenn er hinaufgefahren ist. Nur ist der Abzug schon vergeben an den Rauchabzug und den Hahn an der Pistole. *Fahrstuhl* sagen wir auch, doch es ist eine bloße Verabredung, daß der Fahrstuhl Gesunde wie Kranke senkrecht befördert, während der *Rollstuhl* jener Fahrstuhl ist, der Kranke waagerecht bewegt.

Rüstung und Entrüstung

Die Kaffeemühle mahlt Kaffee; was mahlt die Windmühle? Die Gefängnisstrafe ist eine Freiheitsstrafe – muß man sie nun in Freiheit oder im Gefängnis verbringen? Das Schneckenhaus gehört nicht zwei Schnecken, sondern einer; die Zahnbürste dagegen putzt erheblich mehr als einen Zahn. Entspannung hebt die Spannung auf – wie schade, daß Entrüstung nicht die Rüstung beseitigt! Eine Arbeitspause ist eine Pause zum Nichtarbeiten, eine Atempause jedoch nicht eine Pause zum Nichtatmen, sondern zum Atmen. Ist eine Denkpause eine Pause zum Denken oder zum Nichtdenken? In Lebensgefahr fürchten wir den Tod – was fürchten wir in Todesgefahr?

Selbst politische Brisanz kann in zusammengesetzten Substantiven stecken. So gab es 1985 lange Bundestagsdebatten darüber, ob die *Auschwitz-Lüge* unter Strafe gestellt werden sollte. Gemeint war die tolldreiste Behauptung einiger Neonazis, in Auschwitz und in anderen Vernichtungslagern seien gar keine Juden vergast worden oder viel weniger, als man gemeinhin lese. Ja, das zusammengesetzte Hauptwort „Auschwitz-Lüge" läßt diese Deutung zu. Die umgekehrte aber ebenso: daß nämlich alles, was über Massenmord in Auschwitz behauptet werde, falsch sei!

Die Zusammensetzung kann also, wie die „Untiefe", ihr eigenes Gegenteil bedeuten; böswillige oder ahnungslose Zeitgenossen können das abstruse Gegenteil mit allem *sprachlichen* Recht herauslesen; und wenn in einigen Jahrzehnten der historische Zusammenhang der

Bundestagsdebatte vergessen sein sollte, so könnte sich die „Auschwitz-Lüge" geradezu als faschistisches Schlagwort festfressen.

Die Einladung der deutschen Grammatik, Hauptwörter zusammenzuleimen nach dem Muster *Fleckschwanzbeutelmarder* oder *Brandteigschokoladencremekrapfen* (auf Wiener Speisekarten), hat also vielerlei Folgen: Gefährlich sind die Zusammensetzungen oft, logisch sind sie selten, eindeutig sind sie nie; erlaubt wiederum sind sie immer, und praktisch sind sie sehr – wie die Mühsal der Franzosen zeigt, wenn sie schon so schlichte Wörter wie Haustür oder Badezimmer mit Paraphrasen wiedergeben müssen: porte de la maison, salle de bain.

Das schamlose Gegenteil

Mit den fleischfressenden Kalksteinen, den wettenden Buchmachern und den Jemands, die zugleich die Niemands sind, ist die Preisgabe aller Klarheit indessen noch lange nicht beendet. Ein weiteres Kardinalproblem schleppen wir seit der Steinzeit mit: In die Sprache ist die *Übertreibung* eingebaut. Und zwar nicht erst dann, wenn wir sie steigern vom Mittleren über das Große zum Größten, einsam Größten und Allergrößten – sondern schon bei schlichten Wörtern ganz ohne Superlativ.

Unsere Ahnen, das liegt ja nahe, haben zuerst das Extrem benannt und nicht den Normalzustand: die Hitze und die Kälte, den Blitz und den Hagel, das Lachen und das Weinen; das Laue, die Mittellage haben selten ein Etikett bekommen. „Heiß und kalt" läßt sich noch herunterstufen auf „warm und kühl" (allerdings mit einer Erschwerung im 20. Jahrhundert: das ganz Kalte soll nun nicht mehr kalt heißen, sondern tiefgekühlt). Ebenso läßt das Lachen sich zum Lächeln mildern – aber das Weinen? Feuchte Augen kriegen, traurig dreinblicken, damit können wir uns behelfen. Doch wenn einer die allernormalste Alltagsmiene macht, vom Trübsinn wie vom Grinsen gleich weit entfernt – wie sollen wir seinen Gesichtsausdruck beschreiben? Da läßt die Sprache uns im Stich.

Wenn ein junges Mädchen *verschämt* oder *schamhaft* ist, müßte eine Ehefrau in allen Ehren *unverschämt* und *schamlos* sein dürfen, ohne Verschämtheit nämlich. Doch das Wort überspringt die Mittellage und schafft sich sein böses Gegenteil: Schamlos ist die Hure und unverschämt der Erpresser.

Dies ist indessen nur die Basis, von der unsere Übertreibungen in die Höhe schnellen. Kaum einer, der seinen Konkurrenten noch „überholt" – als erstes *überrundet* er ihn. Kaum eine Zeitung, in der nicht diese Menschenmenge oder jene Temperatur *alle Rekorde bricht.* Tritt der GAU, der Größte Anzunehmende Unfall in der Atomindustrie, wirklich ein wie 1986 in Tschernobyl, so wird dieser äußerste aller Superlative sogleich als zu schlapp empfunden: *Super-GAU* muß er heißen.

Wer sorgt für den Wahn?

Wer gegen solche traurigen Bilanzen den populären Einwand erhebt, wenigstens befinde sich die Sprache doch auf dem Weg zum Besseren – der irrt total. Im Gegenteil: Der politische, bürokratische und soziologische Schwulst und seine millionenfache Verbreitung auf den Mattscheiben der Nation verschlimmern das Übel von Jahr zu Jahr.

Dazu kommt, daß Wortbedeutungen sich im Zeitalter der Massenmedien schneller verändern als früher: *Droge,* das war noch vor zwanzig Jahren ungebräuchlich und wurde, wenn, dann im Sinn von Natron und Kamillentee verwendet, zu haben in der Drogerie. Heute ist „Droge" das übliche Wort für Rauschgift – während die Drogerie erfreulicherweise immer noch mit Natron handelt. Viele ältere Menschen indessen haben die Bedeutungsverschlechterung nicht mitvollzogen. Folge: eine Verwirrung mehr.

Nicht nur Verwirrung – auch noch Verarmung tritt ein, wenn schöne, kräftige Wörter gedankenlos ihrem Sinn entfremdet werden, wie in den letzten Jahren *sorgen* und *wähnen.* „Sorgen für", das kommt ja von „sich Sorgen machen zugunsten von", ist also nur sinnvoll, wenn es mindestens den Beigeschmack von Pflege und Hilfe hat: Die Mutter sorgt für ihr Kind. Doch was hört man in der Tagesschau? „DDR-Schriftsteller sorgt für Eklat." Und was liest man in der „Frankfurter Allgemeinen"? „Hohe Seitenwindempfindlichkeit sorgt dafür, daß der Fahrer immer alle Hände voll zu tun hat." Welch merkwürdige Fürsorge des Seitenwindes! Schon muß man hören, das Erdbeben habe für 3000 Obdachlose „gesorgt" – da es doch das Rote Kreuz war, dem die Sorge für die Obdachlosen oblag.

„Wähnen" heißt eindeutig: sich einer Wahnvorstellung hingeben, etwas Falsches glauben – „Die Passagiere der Titanic wähnten sich in Sicherheit". Ein schönes Wort also, das in nur zwei Silben zwei Bedeutungen kraftvoll kombiniert: glauben, annehmen, und zwar fälschlich.

Doch was liest man im „Stern"? „... seit sich der CSU-Politiker einmal vor Gericht nicht im Vollbesitz seiner geistigen Kräfte wähnte." Der „Stern" sagt (für Leute, die noch imstande sind, aus dem Wähnen den Wahn herauszuhören, also zuzuhören, wenn einer spricht): „Der CSU-Politiker glaubte *fälschlich,* daß er nicht im Vollbesitz seiner geistigen Kräfte sei." Er *war* also im Vollbesitz seiner geistigen Kräfte. Wollte der „Stern" das sagen?

Zurück zu welcher Natur?

Gegen eine so pessimistische Betrachtungsweise wird gern eingewandt, sie lasse die Zusammenhänge außer acht: Ob es sich um den Ausschlag der Haut oder des Pendels handle, dafür gebe der Sinnzusammenhang den Ausschlag.

Oft ist das richtig, jedoch nicht oft genug. Viele Aussagen, vom Zuruf bis zum Buch, hängen an einem einzelnen Wort. Wenn ich auf die Frage „Hast du genug Geld bei dir?" die Antwort „Natürlich!" bekomme, so kann mich kein sprachlicher Zusammenhang, sondern nur der menschliche Hintergrund darüber belehren, ob hier ein ordentlicher Bürger Ja meint oder ein notorischer

Schnorrer sein Nein ironisch verkleidet. Wer Rousseau nur mit dem Schlagwort „Zurück zur Natur" in Verbindung bringt (und das dürften 98 Prozent all derer sein, die überhaupt eine Vorstellung mit ihm verknüpfen), für den hängt alles davon ab, wie er „Natur" definiert: Schließt sie für ihn Erdbeben, Heuschreckenschwärme, Bandwürmer und Aids-Viren ein oder nicht? Und handeln nicht ganze Bücher vom „Naturschutz", ohne daß der Autor sich ein einziges Mal die Mühe gibt, zu sagen, welche Art von Natur er geschützt wissen will?

„Zusammenhänge" also helfen uns oft überhaupt nicht weiter – ja umgekehrt: Die Abschnitte über den Zunftjargon (Kap. 3) und über die dicke Muse des deutschen Satzes (Kap. 16 und 17) weisen nach, daß viele unserer Mitbürger Sätze bauen, in denen die Summe der Wörter ihre Bedeutung nicht etwa erhellt, sondern zusätzlich verdunkelt.

Es hilft nichts: Wir müssen uns klarmachen, daß die Sprache nicht für uns arbeitet, sondern daß wir an ihr arbeiten müssen, wenn wir ihr Klarheit und Schönheit ablisten wollen – das also, wofür sie *nicht* geschaffen ist. Die Sprache leistet weniger, als mancher Schönredner behauptet. Freilich leistet sie ungleich mehr, als jene Faulenzer meinen, die sie als ein Lotterbett betrachten.

Von der schönen Klarheit des Wörtchens „eben"

Vier Buchstaben mit neun Bedeutungen – wer hat sie alle im Kopf?
Welcher Ausländer soll sie je auseinanderhalten?

Adjektiv	räumlich	1.	*plan, platt, flach, horizontal,* geebnet
		2.	*gleich hoch:* zu ebener Erde
Adverb	zeitlich	3.	*gerade jetzt,* soeben (1): Eben spreche ich von ihm, da kommt er zur Tür rein (Gegenwart).
		4.	*vor ganz kurzer Zeit,* soeben (2): Eben war er doch noch hier! (jüngste Vergangenheit)
		5.	*für ganz kurze Zeit:* Ich geh eben mal zum Bäcker (nächste Zukunft).
Adverb	verstärkend	6.	*genau,* gerade, das ist es ja: Eben darum! Eben so habe ich's gemeint!
		7.	*nun mal,* einfach: Du hättest eben aufpassen müssen! Das ist eben so.
		8.	*besonders* (nur bei Verneinung): Du warst nicht eben freundlich zu mir.
Adverb	abschwächend	9.	*knapp,* gerade noch ausreichend: Er kommt so eben hin.

Ein Beispielsatz: „Du warst eben nicht eben freundlich zu mir. Dann geh ich eben ebenmal spazieren."

3. Professoren und Experten verschlimmern sie noch

> Der Stil der großen, dunklen, eindrucksvollen und unverständlichen Worte sollte nicht länger bewundert, ja er sollte von den Intellektuellen nicht einmal länger geduldet werden. Er ist intellektuell unverantwortlich. Er zerstört den gesunden Menschenverstand.
>
> *Karl Popper*

Als ob die Sprache nicht genügend Tücken hätte, auch wenn wir mit ihr liebevoll umzugehen versuchen! Doch viele Sprachbenutzer fügen ihr mutwillig drei Unarten hinzu: den Zunftjargon, die Manipulation und die Lüge.

Hunde können nicht lügen, und ein Mensch, der *schweigend* lügen wollte, bliebe auf ein bißchen Heuchelei in Mimik oder Gestik angewiesen (zum Beispiel der Gastgeberin zuliebe eine gräßliche Speise mit dem Ausdruck des Wohlgefallens herunterzuwürgen). Die volle Lüge, auch ihre Halbschwestern Verleumdung, Irreführung, Beschönigung – sie lassen sich nur mit Worten ausdrücken; erst mit der Sprache sind sie ins Leben getreten. Nur kann es eine Stillehre sich nicht zur Aufgabe machen, die Lüge aus der Sprache zu tilgen: Lügen läßt sich ja durchaus in feurigem Deutsch, und dies zu verhindern, wäre ein Handbuch der Moral oder der staatsbürgerlichen Tugenden aufgerufen.

Ähnliches gilt für die *Manipulation,* die Tarn- und Verwirrsprache in Politik und Wirtschaft – also den Versuch einer Verhaltenssteuerung durch Wörter, von der die Gesteuerten nichts oder möglichst wenig merken sollen. Es ist natürlich Manipulation, eine Atommülldeponie als *Entsorgungspark* zu bezeichnen, den Stillstand als *Nullwachstum,* eine Verteuerung als *Entzerrung des Preisgefüges,* eine Mutter von drei Kindern als *Nur-Hausfrau;* wie es auch Manipulation ist, die Duldsamkeit unserer Gesellschaft als *repressive Toleranz* einzustufen, die mutwillige Anwendung von Gewalt als *Gegengewalt* und den Aufstand gegen ein verkrustetes sozialistisches Establishment als *Konterrevolution*.

Dieses Kapitel indessen handelt von nun an nur von dem dritten populären Mißbrauch der Sprache: dem *Zunftjargon,* dem Experten-Chinesisch, dem Soziologen-Kauderwelsch. Gegen den elitären Slang zu kämpfen ist dringender, weil der seit Jahrzehnten eine unglaubliche Zuwachsrate hat, während das Aufkommen an Lüge und Manipulation vermutlich seit Jahrtausenden gleichgeblieben ist; obendrein, weil Heuchelei, Tarnung und Lüge immerhin als verwerflich gelten, während der hermetische Hochmut der Professoren und Experten meist auch noch mit gutem Gewissen einhergeht, ja von manchen Laien bewundert wird.

Natürlich muß man den Fachsprachen zugute halten, daß es häufig schwierig ist, Fachthemen ohne Fachwörter darzubieten; oft noch mehr: Das Fachwort bringt dem, der es beherrscht, Erleichterung. Im Idealfall leistet eine Fachsprache das, was der Ehrgeiz aller Sprachkünstler anstrebt: das Wesentliche mit dem richtigen Ausdruck zu erfassen. Das *Beschleunigungsmassenspektrometer* ist in der Tat schwerlich populär zu benennen, und *einen* Zweck erfüllt es perfekt: den der Verständigung mit anderen Leuten vom selben Fach.

Drei Einwände gegen den Fachjargon

Nur genügt das nicht. Es genügt, zum ersten, deshalb nicht, weil es Fachidiotie und Wissenschafts-Gettos begünstigt; die Wissenschaften sind aber eine Kommunikationsgemeinschaft, sagt Harald Weinrich, die sich zwischen ihren Disziplinen nur in der Gemeinsprache verständigen kann – „gutes Wissenschaftsdeutsch" sei also Pflicht.

Die Verständigung mit anderen Leuten vom selben Fach genügt, zum zweiten, deshalb nicht, weil viele Experten oft weder für ihr Fach noch für andere Fachleute schreiben, sondern für Laien: Jede technische Gebrauchsanweisung, jeder Beipackzettel zu einer Arznei, jede Erläuterung zur Einkommensteuererklärung zielt auf Leute, die eben das nicht wissen, was der Verfasser weiß. Daß sie es verstehen lernen, ist der einzige Zweck solcher Texte; doch dieses Informationsziel wird nur zu 25 Prozent erreicht: dies das groteske Ergebnis jenes Großversuchs, mit dem das Psychologische Institut der Universität Hamburg 1974 die Verständlichkeitsforschung in Deutschland endlich etablierte.

Ähnlich lautet das Resümee des „Arbeitskreises technische Dokumentation" an der Technischen Universität Berlin, der 1984 über die gängigen Gebrauchsanleitungen in erfrischendem Deutsch mitteilte: „Zu kapieren sind sie kaum, denn entweder sind sie so ‚wissenschaftlich' geschrieben, daß man sie nur mit abgeschlossenem Ingenieurstudium verstehen kann, oder so inhaltsarm, daß man nichts damit anfangen kann."

Und zum dritten ist ein Fachjargon, der den Durchschnittsbürger von der Kommunikation ausschließt, eine politische Gefahr. Denn Demokratie bedeutet „Herrschaft der Laien". Die Volksvertreter aber oder auch das Volk, das sie wählt, sollten möglichst gut informierte Laien sein. Gut informiert sein können sie nur, wenn die Experten darum ringen, ihnen komplizierte Sachverhalte in möglichst schlichter Sprache transparent zu machen. Also müssen in einer Demokratie „die Fachleute aufgefordert und nötigenfalls mit der zugehaltenen Hand gezwungen werden, ihre fachlichen Zwecke immer auch gemeinsprachlich zu begründen", sagt Harald Weinrich. Und der französische Politologe Alfred Grosser:

> Der Jargon ist eine Verhinderung der Kommunikation im Sinne des alten Obrigkeitsdenkens: „Du wirst meine Message erhalten, weil ich dir durch meinen Jargon beweise, daß ich mehr weiß als du. Also ist der Inhalt dessen, was ich dir zu sagen habe, unwesentlich; du hast nur meine Schlußfolgerungen zu glauben." Das ist das Undemokratischste, was man sich in der Kommunikation denken kann.

Auch das Komplizierte läßt sich einfach sagen

Und dabei ist es nicht wahr, daß alle Fachwörter unantastbar und unübersetzbar wären. Der sachliche Vorzug, den sie häufig haben, verbindet sich allzuoft mit der Gedankenlosigkeit oder der Arroganz derer, die sie benutzen. Es läßt sich nicht ernstlich behaupten, daß all die Seeleute, Jäger, Ärzte, Ingenieure, Geologen, Astrophysiker ein bißchen Respekt für die Sprache des Normalbürgers besäßen oder gar freudig entschlossen wären, sich erst an den Grenzen des Fachwissens auf das Fachwort zurückzuziehen.

Welchen Gewinn hat denn der Jurist, wenn er *Einvernahme* sagt statt Vernehmung, der Reiter, wenn er die Vorderbeine des Pferdes zur *Vorderhand* verfälscht, der Jäger, wenn er die Schenkel der Tagraubvögel *Hosen* nennt, der Psychologe, wenn er die bekannten Einschlafträume oder Schlummerbilder zu *hypnagogischen Halluzinationen* stilisiert? (Im Unterschied zu den *hypnopompischen Visionen* am anderen Morgen, wenn der Wecker rasselt.)

Und ebenso ist es einfach nicht wahr, daß das Komplizierte sich nicht in schlichten Sätzen ausdrücken läßt, wenn man es ernstlich will – etliche prominente Wissenschaftler haben das bewiesen: James D. Watson zum Beispiel, der 1953 zusammen mit Francis Crick die Struktur der Desoxyribonukleinsäure entschlüsselte, des Trägers der genetischen Information in allen Lebewesen, und über diese Entdeckung 1968 das populäre Buch „Die Doppel-Helix" veröffentlichte; oder Sigmund Freud, der neuartige Gedanken und Begriffe mit äußerster Behutsamkeit einführte:

> Außer dem Ich erkennen wir ein anderes seelisches Gebiet, umfangreicher, großartiger und dunkler als das Ich, und dies heißen wir das Es. Sie werden es wahrscheinlich beanstanden, daß wir zur Bezeichnung unserer beiden seelischen Instanzen oder Provinzen einfache Fürwörter gewählt haben, anstatt volllautende griechische Namen für sie einzuführen. Allein wir lieben es in der Psychoanalyse, im Kontakt mit der populären

> Denkweise zu bleiben, und ziehen es vor, deren Begriffe wissenschaftlich brauchbar zu machen, anstatt sie zu verwerfen. Es ist kein Verdienst daran, wir müssen so vorgehen, weil unsere Lehren von unseren Patienten verstanden werden sollen, die oft sehr intelligent sind, aber nicht immer gelehrt. Das unpersönliche Es schließt sich unmittelbar an gewisse Ausdrucksweisen des normalen Menschen an. „*Es* hat mich durchzuckt", sagt man; „*es* war etwas in mir, was in diesem Augenblick stärker war als ich."

So gibt es zu Recht einen Sigmund-Freud-Preis für wissenschaftliche Prosa, und sein Träger von 1985, der Historiker Hermann Heimpel, sagte treffend: „Wissenschaftliche Prosa ist *genau,* also unbequem für den *Autor,* und *einfach,* also bequem für den *Benützer* gelehrter Arbeiten, mitten in dem ungerügten schlechten Deutsch eines ausufernden Wissenschaftsbetriebes."

Der Jargon hebt die Position

So scheint die Lage simpel: Die Experten müßten durch sozialen Druck zu der Unbequemlichkeit gezwungen werden, um den einfachen Ausdruck zu ringen. Doch, leider: Es ist nicht nur die Bequemlichkeit, die dem entgegensteht; wer mit exotischen Begriffen klirrt oder pompöse Silben zu einem Kullerpfirsich rundet, hat deutlich Vorteile davon.

Nach innen, gegenüber den Kollegen und den alten Hasen, weist der Benutzer des Zunftjargons sich aus als einer der Ihren: Er demonstriert, daß er mithalten kann, er hat sich für eine Kaste qualifiziert. Einerseits hebt das das Lebensgefühl:

> Die Kunst, unverständlich zu sein, gilt als Gütesiegel eines erfolgreich abgeschlossenen Studiums. Man darf getrost behaupten, daß, je bescheidener das Wissen eines fachhochschulgebildeten Limonadechemikers ist, um so größer sein Bestreben sein wird, die Limonadechemie in den Rang eines Mysteriums für die gesamte Mitwelt zu erheben. (Richard Kaufmann in der „Frankfurter Allgemeinen")

Und andererseits hebt es oft genug sogar die Position. So schreibt der Linguist Hans Heinrich Baumann:

Viele wissenschaftliche Arbeiten werden in erster Linie veröffentlicht, um den Verfasser als Wissenschaftler auszuweisen oder zu bestätigen. In diesem Sinne besteht wissenschaftliches Arbeiten vor allem im Erfüllen von sozialen Konventionen. Für erfolgreiche Sozialisation steht ein System von Belohnungen bereit. Der Praxisbezug von wissenschaftlich-theoretischer Arbeit kann einfach der Wunsch nach dem eigenen Fortkommen sein.

Oder ganz drastisch in den Worten Alfred Grossers: „Je obskurer man spricht, desto größer der Ruf und desto höher das Einkommen."

Nach außen, gegenüber dem Laien, bringt die Beherrschung eines Zunftjargons ebenfalls Gewinn. Man grenzt sich ab von jenen da, die sich nur in schlichtem Deutsch ausdrücken können; man spürt einen Abglanz der diebischen Freude jener Schülerclique, die eine Geheimschrift erfunden hat, so daß sie imstande ist, das Gros der Klasse von der Kommunikation auszuschließen. Mit bombastischen Wörtern kann man Laien einschüchtern, mit hochtrabendem Gerede „wissenschaftliche Impotenz kompensieren" (Ralf Dahrendorf). 30 000 Professoren in der Bundesrepublik, zehnmal soviel wie 1958 – wen würde es wundern, wenn das Wort-Aufkommen stärker gestiegen wäre als die Kompetenz?

Wer läßt die Luft aus Habermas?

Zu all dem kommt nun bei den Geisteswissenschaften, mindestens bei einigen, eine große Frage: *Bedienen* sie sich einer Fachsprache wie die Naturwissenschaften – oder *sind* sie eine Fachsprache, ein bloßes Wortkunstwerk? Dem Geologen würden ja die Steine bleiben, auch wenn er nicht darüber spräche. Was aber bliebe von der Philosophie, der Psychoanalyse oder gar von der Soziologie und der Kommunikationswissenschaft, wenn man ihnen die Begriffe nähme? Bestehen sie nicht großenteils aus einer raffinierten Technik, einfache Zusammenhänge mit komplizierten Begriffen zu überwölben? Wie sollte eine Realität jenseits der Sprache beschaffen sein, wenn die Sprache so beschaffen ist wie hier?

> Das Wesende der Sprache ist die Sage als Zeige... Das Regende im Zeigen ist das Eignen... Als die Sage ist das Sprachwesen das ereignende Zeigen, das gerade von sich absieht, um so das Gezeigte in das Eigene seines Erscheinens zu befreien. (Martin Heidegger)

> Die Reinigung des Göttlichen vom Mythos, die in der Gebärde erschütterten Fragens nachzuzittern beliebt, übereignet das Numinose in mystischer Häresie dem, der irgend dazu sich verhält. (Theodor Adorno)

> Argumente oder Gründe haben mindestens dies gemeinsam, daß sie, und nur sie, unter den kommunikativen Voraussetzungen einer kooperativen Prüfung hypothetischer Geltungsansprüche die Kraft rationaler Motivation entfalten können. (Jürgen Habermas, Theorie des kommunikativen Handelns)

Der „Spiegel", der Habermas zitierte, fügte gleich die schlichte Übersetzung an: „Prüfet alles und das Beste behaltet" oder „Trau, schau, wem". Solches „Übersetzen" hat auch der Philosoph Karl Popper betrieben, eiskalt läßt er aus dem hochmögenden Geschwätz seiner Zunftkollegen die Luft heraus – zum Beispiel so:

Text von Theodor Adorno	Poppers „Übersetzung"
Die gesellschaftliche Totalität führt kein Eigenleben oberhalb des von ihr Zusammengefaßten, aus dem sie selbst besteht.	Die Gesellschaft besteht aus den gesellschaftlichen Beziehungen.

Sie produziert und reproduziert sich durch ihre einzelnen Momente hindurch.	Die verschiedenen Beziehungen produzieren *irgendwie* die Gesellschaft.

Text von Jürgen Habermas	Poppers „Übersetzung"
Theorien sind Ordnungsschemata, die wir in einem syntaktisch verbindlichen Rahmen beliebig konstruieren.	Theorien sollten nicht ungrammatisch formuliert werden; ansonsten kannst Du sagen, was Du willst.
Sie erweisen sich für einen speziellen Gegenstandsbereich dann als brauchbar, wenn sich ihnen die reale Mannigfaltigkeit fügt.	Sie sind auf ein spezielles Gebiet dann anwendbar, wenn sie anwendbar sind.

Was Popper damit demonstriert, ist für die, die den Zunftjargon verwenden, leider ein weiterer *Vorzug:* Er erlaubt es, das Dürftige, das Selbstverständliche, das Halbgedachte als neu und bedeutend zu verkaufen, indem es mit gespreizter Syntax in exotische Abstrakta gegossen wird.

Die Professoren haben auch noch Verbündete

Wer dagegen angehen will, hat die Schriftgelehrten zu Feinden, das ist klar – aber, leider, auch einen erheblichen Teil ihrer Leser. Denn es wimmelt, wie schon Lessing wußte, von Leuten, „die alles, was sie nicht verstehen, für erhaben halten", und überdies, wie Lion Feuchtwanger 1927 seufzte, von Kritikern, deren Rezensionen auf folgendes hinausliefen: „Der kann nicht viel taugen, den verstehen wir ja!"

Erst recht ist diese Gesinnung unter den Studenten im Schwang: Eilfertig, liebedienerisch, ja begeistert studieren sie vor allem die fächerübergreifende Disziplin „Fachchinesisch" mit ihren unerhörten Vorzügen: Es bringt voran, es putzt, es verhilft zum Insider-Gefühl, es schüchtert die Außenseiter ein, es ist das Lebenselixier etlicher Geisteswissenschaften – und noch dazu macht es aus jedem Furz einen Anhauch der Weltseele.

Schon 1775 verspottete der Göttinger Physikprofessor Georg Christoph Lichtenberg jene 17jährigen Studenten, „die so hohl husten wie Siebziger und die Kunstwörter der heilenden Fakultät wissen wie ein Vaterunser"; und 210 Jahre später bewirbt sich ein Student um die Teilnahme am Hamburger Intermedia-Kongreß mit dem Hinweis, seine Diplomarbeit behandle „die Implikationen der technologischen Entwicklung für die organisatorisch-institutionelle Verfaßtheit des Telekommunikationswesens in der Bundesrepublik". Ein anderer hat rasch gelernt, nicht von der Vieldeutigkeit der Wörter, sondern vom *Phänomen der Polyinterpretabilität* zu sprechen oder seine Unwissenheit mit *relevanten Explorationsdefiziten* zu verbrämen.

> Der Knochenarbeit des Büffels, wie sie zu jedem experimentellen oder psychologischen Studium gehört, kann man sich durch „Interpretation" weitgehend entziehen; es gehört nicht viel Geschick dazu, um in angemessener Frist den Boden konkreter Kenntnisse hinter sich zu lassen und den Höhenflug in sprachliche Abstrusitäten anzutreten. Den Jargon lernt man schon im ersten Semester, die Professoren machen es vor. (Joachim Dyck in der „Zeit")

Von den Hörsälen ist der akademische Jargon längst in die Kneipen, die Schlafzimmer und die Heiratsanzeigen geschwappt: „Möchten Sie Schluß machen mit der traditionellen Rollenfixierung? Wollen wir uns im Hier und Jetzt austauschen, auf Emotion und Nähe wirklich einlassen? Bin dialogisch, autark, extravertiert, alternativ und möchte mich in eine neue Beziehung einbringen." Selbst im Fernsehprogramm muß man lesen, die Sendung „Mensch Meier" handle von „Partnersuche und verbalen Aggressionen". Dabei können verbale Aggressionen nur das sein, was die Meiers und die meisten anderen Menschen als Zanken oder Schimpfen bezeichnen.

Und die Journalisten versagen

Auch allzu viele *Journalisten* also stellen sich der Aufgabe nicht, sich vom Snobismus der Experten zu lösen und nun ihrerseits die Verständigung mit ihren Mitbürgern herbeizuführen. Müßte nicht eben dies ihr oberstes Ziel sein? Da doch Professoren, Studenten und Sonntagsjäger Hand in Hand versuchen, sich vom gemeinsamen Bestand der deutschen Sprache abzukoppeln, da also ein großer und immer noch wachsender Teil des Volkes in einen Fachjargon verwoben ist mit dem mehr oder weniger bewußten Wunsch, *nicht* von jedem verstanden zu werden? Journalisten sollten „fachsprachlich eher etwas niedriger zielen", als es ihrer Vermutung über den Kenntnisstand ihrer Leser entspricht, rät Weinrich – um dadurch zu vermeiden, „daß sie die ohnehin drohende Expertokratie unserer Gesellschaft noch verstärken".

Tun sie das? Ach nein: Die Sachkenntnis, die speziell im Umgang mit den Naturwissenschaften dazugehören würde, besitzen Journalisten selten, und selbst das redliche Mühen ist vielen fremd: Sie putzen sich ihrerseits mit dem frisch erworbenen Jargon. Zum Lebensgefühl vieler Wirtschaftsjournalisten scheint es zu gehören, daß sie „verschlüsselte Informationen für die schmale Schicht der Wissenden" bieten, wie Glotz/Langenbucher in ihrem Standardwerk „Der mißachtete Leser" schreiben: „Im Bestreben, ‚seriös' zu sein, schließt man den Normalbürger von der Kommunikation aus."

Arm in Arm mit den Journalisten versündigen sich die Redakteure der Konversationslexika an der deutschen Sprache und der demokratischen Kommunikation; dem Quantum Unklarheit, das in der Sprache kaum vermeidbar ist, fügen sie vermeidbaren Wirrwarr hinzu. Wer sich beispielsweise über die Entstehung der Alpen informieren will, liest in der Brockhaus-Enzyklopädie, das geröllreiche kontinentale Verrucano habe die mesozoische Geosynklinalphase eingeleitet – die Redakteure haben also mit der Arbeit dort aufgehört, wo sie hätten beginnen müssen, wenn sie den Wunsch besessen hätten, sich auf die Bedürfnisse ihrer teuer zahlenden Benutzer einzustellen.

Ob Wissenschaftler oder Wissenschaftsredakteure – sie erliegen der Versuchung, „in eine unnötig umständliche, aufgeplustert tiefsinnige, selbstgefällig-unverständliche Wissenschaftssprache zu verfallen" (Albrecht Schöne, Präsident der Internationalen Vereinigung für Germanische Sprach- und Literaturwissenschaft). Sie spielen „das grausame Spiel, Einfaches kompliziert und Triviales schwierig auszudrücken", sagt Karl Popper:

> Das Schlimmste – die Sünde gegen den heiligen Geist – ist, wenn die Intellektuellen es versuchen, sich ihren Mitmenschen gegenüber als große Propheten aufzuspielen und sie mit orakelnden Philosophien zu beeindrucken. Wer's nicht einfach und klar sagen kann, der soll schweigen und weiterarbeiten, bis er's klar sagen kann.

Nicht zu vergessen jene Viertelintellektuellen, die (Johannes Gross zufolge) „angestrengt nach Höherem lechzen, nach Problemen, die sie nicht haben und nicht lösen, aber wenigstens mit mehrsilbigem Vokabular bereden können". Was sagt Hebbel über den deutschen Philosophen? Wenn er selbst nicht mehr weiß, was er schreibt, meint er, der Genius spräche.

Vom Kauderwelsch, wo es am welschesten ist

Jargon der Philosophie:
Das Wesen eines real Seienden ist das Sosein der Idee dieses Seienden. Als solches konnte es definiert werden als der Inbegriff der in einer bestimmten Zusammenstimmung gegebenen primären Bestimmung mit Ausnahme des Daseins, die einem Seienden in eben dieser Zusammenstimmung eignen müssen, sofern es als Seiendes der betreffenden Art vollkommen sein soll.
    Ernst Albrecht (späterer Ministerpräsident von Niedersachsen): Der Staat – Idee und Wirklichkeit, Stuttgart 1976

Ach, wie sie mich ekeln, die absichtsvoll verrätselten Worte!
    Elias Canetti, Das Geheimherz der Uhr

Jargon der Wirtschaft:
Wir haben den co op-Frischmarkt in den Mittelpunkt eines intern proklamierten „Jahr des Verkaufens" gestellt, um seine Leistungsstärke gegenüber den dienstleistungsärmeren Vertriebstypen herauszuarbeiten. Das heißt: noch mehr Rohertrag-sichernde Frische-Pflege um ein preisaktiveres Trockensortiment herum.
    Pressetext zur co op-Bilanzpressekonferenz

Jargon der Linguistik:
Die „kaleidoskopische Polemik" (W. Lepenies) um das Verhältnis eines zwischen Methodologie und panstrukturalistischer Ideologie oszillierenden Strukturalismus zum Marxismus dominierte in den letzten Jahren die theoretische Szene in Frankreich und führte in den Arbeiten der Schule Althussers zu dem Versuch, über die Assimilierung der Ergebnisse der Linguistik, Kybernetik und einer ihrerseits von linguistischen Aporien her interpretierten Psychoanalyse gegenüber den humanistischen Marxismus-Interpretationen eine „szientifizierte" Version marxistischer Theorie zu katalysieren.
    Karl Steinbacher: Sprache als Arbeit und als Markt

Und einem solchen Mann glaubt man, der nicht einmal die Wörter versteht, in denen er spricht
    Lichtenberg (über einen Ungenannten)

Jargon der Chemie:
Bei den verschiedenen Zwischenreaktionen (Glykolyse) greifen jeweils verschiedene Enzyme der Zymase ein; die Pyruvatdecarboxylase spaltet aus Pyruvat Kohlendioxid ab, das entstehende Acetaldehyd wird zuletzt zu Äthanol hydriert (wasserstoffübertragendes Enzym ist die Alkoholdehydrogenase).
    Meyers Großes Universallexikon, „Gärung"

Jargon des akademischen Bergsteigers:
Logisch gesehen darf man den Terminus Westalpenerfahrung wegen der Selbstrückbezüglichkeitsparadoxa gar nicht auf die Westalpen anwenden.
„Bergwelt"

Was sich sagen läßt, läßt sich klar sagen, und worüber man nicht sprechen kann, darüber muß man schweigen.
Ludwig Wittgenstein, Tractatus logico-philosophicus

Aus dem Wortschatz eines Wissenschaftlers:
Professor Hermann Lübbe, der in Zürich Philosophie und politische Theorie lehrt, hat 1986 in einem einzigen Aufsatz folgende Adjektive geprägt: daseinsproblemlösend – lebensernststiftend – raumdistanzunabhängig – zeitverbringungssouverän – selbstverwirklichungsambitioniert.

Dazu hat er folgende Substantive aus der Taufe gehoben: Dekultivierungsphänomene – Innovationsverarbeitungskapazitäten – Lebensführungsfanatismen – Sekundärtugendorientiertheit – Zeitzubringungsagenden.

Kombiniert liest sich das so: „Erscheinungen alltagskultureller Dekomposition" – „Residuen gleichverteilungsunfähiger, bemühungsresistenter Inkompetenzen" – „Jenseits dieser Fristen erzeugt der passivistische Zeitverbringungsmodus Zustände des Subjekts von trister Befindlichkeitsqualität".

Der Satzbau ist der Wortwahl würdig: „Generell scheint zu gelten, daß Chancensicherung unter Bedingungen einer in eins mit der zunehmenden Dynamik des sozialen und kulturellen Wandels abnehmenden Sicherheit im Urteil über unsere zukünftige Berufs- und Arbeitswelt sich am besten durch Erwerb und Erhaltung der Fähigkeit umzulernen betreiben läßt."

Kommentare zu solchen Adjektiven in Kap. 5, zu solchen Substantiven in Kap. 6, zu solchen Sätzen in Kap. 17.

Was er spricht, spricht er gut, und wer kein Deutsch versteht, muß glauben, er habe etwas Gutes gesprochen.
Lichtenberg, Kommentar zur Sprache des Göttinger Prorektors Kulenkamp (1778)

4. Was wollen Leser und Hörer?

> Mach's Maul auf! Tritt fest auf! Hör bald auf!
> *Luther*

Wenn wir lesen oder zuhören, erwarten wir von der Sprache im Grunde immer viererlei: daß sie korrekt, verständlich, angenehm und anregend ist.

Wir wollen, daß der Schreiber uns nicht mit selbsterfundenen Regeln der Grammatik oder der Orthographie verwirrt: Das erschwert und vergällt uns die Lektüre, und wer da meint, für unser wichtigstes Gesellschaftsspiel, die Kommunikation, dürfe jeder sich die Regeln selbst ausdenken, der verhält sich wie ein Tennispartner, der bei Spielbeginn erklärt, er wünsche hier die Abseitsregel einzuführen, und zwar sofort.

Wir wollen *verstehen,* was der Schreiber oder Sprecher sagt, und zwar mit wenig Mühe: Weder mit jenem elitären Jargon soll er uns traktieren, von dem im vorigen Kapitel die Rede war, noch soll er Wörter in jene Satzschachteln packen, die uns aus vielen deutschen Büchern und Zeitungen entgegenpurzeln.

Verständliches und korrektes Deutsch – das sind nur die Minimalforderungen; doch schon daß sie erfüllt werden, ist eher die Ausnahme. Nur ein Text, der zugleich korrekt und verständlich ist, kann die höheren Weihen erlangen: Angenehm soll uns die Sprache sein, die wir hören oder lesen – nicht geschwätzig, gespreizt und aufgeblasen, nicht manieriert, abstrakt und floskelhaft.

Und schließlich soll es interessant, im Idealfall fesselnd sein, was wir zu lesen oder zu hören bekommen. Über das, *was* einer sagt, kann eine Stillehre nicht befinden. Nur davon, *wie* er es sagt, kann sie handeln. Auch das Wie wünschen wir uns interessant; und dafür gibt es, wenn schon keine Regeln, so doch etliche praktikable Tips. Mindestens sollten wir sehen, daß den meisten von uns auch ein verständliches, korrektes und angenehmes

Deutsch nicht ausreicht – man denke an jene gewisse erhabene Langeweile, die die großen Stilisten Adalbert Stifter und Hugo von Hofmannsthal abstrahlen oder Goethes Altersprosa.

Sollte bis hierher Einigkeit bestehen, so ließe sich unser Grundrecht auf verständliche, angenehme, interessante Lektüre zu drei Grundforderungen zusammenfassen – Regeln, über die sich die Dichter und die Stillehrer seit Johann Christoph Gottscheds „Grundriß einer vernunftmäßigen Redekunst" von 1728 ziemlich einig sind: Lessing, Jean Paul, Schopenhauer mit Ingrimm und Fleiß; Lichtenberg, Goethe, Nietzsche in aphoristischen Erleuchtungen; in jüngster Zeit Reiners, Süskind, Makkensen, Weinrich und die wissenschaftlichen Lehrer der Verständlichkeit.

Genannt werden die drei Grundregeln hier so, dort anders und meinen immer dasselbe, was sich in folgender Form zusammenfassen läßt:

Die drei Generalregeln

1. Schreiber und Redner: Fasse Dich kurz! Schwafle nicht, salbadere nicht, blähe nicht auf und walze nichts breit, widerstehe der natürlichen Lust am Schwatzen, verzichte auf jeden Versuch, deinen Wortschatz in der Mundhöhle zum Salat anzurichten.

Lessing schimpfte auf die Leute, die „einen kleinen Gedanken durch weitschweifende Redensarten aufschwellen" und „abgedroschene Wahrheiten mit aufgeblasenen Backen predigen" – wie Ezra Pound 175 Jahre später auf jene, „die mit einem Liter Einsicht eine Tonne Wortschwall füllen".

Am Anfang aller Regeln für gutes Deutsch steht also eine traurige Einsicht, die für viele unserer privaten Vergnügungen gilt: Was mich freut, freut meine Mitmenschen noch lange nicht. Das weiß jeder, der in der Nase bohrt; möchten es doch auch die Redner und Schreiber beherzigen! Wenn sie die Lippen nicht schließen wollen und die Tinte nicht halten können, fügen sie mit ihrer kleinen Lust ihren Zuhörern oder Lesern eine Unlust zu.

Sie sagen dasselbe dreimal, auch wenn wir nach einem Mal gesättigt waren, oder sie nehmen einen gewaltigen Anlauf für einen ziemlich kurzen Sprung (Kap. 9: Redundanz); sie schmücken sich mit Wortballons, die bei jedem Versuch der Übersetzung in eine andere Sprache platzen würden, und das spricht manchmal sehr für die anderen Sprachen („Betroffenheitsvorsprung"); sie lassen zehn gut eingespeichelte Silben tropfen („verbale Nonsense-Aktivitäten"), wo ein trockener Einsilber genügt hätte („Stuß"); sie spreizen ihren Stil mit Füllwörtern, die nichts besagen (*weißer* Schimmel, *tiefe* Schlucht) – kurz: Sie betreiben Wort-Inflation.

2. Faß die Sache – triff das Ziel! Umkreise nicht den heißen Brei – beiß zu! Schreibe anschaulich, lebendig, konkret. Sage es mit Saft und Kraft. Hüte dich vor abstrakten Wortgebilden, vor endlosen Silbenschleppzügen, vor aufgeplustertem Tiefsinn, vor „unnützen Zieraten, gekünsteltem Witz, italienischen Spitzfindigkeiten und spanischen Ausschweifungen" (Gottsched 1728). Es ist nicht bekannt, daß je ein des Schreibens kundiger Mensch das Gegenteil ausdrücklich empfohlen hätte. „Meine Sprache ist allzeit simpel, enge und plan", schreibt Lichtenberg. „Wenn man einen Ochsen schlachten will, so schlägt man ihm gerade vor den Kopf."

3. Liebe deinen Leser wie dich selbst! Wer sich kurz faßt und wer direkt auf die Sache zielt, der hat seinen Lesern oder Zuhörern zwei wesentliche Dienste schon erwiesen; nur sollte er darüber hinaus den klaren Willen haben, an sein Sprachprodukt *ihre* Maßstäbe anzulegen und nicht seine. Was *sie* angenehm finden, was *sie* anregt: Das zählt. Vorbildlich in der Sache, wenn auch nicht im Stil, heißt es in einer Broschüre der Bundesanstalt für Arbeitsschutz:

> Der ernsthaft um bessere Gebrauchsanweisungen bemühte Ersteller wird zwei Dinge nicht umgehen können: mehr Aufwand als bisher und eine andere Einstellung gegenüber dem Benutzer.

Die schlimme Versuchung der Journalisten

Wie nun gehen die Berufsschreiber deutscher Sprache mit diesen drei Grundregeln um? Das hängt davon ab, ob sie zur Mehrheit oder zu einer der drei Minderheiten gehören.

Da ist erstens die Minderheit derer, die verstanden und gelesen werden wollen und dafür Mühe auf sich laden.

Da ist zweitens die stattliche Minderheit jener, die ausdrücklich nicht von jedermann verstanden werden wollen, aus Dünkel oder weil sie akademische Vereinsmeierei betreiben.

Da ist drittens die sehr kleine Minderheit der Dichter, die sich das gute Recht nehmen, sich nicht dafür zu interessieren, ob und inwieweit ihre Produkte verstanden oder als angenehm und interessant empfunden werden: Wer neue Formen prägt, stößt nun einmal viele Leser vor den Kopf. Und selbstverständlich kann eine Stillehre immer nur auf Lehrlinge und Gesellen zielen; die Meister dürfen alles (wenn sie denn welche sind).

Und schließlich die Mehrheit: Sie sieht gar kein Problem darin, ob sie verstanden wird – in der Schule hat sie's nicht gelernt, und der Beruf zwingt sie nicht dazu.

Damit ist die Mehrzahl der rund 30 000 Journalisten in der Bundesrepublik gemeint. Sie sitzen in saturierten Abonnementszeitungen mit lokalem Anzeigenmonopol oder, beamtenähnlich, in den öffentlich-rechtlichen Funkhäusern – in Institutionen also, die durch journalistische Fehlleistungen nicht ruiniert werden können.

Das führt sie alle in eine Versuchung, der die meisten erliegen: Warum sollen sie fragen, ob die Texte, die sie produzieren, von ihren Lesern und Hörern als verständlich, angenehm, interessant empfunden werden? Solche Fragen stellen Werbetexter und unter den Journalisten vor allem diejenigen, die ihr Blatt, ihren Sender kaputtmachen würden, also ihren Arbeitsplatz verlören, wenn sie nicht den Interessen ihrer Leser oder Hörer lauschten: die Redakteure der Boulevardzeitungen, der großen Zeitschriften und der privaten Rundfunksender.

Sie sind in guter Gesellschaft. Zum Beispiel in der von Jean Paul: „In der Tat kann der Leser nicht weich genug gehalten werden, und wir müssen ihn, sobald die Sache nicht einbüßt, auf den Händen tragen mit unseren Schreibfingern." Und der von Lessing: „Es komme nur und höre und prüfe und richte!" schrieb er vom Theaterpublikum. „Seine Stimme soll nie geringschätzig verhöret, sein Urteil soll nie ohne Unterwerfung vernommen werden." Und der von Schiller: „Es wäre kein geringer Gewinn für die Wahrheit, wenn die besseren Schriftsteller sich herablassen würden, den schlechten die Kunstgriffe abzusehen, durch die sie sich eine Leserschaft erwerben, und zum Vorteil der guten Sache davon Gebrauch machten." Und der von Goethe: „Wer aber nicht eine Million Leser erwartet, sollte keine Zeile schreiben."

Sich auf die einzustellen, zu denen man redet oder für die man schreibt, ist also nicht Anbiederung, nicht Bauernfängerei und nicht ans Niveau der „Bildzeitung" gebunden – es ist das, was die Vernunft, die Menschenliebe, die staatsbürgerlichen Tugenden von uns fordern und was die Dichter abgesegnet haben. Nur die Schule hat's bis heute nicht begriffen, ja wir haben das genaue Gegenteil gelernt: schwierige Texte so oft zu lesen oder so hartnäckig zu analysieren, bis wir sie verstanden hatten.

Gut so. Nur hätte man uns auch das Umgekehrte lehren sollen: Wie muß ein Text beschaffen sein, den der, für den er gedacht ist, mühelos verstehen kann? Da die Schüler das nicht lernen, glauben sie als Erwachsene, sie hätten genug getan, wenn sie etwas zu Papier gebracht haben, was sie selbst verstehen. Sie verwechseln ihre Absicht mit dem Erfolg derselben. Das Informationsziel ist jedoch erst dann erreicht, wenn der Adressat erklärt: *Ich habe es verstanden.*

Allenthalben fehlt es an der Einsicht, daß immer *einer* sich plagen muß, wenn ein komplizierter Vorgang verständlich beschrieben werden soll: der Schreiber oder der Leser. Schreiber neigen dazu, diese Plage auf die Leser abzuwälzen – oder auf die, die sie für ihre Leser halten, obwohl sie sie vielleicht schon nach wenigen Zeilen verloren haben.

Wer etwas mitteilen will, braucht also zu allererst den dringenden *Wunsch,* sich mitzuteilen, und die klare Einsicht, daß er dafür hart zu arbeiten hat: Qualität kommt von Qual! Dann erst braucht er die Regeln und Ratschläge der folgenden Kapitel.

Vom Papier zum Kopf
Ein heutzutage immer häufiger werdender, jedoch nur in Deutschland einheimischer Fehler des Stils ist die Subjektivität desselben. Sie besteht darin, daß es dem Schreiber genügt, selbst zu wissen, was er meint und will: der Leser mag sehen, wie er dahinter kommt. Unbekümmert um diesen, schreibt er eben, als ob er einen Monolog hielte, während es denn doch ein Dialog sein sollte, und zwar einer, in dem man sich um so deutlicher auszudrücken hat, als man die Fragen des anderen nicht vernimmt.
Eben deshalb soll nun also der Stil nicht subjektiv, sondern objektiv sein; wozu es nötig ist, die Worte so zu stellen, daß sie den Leser geradezu zwingen, genau dasselbe zu denken, was der Autor gedacht hat. Dies wird aber nur dann zustande kommen, wenn der Autor stets eingedenk war, daß die Gedanken insofern das Gesetz der Schwere befolgen, als sie den Weg vom Kopf auf das Papier viel leichter als den vom Papier zum Kopf zurücklegen, daher ihnen hierbei mit allen uns zu Gebote stehenden Mitteln geholfen werden muß.
   Schopenhauer, Über Schriftstellerei und Stil

Vom Schnabel zum Ohr
Wenn wir erreichen wollen, daß Informationen von Lesern besser verstanden und gelernt werden, dann gibt es grundsätzlich zwei Wege: Anhebung der Verständnisfähigkeit der Leser oder Senkung der Schwerverständlichkeit der Texte. Zur ersten Möglichkeit gibt es im schulischen und vorschulischen Bereich viele Bemühungen, die sich unter dem Stichwort „Kompensatorische Spracherziehung" zusammenfassen lassen.

Wir waren nicht bereit, die weitverbreitete Schwerverständlichkeit von Texten als „notwendiges Übel" hinzunehmen. Wir suchten die Probleme, die wir selber beim Lesen von Texten hatten, *nicht* bei uns. Die Hauptursache für das Problem sahen wir bei den *Schreibern* von Texten.

Manche Schreiber sehen das Problem gar nicht und schreiben drauflos, wie ihnen „der Schnabel gewachsen" ist. Sie berücksichtigen nicht, wie den Hörern das Ohr beziehungsweise den Lesern das Auge gewachsen ist. Andere Schreiber kennen das Problem, nutzen es aber in entgegengesetzter Richtung. Sie glauben, die Schwerverständlichkeit erwecke Ehrfurcht.

Am verbreitetsten liegt die Schwerverständlichkeit am unzureichenden Wissen der Schreiber, wie leichtverständliche Texte zu gestalten sind.

> Langer/Schulz/Tausch, Verständlichkeit in Schule, Verwaltung, Politik, Wissenschaft (1974)

Vom Amt zum Bürger
Aus den verfassungsrechtlichen Grundsätzen für die öffentliche Verwaltung leiten sich folgende Grundforderungen für Texte der Verwaltungssprache ab:
1. Sie müssen *präzise* sein, d. h. klar, eindeutig und vollständig (Fachsprache);
2. sie sollten leicht *verständlich* sein, d. h. einfach, geläufig und eingängig (bürgernahe Sprache);
3. sie sollten als Gegenstand kostenträchtiger Verwaltungsabläufe *effizient* sein, d. h. kurz, arbeitsgerecht und wirksam (rationelle Sprache).

> Bundesverwaltungsamt (Köln): Bürgernahe Verwaltungssprache (1985)

Vom Anfänger zum Genie
Der Anfänger beginnt am besten damit, daß er sich entschlossen von allem abwendet, wovon die Leute meinen, es kennzeichne den Stil: von allen Manierismen, Ausschmückungen und Tricks. Stil entsteht durch Klarheit, Einfachheit, Aufrichtigkeit und Ordnung... Reich geschmückte Prosa ist schwer zu verdauen, meist unbekömmlich und manchmal zum Erbrechen.

„Aber", konnte der Studierende fragen, „was, wenn das Experiment meine natürliche Ausdrucksweise ist, wenn ich ein Pionier bin oder gar ein Genie?" Antwort: Dann sei ruhig. Vergiß aber nicht: Was wie eine Pioniertat aussieht, ist vielleicht eine Ausflucht, oder Faulheit, oder die Abneigung, sich einer Disziplin zu unterwerfen. Gutes, richtiges Englisch zu schreiben ist durchaus nicht selbstverständlich, und bevor du so weit bist, wirst du durch genügend rauhes Land gereist sein, um deinen Abenteuerdurst zu stillen.

> E. B. White, An Approach to Style

Lösung A: Kampf der Blähung

5. Adjektive: Wörter ohne Eigenschaften

> Bevor Sie ein Adjektiv hinschreiben, kommen Sie zu mir in den Dritten Stock und fragen, ob es nötig ist.
> *Georges Clemenceau, Zeitungsverleger und später Ministerpräsident von Frankreich*

Schwatzen freut die meisten – mehr als Zuhören. Wir machen zu viele Worte, wir blähen unsere Rede auf. Das macht die Texte schwammig, die Leser oder Hörer ungeduldig. Der beliebteste Blähkörper ist das *Adjektiv* – das „Drangeworfene", nach dem lateinischen Ursprung, das Eigenschaftswort. Im Satz heißt es je nach Funktion oder Herkunft Attribut, Prädikat, Adverb, Partizip – eine grammatische Unterscheidung, die am Schluß dieses Kapitels erläutert wird und für die Stilfrage unerheblich ist.

Daß die Adjektive überwiegend leicht entbehrlich sind, teilen sie mit den *Füllwörtern* (dann, gar, ja, nun, wohl, selbstredend); anders als die Füllwörter aber, die sich aus jedem Text leicht tilgen lassen, richten Adjektive Schaden an: Sie spreizen, blähen und verwischen, sie provozieren Doppeldeutigkeit und Widersinn, wattig legen sie sich auf schlanke Verben und pralle Substantive.

Daher sollten zwei Drittel aller Adjektive als Füllwörter eingestuft und folglich gestrichen werden. Mindestens wären zu streichen (mit laufender Numerierung aller Einwände gegen das Adjektiv):

Ungeahnte Möglichkeiten

1. Die *Edelfüllsel,* die teils den Sonntags- und den Grabredner zieren (eklatant, geflissentlich, ungeahnt, unmißverständlich, vorrangig, wohlweislich, zukunftsweisend), teils den Soziologen kennzeichnen: hierarchisch, rollenspezifisch, sensibilisiert, unhinterfragt.

Schwarze Raben

2. Zu streichen sind alle *Tautologien,* und von ihnen geistern mehr durchs Geschriebene als nur weiße Schimmel oder das sprichwörtliche Wirtshausschild „Neu renoviert": *dunkle* Ahnungen, obwohl Ahnungen immer dunkel sind (was hell ist, heißt Wissen); *dicke* Trossen, die ja nicht mehr so hießen, wenn sie dünner wären. „*Seltene* Raritäten" vermeldete eine Überschrift der „Süddeutschen Zeitung" – im Unterschied zu dem wimmelnden Überfluß, der sonst für Raritäten typisch ist? „Das Telefon schrillte unangenehm laut" – ja, das Schrillen ist laut und das Schrillen ist unangenehm, also *zwei* Adjektive zuviel.

Die Gipfelspitze des doppeltgemoppelten tautologischen Pleonasmus sind jene erhabenen Floskeln, die den Managern von den Lippen strömen, wenn die Manager nicht managen, sondern das tun, was sie meistens nicht können, nämlich reden: „Im Hinblick auf die *situativen Gegebenheiten*", liest man da. Die Wortleiche „Gegebenheit" wird vorsichtshalber noch einmal mit sich selbst verheiratet: die auf die Umstände bezüglichen Gegebenheiten also – gegebenenfalls auch die für das empirisch Gegebene relevanten situativen Umstände.

Man sieht: Adjektive sind Edelfäule auf jedem Käse, den einer reden möchte. Sie vermehren die Zahl der Silben, erhöhen also das Schwatzvergnügen; sie blasen die Sprache auf, tauschen also Fülle oder Tiefgang vor.

Hauptliche Männer

3. Derselbe Effekt tritt bei der grassierenden Seuche ein, Hauptwörter *in Substantive plus Adjektive zu zerlegen.* Wörter wie Gesellschaftsordnung oder Alpenflora werden immer häufiger ersetzt durch *alpine* Flora und *gesellschaftliche* Ordnung, Atomwaffen durch *nukleare Waffensysteme,* und wer schon mal ein Plakat entworfen hat, brüstet sich heutzutage mit seinen *werblichen Aktivitäten*.

Warum hat Richard Wagner nicht „die meisterlichen Singer" komponiert? Wann werden wir die mondliche Finsternis, den mailichen Baum, den schriftlichen Steller erleben? Oder vielmehr die lunare Verfinsterung und die saisonalen Baumstammaktivitäten im dörflichen Umfeld? Oder die straßliche Polizei, da doch die Italiener *polizia stradale* sagen?

Der sonderschulische Bereich

4. Damit die geliebte Kombination Substantiv plus Adjektiv zustande kommen kann, wird oft noch übler aufgebläht: Aus einem bisher selbstgenügsamen Substantiv macht man ein Adjektiv, das allein die Aussage trägt, und gibt ihm ein Substantiv ohne Mark und Knochen bei, das *nichts* sagt, aber nicht fehlen darf, weil zur Eigenschaft schließlich das Ding gehört, das sie hat: verkehrliche *Belange,* kommunaler *Sektor,* schulischer *Bereich.*

„In der Schule" ist zwar um zwei Silben kürzer und ungleich anschaulicher als „im schulischen Bereich", aber der hebt das Lebensgefühl von Studienräten. Es wäre reizvoll, alle hier denkbaren Bereiche durchzukonjugieren: den schulischen, innerschulischen und außerschulischen, den vorschulischen, grundschulischen, hauptschulischen und sonderschulischen, den hochschulischen, postschulischen, unschulischen und antischulischen, den schulhöfischen, schulgebäudischen und schulhausmeisterlichen – eine Massenhochzeit der Bereiche, eine schulrätische Narretei.

Ein Narrenorden gebührt auch der *konjunkturellen Situation,* einem Standardausdruck der im wirtschaftlichen Bereich tätigen Politiker und Journalisten: Nicht nur demonstriert sie den Mechanismus, wie man das tadellose Substantiv „Konjunktur" zum bloßen Adjektiv hinabstuft und ihm ein abstraktes Substantiv als Träger beigibt – sondern sie tut dies noch dazu mit dem Effekt der totalen Tautologie wie die situativen Gegebenheiten und die situationellen Kontexte: Da Situation „Lage" und Konjunktur „Wirtschaftslage" heißt, ist die konjunkturelle Situation jene Lage, die die Wirtschaftslage betrifft, oder, noch klarer: die wirtschaftssituatiönliche Situation. Aber zehn Silben hat sie und die Konjunktur nur drei, und das kreischen die Schwatzmühlen vor Vergnügen.

Das Automobile am Kraftfahrzeug

5. Der Blähung zuliebe werden *Adjektive erfunden,* auf die wahrscheinlich niemand gewartet hat. Dem Leitartikler der FAZ genügten die Abreden zwischen den Regierungen nicht – *intergouvernementale* Absprachen, schrieb er, sage und schreibe, ein Tiefpunkt des Journalistenwelschs. Ein Buch handelt von *soziolektalen* Normen und *dialektalem* Sprachgebrauch (vom Dialektgebrauch also, aber akademisch reimt sich auf adjektivisch), der Datenschutz hat das sprachliche Monstrum der *informationellen* Selbstbestimmung gezeugt.

„Automobil" ist ein Substantiv, das erfreulicherweise seit einem halben Jahrhundert kaum noch verwendet wird. Wie nun, wenn man es klein schriebe – nicht, um die Rechtschreibung zu reformieren, sondern um ein Adjektiv in die Welt zu zerren: *automobile* Spitzenklasse, gekennzeichnet durch *technologische* Exklusivität und *innovative* Elektronik! Erhaben, bedrohlich, faszinierend! Wortmüll in Zuckerwatte! Die Sprache ist zum exklusiven Vehikel werblicher Botschaften erniedrigt, das Auto schon halb verkauft.

Eisch und Gassisch

6. Diplomaten und Journalisten ertragen es nicht, wenn ein *Ländername* kein Adjektiv hergibt, wie Monaco oder die Bundesrepublik Deutschland: *monegassisch* soll es heißen und *bundesrepublikanisch.* Häßlich genug wäre schon *guatemalisch,* aber da es spanisch „guatemalteco" heißt, glaubt man, eine spanische Silbe importieren zu müssen, und schreibt *guatemaltekisch.*

Die „Neue Zürcher Zeitung" berichtete mehrfach vom „*tschadischen* Wirrwarr" (obwohl doch „Wirrwarr im

Tschad" verständlicher, weit weniger häßlich und noch dazu drei Anschläge kürzer wäre). Selbst das Schriftbild *eisch* schreckt die Adjektivisten nicht: *guineisch* sollen wir schreiben – als wäre „Guineas Hauptstadt" nicht entlegen genug.

Schamhafte Teile

7. Eine Fülle typischer Eigenschaftswörter ist auf ärgerliche Weise doppeldeutig: Sie drücken erstens einen wertfreien Bezug zu einer Sache aus und zweitens ein Werturteil über eine Person. *Kindlich* heißt zum einen auf Kinder bezogen, zum anderen aber von kindhaftem Zuschnitt, nicht seinem Alter gemäß, und *kindlichen Mißbildungen* haftet folglich eine irritierende Nebenbedeutung an, die sich vermeiden läßt, wenn man von „Mißbildungen an Kindern" spricht. Wo immer sich ein Adjektiv durch ein Substantiv verdrängen läßt, sollten wir's verdrängen.

„Ich sah bisher keine schlimmere Gefahr für alle Erkenntnis als die moralische Heuchelei", schrieb Nietzsche, erkannte die Unschärfe und fügte hinzu: „... oder, um gar keine Zweifel zu lassen: jene Heuchelei, welche Moral heißt."

Was bedeutet *soziale Kälte* – der Hauptvorwurf der SPD gegen die Bundesregierung im Wahlkampf 1987? Da die Kälte gewiß nicht als sozial, sondern als asozial hingestellt werden sollte, bleibt nur die ernüchternde Deutung: Kälte im sozialen Bereich. Und was heißt *soziale Marktwirtschaft?* Daß die Marktwirtschaft an sich unsozial sei, also erst auf sozial getrimmt werden müsse – oder daß das Soziale zu ihrem Wesen gehöre, das Adjektiv also als bloße Bekräftigung und damit als Tautologie? Der Wirtschaftswissenschaftler Friedrich August v. Hayek versichert, Ludwig Erhard habe ihm gesagt: „Ich meine, daß die Marktwirtschaft als solche sozial ist." Woraus man lernt, daß Adjektive noch mehr als andere Wörter der Deutung bedürfen.

Vielen Adjektiven verweigern wir erfreulicherweise solchen Doppelsinn. *Sportlich* ist für uns ein Mensch oder sein Verhalten oder seine Kleidung, und in einem Sportzentrum wird man überwiegend sportliche Menschen treffen. Doch ein *sportliches Zentrum* ist es für uns deswegen nicht – anders als für die Franzosen *(Centre sportif)*. Daß unser Glücksstern seinerseits glücklich wäre, würden wir bezweifeln – nicht die Engländer (*lucky star,* glücklicher Stern). *Natural History* ist bei uns immer noch „Naturgeschichte". Doch selbst in der populären amerikanischen Stillehre von E. B. White heißt es: „Schreibe mit Hauptwörtern und Verben, nicht mit Adjektiven und Adverbien. Das Adjektiv ist noch nicht geschaffen, das ein schlappes oder ungenaues Hauptwort aus der Klemme zieht."

Nimmt man die straßliche Polizei und den schriftlichen Steller hinzu, so wird ganz klar: Das Deutsche vermeidet das Adjektiv, wo es statt dessen Hauptwörter hinstellen oder zusammensetzen kann; selbst zusammengesetzte Hauptwörter – bei allem, was sich gegen sie sagen läßt (und hier im 2. Kapitel gesagt worden ist) – lassen bei weitem nicht so viele Unklarheiten wie angeklebte Adjektive, und bei gleicher Unklarheit haben sie immer noch den Vorzug, daß sie dem deutschen Sprachgefühl entsprechen.

Halbseidene Strumpffabrikanten

8. Den Gipfel der Verwirrung erklimmt das Adjektiv dort, wo es die Absichten des Schreibers auf den Kopf stellt, weil er nicht imstande ist, es einem zusammengesetzten Hauptwort richtig zuzuordnen, also ganze drei nebeneinanderstehende Wörter der deutschen Sprache in eine erträgliche Logik zueinander zu bringen. „Öffentliches Preisträgerkonzert", das ist korrekt, weil es sich offensichtlich um ein öffentliches Konzert für Träger von Preisen handelt; als schön oder gar übersichtlich läßt es sich gleichwohl nicht empfinden. Künstliche-Intelligenz-Forschung, das ist auch korrekt; wer jedoch statt dessen *künstliche Intelligenzforschung* schreibt, hat die künstliche Forschung einer nicht näher bezeichneten Intelligenz (vielleicht der natürlichen!) beschrieben.

Spitzfindigkeiten? Wollen wir denn ernstlich *reitende* Artilleriekasernen, *berittene* Polizistenwitwen, *rostfreie* Stahlhändler, *vierstöckige* Hausbesitzer in der Sprache dulden? Sind aber die *sinkenden Preistendenzen* oder die *sozialwissenschaftlichen Auswirkungsaspekte* besser als diese Karikaturen? Teilen sie nicht unüberhörbar mit, daß hier einer meine Aufmerksamkeit fordert, der nicht einmal sich selber zuhören kann? Der sich nicht um Logik schert und der zu träge ist, sich die schlichte Wortfolge „Tendenz zu sinkenden Preisen" auszudenken?

Meistens ahnen wir wenigstens, was er meint, dieser Schreiber ohne Vernunft und Sprachgefühl: Schreibt er *staatliche Almosenempfänger,* so denkt er wahrscheinlich nicht an staatliche Empfänger irgendwelcher Almosen (obwohl er es so hingeschrieben hat), sondern umgekehrt an (private) Empfänger staatlicher Almosen – wie schade, daß er das nicht hingeschrieben hat.

Doch dann erschafft ein besonders flüssiger Textverfasser in der „Süddeutschen Zeitung" den Wortpolypen *instrumentelle menschliche Fortpflanzungsmedizin.* Was mag das bedeuten? Ist die Medizin instrumentell, oder menschlich, oder beides? Ist die Fortpflanzung instrumentell, oder menschlich, oder beides? Menschliche Fortpflanzung mit Hilfe medizinischer Instrumente, das gäbe einen Sinn – aber warum sagt uns das keiner? Wir sollten gegen die geräucherten Schinkenhändler und ihre logische Widersinnigkeitsproblematik endlich mit dem groben Unfugparagraphen angehen.

Und nun auch noch die Steigerung

9. Zu den schlechten Eigenschaften des Adjektivs tritt noch die hinzu, daß es sich steigern läßt (und allein das Adjektiv: „in *keinster* Weise" sagen nur die Dümmsten). Strenge Spracherzieher wie W. E. Süskind tadeln bereits den Komparativ: Das mit Bedacht gesetzte Eigenschaftswort sei etwas Starkes und Durchdringendes, das eine Verstärkung weder brauche noch vertrage; auch bringe der Komparativ Konkurrenz und Neid in die Sprache (größer als, reicher als ...).

Beim Superlativ sind sich die meisten Sprachforscher einig: Er ist eine schreiende Form, mit der man überaus sparsam umgehen sollte. Er reizt zum Widerspruch, wie Bismarck meinte. Er maßt sich an, das Äußerste zu kennen, damit ja niemand ihn mehr übersteigern könne; und er wird gern auch dort verwendet, wo schon der Komparativ logisch nicht vollzogen werden kann.

So viel ist klar: Nicht steigern lassen sich beispielsweise *dreiseitig, schulfrei* oder *tot.* Doch andere Adjektive, bei denen dies nicht minder klar sein müßte, werden flugs in den Komparativ oder Superlativ erhoben: *alltäglich, eindeutig, einzig* und die meisten Wörter auf -los: *sorglos, vorurteilslos* – obwohl die totale Abwesenheit von Sorgen oder Vorurteilen eine Steigerung nicht zuläßt; und obgleich das Wort *vorurteilslos* schon seinem Inhalt nach ein Superlativ ist und ein übermenschlicher dazu.

Profunder Baß auf hohem Niveau

Sollte nun nicht aber endlich etwas Gutes über das Eigenschaftswort gesagt werden? Oft ist es schließlich nicht tautologisch, nicht unlogisch, nicht bürokratisch und gänzlich ungesteigert. Richtig – doch zu wenig: Es läßt ja beispielsweise der Adjektivitis des schon zitierten deutschen Professors Lübbe Raum: *mehrheitsentscheidungskompetenzfrei,* hat er doch wirklich geschrieben, womit er seine Forderung ausdrücken will, daß der einzelne möglichst wenig von Entscheidungsbefugnissen der Mehrheit behelligt wird. Vorschläge in derselben Richtung: *ernährungsapostelbevormundungsfrei* oder *waldsterbenursachendiskussionsüberdrüssig.* Unsinn beiseite – halten wir uns an die üblichen Ein- bis Viersilber:

> Das *hohe* Niveau verstärkte Paul Heinz Herr vom Nationaltheater Mannheim, der mit *profundem* Baß und *ausgefeilter* Gesangskultur in Arien aus der „Zauberflöte" und „Undine"

das *besondere* Wohlgefallen des Maxdorfer Konzertpublikums fand. Kein Wunder, daß Hermann Leonhardt, der *verdiente* Vorstand der Harmonie, den *sympathischen* Künstler zum *baldigen* Wiedersehen bei der „Harmonie" einlud. („Rheinpfalz")

Obwohl gegen jedes dieser sieben Adjektive nur schwer etwas Konkretes einzuwenden ist, wirken sie fast komisch in ihrer Häufung und durch die „abwegige Vorstellung, daß sich vor jedem Substantiv ein Hohlraum befinde, der unter allen Umständen gestopft werden müsse" (Mackensen). Versuchen wir's also mit einem anspruchsvolleren Text:

> Von Nacht zu Nacht ziehen sich mehr fahle Stränge durch die grünen Rebhänge: das Weinlaub trocknet vom erkaltenden Boden her und färbt sich, während die Beeren reifen und hie und da schon begehrte Edelfäule ansetzen. Von morgens an, wenn der weißleuchtende Nebel langsam über die flachen Kuppen wegzieht, knallt es hin und wieder, leicht und trocken. („Süddeutsche Zeitung")

Neun Adjektive in zwei Sätzen – frei von allen Fehlern? Nicht ganz: Nebel leuchtet meistens weiß und zieht fast immer langsam weg. Zwei Adjektive überflüssig, die bleibende Menge von sieben noch immer zuviel.

Denn für das Eigenschaftswort gilt: Wo es nicht zwingend ist, ist es falsch (Rauter). Strenge Zurückhaltung gegen das Adjektiv gehört zu jedem klassischen Stil; „sogar völlige Enthaltsamkeit ist besser als das Gegenteil" (Süskind). Sätze mit zu vielen Adjektiven sind wie ein Heer, in dem hinter jedem Soldaten ein Kammerdiener geht (der römische Rhetor Quintilian). Was für ein Lindenbaum steht am Brunnen vor dem Tore? Ein alter, schöner, großer, schattenspendender? Wir erfahren es nicht, und wir brauchen es auch nicht zu erfahren: Das Wort „Lindenbaum" beflügelt unsere Phantasie genug.

Aussondern und überraschen

Erwünscht sind Adjektive nur in zwei Fällen: erstens, wenn sie unterscheiden, aussondern (das blaue Kleid, nicht das grüne!). Eine Form der Unterscheidung ist die Wertung: Ein sehenswerter Film! Oder wenn sie, zweitens, gesetzt sind mit dichterischer Kraft (was ja auch anderen als Dichtern gelegentlich gelingen mag). Die großen Schreiber haben dabei drei Wege eingeschlagen.

Der erste und vermutlich schwierigste Weg ist der, einem abgenutzten Adjektiv neue Kraft und Frische einzuflößen: „Und immer wieder zog die Reihe der glänzenden Eisgebirge das Aug' und die Seele an sich", schrieb Goethe 1779 in Chamonix. „Der Montblanc kam immer mehr hervor. Die Sonne ging klar unter, es war ein so *großer* Anblick, daß ein menschlich Auge nicht dazu hinreicht."

Der zweite Weg ist der, ein geläufiges Adjektiv in einen unvermuteten Zusammenhang zu stellen (nach dem Muster: „Die Königin fletschte *huldvoll* die Zähne"). Lichtenberg wußte den Genuß eines guten *elastischen* Dorfmädchens zu schätzen; Lessing polemisierte: „Was soll nun die *windschiefe* Frage?" Goethe sah im Nebel hoch in den Alpen eine *feindselige* Gärung entstehen; Eichendorff ließ die Brunnen *verschlafen* rauschen in der prächtigen Sommernacht. Johann Gottfried Seume berichtete über die Heimkehr von seinem Spaziergang nach Syrakus: „Schnorr war der erste, den ich aufsuchte, und das enthusiastische Menschenkind warf *komisch* den Pinsel weg..." Bei Georg Trakl pfeift *verliebt* ein Rattenchor am Kehricht, und die „Süddeutsche Zeitung" sagte in ihrem „Streiflicht" über einen Manager, er habe sich als Organisator der Münchener Modefestspiele weltweit einen *wahnsinnigen* Namen gemacht.

Der dritte Weg ist der, ein Adjektiv zu *erfinden,* wozu uns die Grammatik ermächtigt mit Hilfe von Ableitungen oder Zusammensetzungen: Herzmanovsky-Orlando läßt einen *hohlröhrenden* Mimen auftreten; Hans Magnus Enzensberger rügt das *krausemause* Durcheinander in den Köpfen; und selbst unser scheußliches Allerwelts-Anhängsel -*mäßig* („Der Charakter als Verkaufsveranstaltung muß blickfangmäßig verdeutlicht werden") kann Kraft entfalten: wenn nämlich Lichtenberg über einen

Zeitgenossen äußert, er habe eine so *frachtbriefmäßige* Art, sich auszudrücken, daß es kein lebender Mensch bei ihm aushalten könne.

Wie man selbst einen Sturzbach von Adjektiven meistern kann (falls man ein Meister ist), zeigt Thomas Manns Lobgesang auf Grimmelshausens „Simplicissimus":

> Es ist ein Literatur- und Lebens-Denkmal der seltensten Art, ein Erzählwerk von unwillkürlichster Großartigkeit, bunt, wild, roh, amüsant, verliebt und verlumpt, kochend von Leben, mit Tod und Teufel auf du und du, zerknirscht am Ende und gründlich müde einer in Blut, Raub, Wollust sich vergeudenden Welt, aber unsterblich in der elenden Pracht seiner Sünden.

Im Grenzfall: verzichten

Das treffende, überraschende Adjektiv zu setzen ist die eine Kunst; die andere ist die, auf Adjektive gänzlich zu verzichten. Man mag sich streiten, welcher dieser Künste der höhere Rang gebührt; sich Verzicht zum Ziel zu setzen hat jedoch zwei Vorteile: Man gerät nicht in die Versuchung, nach originellen Adjektiven zu haschen, und dabei tritt man frontal der anderen Versuchung entgegen, die Sätze mit Eigenschaftswörtern zu spicken, wie gewohnt.

Ein schönes Mittel des Verzichts ist die Wahl jenes Substantivs, das das Adjektiv schon einbegreift: Der starke Wind ist eben ein *Sturm,* der leichte eine *Brise,* das heftige Weinen ein *Schluchzen,* der schamlos schlechte Arzt ein *Quacksalber.* Wer solche Worte wählt, hat Süskinds Rat befolgt: „Man gebe den Hauptwörtern den Rachen frei und erlaube ihnen, Eigenschaftswörter zu verschlingen."

Ein anderes Mittel des Verzichts ist das Vertrauen, daß mein Leser oder Zuhörer die Eigenschaften des Dinges, das ich beschreiben will, den Umständen ohnehin entnehmen kann. Wenn Goethe im November einen Brief von der Höhe des Gotthards schreibt, so läuft die Erwartung „Frost und Schnee" seinem Text voraus – und folglich kann er seine Schilderung so beginnen:

Wir sitzen? Nein: *Wir stecken* (da sieht man die Enge, das Sichdrängen an die Wärmequelle) im schützenden, bergenden, sturmumtobten Haus? Nicht doch: *im Hause,* das schützt ganz schön auf dem Gotthard – in der Nähe des heißen, gemütlich knisternden, glühenden Ofens? Ach wo: *beim Ofen,* wie sollte er nicht knistern. „Wir stecken im Hause beim Ofen", damit ist, im Winter auf dem Gotthard, Atmosphäre geschaffen und alles gesagt.

Meister in langen Passagen frei von Adjektiven ist die Bibel. „Bittet, so wird euch gegeben; suchet, so werdet ihr finden; klopfet, so wird euch aufgetan" (Matthäus 7,7), und im biblischen Stil schrieb Bert Brecht: „Der Wind macht die Wolken, daß da Regen ist auf die Äcker, daß da Brot entstehe. Laßt uns jetzt Kinder machen aus Lüsten für das Brot, daß es gefressen werde."

Journalisten und Amateure können sich leichter an Ludwig Thoma halten – einen Meister des zugleich knappen und farbigen Ausdrucks. Wie er die hoffnungslos verkrusteten hierarchischen Strukturen in einem oberbayerischen Dorf um 1900 schildert, aber natürlich ohne all diese Wörter, sich auf die Adjektive „schlecht" und „mager" beschränkend und dabei von bärbeißiger Anschaulichkeit:

> Wer sechs Roß im Stall stehen hat, ist ein Bauer und sitzt im Wirtshaus beim Bürgermeister und beim Ausschuß. Wenn er das Maul auftut und über die schlechten Zeiten schimpft, gibt man acht auf ihn... Wer fünf Roß und weniger hat, ist ein Gütler und schimpft auch. Aber es hat nicht das Gewicht und ist nicht wert, daß man es weitergibt. Wer aber kein Roß hat und seinen Pflug von ein paar mageren Ochsen ziehen läßt, der ist ein Häusler und muß das Maul halten.

Attribut – Prädikat – Adverb – Partizip

Im Satz treten Eigenschaftswörter in drei Formen auf:
- als Beifügung oder *Attribut:* das fröhliche Kind
- als Satzaussage oder *Prädikat:* Das Kind ist fröhlich
- als Umstandswort oder *Adverb* (weil es beim Verbum steht und die Art und Weise beschreibt, wie etwas geschieht; englisch ist hier -ly, französisch -ment anzuhängen): Das Kind singt fröhlich.

Meist wie ein Adjektiv verwendet wird das Mittelwort oder *Partizip* (lat. teilhabend), so genannt, weil es die Form des Verbums hat, aber meist die Funktion eines Adjektivs erfüllt.
- Partizip Präsens oder Aktiv-Partizip: das lachende Kind
- Partizip Perfekt oder Passiv-Partizip: das geohrfeigte Kind.

Das *Aktiv-Partizip* wird von Jean Paul gelobt, weil es „handelnder, mithin sinnlicher" sei als das Adjektiv – also besser „das dürstende Herz" als „das durstige".

Gehäuft oder unkontrolliert verwendet, wirkt das Aktiv-Partizip penetrant (wie „lebensernststiftend" und „daseinsproblemlösend" bei Hermann Lübbe); auch bietet es sich zu Fehlkonstruktionen wie der „überwältigenden Mehrheit" an, die gleich zwei schlimme Fehler enthält – grammatisch: Überwältigen ist eine *Tätigkeit,* die hier kaum gemeint sein kann; inhaltlich/politisch: Überwältigung ist gewaltsam, also falsch, falls nicht von Hitlers „Ermächtigungsgesetz" die Rede ist; der überwältigenden Mehrheit würde logisch eine überwältigte Minderheit entsprechen.

Das *Passiv-Partizip* wird von W. E. Süskind gelobt als weiterführendes Satzglied („Wortsprungbrett"), wenn es hinter dem Substantiv steht: „Straßburg, hart umkämpft seit . . ." (Mehr über diese *satzwertigen Partizipien* in Kap. 18).

Auch das Passiv-Partizip ist, gehäuft oder unkontrolliert verwendet, ein beliebtes Vehikel sprachlicher Entgleisungen: „Das Gericht wolle erkennen, der Beklagte sei schuldig, mir für die von mir für ihn an die in dem von ihm zur Bearbeitung übernommenen Steinbruch beschäftigt gewesenen Arbeiter vorgeschossenen Arbeitslöhne Ersatz zu leisten." (Vgl. Kap. 17)

6. Die schönen, scheußlichen Substantive

> Widerstehe der Versuchung, ein 20-Dollar-Wort zu benutzen, wenn du ein 10-Cent-Stück zur Hand hast, das denselben Zweck erfüllt.
> E. B. White, *An Approach to Style*

Ein Mensch hat ein Problem. Das kommt vor. Der „Frankfurter Allgemeinen" gefällt es trotzdem nicht, denn *Problem* sei meist nur ein abgegriffener Verlegenheitsausdruck, der den Leser abschrecke (so in der redaktionsinternen Schwarzen Liste). Das ist streng, wiewohl nicht ungerecht.

Um das *Problem* möglicherweise dennoch schätzen zu lernen, muß man sich anhören, was der Mensch, dieses in sein Silbengeklapper verliebte Tier, in den letzten zwanzig Jahren daraus gemacht hat: Ein Problem hat heute fast keiner mehr. Er ist einer *Problematik* konfrontiert, einem *Problembereich, Problemfeld, Problemkreis* oder *Problemkomplex* – am besten in den Plural erhoben, das gibt noch eine Silbe mehr und macht den Ausdruck gravitätisch: *Problematiken*. „Problem" zu sagen, traut sich fast keiner mehr; als Ausweg, wenn er wirklich nur ein Problem und nicht den Kranz der -matiken meint, steht ihm der *Problempunkt* zur Verfügung; wenigstens eine Silbe mehr.

Was einmal im Wege der Problematisierung auf die Problemebene gehoben worden ist, bedarf „völlig neuer *Problemlösungspotentiale*" (so Reiner Gohlke, Chef der Deutschen Bundesbahn, im „Handelsblatt") – zum Beispiel durch

> Schaffung eines EDV-gestützten Systems für eine anforderungsgerechte Übermittlung und Verarbeitung des warenbezogenen Informationsflusses. Mit dem Abbau der Lagerhaltung im Zuge der logistischen Optimierung wachsen Risiken und Störanfälligkeit der Produktionsprozesse. Waren- und Materialzulaufsteuerung erfordern insofern vorauseilende Informa-

tionen, die die Planmäßigkeit der Abläufe kontrollierbar machen, um im Bedarfsfall – bei Abweichungen – alternative Dispositionen zur Engpaßbeseitigung zu ermöglichen. Daneben sind bestimmte kostenintensive Schnittstellen im Datenfluß zu beseitigen.

Das schmeckt nach einer breitgefächerten Palette von Problemlösungsaktivitäten auf der Basis der den situativen Gegebenheiten adäquaten Zielkonstellationen.

Man sieht: Mit dem Substantiv an sich ist noch nichts gewonnen. Ja, im Grenzfall hat es mehr Kraft und Saft als das nur drangeworfene Adjektiv, *Sturm* ist eben eingängiger als „starker Wind" und *Elternhaus* zwei Silben kürzer als „elterliches Haus", noch dazu in Übereinstimmung mit dem deutschen Sprachgefühl.

Bildhaft oder bildleer

Doch irgendeine Gewähr oder auch nur eine Wahrscheinlichkeit, gutes Deutsch schon dadurch zu schreiben, daß man den Adjektiven die Substantive vorzieht, gibt es nicht. Der Unterschied liegt anderswo: Ein Text mit wenigen Adjektiven ist erstrebenswert – ein Text mit allzu wenigen Substantiven dagegen zum einen grammatisch nicht möglich, und zum anderen würde er uns um Hunderte von Wörtern betrügen, die zum Gemüt und zu allen Sinnen sprechen: Stern, Himmel, Wolke, Blitz, Baum, Tod.

W. E. Süskind nennt solche Wörter die *bildhaften,* konkreten, „echten" Substantive. Verwandt sind ihnen die *bildnahen,* gleichsam personifizierten Hauptwörter: Liebe, Treue, Unglück, Neid – und es sind diese beiden Kategorien, deretwegen das Hauptwort Lob verdient.

Professoren, Bürokraten, Manager und Zeitungsschreiber verlassen sich dagegen immer mehr auf drei andere Gruppen von Substantiven. Da sind zunächst die *bildleeren,* die „unechten", abstrakten: Offenheit, Selbständigkeit, Selbstverständlichkeit, überhaupt alle Wörter auf -ung, -heit, -keit; ferner die auf -ät, -ion und -ive (Komplexität, Definition, Initiative), die auf -ismus so-

wieso; auch die auf -nis, -tum, -schaft und -nahme (Verhältnis, Volkstum, Lehrerschaft, Parteinahme).
Nicht daß diese Begriffe entbehrlich wären. In vielen von ihnen spiegeln sich elementare, ja großartige Denkleistungen wider, alles Abstrakte und Komplexe läßt sich kaum anders fassen. Und doch gibt es da ein paar Bedenken.

Zum ersten: Eine Häufung abstrakter Hauptwörter, wie notwendig jedes einzelne auch sei, macht einen Text schwierig und blaß. Je länger ich bei Vermeidung und Vermeidbarkeit, bei Identität, Perspektive und Zerstrittenheit verharre, desto mehr Konzentration mute ich meinem Leser oder Hörer zu und desto weiter weg führe ich ihn vom prallen Leben – bis er schließlich lechzt nach einem Wort wie Wiese oder Kuh. Kuh? In der Verwaltungssprache ist sie eine *Großvieheinheit*, wogegen *viele Kühe* meist *Tbc-freie Bestände* heißen.

Zum zweiten: Eine Häufung solcher Wörter ist auch stilistisch und akustisch unerfreulich, nicht selten penetrant: „Eine Anpassung der Einkommensgrenzen der Schülerfahrgeldbestimmungen an die Entwicklung der Lebensunterhaltskosten bei gleichzeitiger grundsätzlicher Einstellung bisher gewährter einkommensunabhängiger Förderung".

Zum dritten: Entbehrlich sind einige dieser Wörter eben doch. Es wäre beispielsweise zu prüfen, ob *Streit* vielleicht denselben Dienst wie „Zerstrittenheit" versieht, und was die Schülerfahrgeldbestimmungen angeht, so läßt sich der zähe ung-Brei leicht verflüssigen, wenn man möglichst viele der abstrakten Substantive durch Verben ersetzt: Das empfiehlt sich immer, und das folgende Kapitel handelt davon.

Die Hochzeit der Bereiche

Von den schlimmsten Substantiven haben wir dabei noch nicht gesprochen: denen ohne Mark und Knochen wie *Bereich, Gebiet, Sektor, Umfeld, Ebene* und *Raum*: „Freiräume der Mitverantwortung", „Die Schule als sinnstiftender Erfahrungsraum" – in solchen Räumen fühlt man sich zu Hause; auch „im erarbeiteten Zahlenraum", in welchem die Sechsjährige noch Anschauungshilfen benötigt, wie eine Lehrerin monierte, freilich nur „im Minusbereich".

Bereich: Das ist seit Jahren das häufigste Füllwort und Abzeichen alles modisch-bürokratischen Geschwätzes. Man hört Referate mit zwanzig Bereichen in zehn Sätzen. „In einigen Teilbereichen in meinem Zuständigkeitsbereich", sagte der schleswig-holsteinische Kultusminister Bendixen 1985 in einem Interview, und so ging es weiter: „Das betrifft den skandinavischen Bereich, aber auch den gesamten Bereich der Bundesrepublik ... im musealen Bereich, im musischen Bereich, wo auch immer." In Wolfgang Kaysers Buch „Das sprachliche Kunstwerk" findet sich neben anderen Kunstwerken auch dieses: „Wir treten in den Bereich eines Fragenkreises, auf den seit langem die Wege zulaufen."

Und dann die *Befindlichkeit,* vor einigen Jahren aufgestiegen als Phönix aus qualmender Asche – zwar von Martin Heidegger angestoßen („Die Geworfenheit in den Tod enthüllt sich in der Befindlichkeit der Angst") und trotzdem nichts als eine geblähte Imponiervokabel für „Befinden" oder „Zustand", nur doppelt so lang und so herrlich abstrakt, noch dazu steigerungsfähig zur *Grundbefindlichkeit,* zur *Befindlichkeitsqualität* oder zum *Mißbefindlichkeitspegel* (Hermann Lübbe).

Da sind wir vollends bei den *lebenden Leichnamen,* wie Jean Paul solche Wörter nannte – obwohl er die meisten Ausgeburten unserer akademisch-bürokratischen Sprachschöpfer nicht kannte: Beaufschlagung, Beampelung, Beschulung, Hierarchisierung, Ingangsetzung, Verschlagwortung; auch Aktivitätenpalette, Innovationspotential, Stellplatzablösungsverpflichtung, Technologiehaltigkeit und Sekundärtugendorientiertheit.

Hier findet ein grandioser Aufschwung statt vom Feld der manchmal notwendigen Abstraktion in die Giftwolke der schieren Scheußlichkeit. Die Tagesschau meldet: „Auch in Hamburg können Warnstreiks zur Durchsetzung der Forderung nach Einführung der 35-Stunden-Woche stattfinden." Der Bundesernährungsminister „hat die EG-Kommission gebeten, die Preisbruchproblematik im Sinne einer Preisbruchvergütung zu lösen". Der Landespolizeipräsident von Baden-Württemberg plädiert für „die Sicherstellung einer hinreichenden Informationsbeschaffung vor allem im Bereich der Verdachtsschöpfung mit entsprechender Ausgestaltung der gegenseitigen Amtshilfe".

„Laßt uns *die Ratlosigkeit gemeinsam tragen!*" So steht es in einem Aufruf der Evangelischen Kirche Deutschlands von 1977, doch an unserem Mißbefindlichkeitspegel ändert das nichts.

7. Verben: Die Königswörter

> Im Anfang war die Tat.
> *Faust I, Studierzimmer*

Das Königswort der Sprache ist das Verb. Alles, was *geschieht*, läßt sich nur in Verben fassen, und wenn nichts geschähe auf Erden, hätten wir auch nichts zu sagen. Nicht *Zeitwort* sollte die Verdeutschung lauten, fordert Ludwig Reiners, sondern *Tatwort* (und natürlich nicht „Tätigkeitswort" – was ist schon die Tätigkeit verglichen mit der Tat!) oder gar *Hauptwort*, statt des Substantivs, des oft mißbrauchten.

Freilich: Ein Allheilmittel ist auch das Verbum nicht. „Eine Gefahr, mit der rechnen zu sollen er fürchten zu müssen meinte" – das wären gleich fünf Verben und trotzdem bloßes Wortgeklingel; und Rilke trifft ebenfalls nicht jedermanns Geschmack, wenn er in seinem Gedicht „Konstanz" schreibt:

> Hoch *schüchtert*, scheu wie ein Reh,
> Ein Stern überm Uferschleh.

Es hilft nichts – erst muß der Müll zur Seite, und der Haufen ist hoch.

Müll: Das sind beispielsweise die meisten Verben auf *-ieren* (prämieren, stabilisieren), zumal wenn sie auch noch einem schwer verständlichen Jargon angehören wie *dislozieren* (militärchinesisch für „stationieren") oder den akademischen Imponiervokabeln wie *verbalisieren* und *instrumentalisieren*, *problematisieren* und *sensibilisieren*, *tabuisieren* und *stigmatisieren*. Das akustisch schlichtere *hinterfragen* wiederum ist Soziologenjargon bis zur Karikatur seiner selbst, nach Hans Weigel „aus dem Anus der deutschen Sprache ausgeschieden".

Müll, das sind Verben wie *vorprogrammieren* und *aufoktroyieren*, die das unschöne -ieren mit der geschwätzigen Verdoppelung verbinden, denn programmieren heißt „vorherschreiben" und oktroyieren „aufnötigen", und eigentlich haben wir auf die Wörter aufaufnötigen und vorhervorherschreiben nicht dringend gewartet.

Müll, das sind die falschen Übernahmen aus dem Englischen wie *kontakten, konzertieren, realisieren* (im Sinne von „sich klarmachen") – mehr darüber in Kap. 11; oder die „Spiegel"-Erfindungen *hämen, kuren, urlauben* (mehr darüber in Kap. 12).

Keinen Beifall verdienen ferner die *Luftwörter* (Jean Paul): erfolgen, bewirken, bewerkstelligen; die *Spreizverben* (Mackensen): beinhalten, vergegenwärtigen; die *toten Verben* (Reiners): sich befinden, liegen, gehören, es gibt; die *Blähverben:* aufweisen („Das Auto weist vier Räder auf") oder weilen („Fritz weilt im Sandkasten" – und wer weilt in den Mauern unserer Stadt?)

Was ist so tot, gespreizt, gebläht daran? Daß solche Tatwörter nicht ein Tun, sondern ein bloßes Vorhandensein bezeichnen, einige noch dazu auf abstrakte, vielsilbige Weise.

Aber wenn doch nun etwas bloß *ist* und nichts tut – sind nicht auch dafür die Verben da? Durchaus. Nur gilt hier ein ähnliches Bedenken wie gegen eine Häufung abstrakter Substantive, und wären sie jedes einzeln noch so sehr am Platz: sie verschenken Anschaulichkeit, sie machen müde.

...und hätte der Liebe nicht...

Daher hat schon Goethe auf Mittel gesonnen, den Ausdruck zu „dynamisieren", wie die heutige Stilistik das nennt – also das Sein dem Tun zu nähern. Wo es in seinem Roman „Wilhelm Meisters theatralische Sendung" heißt: „Er *hatte* nichts bei sich, um das Verlangen des Kindes zu stillen", schrieb Goethe in der späteren Fassung (unter dem Titel „Wilhelm Meisters Lehrjahre"): „Er *fand* nichts bei sich, um..." Man sieht also Wilhelm Meister in seinen Taschen suchen, er tut etwas, und sogleich findet er unser Interesse. Ähnlich empfiehlt Reiners, nicht zu schreiben: „Hindernisse bedeuten ihm nichts", sondern „Hindernisse schiebt er beiseite".

„Er *hatte* nichts bei sich", Goethes ursprüngliche Fassung, weist auf ein weiteres Problem: Die Hilfszeitwörter *haben* und *sein* bieten sich zwar oft als schlichtester und insofern erstrebenswerter Ausdruck an, können aber eben deshalb durch Häufung abstoßen, mit dem zusätzlichen Nachteil, daß sie undynamisch und farblos sind. „Das Auto hat vier Räder" und „Fritz ist im Sandkasten" haben auch noch keine Frische. Was tun?

Erstens: Dynamische Varianten suchen – Fritz *spielen* lassen und das Auto zum Rollen bringen. Zweitens: Dem auf Seite 60 zitierten Rat von W. E. Süskind folgen, das heißt sich der Meriten des nachgestellten Passiv-Partizips bedienen: „Straßburg, hart umkämpft seit 1681" erspart die Konstruktion „Straßburg, das seit 1681 hart umkämpft *ist*". Drittens: Ein Quantum *haben* und *sein* in Kauf nehmen.

Viertens: Jenen Meistern nacheifern, die selbst den Hilfsverben Kraft zu geben verstehen: „Wenn ich mit Menschen- und mit Engelszungen redete und *hätte* der Liebe nicht... (1. Korinther 13,1). Oder Lessing im Anti-Goeze: „Auch *war* die Religion, ehe eine Bibel war. Das Christentum *war*, ehe Evangelisten und Apostel geschrieben hatten."

Ein Seufzer schließlich jenen Verben, die sich nicht allein auf den Plan trauen, sondern es vorziehen, sich mit einem Substantiv zu verheiraten – unechte Verben also, *Funktionsverben* in der Grammatik, *Streckverben* bei Reiners: in Erwägung ziehen, Verzicht leisten, Stimmenthaltung üben. Den Scherz beiseite, daß der, der sich der Stimme enthält, dies offenbar nicht mehr zu üben braucht: Warum erwägen, verzichten, enthalten wir uns nicht? Enthalten wir uns also! Bis dahin herrscht Klarheit.

Andere Streckverben hingegen erfüllen einen Zweck: „Jemanden zur Verzweiflung bringen" ist mit *einem* Wort nicht auszudrücken; auch für „Erfolg haben" besitzen wir kein Verb (wie das französische *réussir* oder das englische *succeed*). Statt des akademischen Modeworts *thematisieren* empfiehlt sich sogar ein Streckverbum wie „zum Thema machen", „ein Thema daraus machen", „zur Sprache bringen" – falls man nicht einfach „aufgreifen" oder „drüber reden" sagen will, was meist genügt.

Summen, murmeln, flüstern, rieseln

Und wo sind sie denn nun, die rundum erstrebenswerten Verben, die wahren Königswörter? Versammelt finden wir sie in manchen Gedichten – in Brentanos „Wiegenlied" leise und verheißungsvoll:

> Singt ein Lied so süß gelinde,
> wie die Quellen auf den Kieseln,
> wie die Bienen um die Linde
> summen, murmeln, flüstern, rieseln.

Donnernd in Schillers Balladen: „Und es wallet und siedet und brauset und zischt" oder „Balken krachen, Pfosten stürzen, Fenster klirren, Kinder jammern, Mütter irren" – die wahren Tatwörter also, die Träger von Handlung und Kraft.

Für Prosa, zumal für nichtliterarische, kann solche Häufung kaum ein Vorbild sein. Für sie bieten sich drei Wege an.

1. Da Verben im Grenzfall die angenehmere und kraftvollere Wortklasse sind, vertraut man ihnen, ohne um sie zu ringen – bei wachem Mißtrauen gegen das Beinhalten und Operationalisieren und im Rahmen des Möglichen bemüht um das Tatwort, das dynamische Verb.

2. Man hat Zeit, Lust und Talent, nach einem unverbrauchten oder an dieser Stelle unvermuteten Verb zu suchen, auch nach einem komischen, worin Heinrich Böll seinen Ehrgeiz setzte: „Es war viel besser, ihn ganz allein in seinem Gewissen *herumpopeln* zu lassen", oder:

> Hall stieß einen langen, endlos lang erscheinenden Seufzer aus, von dem Bergnolte später behauptete, der ganze Gerichtssaal habe danach *gerochen*.

Johann Gottfried Seume wollte nach Syrakus spazieren, um sich „das Zwerchfell *auseinander zu wandeln,* das ich mir über dem Druck von Klopstocks Oden zusammengesessen hatte". Nietzsche wunderte sich, wie Napoleon „seinen Zorn zur gewählten Zeit *bellen und brüllen* ließ".

3. Man versucht sich in der Kunst, ein altgedientes Verb so zu setzen, daß es frisch erblüht – also Schopenhauers Rat zu folgen: „Man brauche gewöhnliche Worte und sage ungewöhnliche Dinge." So, wenn es bei Eichendorff heißt: „Der Sturm *geht* lärmend um das Haus", oder bei Siegfried Lenz: „Er sah nach draußen, wo der Winter sich mit der Elbe *beschäftigte.*" Goethe schrieb 1779 aus der Schweiz:

> Der Morgenwind blies stark und schlug sich mit einigen Schneewolken herum und jagte abwechselnd leichte Gestöber an den Bergen und durch das Tal. Nach neune trafen wir in Oberwald an und sprachen in einem Wirtshaus ein, wo sich die Leute nicht wenig wunderten, solche Gestalten in dieser Jahreszeit erscheinen zu sehen. Wir fragten, ob der Weg über die Furka noch gangbar wäre? Sie antworteten, daß ihre Leute den größten Teil des Winters drüber gingen; ob wir aber hinüberkommen würden, das wüßten sie nicht.

Und sogleich eine Zumutung an den Leser: Er ist hiermit gebeten, diesen Text noch einmal zu lesen und dabei vielleicht auf einige der folgenden Feinheiten zu achten:

Das Stück beginnt mit drei schnellbewegten Verben: *blasen, jagen* und dem starken Bild „sich mit Schneewolken *herumschlagen*". Dann läßt die Bewegung nach, denn die Wanderer sind geborgen und führen ein Gespräch – es bleibt nichts, als Wörter wie *eintreffen* oder das heute nicht mehr übliche *einsprechen* zu benutzen, dazu *fragen, antworten, wissen;* doch gleich wieder mit eingestreuter Dynamik: *sich wundern, erscheinen sehen, gehen, hinüberkommen.*

Das sind nicht weniger als zwölf Verben in einem Text von 80 Wörtern („sich herumschlagen" als *ein* Wort gerechnet, da es *ein* Verb ist); es wird also die Quote von 15 Prozent aktiver Verben erreicht, die einen Text nach Reiners „sehr leicht verständlich" macht.

Ich halte dieses Stückchen Prosa für den Inbegriff dessen, was die deutsche Sprache mit schlichten Mitteln leisten kann, und so wird es erneut analysiert werden in dem Kapitel über den Rhythmus, den auch Prosa braucht; dazu hier ein Lob jener Wörter, die wenige Silben haben (im nächsten Kapitel mehr davon); Morgenwind, Schneewolken, Gestöber, Gestalten und Jahreszeit, das sind schon die längsten.

Das leidige Passiv

Daß Goethe hier ausschließlich *aktive* Verben benutzt, trägt ebenfalls zu der bildhaften Frische der Textpassage bei; und die Abneigung gegen das Passiv ist weder eine Goethesche Eigenheit noch gar ein Zufall: In der deutschen Dichtung sind nur 1,5 Prozent aller Sätze passivisch konstruiert, hat die Duden-Grammatik ausgerechnet – gegen 9 Prozent in deutschen Zeitungen und 10,5 Prozent in den Kochbüchern („Das Eiweiß wird steifgeschlagen"). Noch stärker als die Dichter meiden das Passiv nur die Verfasser von Trivialliteratur (1,2 Prozent Passivsätze); ein Bündnis, auf das wir bei der gemeinsamen Abneigung gegen vielsilbige Abstraktionen noch einmal stoßen werden.

Das Passiv ist eine späte, künstliche, gleichsam entmenschlichte Form des Verbs, in Dialekten selten oder unbekannt, Kindern spät zugänglich und bei jedem Verständlichkeitstest im Hintertreffen. Es ist ein Werkzeug des Befehls („Jetzt wird geschlafen!"), ein Lieblingsinstrument der Bürokratie („Sie werden hiermit aufgefordert...") sowie ein typisches und annehmbares Vehikel für Gebrauchsanweisungen und Kochrezepte.

Im Journalismus bietet das Passiv ein doppeltes Ärgernis: inhaltlich und politisch, weil es ein Mittel ist, die handelnden Personen zu verschweigen („Produktionskapazitäten werden stillgelegt" – von wem, bitteschön?); sprachlich, weil es sich unzähligen Mißgeburten als Zange anbietet:

> Die Verschiebung der Anpassung der Freibeträge und Bedarfssätze nach dem Bundesausbildungsförderungsgesetz um ein halbes Jahr ist von der westdeutschen Rektorenkonferenz als unvertretbar kritisiert worden. („Frankfurter Rundschau")

Der ungute Infinitiv

Auch mit der scheinbar unschuldigen Form des Verbums, dem *Infinitiv,* wird Mißbrauch getrieben. Der Infinitiv ist häßlich, wenn ein zweiter Infinitiv von einem ersten abhängt: „Grund genug für den DGB-Vorstand, dem Gewerkschaftsnachwuchs *zu verbieten,* sich dem Aufruf *anzuschließen."* Oder wenn im Schachtelsatz gar drei Infinitive aufeinanderstoßen – von Hegel:

> Was wir von der Philosophie der neueren Zeit mit der größten Prätention über den Staat haben ausgehen sehen, berechtigte wohl jeden, der Lust hatte *mitzusprechen,* zu dieser Überzeugung, ebensolches von sich aus geradezu machen *zu können* und damit sich den Beweis, im Besitz der Philosophie *zu sein, zu geben.*

bis zur „Frankfurter Allgemeinen":

> Niemand denkt daran, denjenigen, die der (gefährlich falschen) Ansicht sind, westliche Überlegenheit werde am Ende so drückend auf die Sowjetunion wirken, daß auch das Politbüro anfange, sich selbst *zu entwaffnen,* das Recht *zu beschneiden,* ihre Meinung in friedlichen Demonstrationen *kundzugeben.*

Der Infinitiv ist *falsch,* wenn er eine bereits gemachte Aussage tautologisch wiederholt: die Fähigkeit, Englisch sprechen *zu können* – die Erlaubnis, den Sitzungssaal betreten *zu dürfen.* Denn die Fähigkeit ist schon das Können und die Erlaubnis das Dürfen.

Auch alle anderen „zu können, zu dürfen, zu wollen, zu sollen, zu müssen" sollten darauf geprüft werden, ob sie entweder getilgt oder durch die konjugierte Form des Verbs ersetzt werden können. Denn im Grenzfall ist der Infinitiv die schlechtere Form: nicht „Egon Bahr warf den USA vor, einen Atomkrieg führen zu wollen", sondern: „... sie wollten einen Atomkrieg führen".

Substantive verscheuchen!

Wer elegantes und interessantes Deutsch schreiben will, der hält sich also bei allen Verben mit dem Passiv und dem Infinitiv zurück, und viele Verben, von *erfolgen* bis *instrumentalisieren*, versucht er überhaupt zu meiden.

Auf die aktiven, konjugierten Königswörter, die dann bleiben, wird jeder gute Text gestützt – fast jeder, weil auch verblose Stummelsätze (Ellipsen) Meriten haben können; dazu Kap. 19.

Fließt mir ein Substantiv in die Feder, das durch ein Verb ersetzt werden könnte, so wird es ersetzt. Also *nicht:* Die Kunst der Verständlichkeit des Schreibens, *sondern:* Die Kunst, verständlich zu schreiben. *Nicht:* „Kuwait hatte der iranischen Regierung freie Hand zur Stürmung der Maschine gegeben" (Norddeutscher Rundfunk), *sondern:* „... freie Hand gegeben, die Maschine zu stürmen". *Nicht:* Hier erfuhr er die Ursache der ganzen Entwicklung, *sondern:* Hier erfuhr er, wie alles gekommen war.

Selbst bei so kurzen und übersichtlichen Sätzen bringt das Verb Gewinn. Wie erst, wenn es gilt, einen von Substantiven überquellenden Schachtelsatz zu zertrümmern – nach dem schon zitierten Beispiel:

> Der Senat hat eine Anpassung der Einkommensgrenzen der Schülerfahrgeldbestimmungen an die Entwicklung der Lebensunterhaltskosten bei gleichzeitiger grundsätzlicher Einstellung bisher gewährter einkommensunabhängiger Förderung *beschlossen*.

Dieses Scheusal ruft nach drei Verben statt einem:

> Der Senat hat *beschlossen:* Die Einkommensgrenzen bei den Schülerfahrgeldbestimmungen werden den Lebensunterhaltskosten *angepaßt*, die bisher gewährte Förderung unabhängig vom Einkommen wird grundsätzlich *eingestellt*.

Auch Adjektive durch Verben zu ersetzen ist zuweilen möglich, und wenn, dann dringend anzustreben. Die Teilnehmer des 5. Lehrgangs der Hamburger Journalistenschule hatten die Vorträge und Diskussionen des

Intermedia-Kongresses von 1985 in druckbare Nachrichten umzusetzen; ihre Vorschau enthielt den Satz, die Kernfrage des Kongresses werde sein, was bei den Neuen Medien „in Zukunft technisch denkbar, wirtschaftlich machbar und menschlich zumutbar sein wird". Das war eine gelungene Raffung, die von vielen Zeitungen und Rundfunkstationen übernommen wurde.

Nach dem Kongreß jedoch, mit mehr Ruhe, fiel einem die Formulierung ein, die denselben Gedanken noch griffiger und ungleich musikalischer ausdrückt: Die Frage sei, „was die Technik kann, was die Wirtschaft will und was die Leute mögen".

8. Kurz und treffend: Laßt die Frösche quaken

> Der Unterschied zwischen dem richtigen und einem beinahe richtigen Wort ist derselbe wie der zwischen dem Blitz und einem Glühwürmchen.
>
> *Mark Twain*

Da sind also *weite Kreise der Bevölkerung* gegen die neue Autobahn. Schade nur, daß man so vieles nicht erfährt: Was ist ein *weiter* Kreis? Sollte ein „großer" gemeint sein? Woher kommt die Mehrzahl *Kreise?* Wie stellt die Bevölkerung es an, sie zu bilden?

Und wieso *Bevölkerung?* Das ist doch ein Vorgang, „die Bevölkerung Ostpreußens durch Friedrich den Großen" beispielsweise. Gemeint ist also *Volk.* Nun mögen weite Kreise der Bevölkerung dieses Wort nicht, vermutlich weil Hitler es mißbraucht und zu Tode geritten hat. Andererseits steht es im Grundgesetz (Artikel 20, 38 und andere). Sollte also die Beliebtheit der *Bevölkerung* eher darauf zurückgehen, daß sie vier Silben hat statt einer? Oder daß sie ebenso abstrakt und verblasen ist wie die „weiten Kreise"?

Gemeint ist demnach: *Viele Bürger* sind gegen die neue Autobahn, oder *viele Leute,* wenn ich sie nicht zu sehr als Staatsbürger, sondern weniger verbindlich als Mitmenschen einstufen will. Warum nicht gleich?

„Wenn die Stillehrer sich in irgendeinem Punkt einig sind, dann in diesem: Der sicherste Weg, die Aufmerksamkeit des Lesers zu wecken und wachzuhalten, ist der, besonders, bestimmt und konkret zu sein." Das schrieb der amerikanische Journalist William Strunk in seiner Stilfibel von 1919, die ein immer wieder aufgelegter Klassiker ist. „Vermeide lahme, farblose, unverbindliche Wörter", fährt Strunk fort. „Schreibe nicht: ‚Eine Periode widrigen Wetters setzte ein‘, sondern: ‚Eine Woche lang regnete es jeden Tag'." Wer dann Wert darauf legt, diese konkrete Schilderung mit abstrakter Begrifflichkeit zu überwölben, der kann aus dem hartnäckigen Regen jederzeit selber schließen, daß das Wetter widrig war.

Schon Jean Paul hat das konkrete Wort empfohlen, und es ist überwältigend klar: daß einer „ein ebenso opulentes wie luxuriöses Mahl zu sich nahm", ist lahm und blaß, verglichen mit der zugespitzten Aussage, die den *engsten* Umfang hat, die *kleinste* mögliche Einheit benennt: „Er aß ein Pfund Beluga-Kaviar und spülte ihn mit zwei Flaschen Dom Pérignon hinunter." Zwei *Hennen* gackern im Hof und nicht zwei Stück Geflügel. Über das steifleinene Gehabe des alten Goethe hat keiner boshafter berichtet als Franz Grillparzer, indem er die Lupe auf eine Winzigkeit richtete:

> Von den Tischereignissen ist mir nur noch als charakteristisch erinnerlich, daß ich im Eifer des Gesprächs nach löblicher Gewohnheit in dem neben mir liegenden Stücke Brot krümelte und dadurch unschöne Brosamen erzeugte. Da tippte denn Goethe mit dem Finger auf jedes einzelne und legte sie auf ein regelmäßiges Häufchen zusammen.

Jorge Luis Borges lobt an einem historischen Roman aus der Zeit Philipps II. den Passus mit der Specksuppe, „die in einer Terrine mit Vorhängeschloß serviert wurde, um sie vor der Freßgier der Pagen zu schützen" – sieht man da nicht, fragt Borges, das weitläufige Schloß mit den düsteren Treppen und der schlecht behandelten Dienerschaft?

Chancen und Fallstricke der Abstraktion

Sprecher und Schreiber stehen hier an einer Gabelung. Auf dem einen Wegweiser steht *Abstraktion,* und unstreitig ist sie eine der größten Denkleistungen des Menschen und in aller Sprache unentbehrlich. Sie hat uns die Pyramide der Begriffe aufgebaut: Mein Hund heißt Emil, schon das Wort „Hunde" ist abstrakt, da ich es ja nur verwenden kann, wenn ich von allen Eigenschaften absehe, die unter allen Hunden allein die Pekinesen und unter allen Pekinesen allein meiner besitzt – wogegen ich ihn unter ein Begriffsdach mit Doggen und Bernhardinern schieben soll!

Und dann bilden all diese die *Familie* der Canidae, zusammen mit Fuchs, Wolf und Schakal; und die Familie gehört zur *Unterordnung* der Landraubtiere, zusammen mit Bären und Löwen, und die alle wiederum zur *Ordnung* der Raubtiere, zusammen mit den Robben, und die zur *Klasse* der Säugetiere, wie auch Mäuse, Fledermäuse, Giraffen und Delphine, und die zum *Unterstamm* der Wirbeltiere, zusammen mit Rotkehlchen und Krokodilen, und die zum *Stamm* der Chordaten, unter welchem Begriffsdach sich zusätzlich der Unterstamm der Manteltiere mit den Seescheiden und Feuerwalzen breitmacht; und die alle zum *Unterreich* der Vielzeller, wie auch Skorpione, Bandwürmer und Seegurken – und darüber dann endlich die Spitze der Pyramide: Tiere (im Unterschied zu Pflanzen) – Lebewesen (im Unterschied zu Steinen) – Etwas (im Unterschied zum Nichts).

Diese großartige Abstraktions- und Klassifizierungsleistung aber muß nun jeder, der nicht gerade ein zoologisches Fachbuch schreibt, vermeiden und vergessen, wenn er Leser und Hörer gewinnen und behalten will – um den anderen Weg einzuschlagen, an dem steht: Mein Pekinese! „Es war ein unheimliches Frühjahr", beginnt eine Passage in C. F. Meyers Novelle „Angela Borgia", da wird schon Spannung erzeugt, doch noch abstrakt – mit einer jähen Wendung ins Einzelne:

> In den Staatskanzleien wachten die Schreiber über der Feder, und nachtlicherweile flogen auf den sturmgepeitschten Landstraßen die Pferde vermummter Boten.

Vom steilen Südende des Vierwaldstättersees schrieb Kafka an Max Brod eine Karte, die nur die dreizehn Wörter enthielt: „Von Bergen eingesperrt in Flüelen. Man sitzt gebückt, die Nase fast im Honig." Das ist natürlich übertrieben und obendrein von äußerster Willkür in der Auswahl des Details, da die Nase sich ebenso

Lösung A: Kampf der Blähung

gut dem Tee oder der Suppe hätte nähern können; aber wer hätte das Niederdrückende allzu hoher Berge je mit so wenigen Worten so anschaulich gemacht?

Der Nutzen dieser Art zu schreiben ist überwältigend klar. Warum wird er dann so selten angestrebt?

Abstraktion ist bequem, sie erspart detailliertes Wissen: Wer eine Amsel nicht von einer Meise unterscheiden kann, ist natürlich froh, daß es das Wort *Vogel* gibt.

Abstraktion putzt und klingt gebildet: Windkraftwerke sind nun einmal nicht halb so imposant wie *alternative Technologien*. Und sollten die Sonnenkraftwerke ausdrücklich einbezogen werden, so ließe sich immer noch von „Wind- und Sonnenkraftwerken" sprechen, das wären nämlich immer noch zwei Silben weniger und dabei zwei Pfund Anschauung mehr.

Abstraktion ist für die Bürokratie oft eine notwendige Hilfe (wenn nämlich nicht Individuen, sondern Gruppen beschrieben werden sollen: Gehbehinderte, Einkommensteuerpflichtige); oft einfach eine schlechte Gewohnheit: „Nennen Sie Absatzwege im Gartenbau" heißt eine Prüfungsaufgabe der Landwirtschaftskammer, vielleicht weil sie über ihre Lebendigkeit erschräke, wenn sie fragte: „Wo kann der Gärtner seine Ware verkaufen?"

Auch befriedigt die Abstraktion den Vollständigkeitsfimmel der Bürokraten: Man sieht ja die ganze Postverwaltung sich in Krämpfen winden, wann immer ein Laie „Briefmarke" sagt, obwohl sie doch auch auf Päckchen geklebt wird und folglich *Postwertzeichen* heißen soll.

Vor allem aber erspart die Abstraktion all denen die Anschaulichkeit, die sie partout nicht wollen: Wer wird schon zehn Putzfrauen kündigen, wenn ihm der Satz „Freisetzen von Rationalisierungspotentialen im Dienstleistungsbereich" zur Verfügung steht; und von einer quantitativen Sättigung in Teilbereichen des Nahrungsmittelsektors zu sprechen liegt der Geschäftsleitung wahrscheinlich mehr als der schlichte Satz: „Unsere Eiernudeln hängen den Leuten offenbar zum Halse raus."

Laßt uns also ausdrücklich und immer von Eiernudeln sprechen, wenn wir sie denn meinen, von den Brotkrümeln und den Pekinesen – das sind Wörter, die „Hände und Füße" haben, wie Luther dies verlangte: Wörter, die uns etwas zu sehen, hören, greifen, zu schmecken und zu riechen geben.

Der Teil für das Ganze

Wenn man nun aber alle Hunde *meint* und nicht nur Pekinesen? Selbst dann – falls es sich nicht um eine Hundesteuererhebung handelt: selbst dann versuche man, ob man „Pekinesen" sagen kann. Denn das Wort „Hunde" ist ja schon die erste Stufe der Abstraktion, also nicht so lebhaft vorstellbar wie eine Rasse unter ihnen. Der Rat Leopold von Rankes, das Allgemeine durch das Besondere darzustellen, der Kunstgriff Grillparzers, Goethes herrische Tischmanieren durch ein herausgepicktes Beispiel anzuleuchten – sie verdichten sich zu dem Rat, in jedem möglichen Grenzfall die noch kleinere Klasse zu benennen als die, die man meint.

Pars pro toto heißt diese Technik, der Teil für das Ganze, griechisch *Synekdoche,* das „Mitverstehen": Denn bei „siebzehn Lenzen" versteht man eben die Jahre mit, aus denen sie herausgegriffen sind, und bei der Briefmarke, daß sie sich ebenso für Drucksachen und Päckchen eignet.

Tausendfältig macht uns das folgenreichste aller Bücher das *pars pro toto* vor. Das zehnte Gebot heißt eben nicht „Du sollst nicht deines Nächsten Eigentum begehren", sondern: „Du sollst nicht begehren deines Nächsten Weib, Knecht, Magd, Vieh oder alles, was sein ist"; erst zum Schluß wird aus den Teilen das Ganze abgeleitet.

Nicht einmal das jedoch ist nötig: Niemand hat ja Jesus oder seinem Evangelisten einen Vorwurf daraus gemacht, daß wir uns die *Lilien* auf dem Felde zum Vorbild nehmen sollen – obwohl für Klatschmohn und Löwenzahn genauso gilt, daß sie nicht arbeiten und nicht spinnen (Matthäus 6,28). Doch durch Lilien strömt mehr Saft als durch *Blumen,* und „Pflanzen auf dem Erdreich" wären vollends Papier. Wie sagt Balzac? „Wenn du das

Universum schildern willst, dann beschreibe dein Haus."

Reiners warnt davor, *Blindenstil* zu schreiben, das heißt jede Einzelheit so zu behandeln, als hätte der Hörer oder Leser weder Augen noch optische Erinnerungen noch Phantasie. Süskind rät sogar: „ein Schlüsselwort hinschmettern und die Nuance im Unbestimmten lassen, nämlich in der Obhut des menschlichen Verständnisses". Schlüsselwörter, zu denen selbst ein Blinder Vorstellungen entwickeln würde – die sind in Goethes Satz vom Gotthard: „Wir stecken im Hause beim Ofen."

Die Sprache lebt *nicht* von der Vollständigkeit, das Unexakte, ja selbst das Unlogische nimmt sie in Kauf – wenn es *trifft*. „Autobahngegenrichtungsfahrbahnbenutzer", das wäre eine korrekte Prägung; aber *Geisterfahrer*, obwohl ihm jede logische Zuordnung fehlt: das geht unter die Haut.

Auf Dreimaster schießen!

All den Spreizvokabeln und Bürokratenwörtern und den meisten abstrakten Oberbegriffen ist eines gemeinsam: sie sind Silbenschleppzüge oder *Wortdreimaster,* wie Schopenhauer sie nennt. Daraus folgt der verblüffend einfache Umkehrschluß, von dem die amerikanische *readability*-Schule ausgeht – den indessen schon Jean Paul gezogen hat: „Je länger aber ein Wort, desto unanschaulicher."

Die kurzen Wörter sind meist zugleich die ältesten, die am tiefsten im Gemüt verwurzelten; weshalb Winston Churchill, der große Sprachmeister und Träger des Nobelpreises für Literatur, die Regel aufstellte: „Die alten Wörter sind die besten und die kurzen die allerbesten." So läuft sein berühmtester Satz nicht zufällig auf vier uralte Einsilber zu: Er habe, sagte er 1940, den Engländern nichts anzubieten als *blood, toil, tears and sweat* – Blut, Mühsal, Tränen, Schweiß.

Zugegeben, die Regel hat Ausnahmen: *Echt, toll, irre* und andere Modewörter des Teenager-Jargons sind kurz und dennoch ohne Farbe. Doch in der Regel gilt: An der

Zahl der Silben pro Wort läßt sich ziemlich zuverlässig messen, ob Wort und Text verständlich, bildhaft, griffig, einprägsam – oder ob sie blaß, abstrakt, schwülstig, schwerverständlich sind und vielleicht sein sollen. Kurt Biedenkopf hatte recht, sich beim Wahlkampf von 1982 im Kohlenpott an die Empfehlung seines Sprachbreviers zu halten: „Die Wörter sollten nicht mehr als zwei Silben haben."

Eine Silbe also hat der Raum, drei die *Räumlichkeit;* eine der Stuhl, fünf die *Sitzgelegenheit.* Das Schwitzen kommt mit zwei Silben aus, wo das *Transpirieren* vier benötigt. Die sechs Silben der *Grundbefindlichkeit* entlarven ein Sprachgefühl, dem der zweisilbige „Zustand" zu simpel ist, und die neun Silben der *Problemlösungsaktivitäten* demaskieren einen Schwafler, der vermutlich noch nie ein Problem gelöst hat.

Kein anderes Rezept für gutes Deutsch läßt sich so leicht und mit so schlagendem Erfolg verwenden wie das, Wortdreimaster zu versenken oder hilfsweise einen, möglichst zwei Masten zu kappen.

Versuchen kann man es mit der ersten Silbe: aus *abändern, abklären, abmildern, abzielen* läßt sich ändern, klären, mildern, zielen machen – Ersparnis an Zeit und Raum, Zuwachs an Saft und Kraft; ähnlich beim *anmieten* und *anwachsen,* beim *aufspalten, aufzeigen* und *aufoktroyieren,* beim *vorprogrammieren* und auch beim *vorwarnen,* da es im Wesen des Warnens liegt, früher dazusein als die Gefahr.

Noch lohnender ist es, die Masten von hinten wegzuschießen: denn während man vorn selten mehr als eine Silbe treffen kann, bieten sich hinten ganze Silbenprozessionen unseren Salven dar.

Teils produzieren solche Anhängsel einen Grad von Exaktheit, den wir meist entbehren könnten: Wann denn ist es wirklich wesentlich, das Problem zur *Problematik* auszuwalzen, das Thema zur *Thematik,* das Argument zur *Argumentation?* Wer *Motivationsstrukturen* sagt – würde der auf allen Silben beharren, wenn man ihm fünf Mark für jede bezahlte, auf die er verzichtet? Meint er wirklich mehr als *Motivation?* Sie bedeutet erstens die Gesamtheit der Motive und zweitens das Motivieren, also eine ganze Menge und vielleicht schon zu viel – falls man nämlich nur die *Motive* meint (wie vermutlich in zwei von drei Fällen), oder das *Motiv* oder den *Grund,* und der brächte 35 Mark.

Ein verfahrenes Verfahren

Die meisten Silbenschleppzüge aber *muß* ein Freund der Logik, der Eleganz und der Sprachökonomie versenken, denn sie moppeln und doppeln. Mit zwei Silben: *Heilungsverlauf* (wer wollte die *nicht* irgendwie verlaufende Heilung erfinden?), *Frontlinie* (da die Front immer die vorderste Linie ist), *Steuerungsprozeß.* Mit drei Silben: *Lärmentwicklung, Wettergeschehen, Ausleseverfahren* – denn ein Lärm, der sich nicht entwickelt, ist keiner, das Wetter geschieht unrettbar, und wir warten nur noch auf die Bauern, die sich verfahren, wenn sie zum Weinleseverfahren fahren. Mit fünf Silben: *Gefahrensituation.*

Die Ziele der FDP werden fast durchweg als ihre *Zielsetzungen* angepriesen (obwohl es lange her ist, daß die Partei zuletzt zur Zielsetzung zusammentrat); ja die „Frankfurter Allgemeine" ließ das Zentralkomitee der KPdSU „Ziel*setzungen* bis zum Jahr 2000 *abstecken*" – von einem Korrespondenten, der offenbar meint, er sei die deutsche Sprache mächtig. Zielabsteckungen setzen!

„In der Nacht *kommt* es zu *Glatteisbildung*" heißt eine Lieblingsformel im Verkehrsfunk – zu einer offenbar besonders schlimmen Form von Glatteis also, im Unterschied zu den Nächten, in denen sich „Glatteiskommung" bildet. „In Italien *ging* ebenfalls *Schneefall nieder*", schrieb die FAZ. Wenn der Fall auch noch niedergeht, dann scheint es sich wahrlich um Niederschläge zu handeln. Wie wär's mit „Auch in Italien schneite es"?

Beim *Bedrohungssignal* sollte man die letzten Silben *und* die erste wegschießen – dann bleibt „Drohung" übrig, ein Signal, wie man weiß, die sicht- oder hörbare Androhung von Nachteilen. *Nicht:* „eine Zweifelsfrage abklären", *sondern:* „einen Zweifel klären" – ein Beispiel aus der bundesamtlichen und doch erzvernünftigen Broschüre „Bürgernahe Verwaltungssprache".

Schließlich jene Dreimaster, die man gänzlich umrüsten müßte, weil kein Mast brauchbar ist: *Witterungsablauf* oder *Witterungsbedingungen* (statt des guten alten Wetters), *Befindlichkeitsqualität* (für Zustand oder Laune).

Übrigens: Den *Plural* nicht vergessen! Der ergibt für speichelfrohe Schwätzer immer noch die erwünschte Silbe mehr und erweckt den Anschein von Vielfalt und abdeckender Sichtweise: „Entwicklungsstrukturen von Verhaltensstandarden" – das ist keine Karikatur darauf, sondern ein ernstgemeinter Suhrkamp-Buchtitel von 1984. Von einem unschönen Gemeng „mit den Vernünften" berichtete 1987 Botho Strauß. Schon liest man *Parallelitäten* statt Parallelen, und in einer für ein breites Publikum bestimmten Aids-Information wird vor neurologischen *Symptomatiken* gewarnt. Die *Sensibilitäten* öffnen uns die Augen für die Problematiken, die sich freilich durch Aktivitäten in Attraktivitäten verwandeln lassen, jedenfalls wenn den Motivationsstrukturen der Autoren gewisse Blähfreudigkeiten innewohnen. Ein Mann – ein Wort? Nein: Wörtlichkeiten für Männlichkeiten, beide in unbestimmter Zahl.

Wo bleibt der Frosch? möchte der gequälte Leser fragen. Für ihn spricht so vieles. Grün ist er, das sehen wir; quaken tut er, das hören wir; glitschig ist er, das fühlen wir – eine wahre Orgie der Sinnesvorstellungen in *einer* Silbe, bis zum Hals voll von der „bildlichen Bannkraft des einfachen Wortes", wie Jacob Grimm sie gefordert hat.

Wo bleibt der Frosch? Wir konnten uns den Spaß und der deutschen Sprache den Nutzen verschaffen, mit dieser Frage in allen abstrakten und geblähten Wortquark einzubrechen, in die prozessualen Verfahrensabläufe, die sozialpsychologischen Problemkomplexe, die rollenspezifischen Befindlichkeiten – all jenen zum Hohn, die, wie Nietzsche sagt, „nur ungestaltete schwimmende Kleckse von Begriffen im Kopf haben".

Auf die Bildkraft der Kürze, auf die Würze des Frosches läßt sich mit einem schlichten Trick die Probe machen: Wer gutes, anschauliches, saftiges Deutsch schreiben will, der prüfe, ob seine Wörter allesamt in Gedichten stehen könnten.

Doch wie sich schon in der Abneigung gegen das *Passiv* die hohe Literatur mit dem Trivialroman traf, so haben Lyriker etwas mit Schlagertexten gemeinsam – einen Horror, dem jeder sich anschließen sollte, der anschaulich schreiben oder reden will: gegen Wörter wie umständehalber und gegebenenfalls, wie thematisieren und konstituieren, wie Wirkungskreise und Strukturen. Im Gedicht sind sie lächerlich, im Schlager sind sie lächerlich und in Briefen, Reden und Reportagen auch – es sei denn, man wollte einen ironischen Effekt erzielen wie die Pop-Gruppe „Geier Sturzflug" in dem Schlagertext von 1983: „Es wird wieder in die Hände gespuckt/Wir steigern das Bruttosozialprodukt!"

Wolkige Wörter sind die Pest. Das treffende Wort ist kurz, direkt, konkret, besonders. Je kürzer ein Wort, desto rascher und desto tiefer trifft es seine Sache und unseren Sinn. Der Frosch ist König.

Wie der Schatten mit dem Baume
Der Ausdruck ist dem Gedanken angemessen, wenn er dem Leser besonders dadurch gefällt, daß er völlig bestimmt sagt, was wir haben sagen wollen. Er ist ein Schatten, der sich mit dem Baum bewegt.
  Klopstock, Gedanken über die Natur der Poesie (1759)

...that every word tell
Kraftvolle Sprache ist kurz und bündig. Ein Satz darf kein unnötiges Wort enthalten, ein Absatz keinen unnötigen Satz – aus demselben Grund, aus dem eine Zeichnung keine unnötigen Linien und eine Maschine keine unnötigen Teile enthält. Das erfordert nicht, daß der Schreiber nur kurze Sätze bildet oder Einzelheiten wegläßt oder seinen Gegenstand nur in Umrissen darstellt – sondern daß jedes Wort etwas zu sagen hat (that every word tell).
  William Strunk, The Elements of Style

9. Redundanz:
Der Mangel und der Überfluß

> Es ist nicht schwer, zu komponieren, aber es ist fabelhaft schwer, die überflüssigen Noten unter den Tisch fallen zu lassen.
> *Johannes Brahms*

Unter der Generalüberschrift „Kampf der Blähung" muß nun ein Kapitel folgen, das eine gewisse Aufblähung der Sprache unter bestimmten Umständen in Schutz nimmt. Verwirrenderweise – hieß es nicht in Kap. 4: „Fasse dich kurz! Schwafle nicht, salbadere nicht und walze nicht breit"? Und hat nicht das vorherige Kapitel vor dem „Blindenstil" gewarnt, der jedes Detail so behandelt, als ob der Leser weder Erinnerungen noch Phantasie besäße?

Ja. Aber: In vielen Lebenslagen kommt einer, der sich wirksam mitteilen will, nicht ohne Wiederholung und schmückendes Beiwerk aus. Oft genügt es nicht, das logisch Notwendige lückenlos formuliert zu haben – wir müssen einen Überschuß an Wörtern liefern, wenn wir uns verständlich machen wollen.

Das nächstliegende Beispiel dafür ist: Überschuß muß sein, wenn ich gegen die *Erwartung* meines Hörers oder Lesers verstoße. Angenommen, ich hätte mich mit einem Freund verabredet, ihn morgen nachmittag am Hauptbahnhof zu treffen, und nur die Uhrzeit wollte ich ihm noch durchtelefonieren. Sage ich ihm nun am Telefon: „Wir treffen uns um 4 am Ostbahnhof", so wird er mit mindestens fünfzigprozentiger Wahrscheinlichkeit um 4 am Hauptbahnhof erscheinen, weil er nur auf die Präzisierung der Zeit gefaßt war und nicht auf eine Änderung des Ortes. Will ich sichergehen, daß er den neuen Ort zur Kenntnis nimmt, so muß ich mehr als das logisch Notwendige sagen, zum Beispiel: „Übrigens: bitte nicht am Hauptbahnhof, sondern am Ostbahnhof. Ist klar, ja? Ostbahnhof!"

Erst die Fanfare blasen!

Im Alltag macht das ziemlich jeder richtig, ohne lange nachzudenken. Kaum aber spreizt sich einer, weil er schreibt oder weil er verkünden möchte – schon hagelt es Verstöße gegen dieses elementare Stück Verständigung. „Beim Absturz eines Jumbos sind heute 320 Menschen ums Leben gekommen", hört man in der Tagesschau; man stutzt und muß sich die Nachricht selber zurechtrücken: Was? Ein Jumbo ist abgestürzt? 320 Menschen sind tot?

Journalisten leiden nämlich an der Krankheit, daß sie es unterlassen, den *Erwartungshorizont* (so das Fachwort) ihrer Hörer oder Leser anzuheben. Jedes Kind dagegen, jeder Dichter und sogar die Journalisten, falls sie außer Dienst sind, schicken völlig selbstverständlich der Sensation einen Herold voraus, der die Fanfare bläst, einen Vorreiter, Vorlauf oder *Voranfang* (Jean Paul): „Der Mensch platzt ungern heraus – er will überall ein wenig Morgenrot vor jeder Sonne... Und es wird in der Tat jedem schwer, eine Geschichte ohne allen Voranfang anzufangen."

Keiner rief „Kennedy ermordet", das war nur die Zeitungsschlagzeile, sondern: „Mensch, hast du gehört? Kennedy ist ermordet worden!" Kein Kind schreit heraus: „Ich blute!" Jedes ruft: „Mami, Mami, sieh mal, ich blute!" Das Alarmierungsbedürfnis des Rufenden entspricht exakt der Alarmierungsbedürftigkeit des Angerufenen. Wie bestellt im Lukas-Evangelium der Engel des Herrn den Hirten auf dem Felde seine Botschaft – „Heiland geboren"? Nein, so: „Fürchtet euch nicht; siehe, ich verkündige euch große Freude, die allem Volke widerfahren wird – denn euch ist heute..."

Solche überschüssigen Wörter sind alles andere als überflüssig: Sie sind psychologisch für beide Partner nötig, der Verständigung förderlich und zwischen unverkrampften Menschen unumstritten.

Hörfunk und Fernsehen brauchen sogar ein zusätzliches Quantum an Wörtern, die rein logisch entbehrlich wären: Großenteils wenden sie sich ja an Leute, die sich nachträglich eingeschaltet haben oder die ohnedies nur mit einem Ohr hinhören. Den Faden von neuem aufzunehmen, eine kurze Zwischenbilanz zu ziehen ist daher Dienst am Hörer. Die meisten Fernsehsender gehen inzwischen weiter: Sie unterlegen die verlesene Aussage mit einem kurzen schriftlichen Text.

Erläutern oder ausschmücken muß ich auch dort, wo meine Zuhörer oder Leser keine ausreichende Erfahrung oder Weltkenntnis besitzen, um einen kurzen Zuruf richtig einzuordnen. Nach dem alten Beispiel: Der Ruf „Erdbeben!", in Mexiko ausgestoßen, wird sofort jeden, der ihn hört, veranlassen, ins Freie zu rennen. Was alles aber müßte einer in Frankfurt schreien, damit seine Warnung befolgt würde: daß er es ernst meine, daß er sich auskenne, daß der Aufenthalt in Gebäuden lebensgefährlich sei und daß man doch bitte, bitte auf ihn hören möge!

Varianten bieten, Bilanzen ziehen

In der Rolle des Erdbebenwarners mitten in einem selten bebenden Land befindet sich aber jeder, der etwas wirklich Neues und Neuartiges mitzuteilen hat – sei es einen nicht alltäglichen Gedanken, sei es einen komplizierten Sachverhalt, sei es die Gebrauchsanweisung für einen technischen Gegenstand. In all solchen Fällen tut der Sprecher oder Schreiber gut daran, sein Anliegen in mehreren Anläufen vorzutragen; wer mich trotz schwieriger Materie im ersten Anlauf versteht, ist entweder ein Experte oder ein Genie.

Der zweite oder dritte Anlauf kann dasselbe noch mal, aber mit neuen Worten sagen, unter dem Motto „Anders ausgedrückt: . . ." Meist sollte er, statt dessen oder obendrein, aus einem Beispiel oder mehreren bestehen; ja oft wäre es verwirrend und grotesk, eine Aussage beispiellos im Abstrakten schweben zu lassen – so, als wenn in Kap. 8 der Begriff „pars pro toto" *nicht* mit Beispielen wie „17 Lenze" oder „die Lilien auf dem Felde" versehen worden wäre.

Ja, die Beispiele! Sie bringen das Konkrete, Anschauliche, Lebendige in die Rede oder Schrift. Sie sorgen damit für *Stimulanz,* wie die Hamburger Verständlichkeitsforscher Langer, Schulz und Tausch sie fordern, für *Attraktivität,* wie Werner Früh sie verlangt, wenn ein Text nicht einschläfern soll. Dem Mitdenken gewähren sie überdies eine erfrischende Pause – ein klassischer Fall von Wörtern, die hocherwünscht, obwohl logisch entbehrlich sind. (Mehr über den attraktiven Text in Kap. 24.)

Ein anderes wortreiches, aber vorzügliches Mittel, Lesern oder Hörern etwas Schwieriges oder Unvermutetes nahezubringen, könnte man Dreiklang oder Dreisprung nennen; nach dem Rezept eines amerikanischen Predigers: „Erst sage ich den Leuten, was ich ihnen sagen werde. Dann sage ich es ihnen. Dann sage ich ihnen, was ich ihnen gerade gesagt habe."

Den letzten Sprung tun ohnehin die meisten Redner: Am Schluß fassen sie zusammen, sie liefern ein Resümee, sie ziehen die Bilanz. Weniger üblich ist der erste Sprung: die Ankündigung; worunter man freilich zweierlei verstehen kann.

Die einen begnügen sich damit, im vorhinein zu sagen, über welches Thema und welches seiner Aspekte sie zu sprechen oder zu schreiben gedenken. Der seltenere, aufwendigere, aber dankbarere Weg ist, das Fazit teilweise oder ganz vorwegzunehmen.

Im ersten Fall sagt der Pfarrer lediglich: „Ich werde euch jetzt was über die Hölle erzählen." Im zweiten Fall sagt er: „Ich werde euch jetzt erzählen, daß ihr alle in die Hölle kommt." Und es ist eine Steigerung denkbar, der dritte Fall: „Ich werde euch jetzt erklären, daß ihr alle in die Hölle kommt, weil der Geiz von euch Besitz ergriffen hat."

Das Fazit: am Anfang?

Die Hauptsache kühn vorwegzunehmen – auf diese Stilfigur stieß mich zum erstenmal Carl Friedrich von Weizsäcker. Seine Rede, als er 1963 den Friedenspreis des

Deutschen Buchhandels entgegennahm, leitete er mit den Worten ein:

> Der Weltfriede ist notwendig; man darf fast sagen: Der Weltfriede ist unvermeidlich. Aber der Weltfriede ist nicht das Goldene Zeitalter. Er könnte sehr wohl eine der düstersten Epochen der Menschheitsgeschichte werden.

Dieser Beginn hat zwei offenkundige Vorzüge: Er ist dramatisch und verblüffend, also geeignet, mich gefangenzunehmen – ein Aspekt, der in Kap. 25 ausführlich zur Sprache kommt; es sind ja nicht die schlechtesten Krimis, in denen wir sogleich den Mörder kennen, aber nun wissen wollen, warum er es tat und wie er gefangen wird.

Hier steht der andere Vorzug des Weizsäckerschen Einstiegs zur Debatte: Die Vorwegnahme des wesentlichen Inhalts erleichtert es dem Hörer, der sich nun anschließenden Argumentation zu folgen; der Redner ermöglicht ihm, die richtigen Erwartungen zu hegen. Die vorwegnehmende Wiederholung ist also ein schöner Beitrag zur Verständlichkeit.

Wer nur die unentbehrlichen Wörter verwendet, macht es seinem Leser auch dann schwer, wenn die Fakten, die er mitzuteilen hat, zwar simpel sind, doch schneller aufeinanderfolgen, als der Leser sie aufnehmen kann oder aufnehmen will. Dazu zwei literarische Beispiele:

> Gisli kam nach Nefstadir, ergriff Thorgrim und brachte ihn nach Saltnes. Dort zogen sie ihm eine Tierhaut über den Kopf, steinigten ihn zu Tode und verscharrten ihn neben seiner Schwester.

Die brutale Handlung in solcher Gedrängtheit nachzuvollziehen, wie hier in der Gisli-Saga, erfordert einen Grad von Aufmerksamkeit, den die wenigsten aufbringen. Ähnlich überfrachtet ist der Anfang von Kleists Novelle „Das Erdbeben in Chili":

> In Santiago, der Hauptstadt des Königreichs Chili, stand gerade in dem Augenblicke der großen Erderschütterung vom Jahre 1647, bei welcher viele tausend Menschen ihren Untergang

fanden, ein junger, auf ein Verbrechen angeklagter Spanier namens Jeronimo Rugera an einem Pfeiler des Gefängnisses, in welches man ihn eingesperrt hatte, und wollte sich erhenken.

Man mag das großartig finden in der äußersten Verknappung der Aussage; es bleibt der Einwand: Hier hageln die Tatsachen so dicht auf den Leser nieder, daß er wahrscheinlich die eine oder andere von ihnen nicht in einem Anlauf aufnehmen kann. Die *Informationsdichte,* im Prinzip erstrebenswert, kann übertrieben werden.

Redundanz ist gut und schlecht

Die Sparsamkeit mit Wörtern, im allgemeinen eine der goldenen Stilregeln, sollte man also im besonderen Fall durch einen kontrollierten Überfluß ersetzen – wann immer eine Aussage reich an Fakten, trocken, kompliziert, unerwartet oder gegen die Lebenserfahrung der Leser ist, oder wenn man, wie am Radio, nicht einmal weiß, ob die „Hörer" auch zuhören.

Für diesen scheinbaren Überfluß, der in Wahrheit einem psychologischen Gesetz gehorcht, verwenden die Informationstheoretiker das Wort *Redundanz,* was in den romanischen Sprachen und im Englischen das Übermaß, den Wortschwall bezeichnet. Doppelt gemoppelt, aber doch nicht entbehrlich ist das zweifache Hinschreiben von Geldbeträgen auf Schecks und Quittungen (meist einmal in Ziffern und einmal in Buchstaben), der zweifache Einbau aller lebenswichtigen Systeme in die amerikanischen Weltraumkapseln oder die Wiederholung eines unvermuteten „nicht" in den Texten der Nachrichtenagenturen: „Strauß sagte, er sei nicht (rpt. nicht) bereit, als Außenminister nach Bonn zu gehen" (rpt. steht für *repeat,* wiederhole).

Redundanz im weitesten Sinn ist also jede Absicherung gegen Mißverständnisse und Pannen mit Hilfe eines zusätzlichen Aufwands an Wörtern, Schriftzeichen oder auch Geräten, die „eigentlich" überflüssig sind.

Bis dahin ist „Redundanz" ein nützliches Wort für eine nützliche Sache, die viele Leute kennen und verwenden, über die aber die wenigsten nachzudenken pflegen; das Nachdenken hilft indessen jedem weiter, der Wert darauf legt, auch von fremden Menschen oder in schwierigen Lebenslagen verstanden zu werden.

Seinen halben Nutzen macht das Fachwort leider dadurch zunichte, daß es ebenso den ungebremsten Redeschwall bezeichnet, das nichtssagende und oft entnervende Geschwätz: Die Kapitel über den Fachjargon und über die Wortdreimaster waren voll von Beispielen dafür, und die meisten Adjektive sind Füllsel ohne Aroma.

Dabei käme für den, der gelesen und verstanden werden will, doch gerade alles darauf an, die Grenze zwischen dem Notwendigen und dem wahrhaft Überflüssigen zu ziehen; mindestens die Verständigung über dieses Problem wäre leichter, wenn es zwei Fachwörter statt des einen gäbe.

Wortgeklingel unterm Gaumensegel

Meistens freilich ist die nichtsnutzige Verdoppelung, das hohle Geschwätz rasch entlarvt. Die Aufgeblasenheit beginnt bei den Wörtern oder Wortverbindungen, die zweimal dasselbe sagen: bereits schon, lohnenswert, schlußendlich, stillschweigend – dies am besten mit der zusätzlichen Blähung „strengstes Stillschweigen bewahren", wo *schweigen* alles gesagt hätte.

Findet der Wortschwall in der Alltagsrede statt, so mag man ihn gewähren lassen: Den Sprecher freut er offenbar, und bis er dem Hörer auf die Nerven geht, muß der Sprecher es schon ziemlich bunt getrieben haben. „Da sag' ich doch zu ihm: Mensch, sag' ich, . . ." So reden wir halt, und die Pointe eines Witzes dreimal hintereinander zu erzählen, das Unerklärliche dieses Hagelunwetters mindestens zehnmal zu beschwatzen ist Menschenart.

Den meisten steht der Sinn nun einmal nach Silbengeplapper und Zungenmarathon. Die Gestikulation des Mund- und Rachenraums, die sich mit der Atemluft zu all diesen köstlichen Zisch-, Schnalz-, Spreng- und Reibelauten verbindet, dieses Wortgeklingel unterm Gaumensegel – es freut uns an sich, von allem Inhalt abgesehen, wie ein Kind das Daumenlutschen und einen Teenager der Kaugummi: Er hält den Mund in Bewegung und macht nie satt.

Wozu erzeugen die Menschen all das „Schnarren, Schreien, Pfeifen, Singen und andere lärmende Unterhaltungen"? fragte Immanuel Kant. „Ich sehe keinen anderen Bewegungsgrund hiezu, als daß sie ihre Existenz weit und breit um sich kundmachen wollen."

Wahrscheinlich ist überhaupt nichts gemeint

Schmerzlicher wird das Geschwätz, wenn man es uns am Radio, in der Zeitung, in der Festrede zumutet. Dann stiehlt es uns doppelt Zeit: erstens, weil wir mehr lesen oder länger zuhören müssen, als wenn der Autor sich einer gewissen Wort-Ökonomie unterworfen hätte; zweitens, weil sich nicht selten hinter dem Wortnebel überhaupt keine Substanz verbirgt, weil er das schiere Geschwafel ist.

Zu was treffen sich die beiden Staatsmänner? „Zu einem Gedankenaustausch" oder, vornehmer, „zu einer tour d'horizon". Hätte der Journalist uns das nicht mitgeteilt, so hätten wir glatt geglaubt, sie würden nicht Gedanken, sondern Briefmarken tauschen. Was zeigen die Erfahrungen der letzten Jahre? Im Festvortrag eines deutschen Bankiers das folgende:

> Die Erfahrungen der letzten Jahre zeigen, daß solche Unternehmen die Krise am besten meistern, die durch rechtzeitige Modernisierung ihrer Unternehmenspolitik neues schöpferisches Geistespotential schaffen und gleichsam neue „innere Märkte" erschließen. Das ist keine Absage an die Tradition, sondern die nüchterne Schlußfolgerung, daß Tradition im Bereich des Handelns dort ihren größten Wert erlangt, wo sie uns hilft, die Zukunft zu gewinnen.

Was hat er gesagt? Ein bißchen modernisieren, hat er gesagt. Doch wer wollte das nicht! Er hat also *nichts* gesagt. Er hat eine Festrede gehalten. „Dem Gedanken geht die festliche Rede aus dem Weg", schreibt Hermann

Glaser. „Was gemeint ist, bleibt unklar; wahrscheinlich ist überhaupt nichts gemeint." Wie in dem bekannten Dialog: „Worüber hat denn der Redner gesprochen?" – „Das hat er leider nicht gesagt."

Freilich – was auch soll er sagen, wenn nichts als ein Kongreß zu eröffnen, ein Grundstein zu legen, ein Jubilar zu würdigen ist. Die Sitte verlangt hier Sprach-Rituale, die der Redner nur dann mit Anstand zelebrieren kann, wenn er die Aufgabe mit Weltkenntnis, Witz und Engagement angeht; hilfsweise mit einem Referenten, der diese drei besitzt. Doch wer hat sie schon! In jedem Fall ließe sich das Schlimmste verhüten, wenn der Redner die amerikanische Faustregel beherzigte: Ein Vortrag sei maximal sieben Minuten lang, und auch das nur, wenn er mit einem Witz anfängt und mit einem Witz aufhört.

Schon in kurzen Sätzen kann Geschwafel stecken. „Ich möchte meiner Bestürzung ein Gefühl von Trauer hinzufügen", das ist so einer, von dem Schriftsteller Yaak Karsunke auf einem Hamburger PEN-Kongreß gesprochen. „Meier hat die Fähigkeit, Englisch sprechen zu können", obwohl nur um ein Wort zu lang („sprechen zu können" statt „zu sprechen", denn das Können ist die Fähigkeit nochmal) – selbst dieser kurze Satz ist es *insgesamt* nicht wert, gelesen zu werden: Denn er teilt ja mit, daß der Schreiber nicht imstande war, in der Fähigkeit das Können zu entdecken; daß er also geschrieben hat, ohne zu denken; daß es sich also vermutlich nicht lohnt, ihn zu lesen.

In Anbetracht von so viel Wortblähung und Zungendrescherei wünsche ich mir manchmal die Regel, Verordnung oder Sitte: Jeder, der öffentlich redet oder schreibt, sollte für jedes Wort, das er verwenden will, drei Mark Eintritt zahlen. Das würde Druck hinter Lessings Empfehlung an alle Schwätzer setzen, sechs von sieben Wörtern wegzulassen. Wer nichts zu sagen hat, kann eigentlich nicht platzen, wenn er das für sich behält. „Wörter-Ökonomie ist dem Verstand ebenso einträglich als die Geld-Ökonomie dem Beutel", sagt Lichtenberg.

Auch Weglassen ist ein Stilmittel

Geschwätz ist die Pest; es ist zu trennen von dem kalkulierten Überfluß, der Texte belebt und die Verständigung erleichtert. Zu diesen beiden Aspekten des Themas „Redundanz" tritt noch ein dritter: nicht einen lästigen Überschuß an Wörtern zu erzeugen wie die Plaudertaschen, noch einen dosierten wie gute Redner und Journalisten – sondern *weniger* als das logisch Notwendige zu sagen, mit Maßen auszusparen, „Löcher" im Text zu lassen, eine *Unterdetermination* zu betreiben, wie die Stilistik das nennt, also sich mit einer (scheinbar) zu geringen Bestimmtheit des Ausdrucks zu begnügen.

Wohl gibt es Meister der Sprache, die uns mit schöner Behäbigkeit für sich einnehmen wie Jean Paul, Tolstoi oder Thomas Mann; wohl lassen sich gerade durch einen Wortrausch von hartnäckiger Genauigkeit drastische Wirkungen erzielen wie in der „Blechtrommel", etwa als die Matzeraths zusehen, wie mit Hilfe eines Pferdekopfes Aale gefangen werden, und die Mutter ihr Frühstück „mit fädenziehendem Eigelb" und anderen gräßlich ausgemalten Einzelheiten von sich gibt, nicht ohne damit die Möwen zu ernähren.

Ja selbst Einzelheiten, die wir *nicht* allesamt mit Vorstellungen verbinden, können Farbe und Leben erzeugen – so, wenn wir von einer Bergwiese lesen, sie sei bunt von Arnika, Knabenkraut und Männertreu, von Rotklee, Butterblumen, Enzian, Salbei und Vergißmeinnicht.

Doch die Mehrzahl der großen Schriftsteller geht den umgekehrten Weg: Sie handeln nach dem Rat von Ludwig Thoma, „von zehn beabsichtigten Wörtern nur eines zu schreiben und nicht elf".

Sie tun dies entweder, indem sie mit Wörtern schlechthin geizen und jedes Detail darauf prüfen, ob es zugelassen werden muß – die Meister der lapidaren Sätze, die antiken Historiker Thukydides und Tacitus, die schreibenden Militärs Cäsar und Clausewitz, der schnellfüßige Voltaire, der karge Hemingway. Diese allgemeine Tendenz verdichtet sich oft zu der besonderen, die tragenden

Wörter nicht durch Adjektive und andere nähere Bestimmungen einzuengen, sondern die Ausmalung der Phantasie des Lesers zu überlassen: „Wir stecken im Hause beim Ofen".

Einen dritten Weg der Aussparung beschreitet Grillparzer, wenn er Goethes herrisches Wesen im Aufpicken der Brotkrümel spiegelt. Das Verschweigen aller anderen Fakten ist hier dem vergleichbar, was in der Wortwahl *pars pro toto* heißt: die Lilien stellvertretend für die Blumen oder gar für alle Pflanzen auf Erden.

Die Unterdetermination läßt sich schließlich bis dahin treiben, daß man gerade das Schlüsselwort eines Satzes, den Kernsatz eines Textes *nicht* hinschreibt, sondern es dem Leser überläßt, ihn aus dem Zusammenhang und seiner Weltkenntnis zu ergänzen.

Wir verfahren alle so, wenn wir sagen: „Der kann mich mal!" (Wieder also gehen die naive und die dichterische Sprache Hand in Hand, wie bei der gemeinsamen Abneigung gegen das Passiv und gegen gekünstelte Abstraktionen.) Die schönste Auslassung eines tragenden Wortes finden wir bei Wilhelm Busch – in dem berühmten Heiratsantrag des Tobias Knopp: „Mädchen, sprach er, sag mir, ob... Und sie lächelt: Ja, Herr Knopp."

Sogar der entscheidende *Satz* kann ungeschrieben bleiben. Viele Witze sind so konstruiert, daß es gerade der Zwang zur Überbrückung des Nichtgesagten ist, der uns lachen läßt: „Manche Leute glauben, daß Genialität erblich sei. Andere Leute wiederum haben keine Kinder." Da werden sogar zwei Gedanken übersprungen: daß die fraglichen Leute sich für Genies halten und daß sie ihre überragende Begabung in ihren Kindern wiederzufinden glauben.

Für anspruchsvolle Literatur gilt es nahezu als Regel, daß der Autor ein paar *Leerstellen* läßt, die der Leser mit seiner Phantasie besetzen kann. Bei Dostojewski geschieht das so: Dem Petersburger Studenten Rasumichin ist aufgefallen, daß sein Freund Raskolnikow sich seit Tagen sonderbar verhält; der Leser weiß, was Rasumichin nicht weiß: daß Raskolnikow eine alte Wucherin ermordet hat. Da stehen die beiden unter einer spärlich brennenden Lampe. „Plötzlich zuckte Rasumichin zusammen. Eine Art Idee sprang über, etwas Schauerliches, von beiden gedacht, von beiden verstanden... Rasumichin wurde bleich wie ein Toter. ‚Verstehst du jetzt?' sagte Raskolnikow mit schmerzhaft verzogenem Gesicht." So endet sein Mordgeständnis.

Der wissende Leser braucht hier nur zu folgern, daß auch Rasumichin das Gräßliche verstanden hat. Somerset Maugham geht noch weiter: Am Schluß seiner Novelle „Regen" wird sogar dem Leser der entscheidende Satz vorenthalten. Der Missionar Davidson will auf einer Südsee-Insel eine Hure vor der Hölle retten, in heiligem Eifer redet er Tag und Nacht auf sie ein, nicht ohne Erfolg, wie es scheint, denn sie läßt die Schminke weg und wird zur Schlampe. Eines Tages aber liegt der Missionar mit durchschnittener Kehle am Strand – Selbstmord! Die Hure ist wieder aufgetakelt, von ihrem Grammophon läßt sie Ragtime auf die Gasse dudeln, und den entgeisterten Freund des Missionars, Dr. Macphail, empfängt sie mit den Worten: „Ihr Männer seid alle Schweine." Danach heißt es nur noch: „Dr. Macphail keuchte. Er verstand."

Das logisch Notwendige zu sagen – oft zuwenig – wäre hier zuviel. Es würde den Leser um eine kleine Anspannung, um ein Aha-Erlebnis betrügen. Welche Facetten eines Problems, von dem die meisten nicht einmal wissen, daß es eines ist!

9. Der Mangel und der Überfluß

Die Bürokratie und die Redundanz
Jeder gedankliche Schritt muß, folgerichtig aus dem vorangegangenen Schritt entwickelt, auf das Informationsziel hinführen. Jeder gedankliche Schritt muß notwendig sein, um das Informationsziel zu erreichen (z. B. das Vorliegen eines gesetzlichen Tatbestandes nachzuweisen). Kein notwendiger Schritt zum vollständigen Nachweis darf fehlen (Argumentationslücke). Ein gewisser Argumentationsüberschuß kann die Überzeugungskraft erhöhen.

Weitschweifigkeit ermüdet den Leser, Längen mindern die Verständlichkeit. Aber auch übertriebene Kürze schadet: Sie macht den Text durch Weglassen schwer verständlich und weniger höflich.

Bei einer wirksamen und überzeugenden Argumentation, die das Anliegen des Bürgers umfassend erledigt, unterbleiben zeitraubende Rückfragen und Rechtsbehelfe, Ein solcher Verwaltungstext ist also nicht nur bürgerfreundlich, sondern zugleich effizient. Denn er vermeidet erhebliche Folgekosten (auch wenn er wegen zusätzlicher Erläuterungen etwas länger geraten sein sollte).

Bundesverwaltungsamt:
Bürgernahe Verwaltungssprache (1985)

Meine Damen und Herren!

> Im Namen, willkommen heißen, Ausdruck verleihn,
> Echtes Bedürfnis, bedanken und Meilenstein;
> Prioritäten setzen, sich aufdrängende Fragen,
> Denkanstöße, wesentlich dazu beitragen;
> Suche nach der Identität, ins Auge fassen,
> Stellung beziehen und Pläne reifen lassen;
> Optimale Lösung, Position und Transparenz,
> Plattform, Entschiedenheit und Konsequenz,
> Fragenkomplex, Problematik und Kriterium,
> Zu erkennen geben, Anliegen und Wissen um;
> Unverzichtbar, weitgehend und beispielhaft,
> Wichtige Impulse, Initiative, Errungenschaft,
> Spielraum, dringende Bitte, der Sache dienen,
> Gegenwärtige Situation. Ich danke Ihnen.

Otto Heinrich Kühner

Wehe dem, der sich selbst, wehe dem, dem derjenige nur das ist, was wir uns von diesem erwartet haben. Selbst ist die Frau! Meine Herren! Wenn die Besonnenheit uns von unseren Sorgen, deren wenige ein verblendendes Spiel in uns gesetzt zum Zwecke des Mittels, einen wie bei jedem, wir können nicht das gute Gewissen mit derselben Resignation verknüpfen, der unserem Standpunkt von vornherein gegenüberstand.

Karl Valentin

Lösung A: Kampf der Blähung

Halbautomatisches Schnellformuliersystem nach Kühn/Walter (1985)

Wer für Fest- und Sonntagsreden eine Floskel braucht, die mit möglichst pompösen Worten möglichst wenig sagt, der denke sich eine beliebige dreistellige Zahl und suche sich nach ihr aus der Tabelle die Elemente seiner Redensart zusammen; z. B. 364: „Die geschichtliche Aufgabe, gegen alle Widerstände ganz bewußt deutsch zu sein."

0. Der unbedingte Wille	0. hier und jetzt	0. miteinander zu reden
1. Das erklärte Ziel	1. in aller Offenheit	1. kraftvoll anzupacken
2. Die selbstverständliche Pflicht	2. gemeinsam miteinander	2. nach vorn zu blicken
3. Die geschichtliche Aufgabe	3. zwischen gestern und morgen	3. die Kontinuität zu wahren
4. Die unerwartete Gnade	4. ohne „Wenn" und „Aber"	4. ganz bewußt deutsch zu sein
5. Die tiefe Einsicht	5. notfalls im Alleingang	5. das Ziel anzustreben
6. Die einfache Absicht	6. gegen alle Widerstände	6. letztlich allein zu sein
7. Die schlichte Notwendigkeit	7. ganz unmißverständlich	7. das Ich vor das Wir zu stellen
8. Die eindeutige Erkenntnis	8. in Gut und Böse	8. dem Vaterland zu dienen
9. Die hohe Amtspflicht	9. auch gegen den Zeitgeist	9. ganz einfach oben zu bleiben

Lösung B:
Kampf dem Krampf

10. Sind Fremdwörter innovativ?

> Die Gewalt einer Sprache ist nicht, daß sie das Fremde abweist, sondern daß sie es verschlingt.
> *Goethe*

Fremdwörter sind gut, Fremdwörter sind schlecht – wie andere Wortgruppen auch. Nichts ist der Sprache gleichgültiger als das Material, aus dem sie schafft, hat Karl Kraus gesagt. Das Wort *Fenster* haben wir aus dem alten Rom, *Gummi* aus Ägypten, *Kaffee* aus Arabien, *Schokolade* aus Mexiko importiert, und um nichts wären diese Wörter besser, wenn wir sie von den alten Germanen geerbt hätten.

Wörter fremder Herkunft also, die wir nicht mehr als solche erkennen, weil sie seit Generationen im Deutschen heimisch sind und weil wir sie deutsch schreiben, sprechen und deklinieren – sie werden als *Lehnwörter* ausgegrenzt, ihnen brauchen wir nicht nachzugrübeln. Probleme kann es nur dort geben, wo wir sehr wohl das Fremde spüren; entweder weil Klang oder Schreibweise uns fremd geblieben sind (Inkohärenz), oder weil die Aussprache die fremde Herkunft bewahrt hat (Saison), oder weil viele Fremdwörter die Verständlichkeit vermindern (bilateral), oder weil ein Schwätzer oder ein Experte uns mit ihnen imponieren will (hypnopompische Visionen).

Diese noch als fremd erkannten Vokabeln machen nach einer Duden-Statistik von 1985 immerhin 16 Prozent der Substantive, Adjektive und Verben und 8 Prozent *aller* Wörter in deutschen Zeitungen aus. Selbst unter ihnen, den Fremdwörtern im engeren Sinn, haben jedoch viele an den *Vorzügen* der importierten Wörter teil.

Acht gute Gründe für die Fremden

Erster Vorzug: Manche Wörter erkennbar ausländischer Herkunft haben mehr Saft als ihr deutsches Gegenstück. Was ist „Einbildungskraft" oder „Vorstellungskraft" oder „Erfindungsgabe" verglichen mit der *Phantasie?* Zwar erklären sich die griechischen Silben nicht aus sich selbst, anders als die deutschen, aber sie haben Musik – wie traurig, wenn ausgerechnet die Phantasie keine hätte! Mehr als andere Wörter kann dieses den schwungvollen Wohlklang gebrauchen, den die deutschen Entsprechungen nicht besitzen. Und damit *basta!* (Was italienisch ist und doch im Deutschen völlig zu Hause – ein schlüssigerer Schlußpunkt als „Es genügt", obwohl es nur dies bedeutet.)

Zweiter Vorzug: Viele Fremdwörter bereichern die Sprache durch starke Farben, wie sie im Deutschen selten sind; ein anderer Aspekt von Musik und Phantasie: *Drama, Dämon, Chaos, Ideal.* Das Neuhochdeutsche ist oft eine blasse Variante auf bunte althochdeutsche Wörter: In *huson, hawi, uwila* erkennen wir die Hose, das Heu, die Eule nur mühsam wieder.

Dritter Vorzug: Das Fremdwort bereichert die deutsche Sprache durch ungewohnte Rhythmen: *elegant, guttural, Majestät,* überhaupt alle Wörter auf -al, -ant, -ät, -enz, -ion, -thek haben den Ton auf der letzten der meist drei Silben, was bei Wörtern deutscher Herkunft selten ist; in Kap. 22 mehr über Wortakzente, Wohlklang und Satzmelodie.

Vierter Vorzug: Das Fremdwort erleichtert die Ableitung anderer Wörter. Das Telefon mag mit „Fernsprecher", die Musik mit „Tonkunst" leidlich wiedergegeben sein, aber „tonkünstlerisch" wäre schon Krampf und „fernsprecherisch" unmöglich, während *telefonisch* und *musikalisch* uns leicht von den Lippen gehen, auch *Musiker, Musikus, Musikant, musizieren, Musikalien* und *Musikalität* – eine Anleihe bei dem überaus praktischen Baukastensystem der romanischen Sprachen.

Eine Geisha für den Gentleman

Fünfter Vorzug: Viele Fremdwörter haben keine oder eine ziemlich krampfhafte deutsche Entsprechung: *fit* ist nicht dasselbe wie „tauglich", *fair* nicht dasselbe wie „anständig", *Sex* wäre mit „Geschlechtlichkeit" oder „lustbetontem Geschlechtsverkehr" unverdient holprig übersetzt, und für die Eindeutschung von *Ironie* braucht der Duden fünf Zeilen: „a) feiner, verdeckter Spott, mit dem man etwas dadurch zu treffen sucht, daß man es unter dem augenfälligen Schein der eigenen Billigung lächerlich macht; b) paradoxe Konstellation" (auch nicht sehr deutsch, wie man sieht), „die einem als frivoles Spiel einer höheren Macht erscheint", wie „Ironie des Schicksals".

Sechster Vorzug: Fremdwörter bereichern die Sprache durch neue Nuancen: Der *Profit* variiert den Gewinn, der *Gentleman* den Herrn, die *Grazie* die Anmut; wer *irritiert* ist, muß keineswegs gereizt sein, *homosexuell* hat eine andere Temperatur als „schwul"; und *Kaffee* (die deutsche Ableitung aus dem Arabischen) trinkt man in der französischen Version des arabischen Worts, dem *Café*.

Siebenter Vorzug: Fremdwörter können ein Lokalkolorit vermitteln, auf das wir nicht verzichten möchten: nicht auf den *Gentleman*, nicht auf die *Datscha*, nicht auf die *Geisha*, nicht auf den *Basar*. Hier freilich kann man übertreiben: Das *State Department* bringt eigentlich keinen Vorteil gegenüber dem amerikanischen Außenministerium, und das israelische Parlament heißt *die Knesseth* nur bei jenen Fernsehkorrespondenten, die der Öffentlichkeit mitzuteilen wünschen, daß sie immerhin ein hebräisches Wort beherrschen.

Schließlich der achte und erstaunlichste Vorzug: Manches Fremdwort ist populärer und verständlicher als sein deutsches Pendant – die *Adresse* rangiert weit vor der Anschrift, das *Baby* vor dem Säugling, das *Foto* vor dem Lichtbild, die *Fotokopie* vor der „Ablichtung", die *Telefonzelle* vor dem „Öffentlichen Münzfernsprecher", und die „Base" klingt fast albern neben der *Kusine*. Vetter und Kusine – sie aus dem Französischen, er aus dem farbigen Althochdeutschen *fetiro* entsprungen: Diese Mischehe hat sich durchgesetzt, und guten Gewissens können wir ihr unseren Segen geben.

Die Lust am welschen Wort

Acht Vorzüge des Wort-Imports! Wie kommt es dann, daß der Sprachmeister Lessing sich über seinen Zeitgenossen Christoph Martin Wieland entrüstete, weil der seine Leser „alle Augenblicke über ein französisches Wort stolpern" lasse wie Edukation, Korruption oder Moderation? Warum wütete der Turnvater Jahn gegen die „Welschsucht" und in unserem Jahrhundert der Psychologe Ludwig Klages gegen die „Schlammfluten der Fremdwörterei"? Jahn und Klages vor allem aus teutonischem Überschwang; aber ganz unrecht haben sie nicht: Wir führen nicht nur schöne und nützliche Wörter ein, sondern auch manchen fremdländischen Unsinn, und nicht nur die Deutschtümelei läßt sich übertreiben, sondern ebenso die Lust am welschen Wort.

Denn Fremdwörter haben drei gravierende Nachteile, und die Motive vieler Importeure scheuen das Licht.

Die meisten Fremdwörter sind schwerer verständlich als Wörter deutscher Herkunft – nicht die meistverwendeten, aber die Mehrzahl von ihnen. „Zweiseitig" und „atemlos" versteht jeder, *bilateral* und *asphyktisch* nicht. *Psychisch* und *physisch* ergeben einen törichten Zungenbrecher, anders als körperlich und seelisch (nicht gerechnet, daß an die Stelle der beiden Adjektive oft die schöne Formel „an Leib und Seele" treten könnte).

Der zweite Nachteil: Im Durchschnitt bieten Fremdwörter weniger Anschauung und ziehen weniger Gefühl auf sich. War es nicht ein guter Einfall des Dichters Philipp von Zesen (1619 bis 1689), aus dem *Moment* den Augenblick, aus dem *Acteur* den Schauspieler zu machen, und ebenso des Schulrats Joachim Heinrich Campe (1746 bis 1818), für die *Exkursion* den Ausflug anzubieten und für den *Supplikanten* den Bittsteller? „Hubschrauber": eine schöne Sprach-Erfindung, von einer Bildhaftigkeit, die der *Helikopter* in keiner lebenden Sprache besitzen kann – denn wer hört ihm schon an, daß er „Spiralflügel" heißt, nur eben auf altgriechisch. Helikopter ist ein ähnlich mißglücktes Kunstwort, wie es die Lokomotive war, als sie die längst populären Prägungen „Dampfroß" und „Dampfwagen" verdrängte. Ist es nicht eine törichte Schulmeisterei, in toten Sprachen zu wühlen, wenn man eine frische Erfindung benennen will?

Ein Problem ganz anderen Ranges, das nur wegen seiner sprachlichen Verwandtschaft hier behandelt werden kann: Rührt Hitlers Massenmord an den Juden uns mehr an, seit dafür in den achtziger Jahren das Wort *Holocaust* nach Deutschland gedrungen ist? Die griechischen Silben bedeuten „Massenverbrennung" (nur eben weniger eindringlich für deutsche Ohren), historisch aber auch das Brandopfer, wie es bei den Israeliten üblich war (was zum heutigen Wortsinn überhaupt nicht paßt). Es ist also historisch dubios und psychologisch wahrscheinlich ein Nachteil, wenn wir uns angewöhnen, auf Hitlers mörderische Raserei ein antikes Etikett zu kleben.

Der dritte Einwand: In mündlicher Rede muten sie uns häßliche Zwitter zu. Wer „roast beef" verlangte, korrekt mit dem Ton auf dem zweiten Wort, würde von einem deutschen Fleischer kaum verstanden werden; *Roßbief* muß er sagen, obwohl es vom Ochsen kommt. *Gangster* mit a wäre deutsch; amerikanisch wäre ein schrecklich breites ä und ein langes r mit eingerollter Zunge – ein lächerlicher Fremdkörper in einem deutschen Satz. Also sagen wir „Gängster", womit wir nur leider weder deutsch noch amerikanisch reden.

Ingenieur, da sprechen wir die erste Silbe deutsch aus (französisch ein Nasalvokal), doch beim g verlassen wir die deutschen Sitten. Die *Pension* erfordert entweder zwei Nasalvokale oder den klaren Entschluß, in deutscher Manier nach der Schrift zu sprechen, wie in Süddeutschland verbreitet; in Norddeutschland wird der zweite Nasal unterdrückt und der erste meist in der famosen Form *Pang*sion herausgeknallt.

Ein Schöpfergott macht Werbetexte

Ärgerlicher als viele Fremdwörter sind die Motive derer, die sie ins Deutsche zerren. Da ist zunächst der Wunsch, der im Kapitel über den Zunftjargon durchleuchtet wurde: seinen Mitmenschen zu imponieren oder sich von ihnen abzugrenzen. Wer statt „Kinderlähmung" *Poliomyelitis* sagen und von *kardiovaskulären Entwöhnungssyndromen* sprechen kann wie andere von Brot und Bier, der hat es zum Arzt gebracht. Wer deutsche Literatur studiert, wird sich hüten, noch vom „Erzählen" zu sprechen – der *narrative* Vortrag muß es sein.

Werbetexter nennen sich gern *Kreative*, ihr Boß in der Werbeagentur heißt *Creative Director* (ja, von Deutschland ist die Rede), und da kreativ „schöpferisch" bedeutet, ist er also der Direktor der Schöpfung. Weil er dies wiederum so direkt nicht sagen möchte, versteckt er sich hinter dem Import und kann in Ruhe sein Schöpfertum genießen, wenn ihm etwa der Spruch „Mach mal Pause" eingefallen ist.

Unter dem Einfluß der „Kreativen" in den Werbeagenturen ist in den sechziger Jahren die *Kreativität* ins Kraut geschossen – ein Bläh- und Zauberwort; halbwegs korrekt verwendet für das Talent, Ideen zu haben, die sich in Werke umsetzen lassen; nach einer Seite indessen mißverstanden als Fleiß und Produktivität, nach der andern als kreatürliche Faulheit, als Selbstverwirklichung beim Träumen im Schilf.

Der Duden stufte Kreativität 1966 als „veraltet" ein (da stand sie *noch* nicht in Blüte), 1978 als „bildungssprachlich" (zu viel Ehre für die Werbetexter); heute jedenfalls ist sie Mädchen für alles, von der Imponiervokabel für Sprücheklopfer bis zum Alibi für Leute, die *nichts* erschaffen, weil Schöpfung meist mit Arbeit verbunden ist.

Viele Fremdwörter also eignen sich trefflich zur Verschleierung, und je fremdartiger die Silben, desto besser die Tarnung. Das Modewort *Innovation* zum Beispiel bedeutet „Neuerung", klingt aber nach mehr und verhüllt nicht selten, daß eine Firma weniger als eine Neuerung anbietet, indem sie sich lediglich zu innovativen Aktivitäten im werblichen Bereich entschlossen hat. Eine *technologische Innovation* müßte eine technische Neuerung, geradezu eine Erfindung sein – jedoch:

> Da noch ein Knopf und dort eine Taste, hier ein Baustein mehr und dort noch ein kleines Computerchen hineingezaubert – und schon läßt sich von einer „Innovation" sprechen. Die Funkausstellung wimmelt nur so von Innovationen. Viele der 350 Aussteller der größten Funkschau der Welt umgehen auf die Weise den doch etwas anspruchsvolleren Begriff „Neuheit". („Frankfurter Allgemeine")

Fremdwörter sind auch bequem: *Polio* statt Kinderlähmung hat sich in Deutschland durchgesetzt, weil es eine zulässige Abkürzung von Poliomyelitis ist und glatt in Zeitungsüberschriften paßt, während die um acht Buchstaben längere „Kinderlähmung" die Spalte blockieren würde; ähnlich *Tempolimit* statt „Geschwindigkeitsbegrenzung". Daß ein Buch *interessant* sei, sagt sich rasch, weil es uns das Ringen um den engeren, treffenderen Ausdruck erspart. Die *Aktivitäten* des Vereinsvorstands decken seine mutmaßliche Untätigkeit mit vielen Silben zu, der *Workshop* hat einen *Snob Appeal,* den seine Besucher in der „Werkstatt" schmerzlich vermissen würden; in der *mystischen Häresie* oder der *kaleidoskopischen Polemik* erweisen sich Fremdwörter als devote Domestiken beim harten Job der „Unsinnstiftung" (FAZ). Das ist ja was.

Kollision mit der Prärogative
Chirac wählte, in feierlichem, die Präsidialprärogative zur Parlamentsauflösung aber respektierenden Ton, nun die Eskalation von der bisherigen Konfrontation bis zur vollen Kollision, indem er das Referendum über eine Revision des Referendumsrechts praktisch als Trick abtat und diesem die Forderung nach einer klaren Entscheidung in Form vorzeitiger Neuwahlen entgegenstellte.
„Neue Zürcher Zeitung"

11. Anglizismen: Die Invasion aus Amerika

> Der Producer war schon, als er das Demo des Songs hörte, von dessen Hitpotential überzeugt: ‚Nothing' hat einen sehr subtilen Groove.
> *Deutsch '86 (Werbetext einer Schallplattenfirma)*

Jede Sprache ist der *Interferenz* ausgesetzt, der Überlagerung, Beeinflussung durch eine andere Sprache – die eine mehr, die andere weniger, abhängig von geographischer Lage, kulturellem Einfluß und politischer Macht: das Luxemburgische mehr, das Isländische weniger.

Das Altgriechische wirkt bis in die deutsche Gegenwart: Wenn die „Hauswirtschaftslehre" Universitätsrang erhält, wird sie *Ökotrophologie* getauft. Das Lateinische regiert das deutsche Mittelalter, das Französische das 17. und 18. Jahrhundert: *Chance, Clique, Chic, Balkon.*

Seit 1945 schwappt nun, vor allem aus Amerika, die englische Welle um die Erde, in der manche Sprache kaum noch zum Atemholen kommt. Die Franzosen sind darüber nachhaltig erschrocken, die Deutschen regt das offensichtlich weniger auf – nicht, weil der Anprall der Anglizismen bei uns geringer wäre, sondern weil wir unsere Sprache weniger in Ehren halten und weil es uns an Selbstgefühl gebricht. Für diese Behauptung gibt es ein starkes Indiz.

Die Franzosen nennen uns alle „Alemannen", bei den Finnen heißen wir „Sachsen". Daß die meisten Deutschen weder Sachsen noch Alemannen sind und viele dies auch durchaus nicht sein wollen, hat einen Franzosen oder einen Finnen noch nie irritiert. Bei uns aber verbieten es sich die meisten Zeitungen und in ihrem Schlepptau immer mehr Bürger, statt der amtlichen „Niederlande" das populäre *Holland* oder statt „Großbritannien" *England* zu verwenden – die Schotten, die Waliser könnten ja beleidigt sein! Dabei hat sich keiner von diesen je beschwert, und täten sie es, wären sie immer noch für die deutsche Sprache gänzlich unzuständig. Wie meldete sich von 1940 bis 1945 der deutschsprachige Dienst der BBC? „Hier ist England!" Die konnten noch Deutsch.

Ungerührt sprachen Engländer und Amerikaner von *Rußland*, auch als der amtliche Name für das Riesenreich „Sowjetunion" lautete; ja kaum hat sich der afrikanische Zwergstaat Obervolta – schwer genug zu merken – in *Burkina Faso* umbenannt, schon rennen wir hinter dem neuen Namen her, damit auch der letzte Fernsehzuschauer das Land nicht mehr auf der Karte findet.

Bei solcher Gesinnung, das ist klar, mußte der Anprall der überragenden Weltsprache Wirkung zeigen. Auf mindestens neunfache Weise lassen wir das Englische ins Deutsche hineinregieren.

Auf der Westbank, blutgefrierend

1. Englische Wörter, zu denen uns bisher keine Übersetzung eingefallen ist, übernehmen wir unverändert und undekliniert – immerhin eine ehrliche Form des Anglizismus: *Blackout, Countdown, Hardware, job sharing, joint venture, recycling, running gag, Walkie-talkie.*

2. Wir verwenden englische Wörter unverändert und undekliniert, obwohl wir eine tadellose deutsche Entsprechung besitzen: *Jogging, Pipeline, Showbusiness, Swimmingpool* haben eigentlich keine Vorzüge gegenüber Dauerlauf, Rohrleitung, Schaugeschäft und Schwimmbecken; aber noch die *Spraydose* ziehen wir der Sprühdose vor, offenbar um ein praktisches deutsches Wort wenigstens nicht ganz sich selbst zu überlassen.

In der Marktforschung, in der Werbung, bei den Computern, in der Schlagerindustrie tummeln sich die englischen Vokabeln zu Tausenden. Daß der „subtile Groove" im Motto dieses Kapitels entweder eine feine Rille oder, in der Slang-Bedeutung, „einfach klasse" ist, macht den Vorteil der Wortwahl deutlich: So direkt wollte der Texter gewiß nicht sagen, wie wenig er zu sagen hatte. Der traurigste Fetzen auf dem Wühltisch der direkten Anglizismen: die *Westbank*, die weder ein Kreditinstitut noch eine Sitzgelegenheit, sondern im Jargon unserer Fernsehkorrespondenten das Westufer des Jordans ist, daher *Westbänk* auszusprechen. Sie ist das bjutifullste.

3. Wir übernehmen englische Wörter unverändert, aber unterwerfen sie der deutschen Deklination: des *Babysitters*, des *Beefsteaks*, *Flirts*, *Jobs*, *Teams*, *Trainings*; sogar der deutschen Konjugation: Ich *relaxe,* du *relaxt.* Wenn wir Glück haben, paßt das englische Schriftbild nahtlos ins Deutsche: *Drops, Sport.*

Faszilitäten auf dem Subkontinent

4. Wir lassen englische Wörter unübersetzt, tun aber in Aussprache und Grammatik so, als ob es deutsche Wörter wären. Es sind vor allem die deutschen Korrespondenten in Washington, die uns diese trojanischen Pferde ins Land schummeln. Sie hören und lesen hundertmal am Tag „the Reagan administration", sind tief beeindruckt, vergessen auf der Stelle, daß Übersetzen erlaubt, zumutbar und nötig ist, und senden die Mißgeburt *Reagan-Administration* nach Deutschland, wo man natürlich „die Regierung Reagan" sagt. Sie lesen dutzendfach „the Indian subcontinent" und importieren sogleich den *indischen Subkontinent,* womit sie nur das gute alte „Vorderindien" meinen können, das aus den Staaten Indien, Pakistan und Bangladesh besteht; meist reden sie jedoch von Indien allein, womit sie auch noch falsch aus dem Amerikanischen abgeschrieben haben – ja vielen gelingt es gar nicht mehr, das Wort „Indien" ohne Zusatz zu Papier zu bringen, „der indische Subkontinent" wird zur Zwangshandlung.

Australiens Ureinwohner heißen in Australien *aborigines,* weil Australien Englisch spricht und „Ureinwoh-

Lösung B: Kampf dem Krampf

ner", wo auch immer, eben englisch so heißen; woraus deutsche Journalisten scharfsinnig gefolgert haben, „Aborigines" sei eine Art Eigenname der Ur-Australier, den man allen Deutschen, die schlicht „Ureinwohner" sagen, ergänzend oder korrigierend an den Kopf werfen müsse.

Ein grotesker Import der letzten Jahre: *Faszilitäten,* Nichtübersetzung von „facilities" in frei erfundener Orthographie, einem zugegebenermaßen praktischen Sammelwort für alle Vorrichtungen und Gegenstände, die man zum Wohnen oder zum Arbeiten braucht – nur daß „Faszilitäten" überaus häßlich und den meisten Deutschen unverständlich sind. (Achtung, Duden! Bisher haben Sie das Wort nicht registriert. Lassen Sie's dabei.)

5. Wörter von unschuldigem deutschen Klang äffen in Wahrheit ein englisches Vorbild nach. „Netz" heißt englisch network, woraus immer mehr Deutsche den scharfsinnigen Schluß ziehen, network müsse auf deutsch wohl *Netzwerk* heißen: „Ein Netzwerk von Beziehungen" – bisher noch nicht „das deutsche Eisenbahnnetzwerk", aber das werden wir noch erleben, weil die Angelsachsen „railway network" sagen. *Net* kennen sie auch, jedoch allein für ein Netz aus Garn oder Tüll; sogar das Wort „Netzwerk" gibt es im Deutschen, aber nur in der Bedeutung: netzartig verbundene Leitungen.

Immer häufiger müssen wir *Frontlinie* lesen, weil es frontline heißt, während auf deutsch bereits die Front die vorderste Linie ist; ähnlich *Küstenlinie* statt der guten alten Küste, die man aus dem Flugzeug stets als Linie sieht. Für „rights and responsibilities" liest man mit Vorliebe *Rechte und Verantwortlichkeiten,* weil der Schreiber noch nie etwas von Rechten und Pflichten gehört hat; aus „nicht unbedingt" wird *nicht notwendigerweise,* nach dem englischen Vorbild „not necessarily". Auf deutschen Bühnen muß man *meine Leute* für „my people" hören, was „meine Familie" bedeutet, wie jedes Lexikon beweist; sogar *Dies ist mein Platz,* Klippschüler-Übersetzung von „This is my place", zu deutsch: Hier bin ich zuhause.

Der Südafrika-Korrespondent der „Frankfurter Allgemeinen" trieb es bisher am tollsten: von *blutgefrierenden Morden* wußte er zu berichten, „bloodchilling murder" hatte er gelesen und seine Muttersprache spontan durch den Fleischwolf gedreht, und in Frankfurt saß keiner, der das Deutsche vor diesem Gaudiburschen gerettet hätte. Eine Übersetzungsempfehlung an deutsche Korrespondenten in englischsprachigen Ländern: *outdoor activities* sind natürlich nicht Sport und Spiel im Freien, sondern „Außentüraktivitäten".

Wer verfügt über die Aktivitäten?

6. Ein griechisches oder lateinisches Wort in seiner deutschen Form wird durch ein antikes Wort in seiner englischen Form ersetzt (kein sehr dringlicher Vorgang, sollte man meinen): „Technik" heißt englisch *technology* – woraus deutsche Mitbürger scharfsinnig gefolgert haben, *technology* müsse auf deutsch *Technologie* heißen. Wunder der Rückübersetzung! Chance der geschwätzigen Silbenvermehrung! Wer noch gewährt uns die Erfrischung, die ausgeleierten *Zukunftstechnologien* in „die Technik von morgen" zu verwandeln?

„Aktivität" heißt englisch *activities* – woraus deutsche Mitbürger scharfsinnig gefolgert haben, *activities* müsse auf deutsch *Aktivitäten* heißen. Dieser Plural ist jedoch zum einen ähnlich unsinnig wie „Passivitäten" oder „Glücke", so daß einen Freund der Logiken und der Sprachen schon die Wüte packen können, und zum andern ein besonders beliebter Ausdruck zeittypischer Geschwatzigkeiten. Auf deutsch heißt *activities* erstens „Aktivität" (als die Summe aller Handlungen oder die Lebenshaltung des Aktivseins), zweitens Aktionen, Handlungen, Taten, Tätigkeit, Leistung, Arbeit, Geschäft. Nicht gerechnet den schwebenden Unsinn, der uns aus Floskeln wie dieser angrinst: „Die Kempinski AG betreibt vier Hotels der Spitzenklasse und verfügt über eine Reihe von anderen gastronomischen Aktivitäten" („Die Welt").

7. Ein griechisches oder lateinisches Wort wird aus seiner deutschen Bedeutung durch die abweichende Bedeutung vertrieben, die es im englischen Sprachraum angenommen hat. *Realisieren* heißt bei uns allein „verwirklichen", realize dagegen vorzugsweise „sich klarmachen"; woraus deutsche Mitbürger scharfsinnig gefolgert haben, realisieren müsse „sich klarmachen" heißen („Realisierst du das nicht?"). *Rhetorik* ist zu deutsch die Kunst des Redens, auch des Schreibens. Seit einigen Jahren wird das Wort bei uns schief verwendet im englischen Sinn von Wortschatz, der Rede selbst: „Reagans Unterhändler verschrecken die Sowjets mit militanter Rhetorik."

Der scheinbar vernünftigen Frage „Aber warum ist das schlimm?" läßt sich in all diesen Fällen die nicht minder vernünftige Frage entgegenstellen: „Und wofür sollte es gut sein?"

8. Englische Wörter werden in Drittsprachen gemogelt, weil sie so schön sind: Mexiko ist der Name eines Staates und seiner Hauptstadt; wenn nicht ohnehin deutlich ist, daß man die Stadt meint, sollte man also „Mexiko-Stadt" oder „die Stadt Mexiko" oder „Ciudad de México" schreiben, nämlich entweder die deutsche Umschreibung oder die dort gültige, also die spanische wählen. Was aber hat das *Englische* in Mexiko zu suchen? *Mexiko-City* schreiben die meisten Zeitungen.

9. In ihrer Begeisterung fürs Englische *konservieren* die Deutschen ein Wort, das im englischen Sprachraum gestorben ist: *Smoking* sagen wir zu dem Kleidungsstück, das englisch *Dinner jacket* heißt; „No smoking" bedeutet bekanntlich nicht etwa „Smoking unerwünscht", sondern „Rauchen verboten". Ja wir sind imstande und *erfinden* englische Wörter, die die englische Sprache nicht kennt: *Dressman, Showmaster* oder *Twen,* die unvergeßliche Eingebung der deutschen Textilindustrie, die um 1960 auf diese Weise versuchte, eine Altersgruppe abzugrenzen, der sie die für sie produzierten Textilien verkaufen wollte.

Sollen wir uns wehren?

Man mag nun die Bilanz der Anglizismen, die seit 1945 so viele unserer Mitbürger überwältigen, rosig oder traurig finden – widerlegen läßt sich keiner, der da fragte: Ist es nicht nur natürlich, was hier geschieht? Was spricht denn dagegen, daß sich heute ein paar tausend englische Wörter und Eigenheiten im Deutschen breitmachen, so wie unsere Ahnen einst ein paar tausend lateinische Wörter und Eigenheiten übernommen haben?

Gegen viele spricht gar nichts, in der Tat. Sie sind praktisch wie *Job* oder *Team*, witzig wie *Walkie-talkie*, kaum entbehrlich wie *Brainstorming*. Anglizismen haben ähnliche Vorzüge wie oben bei den anderen Fremdwörtern geschildert – und ähnliche Nachteile: oft schwerer verständlich und weniger anschaulich als das deutsche Gegenstück (soweit vorhanden), oft zu einer Zwitter-Aussprache nötigend *(Roßbief)*, oft mit den zwielichtigen Motiven ihrer Benutzer belastet: Imponiergehabe, Faulheit oder Tarnung.

Bei den Anglizismen kommt ein gehöriges Quantum Dummheit hinzu – oder wie anders sollte man die Stilblüte „Dies ist mein Platz" benoten? Wer auch dagegen nichts hätte, der würde im Effekt empfehlen, daß die törichte Wort-für-Wort-Übersetzung englischer Redewendungen die deutsche Sprache beeinflussen darf, der Ärger über so viel Dummheit aber ohne Einfluß bleiben soll.

Noch zweierlei mehr unterscheidet die Anglizismen von den anderen Fremdeinflüssen. Zum ersten: Der Anprall des Englischen vollzieht sich im Zeitalter von Radio, Fernsehen, Popmusik, Tourismus mit einer Wucht, die das kritische Abwägen und die tröstliche Gewöhnung ungleich schwerer macht als einst beim Eindringen des Lateinischen und später des Französischen; wir haben uns binnen einer Generation vollständig überrumpeln lassen, und überrumpelt zu werden ist eigentlich nicht erstrebenswert (um das Mindeste zu sagen).

Zum zweiten: Zwischen Römern und Germanen, auch noch im 17. Jahrhundert zwischen Franzosen und Deutschen herrschte ein deutliches Kulturgefälle, unsere Vorfahren hatten einen Nachholbedarf, alles in allem profitierten sie von der Invasion. Zwischen dem Englischen und dem Deutschen besteht zwar ein Gefälle der Durchschlagskraft, aber sonst keines. Selbst der Computer wurde von einem Deutschen erfunden (Konrad Zuse aus Berlin) – ein Grund mehr, ihn *Rechner* zu nennen, wozu kurioserweise die Fachleute von jeher neigen und was neuerdings auch bei Laien Boden gewinnt.

Können wir uns wehren?

Angenommen also, wir fänden, daß hier eine sprachliche Überwältigung stattfindet, etwas Maßloses und Unkontrolliertes, wogegen wir angehen möchten – *könnten* wir es denn? Wir können, jeder von uns; mehr als die anderen können es die Lehrer und die Journalisten. Wenn ein Dutzend deutscher Korrespondenten in Washington die deutsche Sprache zum Schlechteren verändert hat – warum sollten die 30000 Journalisten der Bundesrepublik nicht imstande sein, sie zum Besseren zu verändern, wenn sie nur wollten? (In Kap. 27 mehr darüber.)

Und *wie* könnten wir uns wehren? Zweierlei ist längst mit Erfolg im Gange. Wir haben Wörter englischer Herkunft in Schriftbild und Aussprache total *eingedeutscht:* *Keks* aus dem alten englischen cakes, *Koks* aus cokes, *Schal* aus shawl, *Streik* aus strike – vor dem Ersten Weltkrieg freilich, doch der erste Duden von 1880 kannte Keks, Koks und Schal noch nicht, und bei Streik ließ er die Schreibweise „Strike" gleichberechtigt zu. Das war eine vorzügliche Lösung, an die man anknüpfen sollte; so gelungen wie das deutsche *Fenster* aus dem lateinischen fenestra – und auf die teutonische *Herkunft* der Wörter kommt es wahrlich nicht an, um es noch einmal zu sagen.

Wir haben zweitens viele neue Angebote aus dem Englischen ohne Mühe populär und vernünftig übersetzt, statt sie zu übernehmen: *Gehirnwäsche* sagen wir statt brain washing; auch *Kalter Krieg, Luftbrücke, schweigende Mehrheit, Selbstbedienung*. Mindestens dies ist ein Punkt, der all denen zu denken geben sollte, die den Anglizismen unkritisch gegenüberstehen: Wäre es ihnen denn wirklich lieber, wir sagten cold war, air lift, silent majority und self-service?

Es lohnt sich also, an der Luftbrücke mit Schal und Keks auf der Lauer zu liegen, wie wir noch mehr Fremdkörper uns anverwandeln können. Überdies lohnt es sich natürlich, die Anglizismen denselben Maßstäben zu unterwerfen wie deutsche Wörter: *Pflicht* wäre auch dann besser als „Verantwortlichkeit", *Netz* besser als „Netzwerk", *Front* besser als „Frontlinie", wenn sie kein englisches Vorbild nachäfften – Kapitel 8.

Eine große Verantwortung liegt bei Technikern und Wissenschaftlern: Viele von ihnen haben zugunsten des Englischen „die Sprachloyalität aufgekündigt", wie Hugo Steger schreibt: Sie greifen nach englischen Begriffen, wenn sie nicht gar in englischer Sprache publizieren. Damit tragen sie dazu bei, die deutsche Sprache ärmer und sie weniger verständlich zu machen – für Laien wie auch für die Mitglieder anderer Fakultäten. Sie schaffen „ein kulturelles Umweltproblem", sagt Harald Weinrich; folglich seien sie für die Umsetzung ihres Wissenschaftsenglisch in gutes Wissenschaftsdeutsch verantwortlich, sie selbst und nicht die Dolmetscher und Lehrer, an die ihr Englisch sonst geraten würde.

Und schließlich: Etliche Anglizismen sind in dem Maße *Mode* geworden, daß sie unter das Verdikt des folgenden Kapitels fallen: Nichts ist langweiliger als das Ausgeleierte und Leergedroschene.

12. Schablone, Mode und Marotte

> Ich mag immer den Mann lieber, der so schreibt, wie es Mode werden kann, als den, der so schreibt, wie es Mode ist.
>
> *Georg Christoph Lichtenberg*

Frische, schlichte Wörter wählen – keine abgedroschenen Redensarten, keine hochgestochenen Begriffe, keine billigen Modewörter, keine Mätzchen, weder selbsterfundene noch nachgemachte: Das ist eine klare Regel, über die die meisten Stilisten von Rang und alle Lehrer der Stilkunst sich einig sind. „Wer Stil erwerben will, beginne damit, keinen anzustreben", sagt E. B. White. „Affektation im Stil ist dem Gesichterschneiden zu vergleichen", schreibt Schopenhauer. Aber leider: Das Modische, Geschmäcklerische und Pompöse gilt als schick, und das Formelhafte ist bequem.

In der Tat: Wer statt „boshaft" oder „mit Bosheit" mit *konstanter* Bosheit sagt, der hat sich das Sprechen erleichtert. Und das ist ja was, ganz unironisch angemerkt. *Bitterer* Ernst, *goldene* Mitte, *grünes* Licht, all die Floskeln, die abgenutzten Bilder, Schablonen, Sprachklischees: Sie sind nicht nur ein phantasiearmes Nachschwätzen, ein Leerlauf der Gedanken, ein Mittel, die Zunge beschäftigt zu halten, während der Geist schläft – sie sind zugleich narrensichere Schaltstellen, ohne die uns „der Verkehr durch die dann nötigen Umleitungen so erschwert wäre, daß wir kaum zu sprechen wagen würden" (Mackensen). Oder wäre es zumutbar, daß jeder Mensch sich jeden Tag statt der Floskel „Guten Morgen!" einen originellen Gruß einfallen ließe?

Wer einst zuerst die Formel prägte, ein Bösewicht habe *Morgenluft gewittert* oder dieser Skandal sei nur *die Spitze des Eisbergs,* der hatte einen Einfall; den nun nicht mehr haben zu müssen, weil man nur vom Klischee einen Abzug machen muß, ist eine Erleichterung, auf die die Sprachbenutzer *(mehrheitlich, vollinhaltlich)* angewiesen sind.

Was den Sprechenden und Schreibenden das Leben leichter macht, kann indessen den Hörenden und Lesenden zum Ärgernis geraten. Denn da stellt sich Überdruß ein, wenn nun zum siebentausendsten Mal ein Staatsmann *mit großem Bahnhof* empfangen worden ist oder wenn ein Mensch, der uns *abgöttisch* liebt, schon wieder *wie ein Murmeltier* geschlafen hat. Auch mag der Leser oder Zuhörer sich fragen, ob die vorgestanzten Formeln das Denken des Erzählenden vielleicht nicht nur entlasten, sondern schlicht ersetzen.

Vor allem aber: Wer in Schablonen spricht, muß in Kauf nehmen, daß seine Hörer ebenso beiläufig hinhören, wie er geplappert hat; daß er also niemanden beeindruckt, daß er fast genausogut in der Wüste hätte schwatzen können. Wem wir etwas mitteilen wollen, den dürfen wir weder überfordern durch exotische Wörter oder komplizierte Sätze, noch *unterfordern* durch schiere Meterware. Hin und wieder muß der, den wir meinen, stolpern über ein nicht völlig selbstverständliches Sprachelement.

Sage ich: „Mit konstanter Bosheit ruft er mich jeden Abend um 11 an", so habe ich eine Menge getan, um seine Bosheit vergessen zu machen. Will ich dies nicht, so bin ich höherer Aufmerksamkeit sicher, wenn ich sage: „Dieser Mensch ist böse, jeden Abend um 11 ruft er mich an!" Karl Kraus hatte im Ersten Weltkrieg so oft von Munitionsfabriken gelesen, „die wie Pilze aus dem Boden schossen", daß er darum bat, es möchten endlich „die Pilze wie die Munitionsfabriken aus dem Boden schießen". Wie frisch und angenehm, bei der Schriftstellerin Gabriele Eckart aus der DDR zu lesen, wie sie 1987 Westdeutschlands überquellende Schaufenster kommentierte: „Im Gegensatz zur DDR stehen hier die Dinge Schlange nach dem Kunden."

Schon von der allzu gewohnten Wortstellung abzuweichen bringt Leben in die Sprache. Sagen wir doch mal: vor lauter Bäumen den Wald nicht sehen, mit dem Bad das Kind ausschütten (mit dem zusätzlichen Vorteil, daß diese Wortstellung logischer als die herkömmliche ist und mehr Ton auf die Hauptsache zieht). Schreiben wir ruhig: Wir sind die Säue, vor die Sie Ihre Perlen werfen wollen.

Wie sehr unsere Gewohnheiten eingerastet, eingerostet sind, macht das Spiel deutlich, abgewetzte Redensarten in Frage und Antwort zu zergliedern. Was brachen die Teilnehmerzahlen? Alle Rekorde! Worüber hat man uns gehauen? Übers Ohr. Wohin werden die Steuerzahler gebeten? Zur Kasse. Wovon ist der glücklose Politiker weg? Vom Fenster. Was bot die Unglücksstätte? Ein Bild des Grauens. Ein wievielmaliges Erlebnis hat Ihnen das Drachenfliegen vermittelt? Ein einmaliges.

Wie Modewörter entstehen

Sprachschablonen sind die Modewörter von gestern – Grund genug, den Modewörtern von heute zu mißtrauen. Was ist modern? Wie wird ein Wort zum Modewort? Teils läßt sich das beweisen; teils läßt es sich vermuten; teils wird das Kind der Mode von unbekannten Eltern aus dem Geist oder Ungeist der Zeit geboren wie die Kleidermode auch, mit dem beiden gemeinsamen Vorzug, daß man keine Entscheidungen zu fällen braucht und sich zugehörig fühlen kann.

Einen ähnlichen Vorzug haben die Modewörter mit den Sprachklischees gemein: daß sie Gedanken weder erfordern noch nach sich ziehen. Die Zaubersilben *Emanzipation* zum Beispiel – für wie viele Haupt- und Nebenbedeutungen, private Ausreden und öffentliche Mißverständnisse, biologische und politische Postulate, für wieviel Wortfetischismus und Gedankenträgheit liefern sie das Etikett!

Der Geist der Zeit bevorzugt das *Geschwätzige*, das *Englische* und das *Akademische*. *Ansonsten* hat drei Silben statt der einen, mit der ich auskäme, wenn ich das gute alte „sonst" benutzte, und dafür, daß „ansonsten" zu einem regierenden Unfug der achtziger Jahre aufgestiegen ist, kann der wesentliche Grund nur die Freude an gespreizter Rede sein; wobei „ansonsten" auch noch die Mehrsilber „im übrigen" und „andernfalls" aufgesogen, also durch seine Wucherung das Deutsche ein bißchen ärmer gemacht hat.

Dabei wurde „ansonsten" 1935 vom Duden als „veraltet" eingestuft, 1976 im Deutschen Wörterbuch von Hermann Paul als „heute nur noch bewußt altertümelnd". Doch eben dies lieben viele Journalisten, sie finden es offenbar neckisch und gebildet, wenn sie *gemach* und *geraum* aus der Mottenkiste holen, auch *just, weiland, alldieweil, erklecklich, fröhliche Urständ feiern* und *Gazetten jeglicher Couleur;* ja viele meinen, damit wären sie gleichsam von allein „satirisch".

Das Englische ist beliebt, häufig auch praktisch durch erstaunliche Kürze („in" sein), noch willkommener aber, wenn es sich gerade umgekehrt mit der Länge verbindet, dem Silbenschleppzug: statt „Arbeit" *Aktivitäten.* Amerikanisches Management ist besonders gut: *effizient, dynamisch, optimal.* Akademisch und vielsilbig ist gut: *progressiv, alternativ, relevant, Alibifunktion, Selbsterfahrung* und *Randgruppensensibilität.*

Doch daran läßt sich schon erkennen: Die Übergänge fließen zwischen den anonym entstandenen Modewörtern und denen, die mit klarem oder bedingtem Vorsatz in die Sprache gestoßen worden sind, weil ein Interesse hinter ihnen steht. Der akademische Jargon, das transatlantische Kauderwelsch der Computer-Experten und Werbeagenturen teilen ja den Vorzug jeder Zunftsprache, daß man sich einer Elite, mindestens einer Clique zugehörig fühlen kann; so auch bei der Sprache der Jugend (im nächsten Kapitel), der Frauenbewegung und der Evangelischen Akademien.

Wer hat den größten Betroffenheitsvorsprung?

Durch diese Akademien segeln traditionsgemäß jene schillernden Wortquallen, die Theodor Adorno 1964 unter dem Schlagwort *Jargon der Eigentlichkeit* zusammenfaßte, benannt nach dem „Eigentlichen", das der Redner stets suchend im Munde führe, und bestehend aus „marktgängigen Edelsubstantiven" wie *Anliegen, Anruf,*

Lösung B: Kampf dem Krampf

Auftrag, Aussage, Begegnung, Bindung und *Spannungsfeld* – lauter „signalhaft einschnappenden Wörtern", mit denen sich reden lasse, als ob man das Geheimnis besitze. „Der des Jargons Kundige braucht nicht zu sagen, was er denkt, nicht einmal recht es zu denken: Das nimmt der Jargon ihm ab."

Das *Selbstverständnis,* der *Stellenwert* haben Adornos Beispielen inzwischen den Rang abgelaufen, auch der *Denkanstoß* („eine Art geistiger Tritt in den Hintern", wie Dieter E. Zimmer sagt) und über allen die *Betroffenheit.* Wohl hat das Wort „betroffen" über das Amtsdeutsch hinaus (von einer Maßnahme betroffen sein) von alters her die zusätzliche Bedeutung „schmerzlich überrascht, innerlich bewegt". Doch erst seit Anfang der achtziger Jahre wurde die Betroffenheit zum „Schlüsselwort des Empfindungsmenschen", zum „Paßwort, das jeder gebrauchen muß, der für einen anständigen Menschen gehalten werden will" (Zimmer), zur „moralisch begründeten Einstellung aller Geistestätigkeit" (Johannes Gross). Man hat betroffen zu sein (Vergangenheit zu bewältigen, Trauerarbeit zu leisten), hauptsächlich vom Schicksal von Minderheiten und der Dritten Welt – wiederum nicht zwingend von etwas Bestimmtem, sondern betroffen schlechthin, wie in der Heiratsanzeige der „Zeit": „Therap. arbeitende Friedensfrau sucht wachen Mann, voll Neugier, Lachen, Betroffenheit." Jeder Schuß ein Betroffener! resümiert die FAZ.

Dolmetscher haben mit dem Wort in seiner modischen Schattierung ihre liebe Not, und vollends kapitulieren müssen sie, wenn in Parlamenten oder in progressiven Zirkeln um das deutscheste aller Anliegen gerungen wird: wer hier eigentlich einen *Betroffenheitsvorsprung* habe.

Theodor Adorno, von Karl Popper wegen seiner Qualligkeit verspottet, wie in Kap. 3 zitiert („Die Reinigung des Göttlichen vom Mythos, die in der Gebärde erschütterten Fragens nachzuzittern beliebt, übereignet das Numinose dem, der irgend dazu sich verhält") – dieser Theodor Adorno ist seinerseits mit einer Sprachmarotte berühmt geworden: In seinen Seminaren breitete das nachgestellte „sich" sich aus. „Man sagt, der Meister plaziere es auch bei der Korrektur von Schülerarbeiten hinten, wie es für ein ‚sich', nach den Regeln der Komposition, sich gehört. Den Damen zu Füßen des Katheders glänzen die Augen, wenn nach dem unfehlbaren Eintreffen des passenden Verbs am Ende der Satzperiode die Spannung sich löst." (Eckhard Nordhofen in der „Zeit"). So grenzt man sich ab, man schafft sich ein Merkmal wie Friedrich der Große und Joseph Beuys mit ihren berühmten Kopfbedeckungen.

Hans Magnus Enzensberger attackiert den zeitlosen *Jargon der Eindeutigkeit,* der von den Tribünen ganzer Kontinente dröhne und alle Kanäle der öffentlichen Rede verpeste: „Die Gesetze der Geschichte sind *ehern,* die Beschlüsse *unumstößlich,* die Entschlossenheit ist *fanatisch, eisern, unbeirrbar*", und immer so fort. Der Freiburger Sprachforscher Uwe Pörksen hat 1987 die *Stereotype unserer mathematischen Welt* vorgestellt: *Information, Kommunikation, Identität, Problem, Prozeß, Struktur, Strategie* und etwa dreißig andere Begriffe – den „Minimalcode der Industrienationen". Diese Wörter schmecken nach nichts, schreibt Pörksen, sie sagen fast nichts und dringen überall ein.

Niefrau und Sündenziege

Mit klarem Vorsatz versucht die *Frauenbewegung* Einfluß auf die Sprache zu gewinnen: Das Wörtchen *man* ist als maskulin entlarvt und soll durch *man/frau* oder durch *mensch* ersetzt werden, der weibliche Minister wünscht *Ministerin* zu heißen, und die Münchner Feministin Hannelore Mabry legte 1987 im „Spiegel" Wert auf die Feststellung, sie habe eine Gruppe nichtfeministischer Frauen nicht als Arschlöcher, sondern als *Arschlöcherinnen* bezeichnet.

Die Motive sind sicher ehrenwert, aber die Sprache fügt sich ihnen nicht. Sie würde zum ersten mit kaum erträglicher Umständlichkeit und oft lächerlichem Klang belastet, wenn wir den Absendern und den Drückebergern jeweils die *Absenderinnen* und die *Drückebergerinnen* korrekt zur Seite stellen wollten. Da der Mann sogar in *jemand* und *niemand* steckt – sollen wir *niefrau* oder *niemensch* sagen? Überdies müßten wir Begriffe wie *Damenweltmeisterinnenschaft* oder *Sündenziege* prägen.

Zum zweiten ist die Sprache auch gegen die Männer ungerecht: Zu *Schlange* oder *Fliege* gibt es keine männliche Form; der *Schlang* oder *Schlangerich* wäre töricht, der *Flieger* ist sprachlich längst besetzt. Und wo bleiben bei den *Geschwistern* die Brüder? Wo beim *Brautpaar* der Bräutigam?

Redakteure sündigen nur im Dienst

Während Professoren und Feministinnen dazu neigen, ihre Sprachmarotten in allen Lebenslagen zu pflegen, kennzeichnet die meisten *Journalisten* eine merkwürdige Gespaltenheit: Derselbe Redakteur, der soeben hat drucken lassen: „300 Menschen kamen ums Leben, als ein Jumbo...", erzählt zu Hause selbstverständlich: „Habt ihr gehört? Ein Jumbo ist abgestürzt! 300 Tote!" Er läßt also seinen Krampf meist im Büro zurück.

Im Dienst *altertümeln* Journalisten gern („alldieweil", wie erwähnt). Im Dienst erfinden sie die erstaunlichsten Verben des Sagens: „‚Mit dem war ich auf der Teststrecke am schnellsten', brennt Stuck auf den Einsatz mit dem weißen Riesen" (Deutsche Presseagentur). „Auf den Einsatz brennen" als Synonym für sagen, äußern, mitteilen – darauf muß man kommen. „Sonst, senken die Industrie-Lobbyisten die Erwartungen, könne mit zusätzlichen Wachstumseffekten nicht gerechnet werden" („Spiegel"). „‚Wir waren von vornherein dagegen', wäscht Rauen städtische Hände in Unschuld an der Einkommensschnüffelei" (Bonner „Generalanzeiger").

Im Dienst drechseln Journalisten Überschriften wie „Bei den freien Berufen ein großer Zulauf" oder „Hoch in den Bergen eine milde Luft", beides in der „Frankfurter Allgemeinen"; in der „Welt": „In der Tatarei eine vielstöckige Festung aus Beton". Hier müssen bis heute etliche Redakteure ungeheuer beeindruckt davon sein, daß zu Norman Mailers Buchtitel „A Fire on the Moon" seinem deutschen Verlag 1971 die Krampf-Übersetzung einfiel: „Auf dem Mond ein Feuer".

Im Dienst versacken Journalisten in den Informationen, die sich um die vorderen Plätze balgen; sie ziehen Reizwörter an den Anfang des Satzes („Als einen Skandal bezeichnete...", „Heftige Kritik übte...") und legen damit den Grundstein zu einem Satzbau, in den sie privat nie einziehen würden:

> Zu einem Forum der Anklage gegen die politischen Zustände in der Bundesrepublik und die Behandlung der Angeklagten durch die Justiz haben die Verteidiger von Christian Klar und Brigitte Mohnhaupt den Prozeßbeginn in Stammheim gemacht. („Frankfurter Rundschau")

Der hamburgische Modezar

Der Krampf, den die meisten Redakteure ohne viel Nachdenken produzieren, weil sie sich den Sitten und Zwängen ihrer Branche fügen – beim „Spiegel" entsteht er aus klarem Vorsatz, er gehört zur Geschäftsgrundlage. Unter den Journalisten deutscher Sprache (die Schweiz und Österreich eingeschlossen) ist der „Spiegel" der Trendsetter und absolute Modezar; seine Marotten dringen sogar in die deutsche Alltagssprache ein.

Der „Spiegel" glänzt von verbogener Grammatik, manierierter Wortwahl und verschrobenen Stilfiguren. Er versucht, die Sprache durch „Prunkschnitzer" originell zu machen – mehr, als Lichtenberg dies ahnen konnte.

Nehmen wir die *Nobelherberge*. Ausgerechnet das Wort für den schlichtesten Beherbergungsbetrieb mit dem Zusatz „Nobel" zu versehen war einmal ein Einfall, über den sich reden ließ – in der zuweilen durchaus witzigen Stilfigur des Oxymorons, des mutwilligen Zusammenspannens von hoch und niedrig: so, wenn Heine die Marseillaise den „Kuhreigen der Freiheit" nannte, wenn wir bei Marcel Proust „Ihre Augen funkelten vor Dummheit" lesen oder wenn Alfred Kerr über Sylt schrieb: „Nirgends wird einem der Hauch des Alls so aufs Butterbrot geschmiert."

Doch nun geistert die Nobelherberge seit vierzig Jahren durch den „Spiegel" – sollte da das Bild nicht allmählich ein bißchen abgegriffen sein? Würde nicht das gute alte „Luxushotel" heute geradezu erfrischend wirken? Unterstellt man aber, daß „Spiegel"-Leser nach der Nobelherberge lechzen wie ein Raucher nach der Zigarette (was ja möglich wäre) – sollte dann nicht hin und wieder einer jener 30 000 deutschen Journalisten, die *nicht* beim „Spiegel" sind, wenigstens seinerseits auf die Nobelherberge verzichten, statt den abgewetzten Sprachfetzen immer wieder wie eine Reliquie zu zelebrieren?

Um es deutlich genug zu sagen: Der „Spiegel" tut auf seine Art das Richtige. Die Manier bringt Erfolg, und beneidenswert ist die Macht seiner Redakteure, ihren Mätzchen einen solchen Platz in der deutschen Sprache zu erobern – Schrullen noch dazu, die der „Spiegel" vor mehr als vierzig Jahren dem amerikanischen Nachrichtenmagazin „Time" nachzuäffen begann.

Doch daß fast die gesamte deutsche Journaille diesem Sprachmodell nachläuft: das ist das Trauerspiel. Daß die „Spiegel"-Maschen nachgestrickt werden von Journalisten bis in die hinterste Provinz; daß der Duden sich entschlossen hat, den „Spiegel" unter seine Quellen aufzunehmen – kommentarlos, versteht sich; so daß die millionenfach multiplizierten Marotten nun auch noch mit dem Anschein der Korrektheit versehen sind.

Aus der *Bildunterschrift* hat der „Spiegel" jede normale deutsche Wortfolge verbannt, im Idealfall überdies jede Information, nach dem Muster: „Überklebtes Wahlplakat: Hilfe aus dem Bahnhofsviertel". Nur Narren meinen, der „Spiegel" meine, das Wahlplakat habe etwas gesagt. Die Eingeweihten frohlocken über den Doppelpunkt und erkennen ihn als Hieroglyphe: Er teilt mit, daß zwischen dem, was vor ihm, und dem, was hinter ihm steht, jeder erdenkliche oder überhaupt kein Zusammenhang besteht. Unheimlich schick! Und nun findet man kaum noch eine andere Art von Bildunterschriften zwischen Passau und Neustadt am Rübenberge.

Pirouetten vor dem Spiegel

Der „Spiegel" schreibt *Vize, Präside, Vorständler, Frühschöppner, Deutschbankier* – scheußlich genug; aber der Skandal wird erst komplett, wenn ein Informationsdienst sich zu dem Übersoll aufgerufen fühlt, einen Fernseh-Zoologen als *Tierreich-Expeditioner* vorzustellen. Der „Spiegel" stellt Funktionen und Eigenschaften dem Namen voran wie den Titel Oberregierungsrat: *Katholik Kohl, Brandt-Schatten Gaus;* dazu hat er den Spleen importiert, nicht zu schreiben: „Emil Meyer mit Frau und Sohn" oder „Emil Meyer mit seiner Frau" oder „Emil Meyer mit seiner Frau Evelyn" oder „Das Ehepaar Emil und Evelyn Meyer" oder „Evelyn Meyer mit ihrem Mann" – wahrlich genügend Möglichkeiten, sich der deutschen Sprache zu bedienen; sondern: „Emil Meyer mit Frau Evelyn und Sohn Otto". Und zwar immer!

Ist es da dringlich, daß die Tagesschau meldet, *Komiker* Otto Waalkes habe zu den Gratulanten gezählt? Daß die FAZ berichtet: „*Gastgeber* Vereinigte Staaten eilte von Sieg zu Sieg"? Daß der dpa-Bericht über den Bundespresseball dieser fixen Idee nicht weniger als dreizehnmal nachläuft und in dieser Form von der „Süddeutschen Zeitung" kritiklos übernommen wird?

Helmut Kohl *mit Frau Hannelore,* liest man da, Hans-Dietrich Genscher *mit Frau Barbara* („Fragen Sie Frau Barbara!"), der Bundespräsident *mit Gattin Marianne,* Blumen *für Tochter Laura,* die Frau *von Astronaut Ulf Merbold,* und so weiter: eine seit Jahrzehnten ausgenudelte Kateridee in totaler Kopie, eine Verhohnepipelung der deutschen Deklination im zweiten Aufguß, ein Fußfall der größten deutschen Nachrichtenagentur und einer der angesehensten deutschen Zeitungen vor dem „Spiegel"-Kodex – ein Vorgang zum Staunen.

Zu Anfang der achtziger Jahre hat der „Spiegel" die Urvätersitte, den Zitierten mitten im Zitat zu nennen, zum Prinzip erhoben und zur Pose dazu, indem er das Eingangszitat auf einen unsinnig kurzen Fetzen reduzierte, auf den eine lange Quellenangabe folgt:

> „Da gibt es", gesteht der Studienleiter der Evangelischen Akademie Loccum und Grünen-Nachrücker Henning Schierholz, „eine Grauzone:"

> „Der krempelt", so warnte der langjährige Vertriebschef des Unternehmens, Lars Schmidt, „den ganzen Laden um."

> „Das hätte doch", nimmt Baden-Württembergs Ernährungsminister Gerhard Weiser die heimische Industrie in Schutz, „einfach zu lange gedauert."

> „Er ist halt", lästert ein Vorstandsmitglied über den steinreichen Großgrundbesitzer, dem zahlreiche Industriebeteiligungen, Ländereien und Weinberge gehören, „ein schlichter Geist."

> „Ick habe", sagt der Gärtner, „allet vasucht."

Das letzte Beispiel ist immerhin komisch, und den „Spiegel" kann man noch verstehen: Die Leser, nach seinen Grillen süchtig gemacht, wollen sie nun zirpen hören. Hat eine Redaktion sich entschlossen, tätowiert vor dem Spiegel zu tanzen, so muß sie von Zeit zu Zeit eine neue Pirouette ersinnen. Das Groteske ist nur, mit welch botmäßiger Eilfertigkeit die Presse nachzieht:

> „Ich bin", sagt Wallmann nicht frei von Eitelkeit, „der Vater dieser Stadt." („Süddeutsche Zeitung")

> „Er wird sich", meint Böhm, „langweilen." („Die Welt")

> „Das ist", erläutert ein hoher Beamter des Bundesamtes für Verfassungsschutz den Wahnwitz der Anarchos, „ganz einfach so: Die haben der Nato den Krieg erklärt." („Stern")

„Haben wir", hört man die Kollegen dankbar seufzen, „den Anschluß an die jüngste Spiegel-Masche hergestellt!"

Die Macht des „mochte"

Daß solche triste Routine zugleich ein tückisches Gift enthalten kann, zeigt das Wörtchen *mochte*. Im „Spiegel" wird immer „gemocht", nie „gewollt" (was um einiges normaler wäre) und selten auf das „Mögen" verzichtet, auch wenn es nach aller Vernunft keine andere Funktion hat als die, eine Stilmarotte mit verunglimpfendem Unterton zu kultivieren: „Die Gießener Ankläger mochten in der Hergabe der brisanten Informationen nichts Strafbares sehen"; „Daß die Gräben durch seine Kandidatur erst aufgerissen worden waren, mochte Waldheim nicht einsehen."

So wird das Objekt der Berichterstattung drei Stufen hinabgestoßen, und zwar durch die Hintertür. Die nüchterne Aussage hätte gelautet: Die Gießener Ankläger *sahen* darin nichts Strafbares; Waldheim *ist* nicht der Meinung, daß dadurch Gräben aufgerissen wurden. Nun gibt der „Spiegel" ihm den ersten Tritt: Waldheim sieht nicht *ein;* der Autor unterstellt also beiläufig, daß Waldheim nicht einfach anderer Ansicht, sondern daß er verblendet ist – eigentlich schon genug Meinung für ein „Nachrichtenmagazin", das sich den zutreffenderen Namen „Meinungsmagazin" nicht geben mochte.

Die zweite Stufe wäre bereits erreicht gewesen, wenn es geheißen hätte: „. . . *wollte* Waldheim nicht einsehen." Schon damit wäre die Verblendung gesteigert zur mutwilligen Verweigerung.

Doch das genügt dem „Spiegel" nicht. Wenn er, dritte Stufe, aus dem Nichtwollen ein Nichtmögen macht, so zieht er das Nichtwollen auf die Sprachebene des ungezogenen Kindes hinab: „Diese Suppe mag ich nicht!" Waldheim, so sollen wir es lesen, findet keinen Geschmack daran, sich der besseren Einsicht hinzugeben – eine geschmäcklerisch-scheinheilige Wortwahl; die Zwangshandlung einer Clique, die mit ihrem „mochte nicht" alle, die nicht das tun, was der „Spiegel" mag, auf das Niveau eines füßchenstampfenden Suppenkaspars drücken möchte.

„Es hat sich ein Slang eingeschlichen"

Merkwürdig: Wem die „Spiegel"-Soße über der deutschen Sprache sauer aufstößt, der muß erleben, daß viele Journalisten und Linguisten eher das Aufstoßen als die Soße rügen. Der Autor, rechthaberisch wie er ist, glaubt darin einen neuen Ausdruck dafür zu sehen, wie weit es mit der Abhängigkeit von den Stilmustern des „Spiegels" gekommen ist. Es soll ja auch Kettenraucher geben, die sich für unabhängig halten.

Dabei hat der „Spiegel" sich schon 1949 ein bis heute nicht widerrufenes „Statut" gegeben, in dem er sich selbst den Vorwurf macht, in seine Suche nach eigenständigen Formulierungen habe sich „ein Slang eingeschlichen, der mit den Jahren wechselt, aber insgesamt als *Spiegel-Soße* verrufen ist. Mit dieser Soße sollten wir nach Möglichkeit unsere Geschichten nicht tränken."

Auf der Suche nach dieser Möglichkeit sind die „Spiegel"-Macher grau geworden. Doch selbst wenn der „Spiegel" eines Tages sein Herz für unverkrampftes Deutsch entdecken sollte: Bis man das in Neustadt am Rübenberge merkt, um ihm auch darin wieder nachzueifern, würden Jahrzehnte verstreichen.

Bis dahin ein Vorschlag an Gutwillige: Wer ein Wort besonders schick findet, möge eben deshalb stutzen; wer sich bei auffallend häufigem Gebrauch bestimmter Wörter oder Sprachschnörkel ertappt, sollte sich erinnern, wie bunt die Palette der Möglichkeiten ist, von seiner Muttersprache Gebrauch zu machen.

„Wechsel im Ausdruck!" Heißt so nicht jene Standardregel des Deutschunterrichts, aus der der Kult der Synonyme folgt? Kapitel 14 wird da ein paar Abstriche machen. Doch wie wäre es mit ein bißchen mehr Wechsel im Ausdruck beim Umgang mit den millionenfach abgezogenen Sprachklischees? Da ein halbwegs belesener Mensch einen aktiven Wortschatz von mindestens dreitausend Wörtern hat – wie wichtig ist es, ihn auf dreihundert zu reduzieren und einen großen Teil der Alltagsrede mit den immer selben dreißig Wörtern zu bestreiten?

13. Wie uns der Schnabel verbogen ist

> Natürlich gehört zum Erscheinungsbild eines Mannes wie ich auch die Jeans-Komponente.

Also sprach Eberhard Diepgen, Regierender Bürgermeister von Berlin. Er *sprach* es, wohlgemerkt. So spricht man heute.

Ein Lokalzeitungsredakteur sagt, er habe „noch Kompetenzdefizite auf dem kommunalen Sektor". Ein Lehrer sagt: „Ich bin zwar im Erziehungsbereich tätig, aber dies ist für mich ein neuer Erfahrungsraum." Ein Student sagt: „Die Disparität wurde immer schräger." Ein Förster sagt im Radio-Interview: „Die Fichtenbestände werden durch die Rotwildbestände beschädigt" – er ist zufrieden, wenn er die Hirschgeweihe, die an jungen Bäumen reiben, so gründlich wie möglich vergessen machen kann.

Der akademisch-bürokratische Schwulst hat längst auch das gesprochene Wort infiltriert und unterjocht. So ist fragwürdig geworden, was Lessing und Goethe fast gleichlautend ihren Schwestern rieten – „Schreibe, wie du redest, so schreibst du schön!" Fragwürdig alles, was zum Lob des Mündlichen gesagt worden ist, all die Ratschläge, sich aus verquältem Schriftdeutsch durch eine stärkere Anlehnung an die natürliche Rede zu befreien.

Gänzlich richtig waren solche Mahnungen nie. Die Schriftsprache hatte auch Vorzüge und hat sie noch. Einst, als jedes Wort in Ton, Holz oder Stein geritzt, geschnitzt oder gemeißelt werden mußte, da fand eine dramatische Sprach-Erziehung statt – weg vom Geschnatter am Lagerfeuer, hin zu höchster Wort-Ökonomie, zu Kürze, Kraft und Substanz. Rückwirkend betrachtet, läßt sich leicht ermessen, welchen Aufruhr unter den Steinmetzen es gegeben haben würde, hätten sie Wortgebilde wie *bemühungsresistente Inkompetenzen* in den Marmor meißeln müssen.

Schopenhauer fordert, daß der Schreibstil seine Herkunft vom *Lapidarstil* nicht verleugne (von lapis, dem Stein). Vielleicht besäßen wir heute gar keine Gedichte – eine Kunstform, die ja mit wenigen Zeilen auskommt: hätten nicht einst die gemeißelten Tempelinschriften die Kunst der Kürze erzwungen gegen den rhapsodischen Wortschwall Homers.

Das Schreiben schont den Adressaten

Ein paar Vorzüge hat die geschriebene Sprache behalten: Obwohl durch Papier und Kugelschreiber, durch Schreibmaschine und Textcomputer aufs äußerste vereinfacht und verbilligt, ist Schreiben immer noch wesentlich aufwendiger als Reden, legt uns also den Verzicht auf allzuviel Schwatzhaftigkeit nahe; und zugleich verschafft das Schreiben uns die Zeit, unsere Gedanken zu ordnen, unsere Aussage zu gliedern, unsere Sätze zu gestalten.

Es ist ja mündlich den wenigsten gegeben, ihre Sätze korrekt und ökonomisch zu Ende zu bringen („Ich hab also da hab ich gestern ich meine...") oder gar einen komplizierten Sachverhalt im ersten Anlauf angemessen darzustellen. Der Schreiber kann (und möge!) sich die Zeit nehmen, so viele Anläufe zu machen, bis einer ihn befriedigt. Erst diesen vorzulesen oder zur Veröffentlichung freizugeben bringt dem Interessenten eine bedeutende Ersparnis an Zeit und möglicher Verwirrung. Schreibende verhaspeln sich seltener, und ihre Korrekturen haben sie angebracht, ehe ihr Text gelesen wird. Die Chance ist also hoch, daß man einer Minute des Lesens mehr Information entnehmen kann als einer Minute des Zuhörens (es sei denn, der Text würde vorgelesen).

Ob nicht das im besten Sinne „mündliche" Deutsch überhaupt ein geschriebenes ist? Dort nämlich, wo das Frische und Direkte, das Saftige und Unverkrampfte, das die freie Rede haben kann, der Disziplinierung durch das Niederschreiben unterworfen wird? „Als er eine Mücke ins Licht fliegen sah und sie nun mit dem Tode rang, so sagte er: Hinunter mit dem bittren Kelch, du armes Tier, ein Professor sieht es und bedauert dich." Was könnte mündlicher klingen? Es ist von Lichtenberg, und vielleicht hat der kauzige Göttinger Professor an diesem Satz eine halbe Stunde lang gebastelt, bis er so selbstverständlich klang. „Lieber Herr Pastor, poltern Sie doch nicht so in den Tag hinein, ich bitte Sie!" Das ist von geradezu salopper Mündlichkeit, Lessing hat es 1778 aufgeschrieben, an seinen Erzfeind Goeze.

„Man kann ja Barmherzigkeit nicht vorschreiben", denkt der Clown bei Heinrich Böll. „Ich wollte versuchen, mit dem Papst auch darüber zu sprechen. Er wird bestimmt falsch informiert." Ein Boulevardstück fände nie Widerhall, wenn es dem Autor nicht gelänge, so zu schreiben, daß die vorgeschriebenen Dialoge spontan und mündlich wirken. Und die „Bildzeitung" hat einen Teil ihres Erfolgs ohne Zweifel dem Umstand zu danken, daß sie so schreibt, wie die Leute gern reden würden.

Mit dem Buchdruck ins Abstrakte

Diesen Chancen des geschriebenen Worts stehen ein Risiko und ein unvermeidliches Manko gegenüber. Das Manko beschreibt Nietzsche so:

> Das Verständlichste an der Sprache ist nicht das Wort selber, sondern Ton, Stärke, Modulation, Tempo, mit denen eine Reihe von Worten gesprochen werden – kurz die Musik hinter den Worten, die Leidenschaft hinter dieser Musik, die Person hinter dieser Leidenschaft: Alles das also, was nicht geschrieben werden kann.

Dazu das Risiko, das Lessing und Goethe meinten, als sie ihren Schwestern schrieben: daß die Sprache, wenn sie ihrer Herkunft zuwider stumm aufs Papier fließt, selber papieren, blutleer und zopfig wird; daß der nur vorgestellte Leser nicht denselben Zwang zur Lebendigkeit ausübt wie der leibhaftige Zuhörer; daß Schreiber unwillkürlich Haltung annehmen, den Vorgesetzten vor Augen oder die Nachwelt im Sinn; und daß sie ihren Überschuß an Zeit dazu mißbrauchen, Wörter und Bilder an den

Haaren herbeizuziehen oder Sätze zu drechseln, die sich nur noch mit Hammer und Zange bewältigen lassen.

Nach 500 Jahren Buchdruck ist es eben weithin eine abstrakte Büchersprache, die wir lernen. Nach jahrzehntelanger Massenproduktion von Billigware durch die Massenmedien sind es mehr und mehr die schreibenden Journalisten, die die Modelle für die Alltagssprache liefern. Also wäre es kurios, das von schriftdeutschen Eigenheiten längst durchsetzte gesprochene Deutsch zum Vorbild der Schriftsprache zu nehmen. Noch vor Erfindung des Rundfunks sah Karl Kraus das Problem:

> Die Journalisten scheinen sich auf den ruchlosen Grundsatz „Schreibe, wie du sprichst" festgelegt zu haben und nehmen ihn wörtlich. Was da herauskommt – da sie also faktisch schreiben, wie sie sprechen –, ist ja toll, aber es wäre noch erträglich, wenn sich nicht auch die Konsequenz ergäbe: „Sprich, wie du schreibst", indem nämlich dann die Leser so sprechen, wie die Journalisten schreiben.

Und dann kam das Fernsehen. Zwei privilegierten Menschengruppen hat es die Gelegenheit verschafft, die deutsche Sprache zu demolieren: den Journalisten, die für die Tagesschau Texte gießen, als sollten sie für alle Zeit in Blei begraben werden: „Als einen Skandal, wie er in der Geschichte der Bundesrepublik noch nicht dagewesen ist, bezeichnete der SPD-Fraktionsvorsitzende Hans-Jochen Vogel die Darstellung von Bundesinnenminister Friedrich Zimmermann (CSU), wonach..." Den Politikern gibt das Fernsehen die Chance, ihre erbaulichen oder polemischen Phrasen, meist in schlechtem Deutsch, vor fünfzehn Millionen Zuschauern auszubreiten, während früher immer nur ein paar hundert Leute ihnen lauschen konnten. Das prägt.

Vom Segen der Universitäten

Noch stärker aber färbt auf die gesprochene Rede ab, daß zehnmal so viele junge Leute wie noch vor zwanzig Jahren heute etliche und oft allzu viele der besten Jahre des

Lebens auf der Universität verbringen, und das heißt: nicht zuletzt mit der Einübung in den akademischen Schwulst. Da die Verfügung über diese Sondersprachen oft das einzige ist, wozu das Studium den Studenten nütze war, kann man verstehen, daß sie in ihr schwelgen wollen. Aus ihren Freunden haben sie ihr *soziales Umfeld* gemacht, aus der Liebe die *Beziehung,* aus dem Liebeskummer den *Beziehungsstress.* Viele von ihnen sprechen „über Frustrationstoleranzen und Motivationsdefizite wie andere über Hemd und Hose" (Konrad Adam in der FAZ). Angelesene Floskeln wälzen sie wie Kaugummi im Mund. Sie reden nicht mehr, wie ihnen der Schnabel gewachsen ist, sondern wie die Uni ihnen denselben verbogen hat.

Über die *Jugendsprache* ist der akademische Jargon mit Übermacht hereingebrochen, so daß die beiden sich nicht mehr trennen lassen. Das ist einer der Punkte, worin sich die heutige Sondersprache der Heranwachsenden von jener unterscheidet, die 1910 oder 1930 im Schwange war.

Daß Fünfzehn- oder Zwanzigjährige dazu neigen, einen eigenen Wortschatz zu entwickeln, sich an Schlüsselwörtern zu erkennen, kesse Metaphern zu ersinnen, überlieferte Regeln zu verballhornen – das ist altbekannt. Was ist neu, über den drastisch vergrößerten akademischen Einfluß hinaus?

Wenn der Hamster bohnern geht

Die Jugendlichen haben mehr Freizeit, mehr Freiheit und einen stärkeren Drang, sich ihren eigenen Jargon zu schaffen. Darin werden sie bestärkt durch die Aufmerksamkeit, die die Älteren ihm widmen: Was früher gerügt, ignoriert oder belächelt wurde, zieht heute die Scheinwerfer auf sich, wird in Büchern vorgestellt, zum Gegenstand akademischer Analysen gemacht und im Kabarett als Nachtisch serviert.

Viele Erwachsene trauen sich kaum noch, sich abfällig über die Jugendsprache zu äußern – obwohl dies genau so normal wäre wie die Verachtung, auf die *ihre* Sprache bei der Jugend stößt; sie verhalten sich wie in dem bösen Satz von Peter Handke:

> Endlich gegen Mitternacht kommen die Söhne vom Kino mit neuen Redensarten nach Hause, und die müden Eltern auf dem Sofa lachen demütig mit.

Zu dem akademischen Einfluß tritt auch noch der internationale, der Anprall der Videoclips, der Plattenhüllen und der Schlagertexte (wie die *Gruftis* sagen); das Fernsehen und die allgemeine Reiselust bewirken raschen Umschlag und gründliche Verbreitung.

So sprechen sie, mit Sprachwitz und fast allgemeinverständlich, von *Softis, Schlaffis, Schleimis, Müslis* (der letzte ist ein Ökofreak in Selbstgestricktem, den man früher, als er noch kein Standardtyp an den Universitäten war, „Kohlrabi-Apostel" nannte). Sie kapieren nicht, sie *schnallen,* sie greifen nicht, sie *krallen,* sie *düsen, speichern, motzen an* und *fahren ab* auf alles *Affengeile*. Sie lieben englische Adjektive *(cool, high, happy)*, Substantive *(Power, Future, Action, Feeling)* und Verben *(chekken, fighten* und *researchen)*.

Sie äußern Erstaunen mit den berühmten „Ich glaube"-Sprüchen: *Ich glaub, mich knutscht ein Elch – mein Schwein pfeift – mein Hamster bohnert – mein Holzbein kriegt Äste*. Was sie schlecht finden, ist *ätzend* oder *schrill,* was sie loben wollen, ist *fetzig, zombig* und *galaktisch*. Jeder Zynismus kommt gelegen, wenn er in den Sprachduktus paßt: Spastisch gelähmte Kinder gehören zu den erbarmungswürdigsten Menschen, doch ein *Spasti* ist einfach ein häßlicher oder linkischer Zeitgenosse; blickt er dazu noch fröhlich, droht ihm der Spruch: *Eppileppi aber happy*.

Irgendwie total echt

All dies, auch das Brutale, ist voller Leben und nicht ohne Witz – insofern also Sprache von ihrer besten Seite.

Und trotzdem muß es gestattet sein, ein paar Bedenken anzumelden.

Gegen eine *Mode,* die bis zum Kult getrieben wird wie die Jugendsprache, läßt sich vieles sagen, wie im vorigen Kapitel geschehen – gleichgültig, woher die Mode kommt und welche Generation ihr anhängt. Jedes Modewort schiebt ein Dutzend anderer Wörter in die Rumpelkammer, darunter oft solche, die dem Schoßkind der Mode nach vielen Kriterien überlegen sind. So hat sich sogar die Redaktion von „Tempo", der Zeitschrift für die kaufkräftige Twen-Schickeria, 1986 eine Schwarze Liste von Modewörtern zugelegt, die ihr auf die Nerven gehen: *schrill* und *schräg* stehen darauf, auch *geil, hip, cool* und *trendy, Trend* und *Zeitgeist, Kult-, post-* und *-mäßig.*

Eine Menge läßt sich auch gegen jede *Sondersprache* geltend machen (wie hier in Kap. 3): Denn sie erschwert oder durchkreuzt die Verständigung zwischen den Mitgliedern einer Sprachgemeinschaft; insofern ist die Sprache der Jugend nicht besser als die der Chemiker oder der Sonntagsjäger. Auch an hochmütiger Ausgrenzung ist sie ihnen mindestens gleich, ja anders als diese liefert sie noch Schimpfwörter für die „anderen" mit: *Spasti, Grufti.*

Katastrophal schneidet der Jugendjargon ab, wenn man Genauigkeit als erstrebenswert und Geschwätzigkeit als Ärgernis betrachtet. Mit völlig ungebremstem Speichel stellen sie ihren Adjektiven fast immer ein verstärkendes Wort voran, es sei denn zwei: *echt* toll, *total* genervt, *tierisch* hohl, *irre* komisch, *irrsinnig* ausgeflippt, das war *echt* eine *unheimlich* wichtige Erfahrung für mich.

Da hat also einer eine Erfahrung gemacht; schon das „wichtig" ist zuviel, denn von unwichtigen Erfahrungen schweigen ja gottseidank die meisten. Doch die wichtige Erfahrung muß nun auch noch „echt" und „unheimlich" wichtig sein – das schiere Gelaber, ein hohlröhrendes Nichts.

Noch lächerlicher: Die grellen, superlativischen Beiwörter, die doch den Anschein des Besonderen, des Einmaligen erwecken sollen, werden nun nicht selten mit jenem regierenden Modewort des Mündlichen verknüpft, das alles Besondere ins Ungefähre zurückverwandelt: mit *irgendwie.* „Der Film war irgendwie total interessant", das kann nur bedeuten: Einerseits hat der Film mich dermaßen interessiert, daß ich ohne den Zusatz *total* nicht auskomme; andererseits kann ich leider (oder will ich heute) nicht beschreiben, warum oder auf welche Weise er mich interessiert hat. Ich fahre also einen 42-cm-Mörser auf, um Platzpatronen zu verschießen. Vor allem teile ich mit, daß ich mit vollem Mund, leerem Kopf und halbem Herzen bei der Sache bin.

Schreibe für die Ohren!

„Aber laß sie doch, die jungen Leute!" glaube ich als Einwand zu vernehmen: „Auf das bißchen Jargon muß man nicht mit Kanonen schießen." Einverstanden. Wenn Halbwüchsige, Ärzte und Sonntagsjäger *mit uns* in jener Sprache sprechen, die *wir* verstehen, kann man sie mit ihrer Sprache in Ruhe lassen. Wenn dann dieser oder jener saftige Ausdruck in die Gemeinsprache aufsteigt wie *Null Bock* – warum nicht.

Auf die Kernfrage dieses Kapitels aber – ist die mündliche Sprache der schriftlichen überlegen? – gibt der Jugendjargon eine Antwort mehr: „Immer lebendig, oft witzig" gegen „oft zynisch, immer flapsig und hoffnungslos geschwätzig" – das senkt die Waagschale nicht zugunsten der mündlichen Rede.

Aus dem alten „Schreibe, wie du sprichst" läßt sich unter diesen Umständen am ehesten noch folgendes Rezept ableiten: *Lies laut,* was du geschrieben hast, wenn es mehr sein soll als ein Spickzettel oder ein flüchtiger Zeitungsbericht. Es ist überraschend heilsam, das Geschriebene dem Gehörtwerden auszusetzen: Kleine Unebenheiten, über die der schweigende Leser hinweghuschte, erweisen sich als Stolpersteine; Füllwörter und ungewollte Wiederholungen stellen sich plötzlich borstig auf; bei hölzernem Rhythmus kracht es hörbar im Gebälk;

und Sätze, die uns kurzatmig oder langatmig geraten sind, entlarvt unser keuchender Atem. Schreibe für die Ohren!

> Auch die Zeitungsschreiber dürfen nicht vergessen, daß die Sprache immer zuerst vom Mund zu den Ohren und erst an zweiter Stelle von der Hand zu den Augen geht. Sie sollten daher grundsätzlich so schreiben, daß alle geschriebenen Sätze auch sprechbar, das heißt vorlesbar sind. (Harald Weinrich)

Die Rede durch Niederschrift disziplinieren – aber für die Ohren schreiben: Das ist das Rezept.

14. Synonyme: Der Leimener beim Urnengang

> In diesem Ton schreckt man auch ab; und das wollte ich. Abschrecken wollte ich.
> *Lessing an Pastor Goeze*

Wechsle den Ausdruck! Suche nach dem Synonym! Bediene dich der lexikalischen Varianz! Wer in zwei Sätzen zweimal „Österreich" schreibt, hat gegen ein heiliges Prinzip verstoßen.

So haben wir es fast alle in der Schule gelernt. Aber wer verstanden werden will, wechselt den Ausdruck nicht; wer kraftvoll schreiben will, wie Lessing an den Pastor Goeze, wechselt den Ausdruck nicht; und „Synonyme" gibt es nicht – es sei denn, man legte die Bedeutung „sinnverwandtes Wort" so aus, daß man sich leichtsinnigerweise mit einem geringen Verwandtschaftsgrad zufriedengibt.

Mindestens ist der Vorrat aus Synonymen drastisch kleiner, als ihre Verwender und Propagandisten unterstellen. Reiners und andere Autoren sagen sogar, es gebe überhaupt kein Wort, das sich gegen ein anderes austauschen ließe, ohne daß nicht entweder die Intensität des Ausdrucks sich änderte, oder der Bedeutungsumfang, oder die Stilebene, oder die Bewertung, oder der Verständlichkeitsgrad. Es mag Ausnahmen geben wie Lift: Fahrstuhl; schon Samstag:Sonnabend ist keine Ausnahme mehr, weil in vielen Regionen der andere Ausdruck als unwillkommen oder exotisch empfunden wird.

Intensität: Zu *Wind* gibt es kein Synonym, denn Brise, Bö, Sturm, Orkan sind schwächer oder stärker als Wind.

Bedeutungsumfang: Eine *Visite* macht nur der Chefarzt oder der Kirchenfürst; einen Besuch des Bundeskanzlers im zweiten Satz als „Visite" zu bezeichnen (wie das Fernsehen es regelmäßig tut) ist also Unsinn, geboren aus dem Geist des Deutschunterrichts.

Stilebene: Für *Gesicht* gibt es kein Synonym, denn Antlitz, Visage, Fresse sind auf der jeweiligen Stilebene nicht austauschbar; außerdem enthalten Visage und Fresse ein negatives Urteil.

Bewertung: In der *Visage* ist sie ebenso enthalten, wie wenn ich Hund durch *Köter* ersetze. Entweder also wird der Schreiber bei zwanghafter Suche nach dem Austauschwort verführt, ein Werturteil einfließen zu lassen – oder das Synonym ist umgekehrt sein Kunstgriff, hinter der Maske des braven Deutschschülers seine Giftpfeile abzuschießen.

Wer mit Gewinn beginnt und zu *Profit* übergeht, hat natürlich kein Synonym gewählt; sowenig wie „Stern" und „Spiegel", wenn sie sich, wie üblich, einen Jux daraus machen, jeden Pfarrer, über den sie etwas Negatives schreiben, bei der zweiten Nennung als *Gottesmann* vorzustellen („Da griff der Gottesmann ins Hosentürl"). Wer die Grünen als *Umweltschutzpartei* bezeichnet, hat, ob fahrlässig oder mit Vorsatz, unerwähnt gelassen, daß zu ihren Forderungen ziemlich gleichberechtigt die einseitige Abrüstung der Bundesrepublik und ihr Austritt aus der Nato sowie die Abschaffung des kapitalistischen Wirtschaftssystems gehören.

Wiederholung darf sein

Schön und gut – aber sollen wir uns denn damit zufriedengeben, daß in dem einen Satz dreimal „machen" steht und im nächsten zweimal „geworden ist"? Kann uns das nicht die Lektüre gänzlich verleiden?

Es kann, in der Tat. Nur sollten wir hier eine Unterscheidung vornehmen, die im Deutschunterricht nicht üblich ist: Variieren darf und soll man *die Nebensachen*. Wird in einem Text viel *gemeint,* so kann zur Abwechslung auch *geglaubt* werden (obwohl das nicht immer dasselbe ist). Schreibe ich darüber, wie englische Wörter auf deutsch *heißen,* so kann ich zur Abwechslung sagen, was sie *besagen* oder *bedeuten*. *Obendrein* und *überdies* kann ich im Wechsel gebrauchen oder *obgleich* und *obwohl*.

Lösung B: Kampf dem Krampf

Wer sich an die schwierige Aufgabe wagt, eine längere Passage im Plusquamperfekt zu erzählen, sollte dafür sorgen, daß die einzige dann noch mögliche Varianz ziemlich regelmäßig stattfindet: Auf *hatte gehabt* sollte *war geworden* folgen, und die Verben wären danach auszusuchen, daß sie diesen Wechsel möglich machen.

Dies ist nur eben der völlig falsche Weg, sobald es sich um *die Hauptsache* handelt, um die tragenden Wörter eines Textes. Für sie gilt eine simple Wahrheit, die von den Sitten des Deutschunterrichts überwuchert worden ist: Wenn ich dieselbe Sache meine, muß ich sie mit demselben Wort bezeichnen; springe ich über auf ein anderes Wort, so lade ich Hörer und Leser ein, sich darunter eine andere Sache vorzustellen. Welches Mittel zur Kennzeichnung der anderen Sache bleibt mir noch, wenn meine Leser von mir daran gewöhnt worden sind, daß andere Wörter dieselbe Sache benennen? Der Konstanzer Sprachwissenschaftler Christoph Schwarze bringt dies auf die Formel, man solle den Leuten nicht ihre vernünftige Erwartung rauben, „daß jemand, der etwas anderes sagt, auch etwas anderes meint".

Will ich beispielsweise den Unterschied zwischen Lebensstandard und Lebensqualität verdeutlichen, so wäre es irreführend, ja unsinnig, diese beiden Säulen auch nur ein einziges Mal durch Varianten zu ersetzen – das würde selbstverständlich dazu führen, daß das Gebäude meiner Argumentation zusammenstürzt.

Hat die österreichische Regierung etwas beschlossen, worüber ein Journalist mehrere Sätze lang berichten muß, so verfügt er allenfalls über zwei erträgliche Varianten: „das österreichische Kabinett" und „Österreich". Sagt er statt dessen *Wien,* so begibt er sich ins Reich der Metonymien, wo ihn eigentlich keiner erwartet hat (vgl. S. 245), und mindert die Verständlichkeit; sagt er *Donauland,* so streift er obendrein bereits das Lächerliche, weil man den Deutschlehrer sieht, der ihm im Nacken sitzt. Sagt er gar *Ballhausplatz* – und das tut er! mit der Rechtfertigung, daß an dem das Amt des Bundeskanzlers steht: So hat er dem Götzen „Synonym" ein Rauchopfer dargebracht und dabei die Verständlichkeit vollständig vernebelt. Jeder, der zwei Sekunden nachdenkt, müßte darauf kommen. Tut Denken weh?

Und das Gegenteil wäre doch seine Aufgabe gewesen: Nächst der Wahrheitsliebe ist der Wille, sich verständlich zu machen, die oberste Journalistenpflicht. In ihrem Dienst empfiehlt der Rundfunkjournalist Walther von La Roche sogar, Synonyme zu meiden „bis an die Grenze des Erträglichen".

Und da gibt es Fernsehkorrespondenten, die halten es für dringend und für zumutbar, Jordanien bei der zweiten Nennung durch *Amman* zu ersetzen, welches seine Hauptstadt ist. Doch wer weiß das? In der Schweiz ist der Ammann ein Amtmann, und ich habe den Verdacht, daß Amman in Wahrheit der gefürchtete Dauerausscheider der Synonymitis ist. Steigerungen sind denkbar: die Hauptstadt *Ouagadougou* für Burkina Faso, das auf deutsch Obervolta heißen könnte – dann wissen alle schön Bescheid.

Nicht nur Unverständlichkeit, auch Lächerlichkeit folgt aus der Zwangsvorstellung, man müsse selbst die unsinnigsten Ersetzungen in Kauf nehmen, um nicht seinen Chefredakteur oder seinen alten Deutschlehrer zu brüskieren. Mit albernem Automatismus wechselt die Deutsche Presse-Agentur vom Kabinett zur *Ministerrunde,* von der Wahl zum *Urnengang,* vom Mond zum *Erdtrabanten,* von der Sonne aber zum *leuchtenden Zentralgestirn* oder zum *glühenden Zentralkörper unseres Planetensystems.* Ein Kamel ist ein *Wüstentier,* nun gut; aber die „Frankfurter Rundschau" erfand im selben Bildtext noch das *Höckertier* hinzu, um nicht aufs Kamel zurückzufallen. Wenn der „Stern" Redakteur findet, daß zu oft „gewohnt" worden sei, so müssen die übrigen Bewohner teils *residieren,* teils *domizilieren.*

Boris Becker schließlich hat der deutschen Sprache zu dem königlichen Synonym *der Leimener* verholfen. Wenn der Ballhausplatz dem Leimener einen Orden verliehe: Das wäre reif fürs Guinness-Buch der Rekorde in der Sparte „partieller Wahnsinn".

Wiederholung gibt Kraft

Das Synonym als Ärgernis – das ist nur die eine Seite der Medaille. Auf der anderen steht: das Synonym als verschenkte Chance. Denn sobald ich aufs Synonym ausdrücklich verzichte, selbst wenn eines diskutabel wäre, habe ich ein Ausdrucksmittel mehr. Ironische Wirkungen lassen sich damit erzielen wie am Anfang von Thomas Bernhards Roman „Holzfällen":

> Zwanzig Jahre habe ich von den Eheleuten Auersberger nichts mehr wissen wollen und zwanzig Jahre habe ich die Eheleute Auersberger nicht mehr gesehen und in diesen zwanzig Jahren hatten mir die Eheleute Auersberger allein bei Nennung ihres Namens durch Dritte Übelkeit verursacht, dachte ich auf dem Ohrensessel, und jetzt konfrontieren mich die Eheleute Auersberger... (und noch mehr davon).

Vor allem aber ist das Beharren auf denselben Wörtern ein Mittel, den Sätzen Kraft zu geben und den Text zu strukturieren. Welche sprachliche Transparenz zum Beispiel in den Seligpreisungen der Bergpredigt, weil jeder Satz mit denselben Wörtern „Selig sind..." beginnt und dasselbe „denn" in die Mitte stellt (hier vier der acht Sätze):

> Selig sind, die da geistlich arm sind; denn das Himmelreich ist ihrer. Selig sind, die da Leid tragen; denn sie sollen getröstet werden... Selig sind die Friedfertigen; denn sie werden Gottes Kinder heißen. Selig sind, die um der Gerechtigkeit willen verfolgt werden; denn das Himmelreich ist ihrer. (Matthäus 5,3 bis 10)

Dabei gehört das achtmalige *denn* nicht einmal zu den Säulen des Textes. Gerade die hartnäckige Wiederholung, der kalkulierte Verstoß gegen die Gepflogenheiten des Deutschunterrichts kann fast jedes Wort mit Kraft aufladen. Neben der Bibel zeigen dies am schönsten Luther, Lessing und Goethe.

„Sie sind Doctores? Ich auch. Sie sind gelehrt? Ich auch. Sie sind Prediger? Ich auch." Luther ist das, im „Sendbrief vom Dolmetschen", noch sechs weitere Male beharrt er gegen die „Papisten" auf dieser Stilfigur und fährt fort:

> Und ich will mich weiter rühmen: Ich kann Psalmen und Propheten auslegen – das können sie nicht. Ich kann übersetzen – das können sie nicht. Ich kann die Heilige Schrift lesen – das können sie nicht. Ich kann beten – das können sie nicht.

Da hatte Lessing ein großes Vorbild für seine gloriose Streitschrift gegen den Pastor Goeze:

> So wenigstens denke ich, unbekümmert, wie sehr sich der Herr Pastor darüber wundert. Ich wundre mich nicht einmal, daß er sich wundert. Der Himmel erhalte uns nur noch lange in dem nämlichen Verhältnisse, daß er sich wundert und ich mich nicht.

Man kann nicht ausschließen, daß Lessing das erste der vier *sich wundern* eher beiläufig setzte, dann aber, mit seinem polemischen Temperament, die Chance erkannte, die bloße Wiederholung zum Muskelspiel zu machen. Welche Wirkung erst, wenn ein Wort in sich schon Kraft hat und dann noch einmal herniederfährt wie im Motto dieses Kapitels das Abschrecken und das Wollen: „In diesem Ton" (seinem eigenen) „schreckt man auch ab." Jetzt die Provokation: „Und das wollte ich." Und nun trumpft Lessing auf mit eben jenen Wörtern, die im Schulaufsatz als verbraucht gestrichen werden würden, in äußerster Rechthaberei: „Abschrecken wollte ich."

Ganz unpolemisch hat Goethe in einem berühmten Gelegenheitsgedicht drei Wörter (alle/alles – unendlich – ganz) penetrant und grandios wiederholt:

> Alles geben die Götter, die unendlichen,
> Ihren Lieblingen ganz,
> Alle Freuden, die unendlichen,
> Alle Schmerzen, die unendlichen, ganz.

Woraus erhellt, daß nicht alle Deutschlehrer zu den Lieblingen der Götter zählen.

15. Die Not mit dem Nein

> Sicher ist, daß nichts sicher ist. Selbst das nicht.
> *Joachim Ringelnatz*

Ihrem Ursprung nach sind die Wörter ein Ja, eine Benennung des Vorhandenen: Löwe! Sonne! Feind! Mit solchen Zurufen muß die Sprache einst begonnen haben, und immer bedeuteten sie, daß da ein Löwe *war,* und nie, daß da *kein* Löwe gewesen wäre. Die Botschaft, die der Späher in die Höhle rief, wird kaum gelautet haben: „Keine Sonne!", sondern: „Regen!"

Das Nichtvorhandene zu benennen oder das Vorhandene sprachlich zu verneinen, dazu bedurfte es einer Gehirnwindung mehr. Vielleicht war es ein Fortschritt an Intelligenz, was unsere Ahnen schließlich befähigte, *nein* oder *nicht* zu sagen; aber ganz haben wir diesen Fortschritt, falls es einer wäre, bis heute nicht vollzogen. Die Verneinung macht uns erstaunlich viele Schwierigkeiten: Das Verständnis erschwert sie, oft ist sie psychologisch schief, manchmal bedeutet sie gar nichts, und eine *doppelte* Verneinung können die meisten Leute logisch nicht bewältigen. Die Literatur über dieses Kuriosum ist dürftig, die Beispiele sind eklatant.

Der Durchschnittsmensch braucht 48 Prozent mehr Zeit, eine verneinende Aussage zu verstehen, als eine bejahende, hat die Zeitschrift „Psychology today" ermittelt. Der populäre amerikanische Stillehrer William Strunk sagt: „Das Wort *nicht* hat eine Schwäche: Bewußt oder unbewußt mag es der Leser nicht, wenn er erfährt, was *nicht* ist; er möchte wissen, was ist."

Unser unwillkürliches Zögern gegenüber jedem Nein wird durch etliche Tücken der Sprache mit zusätzlichen Gründen versehen. Vernünftig – unvernünftig, das scheint klar; doch *verneint* unsere Vorsilbe *un-* nicht nur, sie *bekräftigt* auch, sagt also drastisch ja: Unmenge, Unmasse, Ungewitter! Wir sahen schon, wie deshalb der

Duden das Wort *Untiefe* in zwei Bedeutungen zuläßt, die einander ausschließen: eine besonders tiefe *oder* eine besonders seichte Stelle. *Unverfroren* ist weder das Gegenteil von „verfroren" noch eine Verstärkung des Durchgefrorenseins.

Eine ganze Gattung von Glossen stützt sich auf jene un-Wörter, die ohne das *un-* überhaupt keinen Sinn ergeben: aufhörlich, beholfen, entwegt, erbittlich, flätig, geschlacht, gestüm und weigerlich; man muß schon Brecht heißen, um sich den Titel „Der aufhaltsame Aufstieg des Arturo Ui" erlauben zu können. Jedenfalls steht fest, daß Geheuer und Geziefer *keine* lieben Tiere sind – wie auch die *Kustik* nicht die Lehre von der Stille ist, obwohl doch das A in „Akustik" als Verneinung verstanden werden könnte wie in *asozial*.

Den Engländern geht es nicht besser: Die Vorsilbe *in-* heißt bald *nicht* (indefinite), bald *hinein* (influx), und das Warnschild auf amerikanischen Tanklastwagen, *inflammable* (entflammbar, feuergefährlich), wurde so oft als „nicht entflammbar" (uninflammable) mißverstanden, daß sich die Aufschrift *flammable* durchgesetzt hat.

Todesbotschaft: positiv

Was andererseits überhaupt nicht nach Verneinung klingt, das kann durchaus eine sein: *ein-*, *mein-* und *preis-* werden zur Negation, wenn sie aus dem Büßen das *Einbüßen*, aus dem Eid den *Meineid*, aus dem Geben das *Preisgeben* machen. *Übersehen* wiederum ist ein Wort so klar wie „Untiefe": erstens die Übersicht haben, alles sehen – zweitens etwas Wichtiges nicht sehen („Das muß ich übersehen haben").

Selbst das *nicht*, die scheinbar klarste Form der sprachlichen Durchkreuzung, verneint nicht immer. Wir sagen: „Ich fürchte, daß er schießt" – der Franzose fürchtet zwar dasselbe, drückt es aber mit den Worten „daß er nicht schießt" aus: Il craint qu'il *ne* tire. Der Deutsche warnt einen Menschen davor, zu schießen, der Engländer warns him *not* to shoot; und selbstverständlich gewinnt auch dieser Anglizismus bei uns an Boden: „SPD warnt im Bundestag, Schule nicht nur als Markt zu sehen", hieß eine Überschrift in der „Frankfurter Rundschau".

Doch auch ohne Anleihen bei fremden Sprachen hat das *nicht* oft den Charakter einer rhetorischen Floskel, die nichts verneint. „Der Mord an dem hohen Regierungsbeamten wirft die Frage auf, ob Frankreich die extremistischen Gruppen nicht unterschätzt hat", hieß es in der „Süddeutschen Zeitung" – und nichts ändert sich am Sinn des Satzes, wenn das *nicht* gestrichen wird. Wem an exaktem Ausdruck gelegen ist, der möchte manchmal verzweifeln, bei der Negation noch mehr als anderswo.

Ein weiteres Problem: Die logisch korrekte Verwendung kann *psychologisch* schief oder irreführend sein. „Die UNO klagt über zunehmenden Mangel an Weizen": Das heißt, sie klagt darüber, daß das Wenigerwerden des Weizens mehr wird; es ist also das Mögliche geschehen, um mit logisch einwandfreien Mitteln Unverständlichkeit zu produzieren. Eher eignet sich dergleichen als ironische Stilfigur, etwa wenn Heine am Grafen Platen „den Überfluß an Geistesmangel" rühmt.

Fast unerträglich wird der Umgang mit dem Ja und Nein in dem Satz „Aids-Test positiv". Das ist die negativste Auskunft, die ein Mensch heute erhalten kann, die Todesbotschaft – fahrlässig und jargongläubig ins Gewand des Positiven gehüllt. Ja doch, medizinisch absolut korrekt! Nur ohne irgendeine Ahnung von Sprache und von Psychologie.

Drei Rezepte gegen das Negative

Was folgt daraus? Können wir denn auf Verneinungen verzichten, bloß weil viele von ihnen logisch oder psychologisch verwirrend sind? Verzichten können wir nicht, aber gegen den Wirrwarr einiges zu tun sind wir durchaus imstande.

Wir sollten zum ersten Verneinungen meiden, die wir ohne Not verwenden. Wer in der Negation jenes Problem erkannt hat, das sie wahrlich ist, wird viele Gelegenheiten zu simplen Umkehrungen finden; er muß nicht schreiben „Die Gegner des Verbots unterlagen", er kann sagen: „Die Befürworter des Verbots siegten." Jean Paul stufte Wörter mit einem verneinenden Bestandteil wie *Nichtachtung* als „durch ein Nicht vernichtete Nebelwörter" ein – und da kannte er noch nicht einmal das schöne Wort *unhinterfragt*.

Von Goethe ist überliefert, daß er sich 1812 an der Familientafel einer Melodie erfreute, nicht aber des Textes dazu, den ein Lehrer zum Ruhm der Sonne gedichtet hatte: „Namen nennen dich nicht, dich bilden Griffel und Pinsel sterblicher Künstler nicht nach." Zu viele Verneinungen, urteilte Goethe und schrieb noch an der Tafel neu: „Alles kündet dich an! Erscheinet die herrliche Sonne..."

Wir sollten zum zweiten diejenigen Negationen, die wir nicht vermeiden können, nach Möglichkeit mit Hilfe eines Wortes ausdrücken, das die Verneinung enthält, ohne ausdrücklich nein, nicht oder un- zu sagen (ein Rat der amerikanischen Schule): *vergessen* statt „sich nicht erinnern", *zweifeln* statt „nicht glauben" – also die *integrierte Verneinung* wählen (eine Liste solcher Wörter am Kapitelschluß).

Zum dritten aber sollten wir wirklich auf der Hut sein vor allen Formulierungen, die die Not mit dem Nein verdoppeln und verdreifachen. Leser und Hörer sind damit oft überfordert, auch viele Schreiber und Sprecher meistern die *doppelte Verneinung* nicht, und am schlimmsten: Das zweifache Nein besagt in der Hochsprache genau das Gegenteil von dem, was es in allen Volkssprachen und Dialekten des Abendlands bedeutet.

Dem Gewaltverzicht abschwören

Es ist eine schulmäßige, logische, intellektuelle Behauptung, daß zwei Verneinungen einander durchkreuzen, in ihrem Zusammenwirken also ein Ja ergeben: *nicht unvermögend* = vermögend, *nicht verzichten* = behalten wollen, und zumal die schönen Floskeln, die auch Vielleser nicht immer auf Anhieb durchschauen: nicht nur nicht, nichts für ungut, nichtsdestoweniger, nichts weniger als.

Das Volk sieht das völlig anders: Daß etwas nicht ist oder nicht sein soll, darf man ruhig zweimal sagen! Die Verdoppelung wird also nicht als Durchkreuzung, sondern als Bekräftigung empfunden – von „Ick hab keen Jeld nich" über „I don't have no money" bis zu der populären Redensart „Nichts Genaues weiß man nicht" und dem Jugend-Schlagwort „Null Bock auf gar nichts". Goethe schrieb aus der Schweiz: „Sie versicherte, daß sie keine erbärmlichere Geschichte niemals gehört habe"; Ronald Reagan sagte in der Nacht seiner Wiederwahl als Präsident der USA: „You ain't seen nothing yet."

Und nun kommt das Komische: Die Vielschreiber und die Intellektuellen, die das Volk dafür belächeln, muten sich selber mit der doppelten Verneinung gelegentlich mehr zu, als sie bewältigen können. Offensichtlich wollen sie *ja* sagen, indem sie zweimal nein sagen, aber sie landen dann eben doch beim Nein und merken es nicht. „Wir haben dem Gewalt*verzicht abgeschworen*", heißt ein berühmter Satz des ehemaligen Bundesverteidigungsministers Hans Apel. „Für mich ist es nur ein schwacher Trost, daß *weder* Reagan *noch* Tschernenko den Atomkrieg *nicht* wollen", sagte Franz Alt vom Südwestfunk. „*Niemandes* Sprachgefühl wird heute *weder* an der einen *noch* an der anderen Bildung Anstoß nehmen", schrieb Hans-Martin Gauger, Vizepräsident der Deutschen Akademie für Sprache und Dichtung. „Daß die Guerillas *nicht* die Ölanlagen hochjagen, *verhindern* Kubas Prätorianer", schrieb der „Spiegel".

Der Mangel an Erfolglosigkeit

Nichts also scheint dringender, als sich an die *dreifache Verneinung* zu wagen! (Das ist natürlich *Ironie* und folglich eine General-Durchkreuzung, die auf alle anderen Verneinungstechniken noch draufgeschlagen werden kann, mit dem erschwerenden Umstand, daß sie nicht einmal logisch faßbar ist.) Um also das Ja zu ehren: Von der dreifachen Verneinung sollte im Licht des bisher Gesagten wirklich jeder Abstand nehmen.

Nach Logik und Grammatik ist die dreifache Negation ein Nein, das durch ein zweites Nein zum Ja wird, welches sich jedoch durch das dritte Nein in ein Nein zurückverwandelt – eine etwas umständliche Form des Neinsagens, deren Nichtunterlassung eigentlich ausgeschlossen werden sollte.

Immerhin, einigen Schriftstellern gelingt das dreifache Nein auf passable Weise: „Es war ihm *un*möglich, die Wörter *nicht* im Besitz ihrer Bedeutungen zu *stören*" (Lichtenberg) oder: „Man darf behaupten, daß noch *niemand un*vergessen blieb, an dessen Person *nicht* das Klatschgeschichtchen anknüpfen konnte" (Theodor Lessing).

Der andere Lessing, der größere, ist daran gescheitert: „Wie wild er schon war, als er nur hörte, daß der Prinz dich jüngst *nicht ohne Miß*fallen gesehen" (Emilia Galotti II,6). Das bedeutet: mit Mißfallen; gemeint sein kann aber nur: mit Wohlgefallen, „nicht ohne Wohlgefallen" also. Auch der damalige Bundestagspräsident Richard Stücklen bewältigte die dreifache Verneinung nicht: „*Ebensowenig* gibt es unter den Fraktionen dieses Hauses *keine,* die *nicht* friedenswillig oder friedensfähig wäre." Stücklen hätte nicht darauf verzichten sollen, nicht zu sagen, was er nicht meinte – dann hätte er seinen Mangel an Erfolglosigkeit genießen können.

Jener New Yorker, der mich, als ich ihm in der U-Bahn auf den Fuß getreten war, anzischte: „Won't you never don't do that again, man!" – er hatte alles in allem ein lebendigeres Verhältnis zur Sprache als die Drechsler der dritten Verneinung, die die durch die zweite Verneinung entstandene Bejahung aufheben soll. Es gibt einen Grad von Korrektheit, der Unverständlichkeit produziert und Krampf dazu. Wir müssen es einfach ernst nehmen, daß die Masse der Sprachbenutzer das Empfinden hat: Was nicht ist oder nicht sein soll, das kann gar nicht oft genug verneint werden.

Wer könnte die Treue des Menten-Seppei aus Hausham in Oberbayern übertreffen? Niemand! Denn Ludwig Thoma schreibt von ihm: „Der Seppei ließ niemalen keinen Freund nicht sitzen." Das war ein Mann, und das ist ein Satz! In den folgenden Kapiteln werden wir solche Sätze schmerzlich vermissen.

106 Möglichkeiten, nein zu sagen

A. Direkte Verneinung

1. durch 23 Wörter

alle (die Äpfel sind alle = keine mehr da)
alles andere als
außer (außer mittwochs, außerstande)
kein
keinerlei
keinesfalls
keineswegs
mitnichten
negativ
nein
nicht
nichtig
nichts
nie
niemals
niemand
nimmer
nirgends
nirgendwo
Null
ohne
weder – noch
wenig (ebensowenig)

2. durch 28 Vorsilben

a-	(amoralisch)
ab-	(ablehnen, abnorm)
anti-	(Antichrist)
auf-	(aufheben = abschaffen)
aus-	(ausbleiben, ausschließen)
de-	(dementieren, Defizit)
des-	(desinfizieren)
dis-	(disqualifizieren)
durch-	(durchkreuzen)
ein-	(einbüßen)
ent-	(entbehren, entfernen)
fehl-	(Fehlstart)
fern-	(fernbleiben)
gegen-	(gegensteuern, Gegensatz)
i-	(ignorieren)
il-	(illoyal)

Lösung B: Kampf dem Krampf

im-	(immobil)
in-	(indiskutabel)
Mein-	(Meineid)
miß-	(mißfallen, mißglücken)
ohn-	(ohnmächtig)
preis-	(preisgeben)
über-	(übersehen = nicht sehen)
un-	(unvernünftig)
ver-	(verbieten, sich verzählen)
weg-	(weglassen)
wider-	(widersprechen)
zurück-	(zurückweisen)

3. *durch 3 Nachsilben*

-frei	(koffeinfrei)
-leer	(inhaltsleer)
-los	(arbeitslos)

B. Integrierte Verneinung

4. *31 totale Verneinungen*

ächten	=	ausstoßen, verbannen
aufhören	=	nicht weitermachen
beenden	=	nicht weitermachen
bestreiten	=	für falsch erklären
betrügen	=	täuschen
Boykott	=	Ächtung
Dreck	=	nichts (Das geht dich einen Dreck an)
falsch	=	unrichtig
fehlen	=	nicht anwesend sein
Fehler	=	das Nichtrichtiggemachte
hintergehen	=	täuschen
sich hüten	=	nicht tun
irreführen	=	falschen Eindruck vermitteln
kaputt	=	nicht funktionsfähig
lassen	=	unterlassen, bleibenlassen
leer	=	ohne Inhalt
leugnen	=	abstreiten
löschen	=	ungültig machen
lügen	=	die Unwahrheit sagen
meiden	=	nicht hingehen, nicht verwenden
rauben	=	wegnehmen
schweigen	=	nicht reden
sperren	=	nicht durchlassen
stehlen	=	wegnehmen
streichen	=	ungültig machen

15. Die Not mit dem Nein

täuschen	= irreführen
tilgen	= streichen, auslöschen
trügen	= täuschen
vergessen	= sich nicht erinnern
verhindern	= nicht geschehen lassen
wähnen	= fälschlich glauben
sich weigern	= nicht tun

Andere integrierte Verneinungen wie Abnahme, Ausnahme, Einbuße, Entbehrung, Verbot sind hier nicht aufgeführt, weil ihre verneinenden Vorsilben unter (2) auftauchen.

5. *18 halbe Verneinungen (Ausdruck von Mangel oder Rückgang)*

bewahren vor	= verhindern
Defizit	= das Nichthaben oder Nichtgenughaben
drohen	= einschüchtern, verhindern wollen
fasten	= nichts oder wenig essen
faulenzen	= nichts oder wenig tun
Flaute	= kein oder zu wenig Wind
hindern	= nicht oder nicht so zulassen
kaum	= nicht genug
knapp	= nicht genug
lichten	= weniger werden („Die Reihen lichten sich")
Mangel	= das Nichtgenughaben
Pleite	= Das Zuweniggeldhaben
Rückgang	= Das Weniger- oder Zuwenig-Werden
scheuen	= eher nicht wollen
schlecht	= nicht gut, kaum („Das ist schlecht möglich")
Schwund	= Rückgang
selten	= meistens nicht, nicht oft genug
stören	= ver- oder behindern
warnen	= raten, nicht zu tun
zweifeln	= eher nicht glauben

Lösung C:
Kampf den Satzpolypen

16. Die dicke Muse des deutschen Satzes

> Solange ich wenigstens lebe, so soll die majestätische deutsche Allongen-Periode nichts von ihrer Würde verlieren. In ihr liegt der Charakter der Nation, da ist alles Zusammenhang...
> *Georg Christoph Lichtenberg*

„Sonne!" Das rief der Späher in die Höhle, um den anderen von seiner Horde mitzuteilen, entweder, daß sie schon aufgegangen, oder, daß der Regen endlich vorüber sei. „Sonne", das ist gar kein Satz, sondern ein Ein-Wort-Zuruf wie „Pinzette!" bei der Operation oder „Tor!" auf dem Fußballplatz; eine *Ellipse,* fachlich gesprochen – in Kap. 19 mehr darüber.

„Die Sonne scheint!" Das rief der Späher vermutlich nicht, da er keine Schulbildung besaß und sich folglich über die Vorzüge kompletter Sätze nicht im klaren war.

Wer einen sehr gründlichen Schulunterricht genossen hat und den Auswüchsen eines solchen nicht mit Sprachgefühl und Charakterstärke entgegentritt, der ruft – nein, das kann kein Mensch; der schreibt: „Der glühende Zentralkörper unseres Planetensystems" (denn „Sonne" hat er schon zu oft gerufen, also ist Wechsel im Ausdruck angesagt), „dem wir gute Ernten und frohe Stunden danken, aber auch manch elende Dürre zuzuschreiben haben, hat sich, den damit widerlegten Prognosen von gestern zum Trotz – und sind nicht Prognosen überhaupt in erschreckend hohem Grade falsch? – soeben in gewohntem Gelb über das Rund des Horizonts erhoben."

Wäre dieser Mensch ein Späher gewesen, die Horde hätte ihn skalpiert. Als deutscher Journalist gegen Ende des 20. Jahrhunderts jedoch hätte dieser Mann seinen Weg gemacht. In der „Zeit" zum Beispiel hätte er folgenden Satz gedruckt bekommen:

Wie es sich für ein Werk ziemt, das Wilhelmine von Chézys (sie schrieb den Text für Webers „Euryanthe") verwickelte Herzensangelegenheiten als „turbulente eheliche Laufbahn" würdigt und für Georg Christoph Lichtenbergs Entschluß, als „ordentlicher" Göttinger Professor die dreizehnjährige Maria Dorothea Stechard und nach ihrem frühen Tod die junge Margarete Kellner als „Mätresse" ins Haus zu nehmen, die delikate Formulierung findet, „das Grundmuster seiner Privataffären wich von der Göttinger Norm ab", hat das Lexikon einen Mann und eine Frau zu Verfassern, ein Forscher- und auch Ehe-Paar, den emeritierten Germanisten der Universität Exeter und seine (mit Büchern über Kleist und Hebbel) als Literaturwissenschaftlerin bestens empfohlene Frau, Henry und Mary Garland.

Das ist alles ganz einfach: Das Lexikon hat einen Mann und eine Frau zu Verfassern, wie man im unteren Drittel des Textes erfährt. Das und nur das ist der Hauptsatz mit seiner eher schlichten Aussage.

Dem Hauptsatz ist, sehr weit vorn, ein Nebensatz ersten Grades vorangestellt („wie es sich für ein Werk ziemt"). Er zieht die Frage nach sich, was für ein Werk es sei, für das sich dieses oder jenes zieme, folglich einen Nebensatz zweiten Grades, der vom Nebensatz ersten Grades abhängt: „ein Werk, *das* Wilhelmine von Chézy..." Da man nun aber wissen möchte, wer diese Wilhelmine ist, folgt eine Klammer, eine Abhängigkeit dritten Grades also (sie schrieb den Text für...), und noch ein solcher Dreifach-Durchhänger, diesmal zwischen Kommas nach „Lichtenbergs Entschluß", 24 Wörter lang.

Kurz: Nach drei Einschüben zweiten und dritten Grades mit zusammen 62 Wörtern ist die Verbindung von dem einleitenden Nebensatz ersten Grades zum erlösenden Hauptsatz hergestellt, und dann plempern noch ein paar Zeilen (mit einer weiteren Klammer) hinterher, weil es ja ein Jammer wäre, wenn ein so schöner Satz zu rasch zum Ende käme – bietet er uns doch zu unserer Erleichterung unterwegs 11 Eigennamen mit 20 Namensteilen an, und mit runden, spitzen und eckigen Klammern läßt er sich jederzeit so markieren, daß sich dem emsigen Exegeten seine Gliederung entschlüsselt.

Da möchte man, mit einer grammatisch wie stilistisch bedenklichen Ellipse, „Scheiße!" rufen.

Das leidige Umklammerungsgesetz

Was hier vollzogen wird, ist die wilde Ehe zwischen einer Not der Syntax und der Schamlosigkeit ihrer Benutzer. Die Not – das ist, daß unser Satzbau sich nach drei schlimmen Vorschriften zu richten hat:
1. Besteht ein Verb aus zwei Elementen (ich habe geholfen, ich werde kommen, ich erkenne an), so umklammern diese den Hauptteil des Satzes; „umklammern", das ist die freundliche Ausdrucksweise der Grammatiker für eine Regel, die sich treffender so beschreiben ließe: Wir schleudern die Teile eines zweiteiligen Verbums auseinander. In bestimmten Konjugationsformen tun wir dies mit allen Verben (grammatische Klammer): Ich werde... kommen, ich bin... gewesen. Viele Tätigkeitswörter aber teilen sich auch im Präsens und im Imperfekt: Ich kam... entgegen, ich erkenne... an (lexikalische Klammer).

Diese Sitte – für Ausländer eine Katastrophe – wurzelt tief im alten Deutsch, sie haftet gerade an den lebendigen, schlichten, mündlichen Wörtern: Ich fange... an, ich mache... auf, ich lese... vor; wogegen die gehobenen und die importierten Verben ungespalten bleiben: Ich beginne, ich öffne, ich rezitiere.

Bei kurzen Sätzen ist die deutsche Schleudertechnik lediglich kurios: „Ich habe meinen Freunden immer gern geholfen", statt der logischen und übersichtlichen Abfolge im romanischen und englischen Satz: Ich habe was getan? *geholfen*. Wem? *meinen Freunden*. Wann? *immer*. Wie? *gern*. Lange Sätze indessen macht diese Regel ungenießbar: „Ich habe meinen Freunden, ob sie mir näher oder ferner standen, schon immer, gleichgültig, wie es mir selbst erging, gern geholfen."

Überdies lädt die Wortfolge im deutschen Satz den Leser ein, eine *Bedeutungserwartung* zu hegen, die erst am Schluß des Satzes bestätigt – oder widerlegt wird, das ist Glückssache. Oft ist die Wortfolge so beschaffen, daß der Leser einen *falschen Zwischensinn aufbaut:* Auf halbem Weg glaubt er verstanden zu haben, doch am Schluß erfährt er, daß er falsch verstanden hat; nach dem alten Beispiel:

> Unser Kassierer ist („Bravo!") mit der Kasse („Bravo!") durchgebrannt („Pfui!"), und die Polizei hat ihn („Bravo!") auf dem Bahnhof („Bravo!") abfahren sehen („Pfui!").

Ähnlich in der „Frankfurter Allgemeinen": „Als Geschäftsführer der Berliner Philharmoniker *kündigte er* die enge Zusammenarbeit mit einem großen deutschen Luftverkehrsunternehmen" – aha! – „(Name nicht nur der Redaktion bekannt) *an.*" Und in der „Neuen Zürcher Zeitung": „Einmal vor dem Orchester stehend, *verlassen ihn* Konzentration auf die Aufgabe und die beinahe magisch anmutende Sicherheit, mit der er auf das Orchester, sein Orchester, einwirkt, mit der er, über dieses Orchester, das Publikum fesselt" (das alles hat ihn verlassen! denkt der Leser 27 Wörter lang), „*nicht* mehr."

Das nachhinkende Verb

2. Im deutschen Nebensatz steht das Verb am Ende – und das Ende kann sehr weit hinten sein:

> ... wie die Arbeiten von Klaus-Detlev Müller über „Schiller und das Mäzenat", von Dorothea Kuhn über das „Rollenspiel zwischen Autor und Verleger", der ergiebige Vergleich von „Iphigenie" und „Maria Stuart" durch Peter Pütz, Wilfried Barners sachkundige Darstellung von Goethes und Schillers Briefwechsel über „Wilhelm Meisters Lehrjahre", Karl-Heinz Hahns erfrischende neue Lesarten zum Briefaustausch der beiden Klassiker, Thomas Saines unterhaltsame Deutung von Goethes „Campagne in Frankreich 1792" als Roman, Ernst Behlers ausgewogene Bestandsaufnahme der Wirkungsgeschichte von Goethe und Schiller auf die Gebrüder Schlegel und Peter Börners Skizze der „Reaktionen des Auslands auf die Großen von Weimar" *nachdrücklich belegen.* („Frankfurter Allgemeine")

Wie die Arbeiten... belegen, nur eben mit 94 Wörtern dazwischen, darunter 31 Eigennamen. Da begreift man die Klage der Konferenzdolmetscher, die in allen anderen Kultursprachen das rettende Verb 94 Wörter früher brauchen würden, als der deutsche Redner es zu nennen wünscht; und man versteht den Spott, den Mark Twain über die deutsche Syntax ausgegossen hat: Deutsche Wissenschaftliche Werke hätten immer zwei Bände – den zweiten für die Verben; manche Zeitungen müßten andrucken, ohne über ihre Vorbemerkungen und Einschübe hinaus bis zum Verb gelangt zu sein; und: „Wenn der deutsche Schriftsteller in einen Satz taucht, dann hat man ihn die längste Zeit gesehen, bis er auf der anderen Seite seines Ozeans wieder auftaucht mit seinem Verbum im Mund."

3. In der Wortstellung haben wir eine solche Freiheit, daß auch beim Hauptsatz das Verb leicht an den Schluß gerät, zumal wenn der Satz mit einer Präposition beginnt:

Vom Ende des Zweiten Weltkrieges und dem Neubeginn – nacherlebt durch alte Wochenschauen –, einem Besuch an der DDR-Grenze bei Duderstadt, des Grenzdurchgangslagers Friedland (Kreis Göttingen) und des ehemaligen Konzentrationslagers Buchenwald, gesellschaftswissenschaftlichen Vorlesungen an den Universitäten Ostberlin und Leipzig, Diskussionen über jugendliche Straftäter in der DDR, Treffen mit Vertretern der Nationalen Front *bis* zu Begegnungen mit Übersiedlern aus der DDR, Vertretern des niedersächsischen Ministeriums für Bundesangelegenheiten, Vertriebenenverbände und Parteien *reichte das Informationsspektrum* für die Gruppe. („Süddeutsche Zeitung")

Man sieht: Mit solchen Sätzen läßt sich aus den Tücken der deutschen Syntax eine dreistöckige Hochzeitstorte backen. So schreiben Leute, die offenbar Wert darauf legen, ihren Lesern mitzuteilen, daß sie nicht imstande waren, ihre Gedanken zu ordnen, bevor sie schrieben, oder ihre Wörter zu ordnen, falls die Gedanken entgegen dem Augenschein geordnet gewesen sein sollten; Leute, die offensichtlich keine Sekunde an die Frage verschwendet haben, ob irgendeiner sie versteht. Desorganisiert sind sie also und rücksichtslos dazu.

Das leidenschaftliche Dazwischenleimen

Diesem Schindludertreiben mit dem deutschen Umklammerungsgesetz bietet sich nun jene zusätzliche Chance an, über die auch andere Kultursprachen verfügen: das *Dazwischenleimen,* wie es Schopenhauer treffend nennt. Ein Satz sollte eine Schnur sein, die sich vom Mund des Sprechers zum Ohr des Hörers spannt, mit den säuberlich aufgereihten Perlen dessen, was ich mitzuteilen habe; so schreibt man in gutem Französisch, und selbst auf deutsch lassen sich Sätze wie Perlenschnüre bilden, wenn man nur will und im Umgang mit dem Umklammerungsgesetz ein bißchen findig ist (mehr darüber in den Kap. 18 bis 21).

Doch die Grammatik erlaubt uns, *Girlanden* an diese Schnur zu hängen, also den klaren Ablauf des Satzes durch Abschweifungen zu unterbrechen. Ist die Girlande kurz und hängt sie am richtigen Platz, so mag man sie in Kauf nehmen: „Die Katze, die da auf dem Fensterbrett sitzt, ist meine." Doch allzuoft werden allzulange Girlanden eingehängt (und wo die Überlänge anfängt, das läßt sich beweisen); oder es werden Hauptsachen – Perlen also, die auf die straff gespannte Schnur gehörten – in Girlanden versteckt; oder der Girlanden-Liebhaber schmückt seine Sätze mit je dreien oder vieren von der Sorte; oder er hängt an die Girlande noch eine zweite oder gar an diese untere noch eine dritte, und dann ist der Schachtelsatz perfekt, die Sprache genotzüchtigt und alle Verständlichkeit beim Teufel.

Beginnen wir mit der einfachen Girlande: dem eingeschobenen Nebensatz, auch *Zwischensatz* genannt: „Inzwischen sieht der Sozialdemokrat, der sich den Schneid auch von Linksaußen nicht abkaufen läßt, wieder Land" („Die Welt"). Schon dieser Einschub ist unerwünscht: Er verstößt gegen die elementare Erfahrung, „daß der Mensch nur *einen* Gedanken zur Zeit deutlich denken kann; daher ihm nicht zugemutet werden darf, daß er deren zwei oder gar mehrere auf einmal denke. Dies aber mutet ihm der zu, welcher solche, als Zwischensätze, in die Lücken einer zu diesem Zwecke zerstückelten Hauptperiode schiebt:"

So Schopenhauer. Für ihn ist es „der leitende Grundsatz der Stilistik", sich nicht selber ins Wort zu fallen, keine Zwischensätze *einzukeilen,* Sätze nicht *auszustopfen* wie eine Gans mit Äpfeln: „Wenn es eine Impertinenz ist, andere zu unterbrechen, so ist es nicht minder eine solche, sich selbst zu unterbrechen", also einen Satz zu zerhacken, um einen anderen *dazwischenzuleimen.*

Eben dies aber scheint für viele Schreiber eine unwiderstehliche Versuchung zu sein: Während sie ihren Satz zu Papier bringen, haben sie hier noch einen Einfall und da noch eine Idee – und nicht die Kraft, entweder auf die Wiedergabe dieser Einfälle zu verzichten oder sie zu ordnen und an gehöriger Stelle einzupassen. Dreimal hängt der Schreiber in der Zeitschrift „Civis" in seinen Hauptsatz eine Girlande ein – in Klammer und Parenthese, aber das macht nach Satzbau und Lesetechnik keinen Unterschied:

> Im Hinblick auf ihre wirtschaftlichen Interessen (Bedrohung durch Rezession, Währungsverfall, Wirtschaftssanktionen, schwarze Forderungen nach einer sozialistischen Wirtschaftsordnung) hat – nach jahrzehntelangem Alleingang Harry Oppenheimers – auch die (trotz staatlicher Bevorzugung der Afrikaner seit 1948 noch immer englischsprachig beherrschte) „Business Community" offen Position gegen die Apartheid bezogen.

Wer sich mit *einer* Girlande zu begnügen scheint – „Scheel, der die Freiübungen Genschers deckt, macht auch keinen Hehl aus seinen Ansichten" – kann, grammatisch korrekt, von dieser Girlande natürlich weitere Girlanden herunterbaumeln lassen: „Scheel, der, *anders als der FDP-Vorsitzende Martin Bangemann,* die Freiübungen Genschers, *des wieder stärksten Mannes in der FDP,* deckt, macht auch keinen Hehl aus seinen Ansichten."

So lesen wir's im „Spiegel". Ihm ist es gelungen, einen Satz von passabler Länge (27 Wörter) auf drei Ebenen zu stoßen: einen Hauptsatz, eine Abhängigkeit ersten Grades („der die Freiübungen Genschers deckt"), in diese eingeklinkt zwei Abhängigkeiten zweiten Grades, und zwar so, daß die obere der beiden Nebensatz-Ebenen nach jeweils einem einzigen Wort – *der* und *deckt* – zugunsten eines Abstiegs in die untere Nebensatz-Ebene verlassen wird.

Einen Satz gar über *vier* Ebenen zu verteilen, kann da kein Problem mehr sein. Die „Frankfurter Allgemeine" hat es in einer Bildunterschrift auf der vermischten Seite geschafft, an einem Platz also, der für syntaktische Darmverschlingungen besonders wenig geeignet ist:

Ebene	*Hauptsatz*	Nach heftiger Kritik von Veteranen-Organisationen				, wurde die Skulptur 1983 errichtet.
Ebene	Abhängigkeit 1. Grades (oberste Girlande)		, die den Symbolwert der siebzig schwarzen Platten		, ergänzt wissen wollten durch einen darstellenden Tribut ihrer Opfer	
Ebene	Abhängigkeit 2. Grades (mittlere Girlande)			, die sich an einem natürlichen Erdwall gleichsam der Grünfläche einfügen		
Ebene	Abhängigkeit 3. Grades (unterste Girlande)				, die vom Lincoln-Memorial bis zum Kapitolhügel reicht	

Da fallen die Wörter zunächst treppab und treppab wie die Kaskaden von der Wilhelmshöhe, nur nicht so gefällig – dann aber mit einer Kehrtwendung, die der Schwerkraft Hohn spricht: von der vierten Stufe wieder zur zweiten und schließlich zur ersten hinauf.

Wie beschreibt man einen Strahlenkranz?

Warum basteln sie solche Sätze? Warum weigern sie sich, *geradeaus* zu schreiben, auf ein Ziel zuzufliegen wie ein Pfeil? Ein paar honorige Gründe gibt es auch dafür, das sei festgehalten.

Angenommen, ein Text bestünde aus zehn Sätzen, sie wären alle übersichtlich konstruiert, und sie enthielten, wie es sich für einen guten Text gehört, jeder eine Aussage, die den Leser ein bißchen weiterführt. Dann bliebe doch eine Not: Die Sätze 2 bis 9 haben jeder nur zwei Anknüpfungspunkte, die Sätze 1 und 10 sogar nur einen. Der Satzbau gebärdet sich also, als ob jedes Ding nur mit zwei anderen zusammenhinge, einem davor und einem danach; als ob es keine Verästelungen gäbe, kein Gewirr von Bezügen und Abhängigkeiten – obwohl doch eben dies auf Erden das Normale ist.

Spreche ich zum Beispiel von Atomkraftwerken, so bin ich mitten in einem Knäuel von Zusammenhängen: Kohle-, Wind- und Sonnenkraftwerke, Energiebedarf, Strompreise, Umweltschutz, Strahlenbelastung, Sicherheit, Restrisiko, Wiederaufarbeitung, Endlagerung, Demonstrationen und Krawalle. Es wäre also erstrebenswert, rund um die zentrale Aussage „Dieses Atomkraftwerk ist stillzulegen" einen Strahlenkranz von zwölf Aspekten gleichwertig und möglichst gleichzeitig abzuhandeln – und nicht nur den einen Aspekt *vor* meinem Satz und den anderen Aspekt *nach* meinem Satz, auf die der normale Satzbau mich einschränkt.

Wäre also der Schachtelsatz das rettende Mittel, dem unerhört komplizierten Geflecht von Kausalzusammenhängen gerecht zu werden, von dem wir umgeben sind? Spricht nicht alles dafür, daß wir die einander ergänzenden oder durchkreuzenden logischen Abhängigkeiten eines Gedankens im Satzbau nachvollziehen? Ist nicht die syntaktische Verknäuelung das angemessene Symbol für die Verworrenheit der Welt?

Da liegt ein Problem, in der Tat. Doch der Schachtelsatz ist nicht das Mittel, es zu lösen.

Das Problem hat keiner anschaulicher beschrieben als der damals 31jährige Privatgelehrte Dr. Arthur Schopenhauer. Er war so frei, den Lesern seiner „Welt als Wille und Vorstellung" sogleich im Vorwort die *zweifache* Lektüre des Gesamtwerks dringend zu empfehlen – denn es handle sich um einen einzigen Gedanken, der sich, „aller Bemühungen ungeachtet", nicht auf kürzerem Wege als in dem ganzen Buch habe mitteilen lassen; während der Gedanke die vollkommenste Einheit bilde, müsse das Buch „eine erste und eine letzte Zeile haben und insofern einem Organismus allemal sehr unähnlich bleiben".

Ja, die Reihung in Raum und Zeit – dem Raum des Buches, der Zeit des Schreibens, Lesens, Sprechens, Hörens – ist eine Not. Nur nacheinander können Wörter sich entfalten; oft sind hundert engbedruckte Seiten und drei Stunden der Lektüre nötig, um etwas zu erfassen, was einfach *ist* und sich keineswegs entwickelt, geschweige denn linear und ausgerechnet drei Stunden lang.

Ebendies macht manche Gliederung so quälend; doch wir haben keine Wahl. Auch der hartnäckigste Vorkämpfer des Schachtelsatzes wird nicht empfehlen wollen, jene hundert Seiten mit nur einem Supersatz zu füllen, damit die Gleichzeitigkeit des Gedankens sich in der Syntax widerspiegele; und schriebe einer diesen Satz, so würde es leider *länger* als drei Stunden dauern, ihn zu lesen, und dreißig Stunden, ihn zu verstehen – gesetzt, es fände sich überhaupt jemand, der über Seite 5 hinauskäme.

Sätze sind wie Bandagen

Denn wir mögen sie nicht, jene „labyrinthischen Perioden, bei denen man dreimal Atem holen muß" (Lessing); die „verstrickten Perioden, bei welchen das Gedächtnis fünf Minuten lang geduldig die ihm aufgelegte Lektion lernt, bis zuletzt der Verstand zum Schuß kommt und die Rätsel gelöst werden" (Schopenhauer); jene Abhandlungen deutscher Gelehrter, „wo sie rechts und links abschweifen und die Hauptsache vergessen machen, wie Zughunde, die, wenn sie kaum ein paarmal angezogen haben, auch schon wieder ein Bein zu allerlei bedenklichen Verrichtungen aufheben, so daß man mit den Bestien gar nicht vom Fleck kommt, sondern über Wegstunden tagelang zubringt" (Goethe).

Es hilft nichts: „Man wird nicht auskommen, ohne die Sätze wie Bandagen abzuwickeln", wie der polnische Dichter Zbigniew Herbert klagt. Wer ein Netz beschreiben will, kann dies nur Linie um Linie tun, in linearen Sätzen. Er sollte sich an die Formel halten, nach welcher Hieronymus Jobs laut Wilhelm Busch seine Predigt gliederte: *Er sagt es klar und angenehm, was erstens, zweitens und drittens käm.* Dies ist eine königliche Stilregel, eine Formel für die allein verständliche Art, in der die Wirren der Welt sich sprachlich bewältigen lassen, für die Leistung, die unser Kopf erbringen muß, wenn wir etwas mitteilen wollen.

Wer einen Weg findet, einen einzigen Gedanken nacheinander auf hundert Seiten abzuspulen, sollte sich jedenfalls die Behauptung sparen, zugleich müsse er die Chaotik der irdischen Verhältnisse in Schachtelsätzen von jeweils fünfzehn Zeilen nachahmen.

Mithin läßt sich ein Verdacht kaum abweisen: Daß der Schachtelsatz ein Spiegelbild des Lebens sei, ist vermutlich überwiegend die Schutzbehauptung solcher Leute, die ihr Wortgerümpel in Wahrheit deshalb zusammenleimen, weil sie selbstverliebt und rücksichtslos gegen ihre Leser sind oder weil sie mangelnde Gedankenklarheit tarnen wollen. Ludwig Reiners meint:

> Der Schachtelsatz entspringt verschiedenen Quellen: Bei den Gelehrten ist es die Verachtung gegenüber dem Leser, bei andern die Zuchtlosigkeit des Denkens. Der Schreiber ist nicht imstande, jeden Gedanken erst zu Ende zu denken und zu schreiben; er fällt sich vielmehr selbst ins Wort, schiebt einen

Einfall dazwischen und überläßt es dem Leser, alle angefangenen Gedanken im Kopf zu behalten. Der Leser ist klüger und klappt das Buch zu.

Gibt es denn aber nicht auch grandiose Schachtelsätze? Natürlich – die von Kleist zum Beispiel. Und warum traut man dem Leser nicht zu, daß er sich mit einem Satzgebilde liebevoll auseinandersetzt, falls es sich ihm bei der ersten Lektüre nicht erschließt? Werden nicht die höheren Anforderungen an Hörfunk-Texte traditionsgemäß damit begründet, daß der Hörer nicht die Freiheit habe, zurückzulesen – und heißt dies nicht im Umkehrschluß, daß der Leser eben diese Freiheit hat?

„Zurückblättern, Nachlesen, Nachschlagen in Wörterbüchern – lauter Handlungen, die von Zeitungslesern erwartet werden – sind durch die spezielle Hörsituation ausgeschlossen", schrieben zwei Schweizer Medienexperten 1986 in einem Handbuch für Funkjournalisten. Handlungen, die vom Zeitungsleser erwartet werden! Wer erwartet da? Kennt einer irgend jemanden, der sich seiner Zeitung gegenüber so verhalten hätte? Ist es zumutbar oder gar erstrebenswert, dem Leser jene Arbeit aufzubürden, die zu leisten der Schreiber offensichtlich zu träge war? Ist der Leser ein Affe, der sich gutmütig, ja begeistert an jenem Schlinggewächs zurückhangeln soll, das der Schreiber ihm um die Ohren geschlagen hat?

Im Effekt besteht zwischen Lesern und Hörern totale Übereinstimmung: Der Hörer *kann* nicht zurückhören – der Leser *will* nicht zurücklesen; für beide gibt es nur eine Richtung: voran. Und beide haben recht.

Denn wie schrieb einer, der wahrlich nicht im Verdacht steht, die Bildzeitung erfunden zu haben, Jean Paul – 1804, ein Weilchen also vor Erfindung des Radios? „Die Probe der Güte ist, daß der Leser nicht zurückzulesen hat."

Der Schachtelsatz in der Literatur:
Peter Handke schreibt in seinem Roman „Die Wiederholung" (1986):
„Im Wald, wo mir die Stellen vertraut waren, fand ich die ersten Pilze des Jahres, zuerst kleine, feste, in dem schottrigen Dobrawa-Boden fast weißfarbene Eierschwämme, dann die mir im Gehen, wo ich, der sonst Farbunsichere, die Farben besser auseinanderhalten konnte, mit der Zeit immer zahlreicher entgegenleuchtenden Steinpilze, jeder für sich ein herzhaftes Gewicht in der Hand, und schließlich am Waldrand, aus dem Gras stehend, der hohe hohle dünne Stiel im Wind wippend, einen einzelnen, weithin sichtbaren Schirmling, auf welchen ich losrannte, als müßte ich der erste bei diesem König sein, und dessen Kappe dann, schildgroß, in der Mitte rundgebeult, über meine beiden Handteller ragend, darauf leichter wog als ein noch so dünn gewalkter Teigfladen."

Der Satz enthält 23 Kommas, 17 Adjektive und 4 Präsenspartizipien (entgegenleuchtend, stehend, wippend, ragend). Zwischen *die* und *Steinpilze* sind 19 Attribute in drei Etagen eingeschoben: die *mir im Gehen mit der Zeit immer zahlreicher entgegenleuchtenden* Steinpilze (obere Girlande); im Gehen, *wo ich die Farben besser auseinanderhalten konnte* (mittlere Girlande); ich, *der sonst Farbunsichere* (untere Girlande).

Da es sich um Literatur handelt, um eine Gattung also, deren oberstes Ziel nicht die Verständigung sein muß, hat selbstverständlich jeder die Freiheit, diesen Satz schön zu finden. Schön fand den Stil der „Wiederholung" der Rezensent der FAZ, Peter v. Matt:

„Eine Syntax schreibt dieser Autor, eine der höchstentwickelten heute, durchgebildet und wandelbar, dabei unaufdringlich, wie spielend noch in den gespanntesten Konstruktionen und ganz ohne den penetranten Kunststückcharakter, den der Satzbau in jüngerer Zeit bei vielen Schriftstellern angenommen hat."

Der Schachtelsatz in der Philosophie:
„Der transzendentale Grundsatz aber, sich eine Zweckmäßigkeit der Natur in subjektiver Beziehung auf unser Erkenntnisvermögen an der Form eines Dinges als ein Prinzip der Beurteilung derselben vorzustellen, läßt es gänzlich unbestimmt, wo und in welchen Fällen ich die Beurteilung als die eines Produktes nach einem Prinzip der Zweckmäßigkeit und nicht vielmehr bloß nach allgemeinen Naturgesetzen anzustellen habe, und überläßt es der ästhetischen Urteilskraft, im Geschmacke die Angemessenheit desselben (seiner Form) zu unseren Erkenntnisvermögen (sofern diese nicht durch Übereinstimmung mit Begriffen, sondern durch das Gefühl entscheidet) auszumachen."
  Kant, Kritik der Urteilskraft

Der Schachtelsatz im Bürgerlichen Gesetzbuch:
„Ist eine Willenserklärung nach § 118 nichtig oder auf Grund der §§ 119, 120 angefochten, so hat der Erklärende, wenn die Erklärung

einem anderen gegenüber abzugeben war, diesem, anderenfalls jedem Dritten den Schaden zu ersetzen, den der andere oder der Dritte dadurch erleidet, daß er auf die Gültigkeit der Erklärung vertraut, jedoch nicht über den Betrag des Interesses hinaus, welches der andere oder der Dritte an der Gültigkeit der Erklärung hat." (§ 122, Abs. 1).

Dieser Satz wird vom Bundesverwaltungsamt in seiner Broschüre „Bürgernahe Verwaltungssprache" als Beispiel dafür zitiert, wie die Verwaltung *nicht* schreiben soll.

Der Schachtelsatz in „Meyers Enzyklopädischem Lexikon":
„Ging es Marx darum, in kritischer Anknüpfung an die Hegelsche Dialektik und an die Feuerbachsche Religionskritik die gesellschaftlichen Verhältnisse und das Verständnis, das man von ihnen hatte, im Ausgang von der ‚Wirklichkeit des Menschen', d. h. von dessen Bedürfnissen und von der gesellschaftlichen Organisation der Bedürfnisbefriedigung aufgrund der (von den Handelnden nicht durchschauten) Wechselwirkung zwischen dieser ‚Wirklichkeit' und des Verständnisses von ihr dialektisch zu begreifen, so versuchte Engels auch die Naturgeschichte und die Naturvorgänge nach dialektischen Bewegungsgesetzen zu ordnen."

Der Schachtelsatz in der „Neuen Zürcher Zeitung":
„Grundsätzlich nimmt die Altertümlichkeit der Dialekte nach Süden zu, wie etwa bei der Hiatusdiphtongierung normalschweizerdeutsches *schneije* gegen alpines *schniie* (mit Resten bis ins Obertoggenburg und Appenzeller Hinterland) steht, sich vor allem aber nach Südwesten (z. B. Indefinitpronomen *sum,* wie englisch some, im Berner Oberland, in Unterwalden, Uri sowie im Wallis) verstärkt, so daß eine Kombination der beiden Gegensätze teilweise eine Dreiteilung der deutschen Schweiz in einen neuerungsfreundlicheren Nordosten (z. T. mit appenzellischer oder auch glarnerischer Retardierung), einen halbaltertümlichen Westen und einen sehr archaischen Südwesten (Berner Oberland und Wallis oder auch Wallis allein, ergänzt um Relikte in den von dorther stammenden Walsermundarten in Graubünden) erkennen läßt."

17. Das Gesetz der drei Sekunden

> Es gibt drei Regeln, die ich mir gestellt habe:
> das Zeitwort so früh wie möglich in den Satz zu
> ordnen, Wichtiges nie in Nebensätzen zu sagen,
> am wenigsten aber Neues durch Attribute.
> *Sandor Rosenfeld (Roda Roda) in seiner*
> *Autobiographie „Roda Rodas Roman"*

Wie lang eine eingehängte Girlande allenfalls sein darf, das lasse sich beweisen – eine kühne Behauptung im vorigen Kapitel, für die der Beweis nunmehr angetreten werden soll. Er stützt sich auf die Untersuchungen des Instituts für Medizinische Psychologie der Universität München und auf das Buch „Grenzen des Bewußtseins", das der Leiter dieses Instituts, Ernst Pöppel, 1985 darüber veröffentlicht hat.

Das Resultat vorweg: Ein Einschub, der uns nicht aus der Bahn werfen soll, darf nicht mehr als drei bis neun Wörter umfassen – je nachdem, ob es sich um Wörter wie „Schnellzugzuschlag" handelt oder um lauter Einsilber wie „Halb zog sie ihn, halb sank er hin".

Pöppel argumentiert folgendermaßen: Würden wir der Auffassung Newtons folgen, daß die Zeit gleichmäßig fließt, dann wäre die Gegenwart bloß die Grenze zwischen Vergangenheit und Zukunft – also eine wandernde Linie ohne Ausdehnung; für ein *Jetztgefühl* wäre kein Platz. Dies jedoch entspricht nicht der Realität unseres Erlebens: „Ein von Theorie unverdorbener Mensch käme nie auf den Gedanken, der Gegenwart selbst ihre Realität abzusprechen."

Wenn wir aber *Gegenwart* als real anerkennen – wie lange währt sie dann? Wie groß ist unser *Gegenwartsfenster*? Wie lange dauert das *Jetzt*? Dafür liefern uns Gedichte Anhaltspunkte, auch musikalische Motive und, am erstaunlichsten, die springenden Bilder oder Doppelperspektiven.

17. Das Gesetz der drei Sekunden

Die hier abgebildete Figur läßt sich entweder als Männerkopf mit Zwicker und Glatze deuten oder als Maus mit langem Schwanz. Vielleicht dauert es eine Weile, bis dem Betrachter die andere Deutung ins Auge fällt; hat er aber einmal beide erkannt, so steht es ihm nicht mehr frei, sich auf eine von beiden Deutungen zu beschränken. Das Bild springt um, ob er will oder nicht – und zwar spätestens nach drei Sekunden. „Das weist darauf hin, daß es stets nur *einen* Inhalt des Bewußtseins gibt", schreibt Pöppel, „und daß der *eine* Bewußtseinsinhalt immer nur für wenige Sekunden bestehen kann, um dann wieder zu versinken und von einem anderen abgelöst zu werden."

Leitmotive und Gedichte

Welcher Zeitraum darf maximal zwischen zwei Tönen liegen, damit wir sie noch als zueinandergehörig erkennen, als Teil einer Melodie? Zwei Sekunden, haben die Untersuchungen des Münchner Instituts ergeben. Wie lang sind musikalische Motive? Die meisten zwei bis drei Sekunden: ganz typisch das „Steuermann"-Motiv aus dem „Fliegenden Holländer"; bezeichnend auch, daß auf das dreifache Pochen des Schicksals am Anfang von Beethovens 5. Sinfonie eine Fermate folgt, das heißt ein Ton von nicht festgelegter Dauer bis zum Doppelten der

Notation – mit der Freiheit für den Musiker, das Gegenwartsfenster nach seinem Geschmack auszufüllen.

Denn das lieben wir, sagt Pöppel: Was zwei bis drei Sekunden währt, empfinden wir als passend und angenehm. Das stärkste Indiz dafür liefern die Gedichte: In allen Kultursprachen, aber auch in exotischen Dialekten dauert das Lesen einer Verszeile meist zwei bis drei Sekunden. Übrigens findet ebenso die spontane mündliche Rede in Drei-Sekunden-Sprüngen statt; unabhängig von Grammatik und Interpunktion fassen wir Wortgruppen zu entsprechenden Einheiten zusammen: „Also bei diesem Wetter" (kleine Pause) „gehen wir lieber nicht baden." So weit Pöppel.

Der Münchner Psychologe steht nicht allein. 1956 publizierte der amerikanische Sprachwissenschaftler G. A. Miller die erste systematische Untersuchung darüber, wie viele Wörter ein Zuhörer mühelos im Gedächtnis speichern kann; er kam auf sieben Wörter, maximal neun – also auf eben jene Obergrenze, die sich aus Pöppels Untersuchung ergibt.

Ein ähnliches Ergebnis wurde 1983 vom Paderborner Institut für Kybernetik nach einem achtjährigen Test veröffentlicht; hier hieß die Frage: Beim wievielten Wort setzt in einem gehörten Text das Verständnis aus? Die Antwort lautet: bei siebenjährigen Kindern mit dem achten Wort; bei einem Drittel aller Erwachsenen mit dem elften Wort; bei mehr als der Hälfte aller Erwachsenen spätestens mit dem vierzehnten Wort. (Die etwas höheren Zahlen gehen vermutlich darauf zurück, daß die amerikanische Untersuchung das Mühelose zählte, die deutsche dagegen das gerade noch Mögliche.)

Daß die beiden letztgenannten Untersuchungen sich auf die *gehörte* Sprache beziehen, ist erst recht kein Widerspruch: Das nicht Zurückhören*können* des Hörers hat denselben Effekt wie das nicht Zurücklesen*wollen* des Lesers – so im vorigen Kapitel dargelegt; und *die Probe der Güte* ist, mit Jean Paul, daß der Leser nicht zurückzulesen hat.

„Ho-Ho-Ho-Tschi-Minh", stilistisch betrachtet

Es ist reizvoll, die Gedichte deutscher Sprache im Licht dieser Forschungsergebnisse auszuzählen: kaum eine Zeile ist länger als neun Wörter oder drei Sekunden.

Dichter	Gedicht	Wörter pro Zeile	durchschnittliche Lesezeit in Sekunden
Hölderlin	Brot und Wein	7 bis 12	3 bis 4
Schiller	Der Taucher	5 bis 9	2 bis 2,5
Rilke	Der Fremde	3 bis 8	2 bis 2,5
Brecht	Legende der Dirne Evelyne Roe	4 bis 10	1,8 bis 2,4
Goethe	Der Fischer	3 bis 8	1,7 bis 2,1
Heine	(fast durchweg)	2 bis 7	1,5 bis 2,0
Hölderlin	Hälfte des Lebens	2 bis 7	1,5 bis 2,0
Goethe	Füllest wieder Busch und Tal	2 bis 6	1,5 bis 2,0
Goethe	Gesang der Geister über den Wassern	1 bis 5	1,1 bis 1,4

Wo der Rahmen gesprengt zu werden scheint wie in Hölderlins Dichtungen in antiker Form:

> Ringsum ruhet die Stadt, still wird die erleuchtete Gasse

– da ist in der Mitte des Verses regelmäßig eine Zäsur, ein Ruhepunkt; so daß der Vers auch in doppelt so vielen, halb so langen Zeilen geschrieben werden könnte:

> Ringsum ruhet die Stadt,
> Still wird die erleuchtete Gasse,
> Und, mit Fackeln geschmückt,
> Rauschen die Wagen hinweg.

Die Gedichte mit den im Durchschnitt kürzesten Zeilen sind die von Heine und von Goethe. Bei Heine werden sieben Wörter pro Vers fast nie überschritten; bei Goethe bestehen die drei Acht-Wort-Zeilen in der Ballade vom „Fischer" ausschließlich aus einsilbigen Wörtern: „Sie sprach zu ihm, sie sang zu ihm", „Halb zog sie ihn, halb sank er hin".

Wie es scheint, sind die Dichter instinktsicher oder einfühlsam genug, sich einem psychologischen Gesetz zu fügen, auch wenn es ihnen kaum bewußt gewesen sein wird; wie umgekehrt zur Gefälligkeit und Popularität so vieler Verse offenbar der Umstand beiträgt, daß sie unser Gedächtnis klug bedienen. Das käme dann als dritte Qualität des Gedichts hinzu, neben dem starken, schön gesetzten Wort und zumeist dem Reim: Es läßt uns im Einklang schwingen mit uns und der Welt.

So wird es auch kein Zufall sein, daß die großen Schlagworte der Weltgeschichte in zwei bis zweieinhalb Sekunden ausgesprochen oder herausgeschrien sind: *Liberté, égalité, fraternité* – mit nur drei, dafür vielsilbigen Wörtern; mit je fünf Wörtern *Ceterum censeo Carthaginem esse delendam* und *Proletarier aller Länder, vereinigt euch,* ebenso der Schlachtruf der revoltierenden Studenten von 1968: *Ho-Ho-Ho-Tschi-Minh!,* wobei die Verdreifachung der ersten Silbe nicht nur den Rhythmus stärkt, sondern auch dazu beiträgt, das Gegenwartsfenster angenehm auszufüllen. Reimut Reiche, ein Apo-Veteran, schrieb darüber im „Kursbuch 57":

> Viele von uns, die „Ho Chi Minh" gerufen haben, haben damit nicht in erster Linie den nordvietnamesischen Staat gemeint oder eine bereits siegreiche Revolution, sondern sie haben einen Text skandiert, der leichter zu skandieren war als ein anderer.

Daß der Inhalt des Gerufenen oft weniger wiegt als der rhythmische Schwung in der richtigen Befristung, beweist das Kernstück des alten Karnevalsschlagers *Humba-humba-humba-tätärä!* – vollends sinnlos, aber dies drei Sekunden lang.

Nach 36 Attributen: die Erlösung

Schlagworte, Gedichte, spontane Rede, springende Bilder, musikalische Motive – da muß es erlaubt sein, den Drei-Sekunden-Sprung auch mitten in den deutschen Satz hinein zu tun, also all die inniggeliebten Einschübe und Girlanden der Frage auszusetzen: Habt ihr vielleicht *mehr* als jene drei bis neun Wörter, die man, je nach Silbenzahl, in drei Sekunden liest? Mutet ihr folglich unserem Bewußtsein etwas zu, was es nicht leisten kann: den Anschluß an den durch euch abgebrochenen Vorderteil des Satzes wieder herzustellen nach einer Lesedauer von mehr als drei Sekunden? 62 Wörter in der „Zeit" zwischen dem einleitenden Nebensatz (mit Wilhelmine von Chézy) und dem rettenden Hauptsatz – 94 Wörter bis zum erlösenden Verbum in der FAZ!

Dabei ist die Einschachtelung von Zwischensätzen mit Komma, Klammer oder zwei Gedankenstrichen nur einer von etlichen Wegen, gegen das Drei-Sekunden-Gesetz des menschlichen Bewußtseins zu verstoßen. Ein anderer: die *Attributen-Schlange.* „Das hübsche Kind", da ist *hübsch* das Attribut, nach deutscher Grammatik vorangestellt, was wiederum nicht ideal ist, da wir von der Eigenschaft einer Person früher hören als von der Person, die sie hat; während die Franzosen über die Stellung des Adjektivs von Fall zu Fall entscheiden können.

Drei Attribute können schon beschwerlich klingen: das nette, leider unpünktliche Kind. Seien wir großherzig und ziehen wir die Drei-Sekunden-Grenze vermutlich bei maximal fünf Attributen (nicht neun, da die deutsche Deklination ein einsilbiges Attribut verhindert: ein hübsches, liebes, nettes Kind). Doch unseren großen Schreibern ist das viel zuwenig. 20 Attribute in der „Zeit": Bei den Texten Robert Walsers handelte es sich – bei welchen Texten?

...bei *den* von Walser auf Formulare, Kalenderblätter, Briefkuverts, Honorarvisen, Zeitschriftenränder und neutrale Papiere im Format zwischen einer Visitenkarte und einer Oktavseite skizzierten *Texten*...

25 Attribute in der „Stuttgarter Zeitung": *Wer* war es?

> Es war *die* in Posen geborene, in Berlin aufgewachsene, nach England emigrierte, in den USA zu Hollywoodruhm gelangte und schließlich von den Schweizern adoptierte Erfolgsschauspielerin und – inzwischen auch – *Bestsellerautorin* Lili Palmer.

27 Attribute bei dem renommierten Pädagogen Hartmut von Hentig: Die (oh, wenn ich wüßte, welche!) –

> *Die* in Zehn-Sekunden-Einstellungen zerstückelte, an- und abschaltbare, vereinfachte, gleichgeschaltete (Gott, Goldener Schuß und Gorillas in einem Format), ausschnitthafte, aus einer Perspektive gesehene, permanent ohne mich ablaufende *Welt*...

Und 36 Attribute in der „Welt": In Italien gab es eine Welle der Kritik

> ...an *der* vom ermordeten christlich-demokratischen Politiker Aldo Moro konzipierten, von Andreotti aber auf die Spitze getriebenen und vom sozialistischen Ministerpräsidenten Bettino Craxi zur Zeit der Affäre „Achille Lauro" übernommenen, zugleich auch mit einem anti-amerikanischen Akzent versehenen *Außenpolitik*.

Zwischen den Artikel und das Substantiv 36 Wörter eingeschoben, deren Lektüre rund fünfzehn Sekunden dauert, also das Fünffache des Überschaubaren und Erträglichen – hingesudelt ohne Instinkt und Augenmaß; eine Ungezogenheit gegen den Leser und eine Torheit des Schreibers gegen sich selbst, falls er etwa den Wunsch gehegt haben sollte, sich mitzuteilen.

Stopfstil und Klemmkonstruktionen

Eine würdige Speise für die Attributen-Schlange wäre der *Präpositions-Salat*. Die „Süddeutsche Zeitung" hat ihn folgendermaßen angerichtet:

> *Nach* der Abkehr der FDP *von* ihrer strikt skeptischen Haltung *zu* jeder regierungsamtlichen Beteiligung *an* der SDI-Forschung gilt der *für* Mittwoch angekündigte Kabinettsbeschluß

über die Aufnahme *von* Verhandlungen *mit* den Amerikanern *über* eine Absicherung der Interessen deutscher Firmen als so gut wie sicher.

Das sind neun Präpositionen oder adverbiale Bestimmungen; ein Satzmodell, für das Reiners den Namen *Stopfstil* vorschlägt. Der ist ein naher Verwandter jener Schachtelsatz-Technik, die ihre verheerende Wirkung ebenfalls ganz ohne Komma, Klammer und Gedankenstrich erzielt: der *Partizipialkonstruktion*. Statt des alten Beispielsatzes „Die Häuser, die sich an dem Weg, der von dem Platz, der vor dem Rathaus liegt, abgeht, befinden, werden abgerissen" läßt sich auf ähnlicher Stilebene formulieren: „Die an dem von dem vor dem Rathaus liegenden Platz abgehenden Weg befindlichen Häuser werden abgerissen."

Wegen der Partizipien – hier „liegenden" und „abgehenden" – Partizipialkonstruktion genannt, tragen solche Satz-Ungetüme noch drei weitere Namen:

● *Nominalgruppe,* wegen der Häufung von Nomina = Substantiven; auch weil in die *Nominalklammer* „Die... Häuser" ein ganzer Satzteil eingeschoben ist („... an den von dem vor dem Rathaus liegenden Platz abgehenden Weg befindlichen...");

● *Einbettung,* weil der zwischen „Die... Häuser" eingeschobene Satzteil auch als eingebetteter Satzteil bezeichnet werden kann, aus dem sich ein Relativsatz machen ließe;

● *Klemmkonstruktion.* Reiners schlägt diese Benennung vor, und sie ist am anschaulichsten. In der Zeitung liest die klassische Klemmkonstruktion sich so:

Der Präsident des nordrhein-westfälischen Landesrechnungshofes, Dr. Gerd Heidecke, hat bei der Vorlage des LRH-Jahresberichtes 1983/84 klar zum mittlerweile durch ein Einlenken der SPD im Ältestenrat gemilderten Düsseldorfer Parteienstreit über die Zusammensetzung des Parlamentarischen Untersuchungsausschusses zur Aufklärung der Kostenexplosion am Aachener Klinikum Stellung genommen. („Handelsblatt")

„Klar" Stellung genommen! Gleichgültig, ob der Schachtelsatz drei Nebensätze und sechs Kommas enthält oder ob er sich als kommafreie Klemmkonstruktion darbietet: Er muß zerschlagen werden.

Schon in ihren Grundformen sind Klemmkonstruktionen geeignet, Leser und Hörer „mit an Sicherheit grenzender Wahrscheinlichkeit" zu verärgern: wenn zwei Präpositionen aufeinandertreffen wie „Einwände *von für* gutes Deutsch schlecht begabten Schreibern" oder „Wir geben nichts *auf unter* Druck zustande gekommene Verträge". Der Nachrichtenagentur Associated Press ist es gelungen, einen Satz mit *unter den unter den* zu eröffnen: „Unter den unter den gegenwärtigen Umständen am wenigsten Beneidenswerten befinden sich die palästinensischen Zivilisten."

Liest man „für Aufgaben bei die Aufgaben", so möchte man dies für einen bizarren Verstoß gegen die Grammatik halten; doch umgekehrt: Wer die grammatischen Möglichkeiten der Partizipialkonstruktion ausreizt, kann dieser Scheußlichkeit zur Korrektheit verhelfen – im folgenden Titel einer Patentschrift von 1985:

> Anordnung zur Verschlüsselung und Vorrichtung zur Entschlüsselung von aus einer oder mehreren Reihen von Schriftzeichen bestehenden Lösungen *für Aufgaben bei die Aufgaben* und die Lösungen enthaltenden Schriftwerken.

Wie man die Hauptsachen versteckt

Ob Klemmkonstruktion oder durchhängende Girlande: Oft wird ihnen eine Bürde aufgepackt, die sie nicht tragen können – die Hauptsache nämlich, die eigentliche Aussage des Satzes; nach dem Muster:

> Die Studie, die sich stellenweise für orthodoxe Kommunisten wie ein Leitfaden zur Ketzerei liest, umfaßt 30 Seiten. („Frankfurter Allgemeine")

Das ist ein Satz wie „Der Präsident, der soeben ermordet wurde, war vorher beim Friseur" – im Hauptsatz eine beiläufige Information, die *Hauptsache* in der Girlande versteckt: ein Unding, in eine Unsitte verpackt; der törichtste Mißbrauch, den man mit eingeklinkten Nebensätzen treiben kann. „Die Studie liest sich für orthodoxe Kommunisten stellenweise wie ein Leitfaden zur Ketzerei", nur dies kann der Hauptsatz sein; die Seitenzahl der Studie würde, falls überhaupt interessant, am besten so beiläufig wie möglich erwähnt, als Apposition: „Die Studie, 30 Seiten lang, liest sich ..."

Solche Steißgeburten sind keineswegs selten. Die „Frankfurter Rundschau" schrieb:

> Der Entwurf eines sehr ernsthaft gemeinten Berichts, der zum Überleben im Fall eines Atomangriffs empfiehlt, sich mit möglichst viel Kleidung am Körper in einen See oder Fluß zu stürzen, sich dort einen Meter unter der Oberfläche aufzuhalten und so selten wie möglich zum Luftholen aufzutauchen, hat in der für den Katastrophenschutz zuständigen US-Behörde für Aufregung gesorgt.

Das ist ein Satz wie „Der Weltuntergang, bei dem fünf Milliarden Menschen eines elenden Todes starben, hat auch in Oggersheim große Beachtung gefunden."

Geradezu groteske Resultate lassen sich mit dieser Technik erzielen, wenn der Autor einer biographischen Würdigung ein halbes Dutzend noch nicht untergebrachter Einzelheiten in seine letzten Sätze stopft, Girlanden im Ausverkauf:

> Dem Jubilar, der aus Ostpreußen stammt, jetzt aber aus Bayern und seinem Heim mit den schönen afrikanischen Holzplastiken gar nicht mehr weg möchte, herzliche Geburtstagsgrüße. („Süddeutsche Zeitung")

Der „Neuen Zürcher Zeitung" wiederum lag es am Herzen, in einen Tennisbericht zwei Kurzporträts von zusammen 22 Wörtern einzuhängen, das einer Industriestadt und das einer Villa:

> Becker, der 1985 als Ungesetzter ein Kapitel Wimbledon-Geschichte geschrieben hatte, erwies sich für Ivan Lendl aus Ostrava, dem grauen, rauchigen „Herz" der tschechoslowakischen Industriezone, der heute in einem von Hunden bewachten Anwesen in Greenwich im US-Staat Connecticut wohnt, als zu stark.

Der „Welt" gelang in ihrem Nachruf auf den argentinischen Schriftsteller Jorge Luis Borges folgendes Kunstwerk aus zwei Obergirlanden (darunter einer zweiteiligen), von deren zweiter eine dreiteilige Untergirlande herabhängt (diese hier kursiv gesetzt):

> Mit diesen Texten, in denen er eine Sprache wieder-, ihre transatlantischen Wandlungsprozesse neu entdeckte, sie im Weltzusammenhang definierte, wurde er, der sich zeitlebens als europäischer Exilant in Buenos Aires, *der für das iberische Amerika nur selten gute Worte fand, für den Literatur und Abendland identische, alles andere aufschließende Begriffe, ein Faktum waren,* zum Stamm- und Erzvater dessen, was man heute die moderne latein-amerikanische Literatur nennt.

Was Frankfurt und Zürich verbindet

Wem es nun zuviel wäre mit den Klemm-, Stopf- und Girlanden-Zitaten oder zuviel mit der Polemik gegen diese oder wem die Tonlage dieser Polemik auf die Nerven ginge – der hätte mein Verständnis. Ich gebe indessen zu bedenken:

1. Vielleicht kann nach diesen Zitaten als erwiesen gelten, daß unsere großen Zeitungen sich nicht selten eines Satzbaus bedienen, der nach den Maßstäben der Verständlichkeit ebenso in die Grube purzelt wie nach allen Kriterien der Eleganz. Und nicht etwa mühsam herausgepickte Lesefrüchte sind hier ausgebreitet, sondern umgekehrt: Aus der zwanzigfachen Menge abschreckender Beispiele habe ich die krassesten und typischsten herausgesiebt. Gegenüber jeder unserer großen Zeitungen würde ich mich genauso verhalten wie gegen die „Neue Zürcher": Als mich das Schweizer Fernsehen bei einem Aufenthalt in Zürich gegen Mittag fragte, ob ich am Abend live eine Satzschachtel aus der NZZ *von heute* demontieren könnte, sagte ich ja – ohne bis dahin die NZZ gelesen zu haben. (Sie ließ mich nicht im Stich: Binnen einer halben Stunde hatte ich fünf Girlanden-Systeme gefunden und stand erneut vor der Qual der Wahl.)

2. Es war schon von der Verengung der Aufmerksamkeit die Rede, mit der die Sprachglossen in unseren Zeitungen und die Gespräche von Sprachfreunden überwiegend oder ausschließlich von den *Wörtern* handeln, nebst ihrer Konjugation und Deklination. Das ist wahrlich kein geringes Thema, in diesem Buch wird es auf 107 Seiten abgehandelt. Nur fehlt da allzuoft die andere Hälfte der Kritik: die an den Sätzen, die aus solchen Wörtern gebastelt werden. Daß es dort des kritischen Ansatzes ebenso bedarf, mußte also mit einer gewissen Hartnäckigkeit nachgewiesen werden.

Bis hierher die Diagnose. Und die Therapie? Sie heißt: die erhellenden Hauptsachen nach vorn ziehen – und die Chancen ausloten, die in den drei klassischen Formen des Satzes stecken: dem kurzen Satz; dem schieren Hauptsatz (der nicht kurz sein muß); dem Nebensatz in seiner typischen Funktion an der richtigen Stelle.

Querschuß aus Mannheim
Wer sich im sechsbändigen Duden-Wörterbuch informieren will, was bei einer Kirche das „Querhaus" ist, findet die Erklärung: „Das Langhaus einer Kirche..." Er traut seinen Augen nicht: Das Querhaus ist also das Langhaus? Und wir dachten immer, es stehe quer zum Langhaus! Wie geht es weiter? „Das Langhaus einer Kirche vor dem Chor von Norden nach Süden rechtwinklig kreuzender Raum." Aha! Auf deutsch also: derjenige Raum, der das Langhaus einer Kirche vor dem Chor von Norden nach Süden rechtwinklig kreuzt.

Weisheit aus Sparta
Den Samischen Gesandten, die eine lange Rede hielten, sagten die Spartaner: „Den Anfang haben wir vergessen, und das Ende haben wir nicht verstanden, weil wir den Anfang vergessen hatten."
Plutarch

Analyse eines mißratenen Satzes

„Eine Kopie des 1747 aus der Sammlung des Prinzen Eugen zum Zwecke der Aufstellung vor dem Bibliothekszimmer von Schloß Sanssouci erworbenen ‚Betenden Knaben', dessen hellenistisches Original sich heute in der Antikensammlung der Ost-Berliner Staatlichen Museen befindet, zählt neben einem ägyptischen Porträtkopf des Julius Caesar und der römischen ‚Knöchelspielerin' zu den attraktivsten Bildwerken der im Marmorsaal des Neuen Palais untergebrachten Sektion ‚Friedrich II. als Antikensammler'." („Frankfurter Allgemeine")

Das ist ein Satz von 65 Wörtern. Der Hauptstrang des Hauptsatzes lautet: „Eine Kopie des ‚Betenden Knaben' zählt neben einem ägyptischen Porträtkopf des Julius Caesar und der römischen ‚Knöchelspielerin' zu den attraktivsten Bildern der Sektion ‚Friedrich II. als Antikensammler'." Schon dieser Satzkern hat zwei Nachteile:
1. Der angemessene Anfang wäre: „Zu den attraktivsten Bildwerken der Sektion... zählt... eine Kopie..." Denn dann wüßte ich, unter welchem Aspekt ich die folgenden Einzelheiten zu lesen hätte.
2. „Eine Kopie *neben* einem Porträtkopf und der römischen Knöchelspielerin" ist eine unglückliche Verknüpfung: Warum von den drei Bildwerken zwei unter *neben* aufführen, statt alle drei gleichgeordnet der Reihe nach? Wenn der Autor aus der Fülle der Werke drei als besonders attraktiv heraushebt – will er wirklich eines davon abermals herausheben, oder hat er sich nur gedankenlos einer Floskel bedient, die zwei seiner drei Hauptsachen zu halben Nebensachen degradiert?

Zwei Einwände also allein gegen den Hauptstrang des Hauptsatzes. Nun ist in den Hauptsatz eine Girlande eingehängt („eine Kopie des Betenden Knaben, *dessen hellenistisches Original...*"), und sie hat die nicht erträgliche Länge von 14 Wörtern oder 5 Sekunden.

Außerdem ringelt sich um den Hauptstrang eine Attributen-Schlange von 18 Wörtern („eine Kopie *des 1747 aus der Sammlung...*"), mit der Folge, daß auch die sechs Attribute am Schluß („der im Marmorsaal...") dem erschöpften Leser auf die Nerven gehen.

Drei Ausstellungsstücke also, das erste durch eine Attributenschlange davor und einen Nebensatz danach ungenießbar gemacht, die beiden anderen unter *neben* eingeordnet, dann nochmals sechs Attribute; mittendrin das Verb *zählt,* nicht ganz leicht zu finden zwischen den 37 Wörtern davor und den 27 Wörtern danach – so straft man seine Leser.

Heillos vergiftet

Hoimar v. Ditfurth, als Wissenschaftspublizist bekannt und für die Verständlichkeit seiner Ausdrucksweise ausgezeichnet, hat in seinem Bestseller „So laßt uns denn ein Apfelbäumchen pflanzen" einen Satz geschrieben, der der graphischen Aufgliederung bedarf, wenn er sich dem Verständnis erschließen soll. Er beginnt mit einem *Daß,* das eine achtfach verschachtelte Nebensatz- und Partizipialkonstruktion einleitet, die nach 41 Wörtern in einen Hauptsatz mündet, der überraschend wenig besagt:

							läßt sich ebenfalls erwarten.
3	Verbesserung der			Atmosphäre	auch Aussichten auf erfolgreiche Abrüstungsverhandlungen eröffnen könnte,		
durch diesen Verzicht im Ablauf der Jahre bewirkte	heute durch eine	Verflechtung wechselseitiger Bedrohungssignale und dadurch ausgelöster Rüstungsaktionen heillos vergifteten		dann als zweiten oder dritten Schritt			
		unaufhebbar erscheinende					

18. Das Ende der Umklammerung

> Wenn doch die Deutschen das Verb so weit nach vorn zögen, „that one it without a telescope discover can!"
>
> *Mark Twain*

Wer der deutschen Syntax leicht verständliche, elegante Sätze abgewinnen will, muß sie überlisten. Subjekt und Prädikat, das tragende Hauptwort und sein Verb, sollte er so weit vorn im Satz plazieren, wie dies grammatisch und stilistisch möglich ist; und möglich ist da eine Menge, dem vermaledeiten Umklammerungsgesetz zum Trotz. Ja einige Lösungen liegen derart auf der Hand, daß man sich fast genieren müßte, sie zu nennen – wenn nicht so viele Berufsschreiber ihnen gleichgültig oder ahnungslos gegenüberstünden.

Als die „Süddeutsche Zeitung" mitteilte, von wo bis wo das Informationsspektrum einer Reisegruppe reichte, hätte sie den Satz nicht so bauen müssen wie auf S. 160 zitiert: *Vom* (folgen 50 Wörter) *bis* (folgen 16 Wörter) *reichte das Informationsspektrum für die Gruppe;* sie hätte nur umzustellen brauchen: „Das Informationsspektrum der Gruppe reichte von... bis...", und schon hätte der Leser nicht 25 Sekunden lang auf die Gebrauchsanweisung gewartet, auf die Erleuchtung also, zu welchem Zweck und Ziel er der Prozession der 68 Wörter folgen sollte. Und die „Frankfurter Allgemeine" hätte nicht schreiben müssen:

> Aber ob der Kern der Geschichte, die wahr ist, weil es sonst den Reinfall der Illustrierten und den Prozeß nicht gäbe, dort im kaum noch Sichtbaren diesseits oder jenseits der Grenze liegt, die ein verwerfliches von einem harmlosen Tun scheidet, die die Erfüllung eines Straftatbestandes von einem teils ärgerlichen, teils belustigenden, teils nachdenklich stimmenden Schelmenstück trennt, scheint derzeit kaum auszumachen.

Sie hätte nur zu schreiben brauchen: „Es scheint derzeit kaum auszumachen, ob..." Und dann hätten die 56 Wörter folgen können, die jetzt den vorangestellten, unüberschaubar im Nebel baumelnden Nebensatz ausmachen. Wer mit *ob* oder *daß* beginnt, sollte sich des Drei-Sekunden-Gesetzes erinnern: Entweder er hat nach drei Sekunden, also nach maximal neun Wörtern den Hauptsatz erreicht – oder, falls er nach *ob* oder *daß* dringend mehr zu sagen wünscht: Er dreht den Satz um, er schiebt das *ob* nach hinten; geradezu ein Versuch, höflich gegen den Leser zu sein! Und wieviel Gewinn mit wie wenig Mühe.

Wie man Sätze transparenter macht

Ein praktikables Generalrezept für alle, die ihre Leser nicht bis zum Ende des Satzes über ihre Absichten im unklaren lassen wollen: Es ist grammatisch erlaubt und stilistisch oft geboten, Satzglieder und Satzerweiterungen *auszuklammern*, das heißt die Klammer des Verbs (er hat... geholfen, ich erkenne... an) zu sprengen; anders ausgedrückt: Satzteile nachzutragen, sie aus dem *Mittelfeld* des Satzes ins *Nachfeld* zu schieben. Dafür stehen vor allem die folgenden fünf Methoden zur Verfügung:

1. Die einfachste und oft wirkungsvollste: Man macht aus einem Zwischensatz oder aus allzu vielen Attributen einen angehängten Nebensatz; von diesem Rezept handelt Kap. 21.

2. Längere Umstandsangaben (oder bei gehäuften Umstandsangaben eine von ihnen) nimmt man aus dem Mittelfeld des Satzes heraus und trägt sie nach, verbunden durch *und zwar, nämlich, besonders, das heißt, mit der Begründung, in der Absicht* oder ohne diese Bindeglieder hinter einem Komma. Also nicht: „*Ich habe* in Kanada, Brasilien, Australien, Neuseeland und vielen anderen Ländern die Möglichkeiten einer modernen Landwirtschaft *erkundet*", sondern: „*Ich habe* in vielen Ländern die Möglichkeit einer modernen Landwirtschaft *erkundet,* so in Kanada, Brasilien..." Und nicht: „*Wir haben uns* im Hinblick auf eine aussichtsreichere und hoffentlich glücklichere Zukunft unseres Sohnes schon lange um einen Studienplatz für Medizin *bemüht*" – sondern: „*Wir haben uns* schon lange um einen Studienplatz für Medizin *bemüht,* in der Hoffnung, unserem Sohn damit eine aussichtsreichere und glücklichere Zukunft zu verschaffen."

3. Man verwandelt die allzu vielen Attribute oder eingeschobenen Nebensätze in ein *satzwertiges Partizip* (wie in anderem Zusammenhang schon auf den Seiten 60 und 68 empfohlen), einen Partizipialsatz, einen Nebensatz ohne Verbum. Also nicht: „Es war die in Posen geborene" (folgen 22 weitere Attribute) „Bestsellerautorin Lili Palmer", sondern: „Es war die Bestseller-Autorin Lili Palmer, *in Posen geboren*, in Berlin aufgewachsen, nach England emigriert" (und nun lassen sich die noch folgenden 16 Wörter gut ertragen).

Auch bei einer überschaubaren Zahl von Attributen erhöht das satzwertige Partizip oft die Übersicht und die Brisanz – nicht: „Der mit Messer und Pistole bewaffnete Bandit", sondern: „Der Bandit, mit Messer und Pistole bewaffnet..." Und wie lahm wäre Lichtenbergs kleine Bosheit, wenn er einen vollständigen Nebensatz anstelle des Partizips gewählt hätte: „Der Esel kommt mir vor wie ein Pferd, ins Holländische übersetzt." Nur vor falschen Bezügen muß man sich hüten; der Duden warnt davor mit dem Beispiel: „Mit Wein angefüllt, überreiche ich dem Jubilar diesen goldenen Becher."

4. Man überlistet die deutsche Syntax, indem man das Verb sogleich hinter dem ersten Glied einer Aufzählung einschiebt; also nicht: „Damit habe ich nicht nur meine Feinde, sondern auch meine Freunde, Verwandten und Berufskollegen verärgert" – vielmehr: „Damit habe ich nicht nur meine Feinde *verärgert,* sondern auch..." Das ist eine unauffällige, ja oft gefällige Umstellung, die im Rahmen der korrekten Grammatik und des gängigen Stilgefühls die Übersicht deutlich verbessert. Erst recht in einem Satz wie diesem:

Die dem Öko-Humanismus gemäße Form der Religion muß aufgrund des dem religiösen Vitalimpuls eigenen Energiepotentials verhindern, daß der Mensch zum gefühllosen Automaten, zum außengelenkten, vermeintlichen Sachzwängen blind folgenden Computermenschen (im Sinne der makabren Visionen vermenschlichter Computer einerseits und verdateter, automatisierter, „computerisierter" Menschen andererseits) wird.

Das Verb poltert unerträglich spät und linkisch nach; die halbe Häßlichkeit dieses Satzes (also sehr viel Häßlichkeit!) wäre getilgt, hätte sich der Autor – Hubertus Mynarek, vormals Dekan der Katholisch-theologischen Fakultät der Universität Wien – aufgerafft zu schreiben: „... daß der Mensch zum gefühllosen Automaten *wird*, zum außengelenkten..." (und nun das restliche Gerümpel).

Selbst kurze Sätze kann die kleine Keßheit des vorgezogenen Verbums frischer machen: „Sagt, ist noch ein Land außer Deutschland, wo man die Nase eher rümpfen lernt als putzen?" fragt Lichtenberg – und alle Musik wäre dahin, hätte er die schulmeisterliche Wortstellung „eher rümpfen als putzen lernt" gewählt.

Wie man herangeht an einen Satz

5. Viel schulmeisterliches Naserümpfen wird vermutlich ein anderer Vorschlag hervorrufen, der zwar die grammatische Korrektheit wahrt, aber einem verbreiteten Sprachgefühl und den Sitten des Deutschunterrichts zuwiderläuft: *das Verb vor die Umstandsangabe oder vor das Objekt* zu ziehen. „Morgen soll ich meinen Dienst in diesem Hause antreten", das ist die geläufige Wortstellung; Thomas Mann hat sie nicht gewählt, er hat die Umstandsangabe aus der Satzklammer, dem Mittelfeld des Satzes herausgenommen: „Morgen soll ich meinen Dienst *antreten* in diesem Hause."

Das ist ein Punkt, bei dem sich zu verweilen lohnt. Winkt hier eine Chance, daß das Deutsche sich der Wortstellung des Englischen und der romanischen Sprachen nähert, die so sehr viel logischer und übersichtlicher, vielleicht auch eleganter ist? Oder handelt es sich um eine literarische Eigenheit und Eigenmächtigkeit, die wir den Literaten überlassen sollten, statt an den bewährten Regeln der deutschen Wortstellung zu kratzen, die neben ihren Tücken schließlich auch ihre Reize hat?

Merkwürdig nur: Von einer Eigenheit kann nicht die Rede sein. Vielmehr hat sich die deutsche Schulgrammatik des 19. Jahrhunderts *gegen* eine verbreitete literarische Tradition auf das Nach-hinten-Schieben des Verbums festgelegt, mit der Spätfolge, daß die Mehrzahl der Deutschlehrer, zumal der ausländischen Germanisten ihm hartnäckig anhängt, daß auch die „Zeit" noch 1981 meinte, die Umkehrung sei ein Verstoß gegen die Grammatik, den das Sprachgefühl nicht gern hinnehme.

Ein Rätsel. Denn die näheren Umstände oder das Objekt hinter das Verb zu schieben ist beste deutsche Tradition, und zugleich gewinnt sie bei zeitgenössischen Journalisten von Rang an Boden. Luther schrieb nicht: „Du sollst nicht deines Nächsten Weib begehren", sondern: „Du sollst *nicht begehren deines...* " und „Wenn aber der Menschensohn *kommen wird* in seiner Herrlichkeit..." Schiller: „Wir wollen *sein* ein einzig Volk von Brüdern", und dies nicht nur des Metrums wegen – denn an Goethe schrieb er: „Vor einigen Augenblicken *trifft* Ihr letzter Brief *ein* zu unserer unerwarteten großen Freude."

Und weiter so. In Johann Gottfried Seumes Gebet vor seiner Wanderung nach Syrakus: „...daß der Himmel mir *geben möchte* billige, freundliche Wirte." Johann Peter Hebel: „...bis sein Grab *gerüstet sei* auf dem Kirchhof." Heine: „Klingende Flammenströme des Gesanges sollen sich *ergießen* von der Höhe der Freiheitslust in kühnen Kaskaden, wie sich der Ganges *herabstürzt* vom Himalaja!" Gottfried Keller: „Sie hörten die Lerchen *singen* über sich." Thomas Mann: „Wer bin ich, daß ich das Wort *führen soll* zu seinem Preis?" Heimito v. Doderer: „Ein Leierkasten setzte *laut ein* auf der Straße." Max Frisch: „Sie will nichts mehr wissen davon, was hier in der Kajüte *geschehen ist* vor siebzig Jahren." Siegfried Lenz: „...so daß ihm nichts übrig blieb, als ihren Arm *zu packen* in spielerischem Polizeigriff und sie *abzuführen* den fleckigen Pfad entlang." Hans Magnus Enzensberger: „Natürlich dürft ihr keine Angst *haben* vor dieser oder jener Partei." Peter Handke: „Ein schmaler Himmel, der *verhüllt wird* von dem Qualm der Eisenwerke."

Wie man eine Chance nutzt

Hätten wir also in unseren Schulaufsätzen und unseren Briefen ständig an der Literatur vorbeigeschrieben? Und nicht nur an der Literatur! „In unsere Hand ist die Verantwortung *gelegt* für eine glückliche Zukunft oder für die Selbstzerstörung der Menschheit", hieß es 1959 im Godesberger Programm der SPD. Albrecht Schöne, bis 1985 Präsident der Internationalen Vereinigung für Germanische Sprach- und Literaturwissenschaft, schrieb: „Die Sprach- und Literaturwissenschaft gehört zu den Disziplinen, die *angewiesen sind* auf öffentliche Resonanz." Ähnlich Hans-Martin Gauger, Vizepräsident der Deutschen Akademie für Sprache und Dichtung: Man müsse „zunächst auf die Unterschiede *achten* zwischen den verschiedenen Anlässen des Redens und Schreibens".

Die Star-Autoren der berühmten *Seite Drei* der „Süddeutschen Zeitung" haben sich auf diese Wortstellung schon beinahe festgelegt: „Reagan, der sich *bereitgefunden hatte* zu einem Dialog"; „Der Anwalt hat noch nie ein Honorar *gesehen* von seinem Mandanten"; „Eine Anhöhe, die den Blick *freigab* auf eine weite Ebene"; „Ein Parteitag, der die kämpferische Einstimmung *bringen sollte* in den bayerischen Landtagswahlkampf" (hier unter Inkaufnahme des Nachteils, daß die *Einstimmung in* den Wahlkampf zerrissen wird durch das vorgezogene Verb).

Eine Kette von Luther bis zu prominenten Literaten, Germanisten und Journalisten von heute – worauf warten wir noch? Das Verb vor die Umstandsangabe oder das Objekt zu ziehen ist grammatisch erlaubt, manchmal schön – ein Beitrag, eine schwerfällige Sprache ein bißchen leichtfüßiger zu machen – und immer überaus praktisch.

Freilich, man kann es übertreiben wie Jeremias Gotthelf, der in einem Satz nicht nur die Umstandsangabe, sondern zweimal sogar das Subjekt hinters Verb schob: „So schrie laut auf die Menge und meinte, es breche durchs Dach der Grüne, sich zu zeigen in ihrer Mitte." Überdies läuft man Gefahr, das Jiddische zu parodieren (oder das, was man dafür hält): „Ich habe gemacht ein gutes Geschäft."

Fazit: Nutzen wir die Chance zu durchsichtigeren Sätzen, ohne unser Stilgefühl zu geißeln oder gar eine Marotte zu entwickeln – das heißt: Ziehen wir das Verb nicht immer vor, aber ziemlich oft; nicht in jedem Fall, aber in jedem zweiten. Gehen wir mit der Umklammerung so um, „wie es die anthropologischen Gesetze des Gedächtnisses seit eh und je verlangt haben" (Harald Weinrich). Sollten unsere Kinder auf solche Weise ein anderes Stilgefühl entwickeln und diese Wortstellung als die übliche empfinden, so wäre die deutsche Grammatik ihren schlimmsten Tolpatsch los.

Die Wortstellung im Satz

Die Weichen für den Satz werden in seinem *Vorfeld* gestellt. „Vorfeld" heißen diejenigen Wörter, die dem Verb – genauer: dem konjugierten Teil des Verbs – vorausgehen. In dem Satz „Ich habe das schon immer gewollt" ist *habe* der konjugierte Teil des Verbs (*gewollt* das unkonjugierte Partizip).

Die *gerade Wortstellung* (Normalstellung, Grundstellung, Nullstellung) ist die Abfolge *Subjekt – Prädikat* (Der Hund bellt) oder Subjekt – Prädikat – Objekt (Der Hund beißt den Briefträger). Im Vorfeld steht also nur das Subjekt. Diese Wortstellung, obwohl die logische und am leichtesten verständliche, wirkt bei mehrfacher Wiederholung monoton.

Die *ungerade Wortstellung* (Gegenstellung, Inversion) ist eine deutsche Besonderheit: Vorangestellte Zeitbestimmungen, Ortsbestimmungen, Präpositionen zwingen uns, die natürliche Abfolge Subjekt – Prädikat umzukehren, also das Subjekt aus dem Vorfeld des Satzes zu verbannen.
- Zeitbestimmungen: Gestern abend *war ich* im Kino (englisch dagegen: Last night *I was...*).
- Ortsbestimmungen: Dahin *möchte ich* nicht ziehen.
- Präpositionen: Für mich *hast du* schon wieder keine Zeit.

Die ungerade Wortstellung läßt sich zur *Ausdrucksstellung* (expressiven Wortstellung) steigern, wenn die Plazierung im Vorfeld ungewöhnlich ist und dadurch die Betonung auf sich zieht:
- Ihn habe ich gestern gesehen (nicht sie).
- Gesehen habe ich ihn gestern (nicht gesprochen).
- Die Augen auskratzen möchte ich ihm!

In der Literatur: „Eintritt Gorm Grymme" (Fontane). In der Umgangssprache hilft uns die Umschreibung mit *tun,* das tragende Wort nach vorn zu ziehen: „Schlafen tu ich nie vor Mitternacht."

Dialekte haben noch stärkere Möglichkeiten. „Wenn ich nur schön wäre!" heißt auf bayerisch: „Schee wann I war!" Bei Ludwig Thoma sagt der Bauer auf die Frage, ob er einen Schnaps wolle: „Net wer I mög'n!"

Zu einer ähnlich krassen Ausdrucksstellung ist das Englische fähig: „Home he went" (und er ging *doch* nach Hause), „Return he did", oder die fulminante Schlagzeile bei der britischen Invasion der Falkland-Inseln: „In we go."

19. Siege durch Kürze

> Es ist keine Kunst, etwas kurz zu sagen, wenn man etwas zu sagen hat.
> *Georg Christoph Lichtenberg*

„Veni, vidi, vici – ich kam, ich sah, ich siegte": Cäsar schrieb es im Jahre 47 v. Chr. einem Freund nach Rom, nachdem er bei Zela in der heutigen Türkei seinen Blitzsieg über Pharnakes II. errungen hatte, den Herrn des Bosporanischen Reichs.

Der Kürze des Feldzugs entsprach die Kürze der Mitteilung darüber; die geballte Kraft der Worte entsprach dem Charakter dessen, der sie schrieb – und immer schrieb Cäsar, so Theodor Mommsen, „knapp und nie karg, schlicht und nie nachlässig, von durchsichtiger Lebendigkeit und nie gespannt oder manieriert". Den „Gallischen Krieg" beginnt Cäsar mit dem schlichten Satz: „Gallien ist in drei Teile gegliedert"; den „Bürgerkrieg" mit den Worten: „Mein schriftlicher Vorschlag wurde den Konsuln überreicht."

Befehle bestehen meist aus kurzen Sätzen, ebenso Gedichte, auch Witze („Da sagt der Cohn zum Levi:..."") und Gebrauchsanweisungen für Feuerlöscher. Das ist keine schlechte Kombination. Kurze Sätze haben eben zwei Vorzüge:

1. An Prägnanz, an Verständlichkeit für den Leser oder Hörer sind sie kaum zu übertreffen;

2. Den Schreiber oder Sprecher zwingen sie, seine Gedanken zu sortieren, sie einer strikten Disziplin zu unterwerfen – und zugleich entlarven sie ihn, wenn er nichts zu sagen hat.

„In langen Sätzen bleibt die Unsicherheit des Autors leichter verborgen – ihm selbst und dem Leser", schreibt E. A. Rauter. „Der lange Satz ist im Journalismus meist eine Zuflucht für den, der sich eine Sache nicht erarbeitet hat. Kurze Sätze kann man nicht schreiben, wenn man nicht genau Bescheid weiß." Ähnlich meint Ludwig Reiners: „Ein Gedanke muß sehr gut sein, um eine einfache Darstellung auszuhalten. Eben darum wirkt Einfachheit echt und gewinnt das Vertrauen des Lesers."

Der Mangel, der ein Vorzug ist

Nun gibt es noch kürzere als kurze Sätze, nämlich *Ellipsen*. Ellipse heißt „Mangel, Auslassung", das Weglassen eines nach der Grammatik erforderlichen Wortes, weil es aus dem Zusammenhang ergänzt werden kann: Mein Großvater ist 80 (Jahre alt), (Das ist) eine schöne Geschichte. Nach demselben Muster: „Ende gut, alles gut", „Wie der Herr, so's Gescherr". Sprichwörter sind also manchmal, Ausrufe meistens Ellipsen, und demnach führt das Wort uns irre: Ein Mangel liegt ja eigentlich nicht vor; der Satz ohne Verbum könnte vielmehr die Urform der Sprache sein: „Willkommen!", „Hilfe!", „Feind von rechts!". Wie so oft, trifft das Schlichte sich mit dem Literarischen – bei Georg Büchner: „Man saß am Tische, *er hinein.*" Bei Goethe (über das letzte Stück Wegs zum Gotthard, 1775):

> Nackte wie bemooste Felsen mit Schnee bedeckt, ruckweiser Sturmwind, Wolken heran und vorbeiführend, Geräusch der Wasserfälle, das Klingeln der Saumrosse in der höchsten Öde.

Und dagegen halte man die traurige Not, in die Journalisten sich begeben, weil sie sich aufs Verbum angewiesen fühlen! Was *tun* die großzügigen Parkanlagen der Schweizer Schlösser und Burgen? Nichts natürlich; doch nicht so im „Gelben Heft" aus Zürich: Sie „laden zum Spazieren und Verweilen ein". Was *brachten* die Schneefälle im Süden? Schnee, vermutlich, vielleicht auch Karambolagen. In der „Welt" jedoch brachten sie „den Winter zurück". Daß sie nicht den Sommer mit sich führten, ahnten wir; die Nachricht ist mit den Worten „Schneefälle im Süden" vollständig mitgeteilt; doch der Redakteur wollte komplettieren und zeugte eine Mißgeburt. Es ist wie eine Zwangsvorstellung:

> *Staus* bis fast zehn Kilometer Länge vor dem Biebelrieder Dreieck in Unterfranken, auf der Strecke Würzburg – Nürnberg und weiter zwischen Allershausen und München sowie südlich der bayerischen Landeshauptstadt bis zum Inntaldreieck und zwischen Siegsdorf und der bayerisch-österreichischen Grenze bei Salzburg –

Eine ganze Menge Informationen für einen Satz; den Staus darüber hinaus eine eigenständige Aktivität aufzudrängen ist sachlich wie sprachlich überflüssig, hier in der Wortwahl lächerlich und obendrein in der Plazierung dreist: nach 41 Wörtern endlich teilt die „Süddeutsche Zeitung" mit, welcher Tätigkeit die Staus sich angeblich hingegeben haben: sie

> – *zermürbten* die Nerven vieler Autofahrer.

Und so überall: „Eine Kommode und ein Spiegel *vervollständigen das Bild*" – als ob das eine Tätigkeit wäre, da es doch nur die Vervollständigung eines Satzbauplans ist. „Graffiti-besprühte Treppenhäuser und defekte Fahrstühle mit verbrannten Schaltknöpfen" (es ist alles gesagt, es wurde gesprüht, es wurde verbrannt) „*wurden zum Symbol verfehlter Stadtplanung.*" Aber wenn Goethe geschrieben hätte: „Ruckweiser Sturmwind wurde mir zum Symbol von Gefährdung und Vergänglichkeit", so wäre er nicht Goethe, sondern höchstens Reinhold Meßner gewesen.

Auch in der Umgangssprache spüren viele die Not und bedienen sich einer Floskel, um den Satz zu komplettieren, der dadurch doch nur Kraft verliert: „Ich werde ihn morgen derartig zusammenstauchen" (alles ist gesagt, doch leider lädt das *derartig* zur Fortsetzung ein) – „*daß es nur so rauscht.*"

Gegen Asthma und Gehacktes

Freilich, man kann alles bis zur Marotte treiben. Eine solche ist die vom „Spiegel" ausgegangene Sitte, statt „Meyer sagte: ..." oder „... fuhr Meyer fort" zu schreiben: „Meyer: ...", als ob es sich um ein Drehbuch handelte. In Werbetexten, Boulevardzeitungen und Illustrierten wird neuerdings der Punkt als Fallbeil eingesetzt, offenbar ist Gehacktes Mode:

> 18 deutsche Touristen stehen schon auf der Warteliste. Für den Flug in den Weltraum. Allerdings werden sie noch ein bißchen warten müssen. Auf den Spaß, der nicht ganz billig ist. („Bunte Illustrierte")

Kurzer Satz – Ellipse – kurzer Satz – Ellipse, wie hier in der „Bunten": Das zerstört allen Sprachfluß; es lehnt sich an die hektische Schnitttechnik in den Vorspännen amerikanischer Fernsehserien an; es ist, mit Reiners, „Asthmastil".

Da sind wir bei einem Einwand, der gegen kurze Sätze überhaupt erhoben wird. Während Ludwig Reiners fordert, ein Satz solle *nicht länger* dauern, „als man mit einem Atemzug vortragen kann", empfiehlt W. E. Süskind umgekehrt: „Sätze müssen *so lang* sein, wie der Atem ihres Zeitworts reicht", und den Satz „Hagen erschlug Siegfried" findet Süskind zu kurz, das Verb sei nicht genug „belastet". Jorge Luis Borges mokiert sich sogar über die „Scharlatanerie der Knappheit" und über Schreiber, „die bei zehn kurzen Sätzen bleiben, statt sich um einen langen zu bemühen".

Mit den zehn Sätzen baut Borges indessen eine Brücke: Der einzelne kurze Satz bietet alle Chancen von höchster Verständlichkeit bis zu poetischer Kraft und imperialer Pose. *Zehn* kurze Sätze dagegen, auch nur vier oder fünf hintereinander, wirken monoton, oft wie ein „Ochsentrott" (Gerhard Storz):

> Martin kommt aus seiner Hütte. Er steigt die Holztreppe herunter. Der ausgeblichene Parka flattert um den hochaufgeschossenen Körper. Die rechte Tasche ist abgerissen. Die linke wird von einer Sicherheitsnadel gehalten. Die blaue Wollmütze umrahmt das frische Gesicht. Jedes Fotomodell würde bei diesem Teint vor Neid erblassen. Mit schwerem Schritt geht Martin durchs Watt.

Ein angenehm zu lesender Text kann also nicht durch die Häufung kurzer Sätze entstehen, und selbst die Verständlichkeit leidet unter solcher Reihung: Was mich einschläfert oder abstößt durch Einförmigkeit oder Holzhacker-Methoden, will ich mir, kann ich mir nicht einverleiben.

Die Generalregel der amerikanischen „readability"-Schule, wonach ein Text um so verständlicher wird, je kürzer seine Wörter und seine Sätze sind – diese Lehre ist bezüglich der Sätze mit Vorsicht anzuwenden und in der Verallgemeinerung falsch. Lange Sätze sind nicht schlecht, sagt E. A. Rauter, „wenn der Autor gut ist". Das Optimum an eingängigem und zugleich attraktivem Deutsch entsteht durch einen lebhaften Wechsel von mäßig kurzen und mäßig langen Sätzen.

Da aber der durchschnittliche Absolvent eines deutschen Gymnasiums überaus selten durch unmäßige Kürze im Satzbau gefährdet ist, darf die Faustregel lauten: Macht eure Sätze kürzer! Und wenn ihr euch in der eigenen Syntax verfangen habt – schlagt den Kraken in Stücke und formt aus jedem einen eigenen Satz.

Was Ishmael und Ilsebill uns lehren

Nicht einmal eine Reihung kurzer Sätze, wiewohl im Grundsatz nicht empfehlenswert, muß uns erschrecken – falls sie mit Meisterschaft gehandhabt wird. Wie am Schluß von „Werthers Leiden":

> Der Alte folgte der Leiche und die Söhne, Albert vermocht's nicht. Man fürchtete für Lottens Leben. Handwerker trugen ihn. Kein Geistlicher hat ihn begleitet.

Bei Lessing:

> Darf ein Prediger Komödien machen? Hierauf antwortete ich: Warum nicht? Wenn er kann. Darf ein Komödienschreiber Predigten machen? Darauf meine Antwort: Warum nicht? Wenn er will?

Oder bei Ernst Bloch:

> Vieles fiele leichter, könnte man Gras essen. Hierin hat es der Arme, sonst als Vieh gehalten, nicht so gut wie dieses.

Schließlich: Als *Anfang* eines Textes ist der kurze Satz der größte – wenn es gelingt, die wenigen Wörter mit Substanz oder mit einer Erwartungsspannung zu erfüllen:

> Ja, wir sind Landstreicher auf Erden.
> Knut Hamsun, „Das letzte Kapitel"

> Ich schnallte in Grimma meinen Tornister, und wir gingen.
> Johann Gottfried Seume, „Spaziergang nach Syrakus"

> Der Knabe war klein, die Berge waren ungeheuer.
> Heinrich Mann, „Die Jugend des Henri Quatre"

> Still! Wir wollen in eine Seele schauen.
> Thomas Mann, „Ein Glück"

> Es traf ihn unvorbereitet.
> Siegfried Lenz, „Der Verlust"

Und was erstaunlich ist: Auch wenn ebenso kurze oder noch kürzere Sätze uns mit einem unbekannten Namen überfallen, ziehen sie uns sogleich in die Geschichte hinein; wir mögen eben die lebenden Menschen, selbst wenn wir sie nicht kennen.

> Den 20. Jänner ging Lenz durchs Gebirg.
> Georg Büchner, „Lenz"

> Lenore fuhr ums Morgenrot
> Empor aus schweren Träumen.
> Gottfried August Bürger, „Lenore"

> Call me Ishmael.
> Hermann Melville, „Moby Dick"

> Und da war Gnotke.
> Theodor Plivier, „Stalingrad"

> Ich bin nicht Stiller.
> Max Frisch, „Stiller"

> Aber Jakob ist immer quer über die Gleise gegangen.
> Uwe Johnson, „Mutmaßungen über Jakob"

> Ilsebill salzte nach.
> Günter Grass, „Der Butt"

Lösung C: Kampf den Satzpolypen

Sogar Sachbücher können einen ebenso kurzen wie faszinierenden Anfang haben – man denke an den Berliner Geheimen Medizinalrat Johann Ludwig Casper, der sein „Praktisches Handbuch der gerichtlichen Medizin", veröffentlicht 1856, mit dem berühmt gewordenen Satz begann: „Meine Mörder sahen alle aus wie junge Mädchen." Ich kam, ich las, der Autor siegte.

Wörter pro Satz	Aus wie vielen Wörtern soll ein Satz bestehen?
4	7 Prozent der Sätze in der „Bildzeitung" haben 4 Wörter oder weniger
9	Obergrenze der *optimalen* Verständlichkeit laut Deutscher Presse-Agentur (dpa)
7–14	Obergrenze für gesprochene Texte
10–15	Empfohlene durchschnittliche Satzlänge nach der Duden-Stilfibel von Wilfried Seibicke
12	Durchschnittliche Satzlänge in der „Bildzeitung"
17	Durchschnitt im Johannes-Evangelium Durchschnitt in den Buddenbrooks (Thomas Mann)
18	Obergrenze der Leichtverständlichkeit nach Reiners Durchschnitt in der „Westdeuschen Allgemeinen"
20	Obergrenze des *Erwünschten* bei dpa
23	Durchschnittslänge des ersten Satzes bei dpa
30	Obergrenze des *Erlaubten* bei dpa Durchschnittslänge des ersten Satzes im amerikanischen Dienst der „Associated Press"
31	Durchschnitt im „Dr. Faustus" (Th. Mann)
92	Durchschnitt im „Tod des Vergil" (Hermann Broch)

20. Hauptsätze: Pfeil und Staffellauf

> Hauptsätze. Hauptsätze. Hauptsätze.
> *Kurt Tucholsky, Ratschläge für einen guten Redner*

Nebensätze müssen nicht sein. Nebensätze sind ziemlich selten in mündlicher Rede, in der Lyrik, im Märchen, in der Bibel, bei Homer. Im Deutschen waren bis ins 14. Jahrhundert Nebensätze rar, und ihnen fehlte ein heute entscheidendes Kriterium: das nachhinkende Verb. Im Zeitungs- und Fernsehdeutsch des 20. Jahrhunderts produzieren sie tausendfältig Scheußlichkeit und Verwirrung.

Daß eine Mitteilung grundsätzlich in Haupt- und Nebensachen zerfalle, die sich nur in Haupt- und Nebensätzen angemessen unterbringen ließen, ist eine Zwangsvorstellung, zumal von Deutschlehrern, Bürokraten, Philosophen, Journalisten. Auch gängige Stillehren unterlassen es, die Institution „Nebensatz" mit einem Warnschild zu versehen. Dieses Kapitel also kann, wiewohl von Tucholsky angespornt, nur direkt aus dem Quell der Sprache schöpfen. Aus der Odyssee, zum Beispiel (9. Gesang):

> Der Zyklop ergrimmte darauf noch mehr im Herzen, riß die Kuppe von einem großen Berge ab, schleuderte sie, und nieder schlug sie vor dem Schiff. Da wallte das Meer auf unter dem herniederfallenden Felsen, und zurück zum Lande trug es die brandende Woge.

Wie Homer, so die Bibel – da Hiob eben *nicht* seufzte: „Der Herr, der's gegeben hat, hat's auch wieder genommen, wofür ich ihn lobe." In Hauptsätzen, natürlich, fand die Schöpfung statt:

> Am Anfang schuf Gott Himmel und Erde. Und die Erde war wüst und leer, und es war finster auf der Tiefe, und der Geist Gottes schwebte über den Wassern. Und Gott sprach: Es werde Licht. Und es ward Licht.

Und nun erst, *nach* Erschaffung des Lichtes, im 4. Vers der Schöpfungsgeschichte, ward der Nebensatz erschaffen: „Und Gott sah, *daß das Licht gut war.*" (Und dies nur auf deutsch! Das hebräische Original besagt: „Und Gott sah hin, und es war gut.") Für das Handeln der Hauptsatz, der Nebensatz nur für das Betrachten – sollte dies die wohlverstandene Psychologie des Nebensatzes sein?

Gisli – Schiller – Walter Jens

In den isländischen Sagas findet sich eine merkwürdige Parallele dazu. Die oft brutale Handlung schreitet in Hauptsatzfolgen fort („Gisli kam nach Nefstadir, ergriff Thorgrim und brachte ihn nach Saltnes. Dort zogen sie ihm eine Tierhaut über den Kopf..."). Wenn aber einer nicht handelt, sondern redet und sich beim Reden windet, weil er etwas Heikles mitzuteilen hat – dann zieht er Nebensätze vor:

> Es verhält sich so, lieber Bruder, sprach Thorkell zu Gisli, daß ich ernsthaft an eine Veränderung meiner Verhältnisse denke, und zwar steht es damit so, daß ich möchte, daß wir unseren Besitz teilen...

In Gedichten mit Handlung, in Balladen also, sind demgemäß Nebensätze selten, wie in Schillers „Lied von der Glocke":

> Kochend wie aus Ofens Rachen,
> Glühn die Lüfte, Balken krachen,
> Pfosten stürzen, Fenster klirren,
> Kinder jammern, Mütter irren,
> Tiere wimmern
> Unter Trümmern;
> Alles rennet, rettet, flüchtet,
> Taghell ist die Nacht gelichtet.

Zwei von Goethes Balladen verherrlichen in ihren berühmtesten Versen die Hauptsatzfolge, die leichtfüßige Eleganz, die sich gänzlich ohne Nebensatz erreichen läßt. Vom Sänger:

> Der König sprach's, der Page lief,
> Der Knabe kam, der König rief:
> Laßt mir herein den Alten!

Und vom Fischer die oft zitierte letzte Strophe: „Sie sprach zu ihm, sie sang zu ihm ..." Nun ist es sicher nicht fair, aber eben überaus illustrativ, daneben einen klassischen zeitgenössischen Kunstbau aus Hauptsätzen, Nebensätzen, Klammern und Parenthesen zu stellen:

> Kein Wunder, daß Musil, der übrigens – hier beginnt die Dichtung – zur Zeit der Niederschrift seines „Törleß" keineswegs so gelangweilt gewesen sein wird, wie er den Leser glauben machen will; schließlich schrieb er damals nicht nur über „Die Beheizung der Wohnräume" oder „Die Kraftmaschinen des Kleingewerbes", sondern las auch in den Werken zweier Schriftsteller, ohne die der „Törleß" nicht denkbar ist: Ernst Machs und Maurice Maeterlincks – kein Wunder bei so viel Befremdlichkeit in Stoff und Stoffbehandlung, daß die Verlage zögerten, den Erstling (dessen mühevolle Geburt Musil übrigens, wie wir heute wissen, gewaltig übertrieben hat: der „dumme Roman" kam rascher voran, als sein Autor später zugeben wollte) – kein Wunder, ein letztes Mal, daß alle angeschriebenen Verlage zögerten, das Buch in ihr Programm aufzunehmen. (Walter Jens in der „Frankfurter Allgemeinen")

Gewiß, um Handlung handelt es sich nicht, sondern darum, zu erklären, warum es kein Wunder sei, daß etwas nicht geschah; ein oder zwei, auch drei Nebensätze also wären angemessen gewesen im Sinne der Bibel und der Gisli Saga. Doch sollte damit ein Satz gerechtfertigt sein, der einer der Schrottmaschinen von Jean Tinguely näher ist als der deutschen Sprache? Und hat denn Matthias Claudius, da auch er ein Nichtgeschehen schildert, geschrieben: „Kein Wunder, daß der Wald, der schwarz steht, schweigt"?

Kein Wunder, ein zweites Mal, daß kein Nebensatz durch die Stille klapperte, als Goethe im Thüringer Wald aufschrieb: „Über allen Gipfeln ist Ruh" – während der miserabelste Vers, den er je zum Druck freigab, seine Handlung einem Nebensatz aufbürdet, und das leisten Nebensätze nicht: „Ich grüße dich, du einzige Phiole, *die ich mit Andacht jetzt herunterhole.*"

Die Erfindung der Unterklasse

Das war ein tiefer Sturz von der *Parataxe* (der Beiordnung, Gleichordnung, Hauptsatzfolge) in die *Hypotaxe* (die Unterordnung, Unterwerfung) – jenes Satzgefüge also, das eine Rangordnung zwischen den Satzteilen herstellt und noch dazu oft eine falsche: erster Klasse, zweiter Klasse – Hauptsatz, Nebensatz.

Gesprochen wird so meistens nicht. Selbst bei simplen Unterordnungen wie „Jeder weiß, daß er eine ehrliche Haut ist" vermeiden wir in mündlicher Rede den Nebensatz: „Jeder weiß, er ist eine ehrliche Haut." Dabei verwenden wir mitunter Konstruktionen, die in der Grammatik nicht vorgesehen sind; statt „Sei doch so nett, mir das Buch zu leihen" sagen wir: „Sei doch so nett *und leih mir das Buch*" – übrigens mit Schiller im Bunde: Rast der See, *weil* er sein Opfer haben will? Nein: „Da rast der See *und* will sein Opfer haben" (Wilhelm Tell I, 1).

Auch im Schriftdeutschen war die Hypotaxe bis ins 14. Jahrhundert selten. Es galt der Stil, den die Brüder Grimm in ihren Märchen wachzuhalten suchten:

> Es waren einmal zwei Brüder, die dienten beide als Soldaten, und war der eine reich, der andere arm. Da wollte der Arme sich aus seiner Not helfen, zog den Soldatenrock aus und ward ein Bauer. Also grub und hackte er sein Stückchen Acker und säte Rübsamen.

Im 14. Jahrhundert nun begannen die Humanisten etwas zu spüren, was sie für einen Mangel hielten: Ihr geradliniges Deutsch schien ihnen zweitrangig, verglichen mit den kunstvoll gedrechselten Perioden Ciceros; sie zerrten die lateinische Hierarchie der Satzteile und als ihre Krone den Schachtelsatz ins Deutsche.

Dabei ist schon beim Lateinischen die Verschachtelung als Stilprinzip umstritten. Klopstock beispielsweise beklagte 1779 den *Zeitverlust*, den das Zusammensuchen „der getrennt herumtaumelnden Worte" mit sich bringe, und übersetzte ein Stück Horaz in der abschreckenden Wortfolge des Originals:

Ihn von der Mauer feindlichen das Weib des kriegenden Fürsten erblickend, und ihre reife Tochter seufze: Weh uns, wenn nur nicht der unerfahrne in Schlachten Bräutigam reizt königliche den wütenden beim Berühren Löwen, welchen der blutige mitten durch fortreißt Grimm das Würgen.

„Und dies ist gleichwohl eine von den schönsten poetischen Perioden, die Horaz gemacht hat", fügt Klopstock hinzu („Von der Wortfolge").

Nun ist aber das Deutsche besonders *schlecht* geeignet, die lateinische Satzschachtel nachzubauen: Erstens sind deutsche Nebensätze unübersichtlicher als romanische, weil das erhellende Verb am Ende steht. Zweitens kennen wir die *verkürzten* Nebensätze nicht, über die das Lateinische, das Französische, das Englische gebieten: Beim berühmten *Ceterum censeo Carthaginem esse delendam* können wir die drei letzten Wörter nur mit fünf Wörtern wiedergeben: „... daß Karthago zerstört werden muß"; das französische *Le train arrivé* müssen wir mit „Kaum war der Zug angekommen" übersetzen. Ein berühmtes Buch über den Untergang der Titanic enthält eine kraftvolle Untertreibung in nur vier Wörtern: *A night to remember* – „eine Nacht, an die man sich erinnern wird" (was leider kein Titel ist); und vollends zwingt uns der gloriose Buchtitel *50 famous English poets we could do without* eine Fahrt über Kopfsteinpflaster auf: „... ohne welche wir leicht auskommen könnten".

Doch die Humanisten und mit ihnen Höflinge und Bürokraten müssen die Chance gewittert haben, schlichte Aussagen durch bombastischen Satzbau mit Pomp und dem Anschein von Tiefsinn zu versehen. Im 17. und 18. Jahrhundert regierte der Schachtel- und Schnörkelstil fast unumschränkt, und noch immer ist er (kein Wunder, ein letztes Mal) ein klassisches Ärgernis der meisten schriftlichen Ergüsse deutscher Sprache.

Vom Reiz der Springprozession

Vom klassischen *Schachtelsatz*, der Einschachtelung eines Unterzwischensatzes in einen Oberzwischensatz, der

Lösung C: Kampf den Satzpolypen

Puppe in der Puppe – davon handelten die Kapitel 16 bis 18. Hier spießen wir den *schlichten Nebensatz* auf, weil schon er allzuoft das Verständnis erschwert, eine falsche Rangordnung begünstigt, eine Girlande an die Stelle eines Pfeiles setzt und die Sprache ihrer Kraft beraubt. Aus einer Prüfungsarbeit über Bio-Läden:

> Hunderttausend Mark haben die beiden Partner, die heute zerstritten sind, in das Geschäft investiert.

Was für ein Satz! Leute, möchte man rufen: Schreibt doch *geradeaus!* Verknotet die Gedanken nicht, hüpft nicht in Springprozessionen – lauft! Erst erfahren wir, daß die Partner *früher* einmal (was auch immer) „haben", dann, daß sie *heute* zerstritten sind, schließlich, daß sie *früher* „investiert" haben. Wir lesen also in der Reihenfolge Vergangenheit – Gegenwart – Vergangenheit, wobei wir erst beim zweiten Hinabtauchen in die Vergangenheit erfahren, welche Handlungen die Partner schon beim ersten Hinabtauchen begangen haben (Segen des deutschen Umklammerungsgesetzes).

Auch entnehmen wir dem Satzbau, daß es offenbar eine Hauptsache gab – die Investition, und eine Nebensache: den Streit, denn der steht schließlich im Nebensatz. Die grammatische Möglichkeit, Nebensätze zu bilden, hat also den Schreiber dazu verführt, die Logik auf den Kopf zu stellen und die Dramatik aufzuweichen, indem er eine von zwei Hauptsachen in den Nebensatz abschob. „Erst haben sie investiert – und jetzt sind sie zerstritten!" Wenn das nicht zwei Hauptsätze sind: wofür haben wir dann überhaupt Hauptsätze in der Sprache?

Einerseits haftet die Syntax nicht für den Mißbrauch, der mit ihr getrieben werden kann. Andrerseits wäre natürlich eine Grammatik vorzuziehen, die dem Schreibenden ein Mindestmaß an Logik nahelegt und abverlangt, wenn er sich nicht lächerlich machen will (wie sich der lächerlich macht, der „das Esel" sagt). Es ist ein Jammer, daß ein so törichter Satzbau wie der mit den zerstrittenen Partnern unter dem Heiligenschein der grammatischen Korrektheit daherkommen darf.

Sogar der Duden ist dagegen

Oder doch nicht ganz. Im Abschnitt „Weiterführende Teilsätze" läßt die Duden-Grammatik zwar das Beispiel zu: „Ich suchte meinen Freund, den ich auch endlich fand", durchkreuzt jedoch ihr eigenes Beispiel sogleich mit dem Hinweis: „Man vermeide aber Sätze wie die folgenden, weil die Nebenordnung beider Vorgänge offensichtlich ist: ‚Er öffnete den Schrank, dem er einen Anzug entnahm.' *Richtig:* ‚Er öffnete den Schrank und entnahm ihm einen Anzug.'"

An dieser Stelle also rät die 763seitige Grammatik von Nebensätzen ab, wenn sie eine Gleichordnung verwischen („Nebenordnung", wie es im Duden statt Gleichordnung oder Beiordnung heißt, ist ein unglückliches Wort, weil es an eben jenen Nebensatz erinnert, der doch gerade vermieden werden soll). Es gibt mithin auch eine grammatische Basis für den doppelten Appell, der historisch, logisch und stilistisch ohnehin gute Gründe für sich hat:

1. Nebensätze, die die Handlung vorantreiben („... dem er einen Anzug entnahm", „... die heute zerstritten sind"), sind Mißgeburten und sollten grundsätzlich in Hauptsätze verwandelt werden. „Die Zeiten ökonomischer Resignation seien vorüber, betonte Bangemann, *der allerdings auch auf außerwirtschaftliche Risiken verwies*" – ein Satzkrüppel im Vorspann des Aufmachers der „Süddeutschen Zeitung", *die sich im Nachrichtenteil leider viel schlechtes Deutsch leistet.*

2. Es lohnt sich, an *alle* Nebensätze mit der Frage heranzugehen, ob ihre Aussage in einer Fortsetzung des Hauptsatzes besser aufgehoben wäre so lange jedenfalls lohnt es sich, wie Generationen von Abiturienten und Germanisten in unkritischer Liebe zum Nebensatz erzogen worden sind. Der Redakteur der „Neuen Zürcher Zeitung", der die nachstehende Bildunterschrift verfaßte, wäre sogar gut beraten, wenn er sich in therapeutischer Absicht ein Vierteljahr lang jeden Nebensatz verböte:

Trump, der am Montag die Ansicht äußerte, die New Yorker hätten ein Bedürfnis danach, sagte, der Gebäudekomplex mit dreieckiger Grundfläche werde 509 Meter hoch werden.

Er sagte also mehrerlei, worunter sich zu niemandes Überraschung auch eine Äußerung befand; und natürlich sprach er *erst* von der Höhe und *dann* von dem angeblichen Bedürfnis der New Yorker, mit einem rechthaberischen Auftrumpfen, das einen zweiten Hauptsatz wert gewesen wäre.

Wie man den Ochsentrott vermeidet

Aber ist denn eine Reihung von Hauptsätzen nicht primitiv, kurzatmig und ermüdend – ist sie nicht eben jener Ochsentrott, vor dem im vorigen Kapitel, bei den kurzen Sätzen, gewarnt wurde? Gewiß – wenn die Hauptsätze allesamt kurz und allesamt durch Punkte getrennt sind. Aber es lassen sich auch *lange* Hauptsätze bauen, und daß der *Punkt* der typische Hauptsatz-Teiler sei, ist keine Regel, sondern eine Zwangsvorstellung.

„Balken krachen. Pfosten stürzen. Fenster klirren. Kinder jammern": Das wäre Ochsentrott. Aber Schiller hat ja keine Punkte gemacht; er reiht neun Hauptsätze mit sieben Kommas und einem Semikolon aneinander, ehe der erste Punkt kommt. Das ist alles andere als eine Äußerlichkeit: Die Kommas signalisieren den engen Zusammenhalt der Sätze, sie vermeiden Hackebeil und Pausenzeichen, sie laden zu hurtiger Lektüre ein, sie heben die Stimme, während der Punkt sie senkt – kurz: Sie bringen Dynamik in die Sprache. (Dies waren fünf Hauptsätze und ein Nebensatz, getrennt durch vier Kommas, einen Gedankenstrich, zwei Doppelpunkte und nicht einen Punkt.)

In der Tat: Nicht nur dramatische Handlungen laden dazu ein, Hauptsätze durch Kommas zu verbinden. „Von den Frauen habe ich mich nach deinem Rat ganz zurückgehalten, es macht mir nicht viel Mühe und ihnen kein Leid", schrieb Kafka seiner Schwester. „Frau Chauchat saß zusammengesunken und schlaff, ihr Rücken war rund, sie ließ die Schultern nach vorne hängen..." (Thomas Mann) oder „Der Herr hat's gegeben, der Herr hat's genommen, der Name des Herrn sei gelobt". Erst recht gilt dies, wenn in der scheinbaren Statik das Drama sichtbar gemacht werden soll: „Die Alpen sind in Bewegung, das Matterhorn ist ein Durchgangsstadium, wir haben Glück mit ihm."

Auf die Einladung „Laßt doch mal spaßeshalber zwei Drittel eurer Nebensätze weg" folgte also die weitere: Und setzt zwischen zwei Hauptsätze ein Komma, ein Semikolon, einen Doppelpunkt, einen Gedankenstrich, ein Fragezeichen oder einen Punkt – alles ist erlaubt, aber da der Punkt die Routine für sich hat, ringe man *ihn* nieder, so lange, bis er nur noch die Hälfte der Sätze trennt.

Viele Einwände gegen die Reihung von Hauptsätzen brechen also schon durch eine aufgeklärte Interpunktion zusammen. Wer die Chancen der Parataxe ausreizen will, sollte freilich darüber hinaus schöne, typische Hauptsätze zu formen versuchen.

Ein naheliegendes und höchst dankbares Mittel dazu ist, ein Subjekt mit vielen Prädikaten zu versehen, ein Substantiv mit vielen Verben, die handelnde Person mit vielen Wörtern, die ihre Handlungen der Reihe nach bezeichnen: „Der Zyklop ergrimmte, riß die Kuppe von einem großen Berge ab, schleuderte sie..." Am Anfang der „Blechtrommel" tut die Großmutter fünferlei:

> Als sie meinte, genug geblasen zu haben, *öffnete* sie die Augen nacheinander, *biß* mit Durchblick gewährenden, sonst fehlerlosen Schneidezähnen zu, *gab* das Gebiß sogleich wieder frei, *hielt* die halbe, noch zu heiße Kartoffel mehlig und dampfend in offener Mundhöhle und *starrte* mit gerundetem Blick über geblähten, Rauch und Oktoberluft ansaugenden Naslöchern den Acker entlang bis zum nahen Horizont mit den einteilenden Telegrafenstangen und dem knappen oberen Drittel des Ziegeleischornsteins.

Auf den kurzen einleitenden Nebensatz („Als sie meinte, genug geblasen zu haben") folgt also ein Hauptsatz, der mit seinen fünf Verben, seinen insgesamt 62 Wörtern und seinen bunten Attributen eigentlich niemanden zu dem Ausruf „Und wo sind die Nebensätze?" verleiten kann.

Wenn es gilt, einen vielschichtigen Sachverhalt darzulegen, ist die Reihung von Verben hinter einem regierenden Subjekt besonders dankbar, wie in einem Artikel der populärwissenschaftlichen Zeitschrift „P. M." über die Funktion der Leber:

> Die Leber *liefert* Glukose und damit Energie an die Zellen, *legt* den Nahrungsüberschuß als Depot für magere Zeiten an, *leitet* ausgefilterte Gifte an die Ausscheidungsorgane weiter, *sorgt* für die richtige Zusammensetzung der Verdauungssäfte, *bildet* Stoffe zur Auflösung von Blutgerinnseln und *sendet* Reparaturtrupps zu beschädigten Blutgefäßen aus.

Das mag ja kein eleganter Satz sein – doch wie übersichtlich, wie leserfreundlich ist er gebaut! Da bietet jedes Komma die Gelegenheit, innezuhalten, eine Zwischenbilanz zu ziehen – ohne daß man Hauptsachen aus Girlanden fummeln oder dem erlösenden Wort am Schluß des Satzes entgegenhecheln müßte.

Voltaire und Isaak Babel

Auch für Biographien bietet sich das Subjekt mit vielen Prädikaten an; jedenfalls zeigt das folgende Beispiel den Rangunterschied zwischen der „Welt" und Voltaire. Die „Welt" zählt die Eigenschaften eines Menschen (hier: des ältesten Bergführers von Zermatt) in einer Reihung von Nebensätzen auf, die mit ihren insgesamt 64 Wörtern zwischen einen sehr kurzen Hauptsatz geleimt sind:

> Wird er, der vor ein paar Tagen noch den Monte Rosa traversierte und sämtliche Gipfel des mächtigen schweizerisch-italienischen Gebirgsmassivs bestieg, der nicht raucht, doch „regelmäßig einen Schoppen heimischen Weins oder ein Gläschen gebrannten Wassers" trinkt, und der nach der Tour auf den Pollux nicht ins Tal absteigt, sondern den Weg zu einer fast 3000 Meter hoch gelegenen Hütte und damit zu einem neuen Viertausender einschlägt, sich endlich zur Ruhe setzen?

Wie aber schrieb Voltaire in seiner feurigen Biographie Karls XII. von Schweden? Nicht: „Karl XII., der um

4 Uhr aufstand", nicht: „Karl XII., der nur ein Vergnügen kannte" – sondern:

> Er stand früh um 4 auf, kleidete sich selbst an, ritt dreimal täglich, trank keinen Wein, saß nur eine Viertelstunde an der Tafel, exerzierte jeden Tag seine Truppen und kannte nur ein Vergnügen: Europa zittern zu machen.

Wie nun erst, wenn eine pralle, dramatische Handlung in Sätze zu gießen ist! Nichts kommt dann der Parataxe gleich, seit Homer könnten wir das wissen. In Isaak Babels Geschichte „Rache" kehrt der Kosak Prischtschepa in sein Heimatdorf zurück, findet seine Eltern ermordet und schlägt alle Nachbarn tot, die er für schuldig hält. Dann nimmt er Abschied von der elterlichen Hütte:

> Er sperrte sich in die Hütte ein, soff zwei Tage und zwei Nächte, sang, weinte und hieb mit dem Säbel in die Tische. In der dritten Nacht erblickte das Dorf über Prischtschepas Hütte Rauch. Versengt und zerlumpt, kaum die Beine bewegend, führte er die Kuh aus dem Stall heraus, steckte ihr den Revolver ins Maul und drückte ab. Die Erde rauchte unter ihm, ein blauer Feuerring flog aus dem Rauchfang und zerstob; im Stall hörte man das Geblök des zurückgebliebenen jungen Ochsen. Der Brand leuchtete wie ein Sonntag. Prischtschepa band das Pferd los, sprang in den Sattel, riß sich ein Büschel Haare aus, warf sie ins Feuer und sprengte davon.

Zusammengefaßt: *Nebensätze* sind im Grundsatz legitim und im Einzelfall erwünscht, jedenfalls wenn es sich um jene angehängten Nebensätze handelt, deren Lob das folgende Kapitel singt. Viele Schreiber jedoch lassen sich durch die Institution „Nebensatz" und ihr hohes Ansehen im deutschen Gymnasium dazu verführen, logische und psychologische Gleichordnungen krampfhaft und widersinnig in *sprachliche Unterordnungen* zu verwandeln.

Solange Germanisten und Journalisten den Nebensatz als den deutschesten aller Sätze preisen, bedarf der Hauptsatz des lebhafteren Plädoyers. Für den sprachlichen Alltag ebenso wie für viele Höhepunkte von Klarheit und Dramatik bietet sich die schlanke Parataxe an – Sätze ohne Hängematten, Sätze wie ein Dreisprung, ein Staffellauf, ein Pfeil.

21. Nebensätze: Pyramiden und Kaskaden

> Ich kann freilich nicht sagen, ob es besser werden wird, wenn es anders wird; aber so viel kann ich sagen: Es muß anders werden, wenn es gut werden soll.
>
> *Georg Christoph Lichtenberg*

Und nun zur Ehrenrettung der Nebensätze, mit Lichtenberg im Bunde. Fünf Kapitel lang ist hier ausgebreitet worden, wievielerlei Schaden sie anrichten: Sie stufen Hauptsachen zu Nebensachen hinab, sie sollen die Handlung tragen, obwohl sie das nicht können, sie zwingen das erhellende Verb nach hinten, baumeln als lästige Girlanden an den Sätzen und liefern die typische Pappe für den Schachtelsatz.

Wie also müssen Nebensätze beschaffen sein, damit sie die Sprache *bereichern?* Wann sind sie willkommen nach Funktion, Länge und Plazierung?

Nach der *Funktion:* Nebensätze sind willkommen, wenn sie den Hauptsatz *erläutern* – nicht, wenn sie ihm an Gewicht vergleichbar oder gar überlegen sind; nicht, wenn sie die Handlung weitertreiben. Die Erläuterung kann ein Attribut sein (die Katze, die da auf dem Fensterbrett sitzt), eine Begründung (weil), die Angabe eines Gegengrundes (obwohl), eines Mittels (indem), einer Absicht (damit), einer Zeitbestimmung (während), einer Folge (so daß).

Die perfekte Funktion zeigt der Nebensatz in dem raffinierten Anfang von Hemingways Erzählung „Das kurze glückliche Leben des Francis Macomber":

> Es war jetzt Essenszeit, und sie saßen alle unter dem doppelten grünen Sonnendach des Speisezelts, *als wäre nichts passiert.*

Es *ist* also etwas Schlimmes geschehen – der Autor will dies jedoch zunächst nur andeuten, um die Spannung zu erhöhen, und bedient sich des Nebensatzes als einer Form, die für Andeutungen geschaffen ist; und dies nicht einmal mit dem direkten „obwohl etwas passiert war", sondern mit der Indirektheit noch in der Andeutung, dem *als ob;* das Ganze vier Wörter lang.

Nach der *Plazierung:* eingeschobene Nebensätze (Girlanden) und vorangestellte Nebensätze („Ob er aber...") sollten so kurz sein, daß man sie in drei Sekunden lesen kann (Kap. 17), das heißt nur aus drei bis neun Wörtern bestehen, je nach Silbenzahl – wie in dem Aphorismus des Berliner Journalisten Siegfried Kracauer (1889–1966):

> An das Nichtmalenkönnen werden, *seit es eine eigene Kunstform geworden ist,* immer höhere Anforderungen gestellt.

Oder in Lichtenbergs Sentenz:

> Wenn du die Geschichte eines großen Verbrechers liesest, so danke immer, *ehe du ihn verdammst,* dem gütigen Himmel, der dich mit deinem ehrlichen Gesicht nicht an den Anfang einer solchen Reihe von Umständen gestellt hat.

Und in Heines Wort-Ballett:

> Die Juden, wenn sie gut, sind sie besser, wenn sie schlecht, sind sie schlimmer als die Christen.

Hinten ist vieles erlaubt

Der typische, schlechthin erwünschte Platz des Nebensatzes dagegen ist hinten: Wenn der Hauptsatz beendet, die Hauptsache mitgeteilt, der weitere Weg erleuchtet ist – dann kann ich guten Gewissens einen Nebensatz anhängen, ja zwei, drei, vier Nebensätze, falls sie kurz sind und nicht die Übersicht über das Satzgefüge zerstören. So lassen sich Satzschachteln zertrümmern, Klemmkonstruktionen sprengen und Attributenschlangen zersägen. *Nicht:* „Bei den von Walser auf Formulare, Kalenderblätter, Briefkuverts... skizzierten Texten", *sondern:* „...bei den Texten, die Walser auf Formulare... skizziert hat". *Nicht:* „Ob (folgen 56 Wörter) scheint derzeit kaum auszumachen", *sondern:* „Es scheint derzeit kaum auszumachen, ob" (und nun können notfalls 56 Wörter folgen). Angehängte Nebensätze auch statt eingeklemmter Infinitive – *nicht:* „Die schlimmste der Verachtungen ist diese, daß jeder über die Philosophie überhaupt Bescheid zu wissen und abzusprechen imstande zu sein überzeugt ist" (Hegel), *sondern:* „...daß jeder überzeugt ist, er sei imstande, über die Philosophie Bescheid zu wissen".

Wenn der Nebensatz dem Hauptsatz *folgt,* dann ist auch seine Länge ein geringeres Problem – immer noch heikel insoweit, als das nach deutscher Grammatik an den Schluß gezwungene Verb nicht zu spät auftauchen darf; woraus viele Stilkünstler die für sie legitime Konsequenz ableiten: Dann hängen wir eben statt eines langen Nebensatzes mehrere kurze an.

Welche Eleganz, welch schöner Fluß der Sprache läßt sich da erreichen! Beispielsweise, wenn der Schreiber an zwei Hauptsätze (die natürlich nicht durch den bürokratischen Punkt getrennt sind) jeweils einen Nebensatz koppelt:

> Handle, wie die Weisesten vor dir gehandelt haben, und mache den Anfang deiner philosophischen Übungen nicht an solchen Stellen, wo dich ein Irrtum dem Scharfrichter in die Hände liefern kann. (Lichtenberg)

Nächster Schwierigkeitsgrad: ein Hauptsatz mit drei Nebensätzen.

> Wie konnte im Industrieland Bundesrepublik jemand Forschungsminister werden, der Tschernobyl brauchte, um über die Kernenergie das zu lernen, was Tschernobyl lehren konnte? („Frankfurter Allgemeine")

Das gleiche bei Sigmund Freud – am Schluß einer elegischen Betrachtung, die er 1915 anstellte:

> Den bisherigen Erörterungen entnehmen wir bereits den einen Trost, daß unsere Kränkung und schmerzliche Enttäuschung wegen des unkulturellen Benehmens unserer Weltmitbürger in diesem Kriege unberechtigt waren. Sie beruhten auf einer Illu-

sion, der wir uns gefangen gaben. In Wirklichkeit sind sie nicht so tief gesunken, wie wir fürchten, weil sie gar nicht so hoch gestiegen waren, wie wir's von ihnen glaubten.

Das ist Klarheit des Denkens, mitgeteilt in tänzerischer Leichtigkeit des Wortes, transparent gehalten durch die Kürze der Nebensätze und ihr deutliches Gefälle zum Schluß hin: bei Freud drei, acht, fünf Wörter lang; drei, sieben und vier Wörter in dem Beispiel aus der FAZ.

Selbst *vier* Nebensätze kann ein Könner mit Eleganz bewältigen. Lichtenberg zum Beispiel so:

> Einen Roman zu schreiben, ist deswegen vorzüglich angenehm, weil man zu allen Meinungen, die man gerne einmal in die Welt laufen lassen will, allemal einen Mann finden kann, der sie als die seinigen vorträgt.

Die Girlande („die man gerne einmal...") ist zwar zehn Wörter, jedoch nur vierzehn schlichte Silben lang und wahrt dadurch die Drei-Sekunden-Vorschrift (Kap. 17). Durch extreme Kürze zeichnen sich die sechs Satzteile bei Matthias Claudius aus, nur jeweils drei bis fünf Wörter sind sie lang:

> Nicht der ist frei, der da will tun können, was er will, sondern der ist frei, der da wollen kann, was er tun soll.

Ähnlich konstruiert Friedrich Dürrenmatt seinen Spott auf die Intellektuellen:

> Von der Welt, wie sie ist, leben sie; von der Welt, wie sie sein sollte, nehmen sie die Maßstäbe, die Welt zu verurteilen, von der sie leben.

Ein Hauptsatz mit *fünf* Nebensätzen scheint die Obergrenze dessen zu sein, was der Leser noch als angenehm empfinden kann. Bei Heine am Rande der Verschachtelung (unter den fünf Nebensätzen drei zweiten Grades und einer dritten Grades, hier kursiv gesetzt):

> Ich machte bei dieser Gelegenheit schon die philosophische Betrachtung, daß der liebe Gott, der die Prügel erschaffen, in seiner gütigen Weisheit auch dafür sorgte, daß derjenige, *welcher sie erteilt,* am Ende müde wird, indem sonst am Ende die Prügel unerträglich würden.

Lichtenberg meistert auch fünf Nebensätze mit leichter Hand:

> Es gibt jetzt der Vorschriften, was man sein soll, so mancherlei Arten, daß es kein Wunder wäre, wenn die Menge auf den Gedanken geriete, zu bleiben, was sie ist.

Da fällt sie, die perfekte *Kaskade:* eine, die wirklich unten endet, ihrer Natur gemäß, statt wieder hochzuspringen wie in dem Beispiel auf S. 163. Hauptsätze wie *Pfeile,* unterbrochen durch Nebensätze wie *Kaskaden* – das sind die beiden elegantesten und ergiebigsten Satzmodelle deutscher Sprache.

Wie man eine Pyramide baut

Zu ergänzen wäre sie dann und wann durch einen Hauptsatz, der sich aufbäumt, dem *Fragezeichen* entgegen, und durch ein anderes Nebensatz-Modell, das man als *Pyramide* beschreiben könnte: Sie entsteht, wenn ein Hauptsatz mit steigendem Ton in einem *dann* oder *so* oder *solche* oder *um so mehr* kulminiert und dadurch jene Erwartungen weckt, die der anschließende Nebensatz mit fallendem Ton befriedigt: „Und mache den Anfang deiner philosophischen Übungen nicht an *solchen* Stellen..."

Bei *so – daß* spricht die Grammatik von Konsekutiv- oder Folgesätzen: „Ich bin so glücklich, daß ich weinen könnte." Das *dann – wenn* ist entweder temporal zu verstehen: „Wir fangen *erst dann* zu essen an, wenn (= sobald) alle da sind" – oder konditional: „Wir gehen *nur dann* spazieren, wenn (= falls) es nicht regnet."

In der Schulgrammatik, vor allem in der Logik und der Philosophie werden solche Sätze umgekehrt als Wenn-dann-Sätze bezeichnet. Mit dem *wenn* beginnen heißt jedoch den Nebensatz voranstellen, und dies ist von der Verständlichkeit wie von der Gefälligkeit her die weniger erwünschte Reihenfolge.

Viele Wörter, mit denen sich Konditional-, Temporal- und Konsekutiv-Sätze einleiten lassen – bevor, nachdem, so daß, als daß, ohne daß –, interessieren in diesem Rahmen nicht, weil die hinweisenden Partikel *hinter* dem Komma stehen, also gerade nicht den Hauptsatz hochziehen, nicht die Pyramide bauen, dieses besonders klar strukturierte, angenehm zu lesende Satzgefüge:

> Möglicherweise werden wir oft nur *dann* etwas leisten können, wenn wir die seelische Hilfeleistung mit materieller Unterstützung nach Art des Kaisers Josef vereinigen können. (Sigmund Freud)

Oswald Spengler – auch er ein großer Stilist – befreit sich mit einem *so* aus der drohenden Einförmigkeit, die er zuvor mit drei kurzen Hauptsätzen hergestellt hat:

> Was die Presse will, ist wahr. Ihre Befehlshaber erzeugen, verwandeln, vertauschen Wahrheiten. Drei Wochen Pressearbeit, und alle Welt hat die Wahrheit erkannt. Ihre Gründe sind *so* lange unwiderleglich, als Geld vorhanden ist, um sie ununterbrochen zu wiederholen.

Lichtenberg läßt *das – was* und *um so mehr – als* kurz aufeinander folgen (mit einem hier nicht zitierten Satz dazwischen):

> Wer die Geschichte der Philosophie und Naturlehre betrachten will, wird finden, daß die größten Entdeckungen von Leuten sind gemacht worden, die *das* für bloß wahrscheinlich hielten, was andere für gewiß ausgegeben haben... Eine solche Philosophie ist *um so mehr* anzuraten, *als* wir unsere Meinungen zu der Zeit sammeln, da unser Verstand am schwächsten ist.

Deutsch ist eben keine schwerfällige Sprache, ihre Meister können mithalten bei jedem internationalen Wettbewerb der leichten Füße – „dem ersten Attribut der Göttlichkeit", wie Nietzsche sagt. Nur hat tänzerische Eleganz einen geringen Rang bei deutschen Germanisten, bei Experten und Regierungsräten sowieso: Tiefsinn ist gefragt, hilfsweise Gemütlichkeit, die nach Bier, oder Pedanterie, die nach Bohnerwachs riecht.

So waren die vorstehenden sechs Kapitel der Versuch, die dicke Muse des deutschen Satzes einer Schlankheitskur zu unterziehen und sie von all den Schachteln und

Girlanden zu befreien, die entstellend an ihr bammeln. Wer schlank, geradeaus und vorwärts schreibt, in Sätzen wie Pfeilen und Kaskaden, der hat seinen Mitmenschen, sich selber und der deutschen Sprache einen Dienst erwiesen.

Die Nebensätze

Nebensätze sind abhängige Satzteile; die Satzfügung aus Haupt- und Nebensätzen heißt *Hypotaxe*. In deutschen Texten treffen auf 1 Hauptsatz 0,5 Nebensätze, doch bringen es anspruchsvolle schriftliche Texte auf 1,2 Nebensätze pro Hauptsatz. Die N e b e n s ä t z e lassen sich unterscheiden:
1. Nach ihrer Stellung:
   a) *Vorsätze* (Als es dunkel wurde, ging ich heim).
   b) *Zwischensätze* (Ich ging, als es dunkel wurde, heim): Schachtelsatz, bei Chomsky „nested construction".
   c) *Nachsätze* (Ich ging heim, als es dunkel wurde) – so in deutschen Texten 80 Prozent aller Nebensätze.
2. Nach ihrer Funktion:
   a) *Attributsätze,* die der näheren Bestimmung dienen (Die Lerche, die im Äther singt).
   b) *Gliedsätze,* die eine vollständige Aussage enthalten und damit ein Satzglied vertreten:
      + Objektsätze (Ich bedaure, daß du gelogen hast)
      + Subjektsätze (Es war erstaunlich, was er leistete)
      + Umstandssätze: temporal (während er), modal (indem er), kausal (weil er), konditional (falls er), final (damit er), konzessiv (obwohl er), konsekutiv (so sehr, daß er).
3. Nach ihrer Konstruktion:
   a) *Relativsätze,* die mit einem Pronomen beginnen (Der Mann, der) oder mit einem Adverb (Dort, wo). Auf Relativsätze mit der Funktion des Attributs *(relative Attributsätze)* entfallen 50 Prozent aller Nebensätze.
   b) *Konjunktionalsätze,* die mit einer Konjunktion beginnen (daß, wie, weil, oder, ob usw.) oder beginnen könnten (Er sagte, er sei krank = daß er krank sei).
   c) *Infinitivsätze* (Er ging, ohne zu grüßen)
   d) *Partizipialsätze,* Partizipialgruppen (Realistisch betrachtet, haben wir ...) Vgl. Kap. 18.

Die Konstruktionen der Nebensätze lassen sich mit ihren Funktionen beliebig mischen. Nebensätze lassen sich auch zu *Satzreihen* verbinden (Einer, der mir immer half und mich nie vergaß). Was grammatisch ein Nebensatz ist, kann inhaltlich ein Hauptsatz sein *(Inhaltssatz):* „Es trifft sich, daß ich im Lotto gewonnen habe."

Schreiben heißt werben

22. Farbe – Rhythmus – Melodie

> Die deutsche Sprache hat alsdann die größten Ansprüche auf die meisten Arten des Wohlklangs, wenn diejenigen, die sie schreiben, sorgfältig genug sind, gewisse unharmonische Wörter gar nicht zu brauchen; eine Sorgfalt, die sogar Homer und Vergil nötig hatten.
>
> *Friedrich Gottlieb Klopstock*

Wer nun die hohlen Wörter und die schlimmen Sätze meidet – hat der genug getan? Eine Menge hat er erreicht: Ballast abgeworfen, Fehlsteuerungen korrigiert, Leser gewonnen. Genug getan hat er nicht.

Wer sich obendrein an die treffenden Wörter, die eleganten Sätze aus dem Repertoire der Meister hielte: Wäre der ein Stilist von Rang? Noch immer nicht – selbst wenn es ihm gelänge, sich diesen Mustern zu nähern. Zum guten, mindestens zum großen Deutsch gehört noch mehr: Farbe, Melodie und Rhythmus, Kraft, List und Phantasie.

Gut. Nur: Wird damit nicht vollends die Grenze überschritten zwischen der Not der Gebote und der Freiheit des Geschmacks? Soll der Stil, bisher schon in 21 Kapiteln durch Dutzende von Regeln eingeengt, nicht einmal im Rhythmus und in der Farbe seine individuelle Freiheit haben?

Es ist so eine Sache mit der Freiheit. Zufällig haben ja im Barock fast alle Dichter so geschrieben, daß jeder Kundige sie ihrer Zeit zuordnen kann; und zufällig schreiben heute fast alle „Spiegel"-Redakteure so, daß es nahezu unmöglich ist, sie auseinanderzuhalten, aber ein Leichtes ist, sie als „Spiegel"-Schreiber zu erkennen. Die Freiheit, sich einer Mode nicht so hemmungslos hinzugeben, hat jeder; ganz frei von den Strömungen der Zeit ist keiner.

Ebensowenig kann einer sich befreien von den Gesetzen des Rhythmus, der Farbe und der Melodie; und wenn er es könnte, dann sollte er es nicht: Er würde seinen Lesern oder Hörern auf die Nerven gehen.

Auch den Lesern?. Ist die stumme Kommunikation imstande, rhythmische Bewegung mitzuteilen? Sie ist es – und zwar deshalb, weil wir keine Chinesen sind.

Die Bilderschrift, wie Chinesen oder Japaner sie verwenden, war die Form, in der im alten Ägypten und Babylonien einst die Schrift erfunden wurde, und sie ist die Form, die auf Flughäfen oder bei Olympischen Spielen die Buchstabenschrift schon wieder weitgehend abgelöst hat: ein Taxi von vorn, die stilisierte Silhouette eines Fußballspielers, ein Mensch, der in Richtung des Notausgangs rennt – das sind Bildsysteme, „Piktogramme", die man in allen Sprachen lesen kann.

Auch die chinesische Schrift hat innerhalb Chinas den Charakter einer Brücke zwischen höchst unterschiedlichen Dialekten, ja verschiedenen Sprachen; das Bildsymbol für „Mensch" steht also, je nach Region, für Wörter ohne lautliche Verwandtschaft – so wie Deutsche das rennende Männchen „Mensch" nennen, Ausländer aber man, homme, hombre oder uomo, menneske, insan, člověk.

Schriftzeichen wie Noten

Wer in Bildern schreibt, braucht nicht über Rhythmen und Klangfarben nachzudenken: Seine Schriftzeichen liefern für die Aussprache nicht den geringsten Anhaltspunkt. Wir dagegen haben eine Schrift aus geometrischen Symbolen für *gesprochene* Laute, und das ändert die Sache. Die *Menschen* werden von allen Deutschen auch so ausgesprochen; höchstens, daß man in manchen Landstrichen „die Menchen" sagt wie Helmut Kohl.

Uns teilt also, anders als den Chinesen, die Schrift ununterbrochen mit, welche Laute wir zu bilden haben, und nur dieses teilt sie uns mit: Sie besteht, ähnlich wie die musikalischen Noten, aus sichtbaren Symbolen für hörbare Abläufe. Und so, wie man erleben kann, daß ein Dirigent oder ein Klaviervirtuose beim Lesen einer Partitur unwillkürlich beginnt, den ihm dort optisch mitgeteilten Rhythmus mit den Fingern auf den Tisch zu trommeln: so hören wir aus dem gelesenen Text den Rhythmus und die Klangfarben heraus. Alles Geschriebene appelliert an unser Ohr; nur im Wege des inneren Hörens können wir die optischen Signale in die akustischen zurückverwandeln, die allein gemeint sind. Viele scheinbar stumm Lesende bewegen ja die Lippen, dann hören sie noch mehr.

So bleibt es nicht aus, daß akustische Scheußlichkeiten uns auch beim stummen Lesen aufs Zwerchfell schlagen oder ein ungutes Gefühl in den Sprechwerkzeugen hervorrufen, oder daß eine rhythmische Spannung unseren Atem meßbar verändert. Wie kann ich beweisen, daß dieser Autor schleppend, langweilig und verworren schreibt? fragt Lessing den Adressaten seiner „Briefe, die neueste Literatur betreffend". Und er gibt die Antwort: „Ihr Atem soll es empfinden. Lesen Sie."

Im Getümmel der Konsonanten

Das Deutsche ist arm an Farben und reich an Konsonanten; meist wird das Umgekehrte als angenehm empfunden – nicht nur von den Romanen mit ihren vokalreichen Sprachen, auch von uns selbst. In Wörtern wie *Schrank* oder *schwarz* wird ein einziger Vokal von vier gesprochenen Konsonanten eingerahmt (sechs geschriebenen, weil die drei Konsonanten des *sch* ein Behelf sind, um einen einzigen Laut wiederzugeben, der im Alphabet fehlt). Das Verbum *schrumpfen* läßt gar die Form „du schrumpfst" zu, bei der sieben gesprochene (neun geschriebene) Konsonanten den einsamen Vokal umzingeln, davon fünf hintereinander: m-p-f-s-t.

Zusammengesetzte Hauptwörter können die Häßlichkeit noch erhöhen: Angstschweiß, Schnellzugzuschlag, Glückwunschschreiben sind solche schwergängigen Wortgebilde, noch übertroffen vom *Selchfleischaufstrich*, einer Schinkenpaste in der aluminiumverpackten Hotelportion (entdeckt 1985 in Tirol). Für spanische Ohren sind wir damit von den Tschechen kaum zu unterscheiden.

Ist dies eine Not, mit der wir leben müssen? Nicht unbedingt. Nicht nur wäre der Selchfleischaufstrich leicht zu entbehren (das Wort und am besten die Sache gleich dazu); es ist überdies erlaubt, gewissen Wörtern *auszuweichen*. Wie wir gelegentlich einen kleinen Umweg in Kauf nehmen, um Nazi-Begriffe wie „Einsatz" oder „Endlösung" zu meiden, so bleibt es dem Sprachfreund unbenommen, „Glückwunschschreiben" entweder nicht zu verschicken oder sich einen neuen Namen für sie auszudenken, nach Klopstocks Rat im Motto dieses Kapitels.

Seine Mahnung wird bei Schopenhauer zur Beschimpfung: Er wettert gegen die deutsche Unsitte, Konsonanten unkritisch anzuhäufen, „am liebsten solche, die sich zusammen kaum aussprechen lassen"; die Deutschen seien nun einmal „gegen Kakophonien so unempfindlich wie Ambosse". Eine gewisse Unempfindlichkeit wird man beispielsweise Wolfgang Müller vom Wissenschaftlichen Rat der Duden-Redaktion nachsagen dürfen, wenn man bei ihm die Wortfolge lesen muß: „explizit auf die Geschlechtsspezifik bezogen".

Wenn wir umgekehrt Konsonanten sogar einfügen, die sich grammatisch nicht rechtfertigen lassen, so deshalb, weil ausnahmsweise ein zusätzlicher Konsonant die Aussprache eines zusammengesetzten Wortes erleichtern kann: Zeitung*s*leser (obwohl das s grammatisch auf keine Weise zu erklären ist), Liebe*s*brief, meine*t*wegen; Kalbfleisch, aber Kalb*s*braten, Rathaus, aber Rat*s*keller; und für „wie eine Gemse" sagt man in Bayern „wia*r*a Gamserl".

Klangfarbe und Stabreim

Eine weitere Schwäche des Deutschen, schon zum Lob der Fremdwörter ins Feld geführt: Unter den raren Vokalen wiederum dominiert das farblose E, mit dem Ergebnis, daß nur wenige deutsche Wörter die Farbenpracht von *Musikant* oder *Harmonie* erreichen. Was an Musik möglich ist, zeigt das Rhäto-Romanische: „Mi entrada, mi uscida vögliast, Segner, benedir", heißt es in einer Hausinschrift im Unterengadin (Wolle, Herr, meinen Eingang und meinen Ausgang segnen), das schlichte „Wir wünschen Ihnen einen schönen und unvergeßlichen Tag" liest sich „Nus Als giavüschains ün bel ed inschmanchabel di", und Rilkes Wort „Herr: Es ist Zeit!" heißt in einer romanischen Übersetzung: „Signur! Igl tains e qua."

Da stehen wir als Deutsche bläßlich da. Farben bieten uns am ehesten noch unsere starken Verben an: stoßen––stieß, saufen–soff, glimmen–glomm, lügen–log, binden––band–gebunden, bersten–barst–geborsten.

Im übrigen läßt sich allenfalls die Faustregel aufstellen: Wer die Wahl zwischen zwei sonst gleichwertigen Wörtern hat, nehme das mit den farbigeren Vokalen.

Ist es Zufall, daß in Goethes berühmtestem Gedicht das E ausschließlich in unbetonten Silben steht (Über allen Gipfeln), während nur starke Vokale den Ton tragen? (sechsmal I, je fünfmal A und U, je dreimal AU und EI, zwei Ü, ein Ö). Bestimmt kein Zufall ist das Tänzeln des Philosophen Martin Heidegger auf dem EI: „... um so das Gezeigte in das Eigene seines Erscheinens zu befreien", wie in Kap. 3 zitiert.

Der Spielerei mit dem Wohlklang verschließt sich das Deutsche nicht; sie mündet nur rasch in die Frage nach den Grenzen des guten Geschmacks: „... da wir die zu loben lieben, die sich zu laben wagen": Ist das erstrebenswert? Immer noch hat der *Stabreim* seine glücklichen Jünger, weder die Edda noch Richard Wagner haben sie satt gemacht: Titel, Thesen, Temperamente; Kinder, Köhler, Kannibalen; Gulasch, Geigen und Genossen – die Journalisten, die das erfunden haben, scheinen stolz darauf zu sein.

Das Französische bietet sich solchen Spielen gefälliger an. Stefan Zweig delektierte sich an seiner Überschrift „Meudon, Maison Rodin"; von Michel Leiris stammt das Buch „Langage Tangage ou Ce que les mots me disent",

worin er sich an einem fröhlichen Tralala und einem
erheiternden Traderidera berauscht: „une forme inédite
de tralala allègre ou tradéridéra déridant".

Melodie und Fragezeichen

Im schieren Wohlklang der Wörter also ist das Deutsche
den romanischen Sprachen unterlegen, ja den meisten
Romanen erscheint es als akustisch häßlich. Dagegen
brauchen wir uns hinter keiner anderen Sprache zu verstecken, was die *Satzmelodie* angeht, das Steigen und
Fallen des Tones: Viel beweglicher sind wir da als die auf
den Satzschluß fixierten Franzosen und dabei intensiver
als die Skandinavier mit ihrer Scheu vor ausgeprägten
Hebungen und Senkungen über die Eigenmelodie der
Wörter hinaus.

Die Melodie wird uns in der Schriftsprache vor allem
von der Interpunktion vorgegeben und die lebhafteste
Melodie vom Fragezeichen: Es legt uns nahe, uns in
einem großen Anlauf immer höher aufzuschwingen (außer bei Doppelfragen nach dem Muster: „Bleibst du nun
noch oder reist du ab?"). Lessings herrliche Zeilen über
den Pfarrer, der Komödien schreibt, verdienen unter
diesem Aspekt noch einmal zitiert zu werden – unter 27
Wörtern nicht weniger als fünf Fragezeichen und zwei
Doppelpunkte:

> Darf ein Prediger Komödien machen? Hierauf antworte ich:
> Warum nicht? Wenn er kann. Darf ein Komödienmacher Predigten machen? Darauf war meine Antwort: Warum nicht?
> Wenn er will?

Man beachte die Verschiedenartigkeit der Sprachmelodie, die durch den Punkt hinter *kann,* das Fragezeichen
hinter *will?* entsteht; nur ein gänzlich in Druckerschwärze erstickter Leser wird imstande sein, seine Ohren gegen diese Musik zu verschließen.

Demzufolge ist es ärgerlich, daß viele Schreiber dazu
neigen, bei rhetorischen Fragen das Fragezeichen wegzulassen – oder erfordert die Grammatik etwa keines. (kei-

nes?) Ebenso ist es schade, daß es als altmodisch gilt, das Fragezeichen auch bei indirekter Rede zu verwenden – da es doch lebendig und im besten Sinne mündlich klingt, wenn Goethe schreibt: „Wir fragten, ob der Weg über die Furka noch gangbar wäre?" Umgekehrt: Ein längerer analytischer oder argumentierender Text sollte in lockerer Folge ausdrücklich mit Fragesätzen versehen werden, einer Melodie zuliebe, die den Leser am Einschlafen hindern kann.

Zum Lob des Doppelpunkts

Auch der Doppelpunkt hebt uns die Stimme, wo der Punkt sie senkt, und er tut noch mehr: Er schafft eine Erwartungsspannung und macht Zusammenhänge anschaulich; er signalisiert, daß der zweite Satz eine Begründung des ersten Satzes ist (Doppelpunkt statt *denn*) oder eine Verdeutlichung des ersten Satzes (Doppelpunkt im Sinne von *nämlich*). Da der „Spiegel" sich darauf verpflichtet hat, den Doppelpunkt als ritualisierten Unsinn einzusetzen, weiß er naheliegenderweise dort nichts mit ihm anzufangen, wo er hingehört:

> Dann wäre genau das erreicht, was Schäuble durch eine schnelle Entscheidung vermeiden möchte. Das Tempolimit wäre während des gesamten Wahlkampfjahrs ein Thema.

Dieser Punkt steht auf groteske Weise falsch. Was *will* Schäuble denn vermeiden? Nun kommt es doch: daß das Tempolimit... Der „Spiegel" weckt im ersten Satz eine Erwartung und befriedigt sie im zweiten Satz durchaus, tut aber das Mögliche, um zwischen diesen Sätzen dem Leser *nicht* zu sagen, daß die Befriedigung folgt.

Damit ist ein heikler Punkt erreicht: Soll denn der erste Satz etwa *keine* Erwartung wecken? Erfüllt in einem lebendigen, interessanten Text nicht möglichst *jeder* Satz den Leser mit der Neugier, wie es weitergeht, mit einer Spannung, die nach dem Doppelpunkt ruft?

Von daher gesehen, müßte der Doppelpunkt ähnlich

häufig wie der Punkt als Satzschluß dienen – wann immer nämlich der Text das tut, was ich mir von ihm wünsche: pausenlos interessant dahinzuströmen und die enge Verzahnung von geweckter und befriedigter Neugier optisch auszudrücken.

Eine so häufige Verwendung aber würde den Leser verwirren und das Signal entwerten. Also muß man einen Kompromiß ansteuern: sich die Doppelpunkte reichlich in die Feder oder die Tasten fließen lassen, doch bei der Kontroll-Lektüre so viele von ihnen wieder tilgen, daß im allgemeinen nicht mehr als einer pro Absatz übrig bleibt.

Mit der Sprachmelodie hat das insofern zu tun, als dann in jedem Absatz einmal die Stimme am Satzschluß gehoben wird, statt wie üblich mit dem Punkt zu sinken – daß also Abwechslung herrscht, Lebendigkeit; ein Grund mehr, die Rolle des Punktes in der Schriftsprache zurückzudrängen, wie in Kap. 20 zugunsten der Hauptsätze empfohlen.

Einen schwebenden Schluß, musikalisch wie vom Inhalt her betrachtet, zeigt das *Semikolon* an. Statt des Kommas gesetzt, lädt es zu einer Pause ein: „Das Neue ist selten das Gute; weil das Gute nur kurze Zeit das Neue ist" (Schopenhauer). Statt des Punktes verwendet, verdeutlicht es die enge Verbindung zweier Aussagen: „Was das Glockenläuten zur Ruhe der Verstorbenen beitragen mag, will ich nicht entscheiden; den Lebendigen ist es abscheulich" (Lichtenberg).

Wir *heben* also die Stimme vor dem Fragezeichen und dem Doppelpunkt, vor dem Komma sowieso; wir *senken* sie vor dem Punkt; in der Schwebe lassen wir sie auf niedrigem Niveau beim Semikolon, auf hohem beim Ausrufungszeichen. Ärmliche, phantasielose Interpunktion verschenkt mithin die mögliche Musik eines Textes; dem inneren Ohr des Lesers bietet er sich dann als eine Art Rezitativ dar, und wenn er noch dazu blutarm ist, als Schlafpulver. Doch was tun fast alle Redakteure, wenn sie die Abschrift eines mündlichen Textes redigieren? Sie streuen Punkte und Kommas drüber und sonst nichts.

Tondehnung und Tonstärke

Die *Tonhöhe,* von der bisher die Rede war, ist zugleich ein Mittel, einem bestimmten Wort im Satz Nachdruck zu verleihen. Ein anderes Mittel ist die *Tondehnung* (Wörter mit langem Vokal wie „Gabe" und „Seele" ziehen den Ton auf sich) und das Wichtigste die *Tonstärke,* das laute Aussprechen mit mehr Atem: „*Was* hast du mit meinem Auto angestellt?"

Das so akzentuierte Wort ist eines der Elemente, die den Rhythmus des Satzes bestimmen; die anderen sind die Plazierung der Wörter, von der Kap. 18 handelte; die Interpunktion, weil sie die Pausen setzt und über Tonhöhen, folglich auch über Wortakzente mitentscheidet; schließlich die Silbenzahl der Wörter und die lexikalisch vorgegebene Betonung der Silben.

Die ist im Deutschen kompliziert – weder immer auf der ersten Silbe wie im Ungarischen, noch immer auf der letzten wie im Französischen, noch nach wenigen klaren Regeln wie im Spanischen. Wir haben den Akzent auf der ersten, der zweiten, der dritten, der letzten Silbe – alles kommt vor (am Schluß dieses Kapitels eine Übersicht).

Über den Rhythmus herrscht Einigkeit

Und was soll aus all dem folgen? Ist Rhythmus in der Prosa überhaupt erreichbar, und wenn – ist er erstrebenswert?

Ja; und einen Beweis liefert der insofern bemerkenswerte Text, der in den dreißiger Jahren manchen müden Marschierer antrieb und tröstete wie sonst Märsche und Marschlieder – nur hier im Sprechgesang ohne alle Hebungen und Senkungen artikuliert (wobei die Punkte als Viertelpausen zu lesen sind, die kursiv gesetzten Wörter als Viertelnoten, alle anderen Silben als Achtelnoten):

> *Klotz. Klotz.* Klotz am Bein Klavier vorm Bauch wie lang ist die Chaussee. Links 'ne Pappel rechts 'ne Pappel in der Mitte Pferdeappel *klotz. Klotz.* Klotz am Bein Klavier vorm Bauch wie lang ist die Chaussee...

Sogar bei totalem Verzicht auf Variationen der Tonhöhe und der Tonstärke wie hier ist also ein ausgeprägter Prosa-Rhythmus erreichbar. Ihn darum für wünschenswert zu halten wäre nach diesem Beispiel voreilig.

Doch ob erwünscht oder nicht, ist gar nicht die Frage: Denn jeder Satz hat eine rhythmische Bewegung. Versuchen wir sie zu steuern oder sind wir Naturtalente, so kann es eine angenehme Bewegung sein; behandeln wir aber das Problem, als ob es keines wäre, so werden unsere Wörter stolpern und brummen, und die Sätze werden sich, nach Kafka, einer am anderen reiben „wie die Zunge an einem hohlen Zahn".

Auf Schritt und Tritt stoßen wir darauf, wie stark unsere Rede auch abseits aller Poesie dem Rhythmus verhaftet ist – und nicht einmal einem beliebigen Rhythmus, sondern einem weitgehend übereinstimmenden Empfinden innerhalb der Sprachgemeinschaft. Auf Schritt und Tritt, in Acht und Bann, mit Mann und Maus, mit Stumpf und Stiel, in Haus und Hof, durch Wald und Flur, durch dick und dünn – all das ist rhythmisch eingegrenzt und ohne Alternative.

Wird ein einsilbiges Wort mit einem zweisilbigen kombiniert, so kommt es ausnahmsweise vor, daß wir mit dem Zweisilber beginnen: Hopfen und Malz, Wasser und Brot. In überwältigender Fülle jedoch steht dem der umgekehrte Rhythmus gegenüber: Bausch und Bogen, Brief und Siegel, Gift und Galle, Gold und Silber, Kind und Kegel, Kraut und Rüben, kurz und bündig, Leib und Leben, Lust und Liebe, Mark und Pfennig, Nacht und Nebel, Roß und Reiter, samt und sonders, Samt und Seide, Schimpf und Schande, Schloß und Riegel, Treu und Glauben, Wind und Wetter.

Sprachwissenschaftler sprechen hier von einem Gesetz der wachsenden Glieder. Wir sehen es auch bei Klaus-Jürgen und Hans-Joachim, bei Pauken und Trompeten, Schuld und Sühne, Ahnung und Gegenwart, bei der „Welt als Wille und Vorstellung" und bei Göttern, Gräbern und Gelehrten. Es ist also unbestreitbar: Wir legen großen Wert auf eine rhythmische Gliederung unserer

Redensarten, und über die Art dieser Gliederung herrscht völlige Einigkeit – wobei es wenig ausmacht, ob diese Übereinstimmung auf Erbanlagen beruht oder auf der Gewöhnung unseres Ohrs.

Wir nehmen uns sogar die Freiheit, Silben auszulassen, wenn dies unserem Rhythmus-Gefühl entspricht: „In der Schule hab' ich's nicht gelernt." Es drängt uns, rhythmische Akzente selbst dort zu setzen, wo Silben und Sinn sie nicht hergeben: Eins-zwei-drei-vier-*fünf*-sechs-sieben, beginnt der Kindervers, und an denselben Takt (das fünfte von sieben Gliedern betonen) halten sich Kinder bei der Einübung des Alphabets: a-b-c-d-*e*-f-g. Wir übersetzen falsch, um das Gesetz der wachsenden Glieder zu befolgen: Churchills Ankündigung von 1940 (blood, toil, tears and sweat) reduzieren wir auf drei Glieder und ändern dabei die Reihenfolge: „Blut, Schweiß und Tränen." Ja wir nehmen es nicht hin, daß Schiller geschrieben hat „Der Mohr hat seine Arbeit getan", wir zitieren ihn falsch: Wir sagen „Schuldigkeit", dem Rhythmus zuliebe.

Die Grenze zwischen Poesie und Prosa

Worin unterscheidet sich dann überhaupt die Prosa von der Poesie? Zuweilen in gar nichts; wie in vielen Passagen von Hölderlins „Hyperion":

> ...wo rings die dunklen Eichhöhn mich umrauschten, mich, wie einen Heiligsterbenden, in ihren Frieden die Natur begrub, wenn nun die Erd ein Schatte war und unsichtbares Leben durch die Zweige säuselte...

Doch im Schriftbild der Prosa reagieren wir empfindlich auf Freiheiten, die wir dem Gedicht zubilligen („die Erd"). Ähnlich auf die Binnenreime in Rilkes „Cornet":

> Nicht immer feindlich nach allem fassen; einmal sich alles geschehen lassen und wissen: Was geschieht, ist gut. Auch der Mut muß einmal sich strecken und sich am Saume seidener Decken in sich selber überschlagen.

Und selbst wer sowohl auf Binnenreime als auch auf Wortverkürzungen verzichtet, wirkt manieriert, wenn er der Prosa ein durchgängiges Versmaß aufzwingt wie Ernst Jünger in den „Marmorklippen" (1939):

> Von jeher hatte ich das Pflanzenreich verehrt und seinen Wundern in vielen Wanderjahren nachgespürt. Und wohl war mir der Augenblick vertraut, in dem der Herzschlag stockt, wenn wir in der Entfaltung die Geheimnisse erahnen, die jedes Samenkorn in sich verbirgt.

Noch in seinem Kriminalroman „Eine gefährliche Begegnung" (1984) schrieb Jünger:

> In diesem Unhold schien äußerste Verwegenheit mit der Vorsicht eines Tieres sich zu paaren.

Das kann kein Vorbild sein. Die Kunst ist die: rhythmischen Wohllaut maßvoll zu dosieren, instinktsicher oder wohlüberlegt; sich in Halbsätzen dem Vers anzunähern, aber rechtzeitig den Rhythmus zu wechseln, um nicht an den Marmorklippen zu zerschellen. „Der Takt des guten Prosaikers in der Wahl seiner Mittel besteht darin, dicht an die Poesie heranzutreten, aber niemals zu ihr überzutreten", sagt Nietzsche; noch zugespitzter sagt es Walter Benjamin: „Eine Periode, die, metrisch konzipiert, nachträglich an einer einzigen Stelle im Rhythmus gestört wird, macht den schönsten Prosasatz, der sich denken läßt."

Merkwürdig nur, daß Benjamin sich keineswegs an sein eigenes Rezept gehalten hat. Über den Kunden einer Kupplerin liest man bei ihm:

> Der sucht, von ihr erfüllt, sich ein Versteck und findet das verborgenste: im Gelde. Die Frechheit wirft die erste Münze auf den Tisch; die Scham zahlt hundert drauf, sie zu bedecken.

Dieser Zwiespalt zwischen Theorie und Praxis ist keine Ausnahme: Adalbert Stifter und Theodor Storm haben ihre Abneigung gegen rhythmische Regelmäßigkeit in der Prosa bekundet, besonders gegen den vorsätzlich oder fahrlässig „iambischen Tonfall" nach Art von Schillers Dramen: „Kann ich Armeen aus dem Boden stampfen? Wächst mir ein Kornfeld auf der flachen Hand?" Doch wie *schrieb* Stifter? „Was ist das schrecklichste Gewitter, es ist ein lärmender Trödel gegen diese todesstille Majestät." Und wie *schrieb* Storm: „Am andern Morgen, beim goldensten Sonnenlichte, das über einer weiten Verwüstung aufgegangen war, ritt ich über den Hauke-Haien-Deich zur Stadt hinunter." Beides nur knapp am Versmaß vorbei.

Zum Lob von Schillers Balladen

Wer in einem seiner Prosa-Sätze einen verkappten Vers entdeckt, tut also gut daran, im Sinne von Benjamins Rezept das Metrum an einer Stelle ausdrücklich zu stören. Doch ist das Versmaß vermutlich nur für die Minderheit der Schreibenden eine Versuchung. Die Mehrheit könnte umgekehrt an Gedichten ihr rhythmisches Empfinden schulen, um etwas *mehr* Rhythmus in ihren Stil zu bringen; an klassischen Gedichten, versteht sich, da viele zeitgenössische Lyriker unter dem Etikett „Gedicht" genaugenommen ein Prosa-Stücklein anbieten, das lediglich durch den Zeilenfall wie ein Gedicht aussieht:

> Als ich bestohlen wurde in Los Angeles, der Stadt käuflicher Träume, merkte ich, wie ich den Diebstahl, ausgeführt von einem Flüchtling gleich mir selber und einem Leser all meiner Gedichte, sorglich geheim hielt...

Das ist von Brecht, heißt „Die Schande", steht unter „Gedichte 1941–47" (dort in Verszeilen) und könnte durchaus mehr rhythmische Elemente enthalten und immer noch als Prosa durchgehen.

Daher ein Vorschlag – derart altmodisch, daß man ihn ebenso als postmodern einstufen könnte: Schiller lesen, die Gedichte, besonders die Balladen! Daß sie abgestanden seien, von Edelmut triefen und uns nichts mehr zu sagen hätten: das mag ja alles stimmen. Aber nirgends sonst sind die rhythmischen Möglichkeiten des Deutschen so schwungvoll ausgeschöpft. Und deswegen sollten die Schulkinder wieder möglichst viele Schillersche Balladen auswendig lernen und Erwachsene sie skandieren: Das schärft das Gefühl für rhythmische Bewegung, das prägt das innere Ohr.

> Da treibt ihn die Angst,
> Da faßt er sich Mut
> Und wirft sich hinein in die brausende Flut
> Und teilt mit gewaltigen Armen
> Den Strom, und ein Gott hat Erbarmen.

Aus der „Bürgschaft". Und aus dem „Berglied", das die Jungfrau verherrlicht:

> Es sitzt die Königin hoch und klar
> Auf unvergänglichem Throne,
> Die Stirn umkränzt sie sich wunderbar
> Mit diamantener Krone.
> Drauf schießt die Sonne die Pfeile von Licht,
> Sie vergolden sie nur und erwärmen sie nicht.

Solche Einübung mag dann dazu führen, daß man Sätze meidet, die über ihre eigenen Füße stolpern oder vor sich hin klappern mit dem Charme einer Gebetsmühle; und ein paar Anleihen bei der gebundenen Rede, einen Halbsatz lang, darf und soll man ja machen, wie in Lichtenbergs schon zitiertem Spruch: „Hinunter mit dem bitteren Kelch, du armes Tier, ein Professor sieht es und bedauert dich."

Man wird dann zu überlegen beginnen, ob man *faul* schreibt oder *träge, auch* oder *ebenfalls,* weil die Silbenzahl ein Element der rhythmischen Gestaltung ist; man wird die Chance würdigen, die in der unterschiedlichen Betonung liegt: aber oder jedoch, meistens oder zumeist, richtig oder korrekt, mindestens oder zumindest, anfangen oder beginnen; wobei man es nicht so weit treiben sollte wie Rousseau, dem die hundert Senatoren im alten Rom rhythmisch derart mißfielen, daß er selbstherrlich ihre Zahl verdoppelte: „deux cent sénateurs", schrieb er, des Klanges wegen.

Wer es denn kann, dem gelingt große Prosa. Ein Textfetzen aus dem Nachlaß von Robert Walser, ohne Zusammenhang und erkennbare Substanz, übt seine merkwürdige Faszination allein durch den hurtigen Trab der Silben aus:

> Im Vorübergehen sprach sie: „So? Hier also hält man sich auf", und fügte bei: „Grüß Gott", und ich sagte: „Ja" und sah, daß sie Trauer trug.

Kleist packt die aufgeregte Ungeduld des Wirtes, der sich den versprengten Soldaten vom Halse schaffen will, weil die Schüsse sich nähern, in den stoßenden Rhythmus eines Satzes, in dem zwei knappe Nebensätze eben jene Verzögerung verdeutlichen, die den Wirt in Panik versetzt:

> Da! sag ich und schenk ihm noch, wie er verlangt, ein zweites und schenk ihm, da er getrunken, noch ein drittes ein und frage: Ist er nun zufrieden?

Und Heines Prophezeiung von dem schrecklichen Aufstand der Heiden in Deutschland kulminiert in der Vision:

> Die alten steinernen Götter erheben sich dann aus dem verschollenen Schutt und reiben sich den tausendjährigen Staub aus den Augen, und Thor mit dem Riesenhammer springt endlich empor und zerschlägt die gotischen Dome.

Mehr kann man auf deutsch nicht leisten.

Auf welchen Silben werden deutsche Wörter betont?

Der Wortakzent entsteht dadurch, daß betonte und unbetonte Silben mit langen und kurzen Silben zusammenwirken. Beim Wort *leben* ist die erste Silbe zugleich lang und betont.

Lange Silben können jedoch auch unbetont sein wie die zweite Silbe im Wort *Hochzeit,* das aus zwei etwa gleichlangen Silben besteht. Umgekehrt bei *immerdar, nimmermehr:* Die betonte erste Silbe wird eher kürzer gesprochen als die unbetonte letzte.

Die meisten deutschen Wörter tragen den Ton auf der *ersten* Silbe: glücklich, immer, Mitternacht. Bei vielen Vorsilben (Präfixen) springt der Ton auf die *zweite* Silbe: bestimmen, ersetzen. Ist die zweite Silbe schon die letzte, so werden auch deutsche Wörter (wie im Französischen alle Wörter) auf der *letzten* Silbe betont: Ersatz, bestimmt.

In einigen Grenzfällen tragen sogar *drei- und mehrsilbige Wörter* den Ton auf der letzten Silbe:
- die 2. und 3. Person Singular und die 2. Person Plural von Verben mit zwei Vorsilben (du unterstellst, er überzeugt, ihr unterlaßt) oder von Verben auf -ieren (du inhalierst, er lamentiert), ebenso das Perfektpartizip der meisten dieser Verben (überzeugt, aber: unterlassen);
- die Substantive auf -at, ät, -enz, -ion und -thek (Bibliothek, Deklamation, Konsequenz, Majestät, Resultat);
- einige Füllwörter wie allerdings, keineswegs, allemal, geradezu.

Es sind also zwei nicht sonderlich beliebte Wortgruppen – die Fremdwörter und die Füllwörter –, denen wir eine gewisse Auswahl an drei- und viersilbigen Wörtern mit dem Ton auf der letzten Silbe verdanken.

23. Metaphern: Der Reitersprung der Phantasie

> Die deutsche Sprache ist eine Gefährtin, die nur für den dichtet und denkt, der ihr Kinder machen kann.
>
> *Karl Kraus*

Wenn es nicht von Goethe wäre – alle Welt würde es als schiefes Bild einstufen, als entgleiste Metapher (Katachrese), was Mephisto dem Schüler sagt:

> Grau, teurer Freund, ist alle Theorie
> Und grün des Lebens goldner Baum.

Daß der grüne Baum golden sei, ist von beflissenen Germanisten natürlich geistreich gerechtfertigt worden; hätte Goethe überdies die graue Theorie als gelblich und das lila Leben als rosa eingestuft – den Exegeten wäre auch dazu etwas eingefallen. (Dabei hatte Goethe vermutlich entweder einen schlechten Tag, oder er lachte sich ins Fäustchen, weil er ahnte, daß die Nachwelt alles tun würde, um das gut zu finden, was er selber schlecht fand.)

Wie auch immer – alle Verfertiger schiefer Bilder können sich auf ein großes Vorbild berufen: die Gewerkschaftler, die 1983 dem CDU-Bundeskanzler drohten „Wir lassen uns das soziale Netz nicht durchlöchern"; Hans Schiebelhuth, ein Lyriker aus dem George-Kreis, mit dem Vers „Laß mich den Nacken ins Moos deiner Blicke biegen"; die Tagesschau, die 1986 meldete, dem japanischen Ministerpräsidenten Nakasone sei „ein Erdrutsch gelungen", da der doch eine Katastrophe ist; das „Zofinger Tagblatt" in der Schweiz mit dem Hinweis, das Problem der Beseitigung alter Autoreifen zeige „schon in Kinderschuhen die Zähne". Vielleicht wird ja der Zahn der Zeit, der so manche Träne getrocknet hat, auch über diese Gummiwunde Gras wachsen lassen.

23. Der Reitersprung der Phantasie

Die „Süddeutsche Zeitung" meldete: „Die Isar soll sich wieder zu einem Wildwasser-Fluß mausern", also offenbar mit neuen Federn schmücken – warum auch nicht, da der Duden in seinem Großen Wörterbuch als Beispiel den Unsinn anbietet: „Der Abriß hat sich zu einem umfangreichen Lehrbuch gemausert." In der „Welt" mauserte sich ein Bahnhof zum Kunstmuseum, und an anderer Stelle verstand das Blatt folgenden Bilder-Salat anzurichten:

> Die Arbeitsgemeinschaft der Verbraucher hat sich in der Agrarpolitik zu einem Kritiker *gemausert*, dessen Bedenken nicht einfach *unter den Teppich gekehrt* werden sollten. Leider *ficht* die AgV im vorparlamentarischen Raum meist allein. Allerdings ist auch sie nicht davor gefeit, übers Ziel hinaus zu *schießen*.

Der Erdrutsch und die Mauser deuten auf eine weitere Not der Bildersprache: Selbst wo die Bilder *richtig* verwendet werden, bereiten sie uns nach den ersten fünfhundert Verwendungen Überdruß. Eingebürgerte Metaphern, auch wenn sie einmal gut waren, haben ihre Kraft verloren, und modische Metaphern gehören zu den entnervenden Sprachklischees, von denen in Kap. 12 die Rede war.

Warum man Irrwege pflastern soll

Damit ein abgenutztes Bild sich zum Erdrutsch mausert, d. h. frisch unsere Aufmerksamkeit gewinnt, müssen wir versuchen, es wieder *hörbar* zu machen, indem wir ihm einen Stoß versetzen. Daß „heulen" etwas Klägliches ist, hört kaum noch einer, wenn er liest, daß der Sturm ums Haus heult – anders, wenn Isaak Babel schreibt: „Der Wind heulte in unstillbarem Gram." Heine zählte zu Hamburgs Sehenswürdigkeiten „ein außerordentlich schönes Frauenzimmer, woran der Zahn der Zeit" (des Nagens müde, wie wir alle) „schon seit zwanzig Jahren *kaut*". Siegfried Lenz erfüllt das Uhrenschlagen mit unvermutetem Leben, wenn er schreibt: „Der Maler schwieg und lächelte resigniert, als die Standuhren, eigensinnig und jede für sich, *behaupteten,* daß es halb sei."

Daß ein Mensch sich auf einem Irrweg *befindet,* haben wir oft genug gehört; der greise Herbert Wehner ging 1985 in der Tagesschau mit denen ins Gericht, „die diesen Irrweg *pflastern*". Ein brillanter Einfall: Das alte Bild ist auf schlüssige Weise neu gesehen und intensiver geworden; der Gewohnheit des Zuhörers gibt es einen Stoß, der seine Aufmerksamkeit weckt oder steigert; und gleichzeitig wird das Klischee nicht gänzlich zertrümmert, also die Verständlichkeit gewahrt.

Auf ein altes Bild so frische Farbe aufzutragen, wird nicht oft gelingen. Das Mindeste indessen, was ein Freund der Sprache leisten sollte, ist: die alten Bilder sauber zu halten. Ein historisches Werk *stützt* sich nicht auf Quellen, es *schöpft* aus ihnen – es ist noch möglich und bei feinen Ohren üblich, die Quellen sprudeln zu hören und gleichzeitig ihre geringe Eignung zum Krückstock zu erkennen. *Verheerend,* so wirkte einst eine plündernde Armee; man kann also einen Wald verheeren, allenfalls eine verheerende Niederlage erleiden, aber die Metapher eigentlich nicht als Antwort auf die Frage nach dem Gang der Geschäfte verwenden.

Freilich, nicht immer können wir dem Ursprung der Wörter lauschen, die Grenze ist rasch erreicht: Wir sind von Metaphern umringt, die wir nicht kennen, aus deren etwaiger Kenntnis aber selbst ein Dichter kein Feuer zu schlagen verstünde. *Sehr* hieß einmal schmerzlich, wund, verletzt, woran die „Kriegsversehrten" noch erinnern; es als scheinbar neutrales Mittel der Verstärkung einzusetzen, hat das Niveau des englischen *bloody* oder des amerikanischen *damn.*

Der *Kandidat* heißt der „Weißgekleidete" nach der weißen Toga, in der sich im alten Rom der Bewerber um ein Staatsamt vorzustellen hatte. „Mein Mann ist im Büro" hätte früher nur eine Motte sagen können: *Bureau* war ein grober Wollstoff, dann auch der Schreibtisch, der damit bespannt wurde, dann der Raum, in dem die Schreibtische stehen, schließlich der Arbeitsplatz derer, die die Schreibtische benutzen.

Als die Idee aus dem Wasser tauchte

In solchen *Bedeutungssprüngen* hat sich der Fortschritt der Sprache großenteils vollzogen. Da wird es nun Zeit, innerhalb der Metaphern eine Unterscheidung einzuführen, die in der Rhetorik zwar altbekannt, aber vielen Sprachfreunden nicht geläufig ist: Springt hier eine Bedeutung über auf ein Ding, das bisher keinen Namen hatte – oder ist die Metapher lediglich eine schmückende Dreingabe, ein Sprachzierat, eine *Sprechblume* (Jean Paul)?

Sprechblumen sind manchmal schön, aber Bedeutungssprünge sind großartig. Sie waren, sie sind die typische, oft die einzig mögliche Art, Entdeckungen, Erfindungen, neue Einsichten, unvermutete Entwicklungen sprachlich zu bewältigen oder Stimmungen und Ahnungen zu Begriffen zu verdichten. Das eben heißt „Metapher": Übertragung – die vom Alten zum Neuen, vom Konkreten zum Abstrakten, vom Grobschlächtigen zum Filigran.

Da war also eines steinzeitlichen Tages nicht mehr nur ein Spieß *lang,* sondern auch eine Wartezeit; eine *Aussicht* öffnete sich nicht bloß ins nächste Tal, sondern auch ins nächste Jahr; nicht nur ein Frosch *tauchte auf,* sondern auch eine Idee; ein *Ziel* findet nicht allein die Armbrust, sondern auch ein strebsamer Mensch; der Reißzweck im Zentrum der Zielscheibe wird zum *Zweck* überhaupt. Wir *begreifen* nicht nur Holz, sondern auch einen anderen Standpunkt, wir *lösen* nicht nur Schmutz, sondern Probleme.

Vererben war jahrtausendelang ein juristischer Begriff, ehe der Lehrer Gregor Mendel aus Brünn ihn als Metapher auf die von ihm entdeckten Gesetze – nun, der „Vererbung" übertrug, es gibt kein Synonym. Der Pariser Physiker Charles Cagniard de Latour erfand 1819 ein heulendes Gerät zur Bestimmung der Schwingungszahl von Tönen, das im folgenden Jahrhundert für die Zwecke der Katastrophenwarnung entfremdet wurde. Auf der Suche nach einem Namen fiel ihm der Sprachwitz ein, seine Jaulscheibe nach den antiken Göttinnen des betörenden Gesanges und der grausamen Zerfleischung zu benennen, den *Sirenen*. Der Einfall wurde verstanden und akzeptiert.

Daß wir solche Wörter nicht mehr als Metaphern empfinden, ist gerade ihr Rangabzeichen. Wenn der Dichter „Sternenhirte" sagt statt Mond, so erkennen wir das gewollte Bild, die Ausschmückung, den Überschuß an Phantasie; wenn wir aber im *Zweck* die Reißzwecke, im *Kaiser* den Cäsar vergessen haben – dann hat die Metapher unseren Wortschatz und unseren Horizont erweitert.

Wüstenschiff ist ein bloßer Schmuck für das vorhandene Wort „Kamel", es fügt der Sprache Farbe hinzu, aber keine zusätzliche Ausdrucksmöglichkeit; *Luftschiff* dagegen war eine kühne Übertragung von der Seefahrt in die Luftfahrt, ein Name für ein Ding, das bis dahin keinen trug – ähnlich wie *Dampfroß* für die ersten selbstfahrenden Dampfmaschinen. Nordamerikas Indianer, durch Dampfrösser endgültig niedergezwungen, dachten auf dieser Schiene weiter, als sie den neuesten Aberwitz des Weißen Mannes benennen wollten: *Steam chicken* sagten sie zum Flugzeug, „Dampfhuhn".

Die Vermengung von Alt und Neu, Hoch und Niedrig, Raum und Zeit, Sichtbar und Verborgen, der Tiefgang des Vergessenen und das Mitschwingen des halb Geahnten – all das zeugt Farbe, Spannung, Witz und Kraft; es macht das Neue benennbar und schiebt die Grenzen des Sagbaren hinaus.

Metapher – Gleichnis – Parabel

In der Stilkunde üblich ist dagegen eine andere Unterscheidung, die auf die Frage „Sprechblume oder Bedeutungssprung?" *keine* Antwort gibt: Steht der bildhafte Ausdruck allein da, schreibe ich also statt Kamel nur „Wüstenschiff", so habe ich eine *Metapher* verwendet; nenne ich dagegen außer dem Bild auch die Sache, die es abbilden soll, sage ich also „Das Kamel zog *wie ein Wü-*

stenschiff vorüber", so handelt es sich um ein *Gleichnis* (während die biblischen Gleichnisse eigentlich *Parabeln* sind – siehe die Übersicht am Schluß des Kapitels).

„Der Mond drängt sich wie das fette Gesicht eines Malayen in die Tür": ein Gleichnis von Georg Heym. „Die Wagen fuhren so schnell, daß die Kilometer wie Erbsen unter den Rädern kollerten" (Ossip Mandelstam). „Ihre Brüste bewegten sich wie Ferkel im Sack" (Isaak Babel). Jacob Burckhardt schreibt, unser Urteil über das Glück vergangener Zeiten sei etwa so viel wert, als wenn abendlicher Rauch aus einer fernen Hütte in uns die Vorstellung „von der Innigkeit zwischen den dort Wohnenden" wecke.

Goethe war es an einem Novemberabend in einem Wirtshaus in den Alpen „so heimlich und so wohl, daß wir ein Dach haben, als Kindern, die sich aus Stühlen, Tischblättern und Teppichen eine Hütte am Ofen machen und sich darin bereden, es regne und schneie draußen, um angenehme eingebildete Schauer in ihren kleinen Seelen in Bewegung zu bringen".

Wohlgeratene Gleichnisse – eher die Ausnahmen neben den gequälten und den mißratenen; was beides ebenso für Metaphern gilt. Die Praxis stellt an den Schreiber andere Fragen: Habe ich die Chance, einen Bedeutungssprung zu schaffen? Kaum. Welterfolge sind selten: *sky scraper,* Himmelsschaber, war schon einer der letzten – der Bedarf lag vor, seit das 187 Meter hohe Singer Building von 1908 eine Dimension erschloß, die durch das Wort „Hochhaus" nicht mehr gedeckt wurde, mit *Wolkenkratzer* angemessen eingedeutscht. *Sky diver,* Himmelstaucher, ist dagegen eine hübsche Sprechblume für einen Menschen, für den die Bezeichnung „Fallschirmspringer" (parachutist) längst vorhanden war.

Unsere Chance ist nur die Sprechblume, und ein Risiko ist sie zugleich. Daß solche Blumen völlig schief gewachsen sein können, damit begann dieses Kapitel. Daß sie oft papieren und folglich leicht entbehrlich sind, versteht sich von selbst. Einem anderen Risiko ist Rilke erlegen:

> Da bohrte sich mit wonnewilder Kraft
> aus deines Herzens weißem Liliensamen
> die Feuerlilie der Leidenschaft.

Dergleichen werden die meisten als überzogenes, zu lange durchgehaltenes Bild betrachten, das die Peinlichkeit streift. *Man muß also aufzuhören verstehen.* Da wiederum auf den Liliensamen nicht allzu rasch der grüngoldene Baum des Lebens folgen soll – denn es erzeugt Überdruß, wenn sich die Metaphern jagen –, ergibt sich als zweites Rezept: *Man muß sie sparsam verwenden.* In der „Zeit" kursiert die vernünftige Faustregel: Wenn ein Satz eine Metapher enthält, darf mindestens der nächste Satz keine enthalten.

Das Kraftwerk Jesu und der Zorn des Vatikans

Das geringste Risiko paart sich mit dem größten Vergnügen, wenn man spöttische Metaphern ersinnt: Ist das Bild schief, so könnte eben darin der Witz bestehen; trifft es, so schafft es doppelt Spaß. Wie bei Heine:

> Ich stand im Zenit meines Fettes und war so übermütig wie König Nebukadnezar vor seinem Sturze.

> Er sah aus wie ein Affe, der eine rote Jacke angezogen hat und nun zu sich selber sagt: Kleider machen Leute.

Joseph Conrad hängt einem Schurken ein Lächeln an, „das die ungelüfteten Tiefen seiner Gemeinheit versiegelte". Isaak Babel verspottet „die Streber im Stab, die im Lächeln des Kommandeurs nach gebratenen Hühnern angeln", und rühmt an der Köchin der Jesuiten, daß ihre Biskuits „wie Kruzifixe dufteten, betörender Saft war darin und der wohlriechende Zorn des Vatikans". Tucholsky tröstet die Junggesellen: „Ach, alle Tage Huhn im Topf und Gans im Bett – man kriegt es satt." Robert Walser, der mit Recht immer mehr zu Ehren kommt, legt einem Schauspieler den Satz in den Mund:

> Ich bin, was meine ganze Naturanlage betrifft, einer der süßlichsten Kerls in Europa, meine Lippen sind Zuckerfabriken, und mein Benehmen ist ein total schokoladenes.

Über einen Poeten schreibt er:

> Mit bewundernswerter Gewandtheit koppelt er seine Gedankenkolosse wie einen Güterzug von unabsehbarer Länge zusammen, vorn Dampf, hinten Dampf, und so sollte es nicht vorwärtsgehen?

Auf diesem Feld sind mit Erfolg auch Leute tätig, die es nicht zu dichterischem Ruhm gebracht haben. Überdruß mit dem Albert-Schweitzer-Kult der fünfziger Jahre rief die Metapher „der G'wissenswurm von Lambarene" hervor. Egon Eiermanns Version der Berliner „Gedächtniskirche" spornte den Volksmund zu Metaphern im Dutzend an, worunter dem „Kraftwerk Jesu" der Preis gebührt. Der damalige FDP-Vorsitzende Walter Scheel setzte 1972 über den CDU-Kanzlerkandidaten Barzel das böse Bild in Umlauf: „Das wäre die schlechteste Regierung, seit Caligula sein Pferd zum Konsul machte." Journalisten haben den Vergleich erdacht: „Ein Dementi ist der Versuch, die Zahnpasta in die Tube zurückzudrükken." Ein Werbetexter hatte den Einfall: „Ohne Weißblech wären Millionen Ravioli obdachlos."

Die ganz und gar ernst gemeinte, die große Metapher dagegen sollte man den Könnern, den Dichtern überlassen; nur sie beherrschen ihn ganz, den „Reitersprung der Phantasie", wie García Lorca die Metapher nannte. Georg Heym schrieb über den Ausbruch eines Brandes: Einige Betrunkene sahen,

> wie ein großer roter Feuer-Drache oben auf dem Dache saß und mit seinen riesigen Flügeln auf den brennenden Sparren herumschlug.

Bei Robert Walser leidet Kleist unter den entsetzlich kalten, leeren Regentagen am Thuner See:

> Schmutzige, ungeheuerliche Wolken gleiten den Köpfen der Berge wie große, freche, tötende Hände um die Stirnen.

Rilke seufzt über jene Klöster, die „wie Gewänder um ungelebte Leben stehen". Arno Schmidt schreibt über die Hitler-Jungen, die Anfang 1945 für den Endsieg kämpfen wollten: „Ihre Augen leuchteten wie die Scheiben brennender Irrenhäuser."

Da gelingt es mitunter, eine Wolke zu greifen, ja jene Schatten zum Tönen zu bringen, von denen wir, mit Lichtenberg, bis dahin meinten, sie seien nicht zum Sprechen da, „so wenig als die Flecken auf meinem Tisch zum Abspielen mit der Geige". Die Metapher, sagt der Göttinger Professor, ist eben weit klüger als wir selbst.

Kleiner Metaphern-Salat

Allegorie (griech. das Anderssagen): die Metapher dann, wenn sie einen abstrakten Begriff durch eine konkrete Sache oder eine erdachte Person ausdrückt: das Sterben als leibhaftigen Tod, als *Sensenmann;* die Liebe als *Amor;* den Rhein als *Vater Rhein.*
Metonymie (griech. Namenswechsel): die Metapher dann, wenn sie demselben Wortfeld entnommen wird, d.h. sinnverwandt ist: *Zunge* für Sprache, *Stahl* für Dolch, *Ballhausplatz* für die österreichische Regierung (vgl. Kap. 14).
Periphrase (griech. Umschreibung): die Metapher dann, wenn sie das Einfache kompliziert ausdrückt: für Gott *der Allmächtige,* für sofort *stehenden Fußes.* Die schönfärberische Umschreibung, der *Euphemismus,* bedient sich oft der Periphrase (für Sterben *das Zeitliche segnen*). Die altnordische Periphrase heißt *Kenning.*
Kenning, die (Plural *Kenningar):* die Periphrase in der altisländischen Literatur, eine teils poetische, oft gequälte Kunstform der Umschreibung; Brauenmond = Auge; Kinnbackenwald = Bart; Kummertau = Träne; Purpurschweiß = Blut; Schlachtfisch = Schwert; Zügelrüttler = Pferd. Jorge Luis Borges nennt die Kenningar „eine der unverfrorensten Verirrungen in der Geschichte der Literatur", „eine Raserei des akademischen Verstandes".
Katachrese (griech. mißbräuchliche Verwendung): das schiefe Bild, die *entgleiste Metapher* („Der Pandabär – ein Zugpferd im Spielwarenladen").
Topos, der (griech. Ort, Stelle), Plural Topoi: akademisches Synonym für die *eingerastete Metapher,* die Zwangskoppelung, das *Sprachklischee,* die stehende Rede, Redensart, Floskel, Schablone, das Stereotyp (bitterer Ernst, überwältigende Mehrheit, fieberhafte Suche).
Tropus, der (griech. Wendung, Wortfigur) auch die Trope, Plural Tropen: im weiteren Sinn Oberbegriff für verschiedene Formen der Übertragung (Metapher, Metonymie u.a.); im engeren Sinn Synonym für Metapher, als solches entbehrlich und im Plural verwirrend.
Gleichnis das Bild, wenn es, im Unterschied zur Metapher, auch die Sache nennt: „Klug wie eine Schlange", „Der Winter unseres Mißvergnügens" (Shakespeare).
Parabel (griech. Gleichnis): das Gleichnis dann, wenn es eine längere, meist belehrende Erzählung ist. Die biblischen „Gleichnisse" sind also in der Stilkunde Parabeln.

24. Was macht Prosa attraktiv?

> Für mich ist auch die Literatur eine Form der Freude. Wenn wir etwas mit Mühe lesen, so ist der Autor gescheitert.
>
> *Jorge Luis Borges*

Leser und Hörer wollen umworben sein. Wer ihre Aufmerksamkeit erringen und bewahren will, braucht zuallererst diese Einsicht – statt der arroganten Gleichgültigkeit, zu der Journalisten neigen, wenn sie auf unkündbaren Arbeitsplätzen sitzen; statt des elitären Hochmuts so vieler Professoren und Experten.

Wer die Einsicht besitzt und die bisher erteilten Ratschläge beherzigt, hat beim Werben um den Leser das meiste getan. Was er nun noch braucht, ist der Wille und die Fähigkeit, seinen verständlichen und gefälligen Text *interessant* zu machen – indem er sich an ein paar psychologische Wahrheiten hält, hier und da eine List anwendet und sich, wie bei der Metapher, seiner Phantasie bedient.

In vorzüglichem und angenehmem Deutsch kann man ja auch Gemeinplätze verbreiten, blutarm schreiben oder „die feierlichen, würdevollen, langsamen, gravitätischen Gattungen" pflegen, worauf sich die deutsche Literatur mit ihrem hohen Anteil an Pfarrerssöhnen besonders gut verstehe, meint Nietzsche; er vermißt im Deutschen das Allegro und das Presto, die Kürze und die Munterkeit, wie Machiavelli oder Voltaire sie besäßen.

Ein Senfkorn von Sache

Was macht einen Text interessant? Zunächst ein attraktiver Stoff. „Der Papst, der für die heiße Jahreszeit den Vatikanischen Palast mit der Sommerresidenz in Castelgandolfo vertauscht hat, wird auch dorthin von den Sorgen um die Weltkirche begleitet." So begann ein zweispaltiger Korrespondentenbericht der „Neuen Zürcher Zeitung", und man wird wohl sagen dürfen: Da es vermutlich keinen Ort gibt, wohin den Papst die Sorgen um die Weltkirche nicht begleiten, wird einer nicht viele Leser finden, der mehr als dies nicht mitzuteilen hat.

Denn Leser sind grausam und schätzen „ganze Kapitel voll schöner Ausdrücke nicht so hoch als ein Senfkorn von Sache", sagt Lichtenberg, und Schopenhauer nennt als *erste Regel des guten Stils*, „daß man etwas zu sagen habe: Oh, damit kommt man weit!"

Borges spitzt diesen Gedanken zu: Etliche der berühmtesten Schriftsteller – Cervantes, Montaigne, Dostojewski – habe noch keiner als große Stilisten gerühmt, doch ihrem Welterfolg habe das keinen Abbruch getan, im Gegenteil: Während ausgefeilte Prosa eine Verstümmelung nicht überlebe, „gewinnt der ‚Don Quijote' im Kampf mit seinen Übersetzern posthume Schlachten und überlebt jede verwahrloste Textausgabe".

Wäre dies der totale Sieg des Inhalts über die Form? Nicht ganz. Was Borges sagt, kann die Wörter und die Sätze treffen; Satzgruppen kaum, ganze Absätze gar nicht – und auch sie, die Abfolge der Sätze, die Gruppierung der Aspekte, die Wahl der darstellerischen Mittel, die Gliederung und die Dramaturgie eines Textes, gehören zur Form, und mit vereinter Kraft können sie fast jeden Inhalt zugrunde richten. Umgekehrt: Ein Nichts an Substanz läßt sich faszinierend darbieten, jedenfalls zwanzig Zeilen lang und wenn man Heine heißt.

Auch Cervantes ist ja ein Meister der Form, soweit sie über Wörter und Halbsätze hinausgreift, über das also, was ein Übersetzer ruinieren kann: „In einem Dorf der Mancha... lebte ein Ritter, einer von denen, die eine Lanze im Gestell, einen alten Schild, einen dürren Gaul und einen Jagdhund haben. Eine Schüssel Suppe mit etwas mehr Rind- als Hammelfleisch darin, am Abend Aufgewärmtes, am Samstag Reste..." So beginnt er, der berühmteste Roman der Weltliteratur, und sofort ist der Leser hineingezogen in ein Gemälde der Armseligkeit, gemalt mit Ironie.

Variationen in der Satzmelodie

So oder so: Nur von der Form kann eine Stilkunde handeln. Über die erstrebenswerten *Wörter* ist hier alles gesagt worden: Kurz, frisch, konkret, farbig, bildhaft, treffend sollen sie sein, die Adjektive selten, die Verben häufig (vor allem die dynamischen, im Aktiv konjugiert) – kurz: Das Wort, das meine Aufmerksamkeit gewinnt, ist meist auch am leichtesten verständlich und taugt zur literarischen Verwendung.

Interessante *Sätze* sind solche, die sich, aus frischen Wörtern komponiert, leicht verstehen lassen und ihr Ziel als Pfeile oder als Kaskaden erreichen. Satzgruppen vermeiden den Ochsentrott gereihter kurzer Hauptsätze, jedenfalls der Punkte zwischen ihnen (Kap. 20), sie kultivieren den Doppelpunkt als Brücke zwischen zwei Sätzen, das Fragezeichen als Abwechslung in der Satzmelodie, die rhetorische Frage als Einladung zum Mitdenken. Gelegentlich ist ein Ausruf willkommen, und längere Passagen in indirekter Rede sollten durch wörtliche Zitate unterbrochen werden. Wem dazu witzige Formulierungen einfallen wie Lichtenberg, Heine oder den Autoren des „Streiflichts" der „Süddeutschen Zeitung", dem sind die Leser sicher. (Darüber mehr in den beiden folgenden Kapiteln.)

Wie erfrischend die Abwechslung im Satzbau sein kann und wie sorgfältig man sie folglich kalkulieren sollte, dafür noch einmal das unscheinbare Prosastück von Goethe:

> Wir fragten, ob der Weg über die Furka noch gangbar wäre? Sie antworteten, daß ihre Leute den größten Teil des Winters drüber gingen; ob wir aber hinüberkommen würden, das wüßten sie nicht.

Der erste Satz gewinnt sein Leben aus dem Fragezeichen nach der indirekten Rede, das heute leider selten geworden ist. Der zweite Satz enthält die kleine Härte, die Konstruktion des vorigen exakt zu wiederholen (Wir fragten... Sie antworteten...). Hätte auch der dritte

Satz, der hinter dem Semikolon, so begonnen (Sie wüßten nicht...), so wäre der Leser ermüdet oder irritiert; doch hier vollzieht sich die erlösende Umkehr: „Ob wir aber hinüberkommen würden, das wüßten sie nicht."
Das Satzmuster noch später zu zerbrechen, hätte sich dem Leser also als Fahrlässigkeit oder Hartnäckigkeit am Rande des Ärgernisses mitgeteilt; hätte Goethe dagegen ein Muster gar nicht aufgebaut, sondern schon den zweiten Satz variiert, so wäre der Leser um eine kleine Spannung und die Befreiung von ihr betrogen worden.

Vorsicht vor Unterforderung

Eine kleine Anspannung: Das ist ein Punkt von allgemeiner Bedeutung, den viele Sprachfibeln übersehen. Das Bestreben, dem Leser alle Mühe abzunehmen, kann auch übertrieben werden.

Einerseits plädiert dieses Buch, in völliger Übereinstimmung mit sämtlichen anderen Stillehren, für die schlichten, geläufigen Wörter, für die einfachen, überschaubaren Sätze; und in der Tat läßt sich nur so das Maximum an Verständlichkeit erzielen. Doch liegt darin zugleich ein Risiko: Es könnte sein, daß wir den solchermaßen vorbildlich weich gebetteten Leser ganz gegen unsere Absicht in den Schlummer wiegen. Wir dürfen ihn nicht *unterfordern*. Selbst die klarsten Sätze können ihr Informationsziel verfehlen, wenn sie es versäumen, dem Leser hin und wieder jenen kleinen Stoß zu versetzen, der ihn wachhält und motiviert. Dann und wann muß seine Erwartung verletzt, seinem Verstand eine Anspannung zugemutet werden; und das läßt sich auch mit den Mitteln der Form erreichen, die unser Thema sind.

Einen Irrweg *pflastern* statt ihn nur zu gehen: Das war der treffende Einfall Herbert Wehners (S. 238). Vor lauter Bäumen den Wald nicht sehen, mit dem Bade das Kind ausschütten: Das wären Abweichungen vom Gewohnten, die zwar das Wiedererkennen ermöglichen, aber eine ausgeleierte Redensart mit frischer Spannung versehen und so den Leser oder Hörer stimulieren.

Für die erwünschte Anspannung des Verstandes steht als weiteres formales Mittel zur Verfügung: nicht alles zu sagen, sondern Leerstellen zu lassen, die der Leser mit seinen Assoziationen besetzen kann und muß (wie in Kap. 9 dargelegt).

Klare Gliederung mit klaren Signalen

Dem stehen solche Anspannungen gegenüber, die dem Leser niemals zugemutet werden dürfen. Die erste: daß er selber in einen wirren Text Ordnung bringen soll. Die Hamburger Psychologen Langer, Schulz und Tausch nennen in ihrem Standardwerk als zweitwichtigste Bedingung der Verständlichkeit, nächst der Einfachheit der Wörter und Sätze, *Gliederung – Ordnung:* Als Leser erhebe ich den Anspruch, stets mühelos zu wissen, an welchem Punkt einer Erzählung oder bei welchem Aspekt einer Argumentation ich mich gerade befinde.

Wechselt bei einer Parlamentsdebatte der Redner sein Thema, so kann im Bericht darüber der neue Absatz nur mit dem neuen Thema beginnen („Zur Rentenreform sagte Kohl..."). Tritt indessen ein neuer Redner auf, so muß am Anfang des Absatzes der neue Redner stehen („Willy Brandt sagte zur Rentenreform..."). Das ist eine elementare Forderung, gegen die zu verstoßen (wie unsere Zeitungen das hartnäckig tun) ein Widersinn und eine Irreführung ist. Der Schreiber schuldet dem Leser Übersicht: durch klare Gliederung, durch klare Signale für diese Gliederung, bei komplizierten Sachverhalten überdies durch eine Ankündigung dessen, was ihn erwartet, oder durch eine gelegentliche Zwischenbilanz.

Eine schöne Mischung aus solcher Einstimmung und einem wohlbedachten Absatz-Anfang bot ein Bericht des Londoner Korrespondenten der „Süddeutschen Zeitung" über den Zusammenbruch des britischen Bergarbeiterstreiks. Die drei Absätze des Textes begannen mit den drei Ausrufen: „Was für ein Ende!" „Was für eine Niederlage!" „Und was für ein Sieg!" Hier hat der Autor offenbar nachgedacht, bevor er schrieb; das Nachdenken hat zu einer überzeugenden Dreiteilung geführt; und diese Dreiteilung wird dem Leser an auffallender Stelle mitgeteilt, noch dazu mit einer zugespitzten Aussage in der jeweils gleichen Form.

Hoffentlich kommen die Indianer!

Eine andere Anspannung, die dem Leser niemals zugemutet werden sollte, ist die Überfütterung mit Fakten, die er sich nicht merken kann. Angenommen, es wäre über einen Prozeß mit elf Angeklagten zu berichten, so stünde der Schreiber unter dem absoluten Zwang, sich auf vier, fünf, allerhöchstens sechs dieser Personen zu beschränken; niemand kann, niemand will noch mehr Namen, Eigenschaften, Anklagepunkte, Aussagen auseinanderhalten.

Umgekehrt gibt es Sachverhalte, die zwar leicht zu merken sind, ja etwas zu versprechen scheinen: Eine Postkutsche rollt durch den Wilden Westen. Aber wehe, wenn nun keine Indianer kommen! Für jedes erzählte Faktum gilt, nach der Ökonomie des Schreibens wie nach der Erwartung des Lesers, daß es etwas *bedeutet*. Langweilige oder sinnlose Tatsachen, aus denen nichts folgt, bietet uns die Wirklichkeit genug. Weshalb Tschechow fordert: Wer ein Gewehr beschreibt, das an der Wand hängt, muß dafür sorgen, daß es auch schießt! Und wenn es nicht schießen soll, hat es nicht beschrieben zu werden.

Nur eine überschaubare Menge von Details und niemals eines, das nichts „bedeutet"; eine auf Anhieb erkennbare Gliederung; der kalkulierte Verstoß gegen eingerastete Erwartungen; dazu treffende Wörter, transparente Sätze, gefällige Variationen in der Satzmelodie – das ist die Basis für einen attraktiven Text.

Kopernikus und die Brüder Wright

Doch was unser Interesse fesseln soll, muß noch mehr zu bieten haben; vor allem eines von diesen dreien:
1. Es handelt von Menschen, nicht von Sachen.

2. Wenn es von Sachen handelt, so sind sie, wo immer möglich, am menschlichen Beispiel zu erläutern.
3. Wenn es unvermeidlich nur von Sachen handelt, dann mit Anschaulichkeit und Bewegung – nach Nietzsches Rat:

> Das erste, was not tut, ist Leben: Der Stil soll leben... Je abstrakter die Wahrheit ist, die man lehren will, um so mehr muß man erst die Sinne zu ihr verführen.

Als der „Stern" einst das Riesenflugzeug B-747, den „Jumbo", vorstellte, fand er den hinreißenden Vergleich: Der Rumpf sei so geräumig, daß der gesamte erste Motorflug der Brüder Wright in seinem Innern hätte stattfinden können. Selbst durch die abstrakten Riesenbauten der Kantischen Philosophie dringt hie und da der Sonnenstrahl einer bildhaften Erklärung. Da veranschaulicht Kant seine eigene kopernikanische Wende – die tollkühne Behauptung: „Der Verstand schöpft seine Gesetze nicht aus der Natur, sondern schreibt sie dieser vor" –, indem er eben die Tat des Kopernikus beschreibt mit Worten von verblüffender Schlichtheit:

> Kopernikus, nachdem es mit der Erklärung der Himmelsbewegungen nicht gut fortwollte, wenn er annahm, das ganze Sternenheer drehe sich um den Zuschauer, versuchte, ob es nicht besser gelingen könnte, wenn er den Zuschauer sich drehen und dagegen die Sterne in Ruhe ließe.

Aber auf wie viel Ärger und Langeweile kann man statt dessen stoßen! Auf ein Nachschlagewerk, das das Wort „Kontinent" definiert und sich zu grundsätzlichen Ausführungen über Wesen und Abgrenzung der Erdteile aufschwingt, aber nicht einen von ihnen beim Namen nennt. Auf Sätze, die etwas versprechen, aber gar nicht daran denken, es zu halten: „Ihm zuzuhören, wenn er aus seinem wechselvollen Leben erzählte, war ein Vergnügen", liest man da und meint, nun fange das Vergnügen an – doch der Autor wünscht es allein gehabt zu haben und wechselt den Aspekt. Dann die beliebte Stilfigur, den Leser für ein anderes als das bisher behandelte

Thema anzuwärmen, ihm jedoch gleich darauf zu sagen, dafür sei hier nicht der richtige Ort oder kein Platz vorhanden.

Mit Homer und Horaz im Bunde

So, wie, weil wir Menschen sind, Menschen uns mehr als Sachen interessieren – so reizen uns, weil wir leben, der Vorgang und das Werden mehr als der Zustand und das Sein. Anstelle des statischen Wortes das dynamische zu wählen, wie in Kap. 7 empfohlen, ist ein Beitrag dazu; ein anderer die Technik der klassischen Sachbücher, nicht das vorhandene Wissen auszubreiten, sondern der Arbeit jener Forscher und Entdecker nachzuspüren, denen wir das Wissen verdanken; ein dritter das Talent, im scheinbaren Stillstand die Bewegung zu entdecken wie Goethe im November unterm Furka-Paß:

> Die Wolken wechseln über die blasse Sonne, breitflockiger Schnee stiebt in der Tiefe und zieht über alles einen ewig beweglichen Flor.

Das berühmteste Beispiel für dieses stets ergiebige Verfahren hat vor 2700 Jahren Homer geliefert, und Lessing hat es vor 200 Jahren gerühmt: 140 Verse lang beschreibt Homer den prächtig verzierten Schild des Achilles – jedoch nicht nach der Methode „Links oben sieht man", sondern indem er uns zu Augenzeugen des Schmiedevorgangs macht: wie Hephaistos unter dem Feuerhauch von zwanzig Blasebälgen Sonne, Mond und Sterne formt, dazu Jungfrauen, Flötenspieler, Hirten, Rinder, Schafe, Hunde und zwei Löwen, die einen Stier zerreißen; auch die Göttin Pallas Athene, den Ozean und zwei Heere in der Schlacht. Aus der langweiligen Abmalung des Gegenstandes also hat Homer „das lebendige Gemälde einer Handlung gemacht", sagt Lessing.

Es ist eben nicht unseriös, kurzweilig zu schreiben; es ist lediglich deutsch, dies nicht einzusehen. *Prodesse et delectare,* forderte Horaz: Nützen und ergötzen, zugleich lehrreich und unterhaltsam sein. Das geht! Wer es nicht kann, der ist zu bedauern; wer es nicht wichtig findet wie so viele Journalisten, den sollten wir aus seinem Tiefschlaf rütteln; wer es ausdrücklich nicht will wie so viele Experten, der ist der Feind.

25. Die Kunst, den Leser einzufangen

> Mit einem Erdbeben anfangen und dann ganz langsam steigern.
> *Forderung von Samuel Goldwyn an seine Drehbuchautoren*

Da tritt also ein Schreiber vor mich hin mit dem Anspruch, ich sollte mich für seinen Text interessieren. So selbstverständlich ist das nicht, im Gegenteil: Es erscheinen unendlich viel mehr Bücher, als ein Mensch jemals lesen kann, jede Zeitung enthält mindestens dreimal so viele Artikel, wie ein Durchschnittsleser zur Kenntnis nimmt; und dabei sinkt seit dem Siegeszug des Fernsehens die Zahl derer, die überhaupt noch bereit sind, sich die kleine Anspannung des Lesens zuzumuten.

Jeder Schreiber, der gelesen werden will, steht also von jeher vor der Aufgabe, sich einen Anfang auszudenken, der seinen Text sogleich aus dem Meer des Geschriebenen heraushebt; und in unserer Zeit der Überflutung mit Gedrucktem und Gesendetem ist der attraktive „Einstieg", wie die Journalisten sagen, vollends zum Kardinalproblem geworden. Wenn die ersten Sätze den Leser nicht fesseln, ist er für den Text verloren. Mehr oder weniger begibt sich jeder Leser in die Pose, die der russische Ballett-Impresario Sergej Diaghilew einst gegenüber Jean Cocteau einnahm: „Erstaune mich – ich warte!"

Natürlich, man kann langweilig beginnen und trotzdem Erfolg haben – wie Tolstoi, dem zu „Krieg und Frieden" kein besserer Anfang eingefallen ist als dieser:

> „Eh bien, mon prince, Genua und Lucca sind weiter nichts mehr als Apanagegüter der Familie Bonaparte. Nein, ich erkläre Ihnen, wenn Sie mir nicht sagen, daß wir Krieg bekommen werden, und wenn Sie sich noch einmal unterstehen..."
> (folgen weitere sechs Zeilen der direkten Rede einer ungenann-

ten Person). – So sprach im Juni 1805 das bekannte Hoffräulein Anna Pawlowna Scherer, die Vertraute der Kaiserin Maria Fjodorowna, als sie den Fürsten Wassilij empfing, einen hohen, einflußreichen Beamten, der als erster zu ihrer Abendgesellschaft erschien.

Oder wie Thomas Mann, dessen „Buddenbrooks" damit beginnen, daß ein nicht identifizierter Mensch sagt: „Was ist das" und ein anderer nicht identifizierter Mensch antwortet: „Je, den Düwel ook, c'est la question", was immerhin komisch ist; woraufhin man aber erfährt, daß die Konsulin Buddenbrook neben ihrer Schwiegermutter auf einem geradlinigen, weißlackierten und mit einem goldenen Löwenkopf verzierten Sofa sitzt, dessen Polster hellgelb überzogen sind.

Den Vorhang lupfen

Heute wird dergleichen von den meisten Lesern als zu behäbig empfunden. Doch auch den gemächlicheren Zeiten, in denen solche Romane entstanden sind, war der knisternde Anfang nicht fremd. Man konnte mitten in die Handlung springen und zugleich Anschauung vermitteln, rascher als durch ein statuarisches Sofa mit fünf Attributen (lackiert, verziert und was noch alles):

> Das Schauspiel dauerte sehr lange. Die alte Barbara trat einigemal ans Fenster und horchte, ob die Kutschen nicht rasseln wollten.
> Goethe, Wilhelm Meisters Lehrjahre

Auch konnte man sogleich versprechen, daß man Schlimmes zu berichten habe, wie Goethe in seinem Bestseller von 1774:

> Was ich von der Geschichte des armen Werthers nur habe auffinden können, habe ich mit Fleiß gesammelt und lege es euch hier vor und weiß, daß ihr mir's danken werdet. Ihr könnt seinem Geist und seinem Charakter eure Bewunderung und Liebe und seinem Schicksale eure Tränen nicht versagen.

Ja das ganze Unheil, das den Leser erwartet, läßt sich in den ersten Satz zusammendrängen:

> Am Freitag, dem 20. Juli 1714, um die Mittagsstunde, riß die schönste Brücke in ganz Peru und stürzte fünf Reisende hinunter in den Abgrund.
> Thornton Wilder, Die Brücke von San Luis Rey

> Als Gregor Samsa eines Morgens aus unruhigen Träumen erwachte, fand er sich in seinem Bett zu einem ungeheuren Ungeziefer verwandelt.
> Kafka, Die Verwandlung

Oder, die raffinierteste Lösung: Der Schreiber lupft nur den Vorhang, hinter dem das Schreckliche droht – wie in dem schon zitierten Anfang von Hemingways „Kurzem glücklichen Leben des Francis Macomber" („Sie saßen unter dem Sonnendach, als wäre nichts passiert"):

> Die dabeigewesen sind, die letzten, die ihn noch gesprochen haben, Bekannte durch Zufall, sagen, daß er an dem Abend nicht anders war als sonst, munter, nicht übermütig.
> Max Frisch, Mein Name sei Gantenbein

> Wir verließen Perekop in der gemeinsten Stimmung – hungrig wie die Wölfe und wütend auf die ganze Welt.
> Maxim Gorki, In der Steppe

Gewiß, es ist nicht immer Unheil, wovon ein Schreibender zu berichten hat, und das freut uns ja auch. Ein so dramatischer Einstieg also steht für die meisten Texte nicht zur Verfügung. Doch voll von vielerlei Ungemach ist unser Leben schon, und darauf gleich im ersten Satz anzuspielen gehört in der Kunst des Anfangens zu den subtileren Mitteln:

> Diederich Heßling war ein weiches Kind, das am liebsten träumte, sich vor allem fürchtete und viel an den Ohren litt.
> Heinrich Mann, Der Untertan

> John Franklin war schon zehn Jahre alt und noch immer so langsam, daß er keinen Ball fangen konnte.
> Sten Nadolny, Die Entdeckung der Langsamkeit

Wir sind nun einmal so beschaffen, daß das Traurige an diesen beiden Kindern unser Interesse weckt, daß selbst ein Mord uns freut, falls er zwischen zwei Buchdeckeln stattfindet. So finden auch solche Schreiber ihr Publikum, die sich sogleich als Zyniker zu erkennen geben:

> Ich wurde als Kind armer, nämlich ehrlicher Menschen geboren, und bis ich 23 war, hatte ich keine Ahnung von dem Glück, das im Geld eines Andern liegen kann.
> Ambrose Bierce, The City of the Gone Away

> An einem Junimorgen des Jahres 1872 schlug ich meinen Vater tot – eine Tat, die damals tiefen Eindruck auf mich machte.
> Ambrose Bierce, An Imperfect Conflagration

> Ich bin ein Kind des Kindergelds und eines arbeitsfreien Tages.
> Christine Rochefort, Kinder unserer Zeit

> Sehr geehrter Herr Lampart, Sie haben meinen Mann getötet. Darüber möchte ich mit Ihnen reden.
> Fritz Dinkelmann, Das Opfer

> Am Nachmittag meines 81. Geburtstags, als ich mit meinem Buhlknaben im Bett lag, kam Ali und sagte, der Erzbischof wolle mich sprechen.
> Anthony Burgess, Der Fürst der Phantome

Auch Wanzen können Leckerbissen sein

Wenn mein Text aber weder Roman noch Erzählung ist wie in allen bisher zitierten Beispielen, sondern wenn ich Zustände beschreibe oder Verhältnisse analysiere – welche Möglichkeiten zu einem süffigen Einstieg hätte ich da? Eine Menge, keine Sorge. Oft kann man es auch hier mit der Anschaulichkeit versuchen, mit der Zuspitzung auf das lebendige Beispiel – vorbildlich in einem Artikel der Schweizer Zeitschrift „Beobachter" über Grenzfälle der Rechtsprechung:

> Wanzen, Wespen und Würmer sind juristische Leckerbissen. Schon die rechtliche Zuordnung verursacht Probleme. Ist der Hundefloh – wie der dazugehörige Dackel – ein Haustier? Oder ein Untermieter? Oder bewegt er sich gar in rechtsfreiem Raume?

Mit einer *Sentenz* kann man beginnen, wenn sie denn Kraft hat:

> Der Mensch ist frei geboren und liegt doch überall in Ketten.
> Rousseau, Du Contrat social

> In der ganzen Geschichte des Menschen ist kein Kapitel unterrichtender für Herz und Geist als die Annalen seiner Verirrungen.
> Schiller, Der Verbrecher aus verlorener Ehre

Eines der gewichtigsten Werke der Sozialwissenschaft, Joseph Schumpeters Buch „Kapitalismus, Sozialismus und Demokratie", beginnt mit einer *ironischen* Sentenz, zur angenehmen Überraschung des Lesers, der auf so leichten Sinn an diesem Ort nicht gefaßt sein konnte:

> Die meisten Schöpfungen des Verstandes oder der Phantasie entschwinden für ewig nach einer Frist, die zwischen einer Stunde nach dem Essen und einer Generation variieren kann.

Die Autoren des berühmten *Streiflichts* der „Süddeutschen Zeitung" haben es, gemessen an ihren Stoffen, leichter, den Leser mit einer ironischen Sentenz zu fangen, zum Beispiel so: „Die Geschichte des Menschen ist auch eine Geschichte des Haarausfalls." Überhaupt ist das „Streiflicht" derjenige Ort in deutscher Sprache, an dem man mit der größten Wahrscheinlichkeit auf hinterhältige Ironie und perfekte Satire warten darf, und dies schon am Anfang:

> Vesta in Rom, Agni in Indien, Xiuheuctli in Mexiko, das waren noch Feuergottheiten. Wir haben nur die Deutsche Zündwaren-Monopolgesellschaft, und auch die nicht mehr lange.

> In diesen grauen Tagen kommt viel zusammen. Die Bundesliga ist grippegeschwächt, Ministerpräsident Strauß wegen Hexenschuß nur begrenzt konfliktfähig...

Große Pose – verblüffende These

Wenn nun aber Ironie zu meinem Produkt überhaupt nicht paßt? (Und den Leser in die Irre führen darf der Anfang keinesfalls: Ich schulde ihm die Erfüllung des Versprechens, das ich ihm mit den ersten Sätzen gemacht habe.) Und wenn auch eine Sentenz sich allenfalls an den Haaren herbeiziehen ließe?

Dann bleiben andere Mittel, Interesse zu wecken. Eines wäre, ausnahmsweise, mit großer Pose vor den Leser hinzutreten – falls man sich traut und dabei hoffen kann, nicht ausgelacht zu werden:

> In diesem Buch wird zum erstenmal der Versuch gewagt, Geschichte vorauszubestimmen.
> Oswald Spengler, Der Untergang des Abendlandes

Ein schönes, weniger verfängliches Mittel ist der Einstieg mit einer kühnen historischen Raffung:

> Jahrhundertelang haben Habsburg und Bourbon auf Dutzenden deutscher, italienischer, flandrischer Schlachtfelder um die Vorherrschaft Europas gerungen; endlich sind sie müde, alle beide.
> Stefan Zweig, Marie Antoinette

Oder mit einer verblüffenden These, einer antithetischen Argumentation: Carl Friedrich von Weizsäckers Rede über den Weltfrieden war ein klassisches Beispiel dafür (zitiert auf S. 89). Ein anderes bietet Karl Popper an – nicht am Anfang zwar, doch zum Anfang trefflich geeignet, und überall im Text ist dergleichen ja willkommen, als Stimulans für den Leser wie als Signal, daß der Schreiber die Widersprüche aufeinanderprallen läßt, statt sie zu ignorieren oder zu verwischen:

> Platon, der größte, tiefste und genialste aller Philosophen, hatte eine Auffassung vom menschlichen Leben, die ich abstoßend und geradezu erschreckend finde.

Eine Untersuchung darüber, wie wir die Wirklichkeit durch Wörter schmücken und verändern, beginnt mit folgenden Worten:

> „Das Briefgeheimnis ist unverletzlich", heißt es in Artikel 10 des Grundgesetzes. „Beschränkungen dürfen nur auf Grund eines Gesetzes angeordnet werden." Beschränkungen dürfen also angeordnet werden. Das Briefgeheimnis ist demnach ver-

letzlich. Für die Verletzlichkeit wählt die Verfassung das Wort „Unverletzlichkeit". Darin liegt eine Entlastung. Die Sprache tröstet uns, indem sie uns erlaubt, das, was nicht ist, wenigstens zu sagen. („Wörter machen Leute")

Die Kunst des Vorgriffs

Wie schon das Beispiel von Karl Popper deutlich machte: Alle Kunstgriffe, die den Anfang beleben, taugen ebenso für den weiteren Verlauf des Textes; ja Stimulanzien in lockerer Folge sind erforderlich, wenn der Leser ihm treu bleiben und ihn willig in sich aufnehmen soll. Und zwar nicht etwa beliebige Reize: Hat der Schreiber bombastisch begonnen wie Oswald Spengler oder ironisch wie Heinrich Heine, dann *schuldet* er dem Leser ein mitlaufendes Quantum Pomp und Ironie, damit der sich nicht genasführt fühlt.

Auch drohendes Unheil läßt sich nicht nur am Anfang beschwören; Dostojewski hat den dräuenden Vorgriff häufig als Stilmittel eingesetzt, in den „Dämonen" beispielsweise so: „Unvermutet erlaubte sich der Prinz zwei, drei unmögliche Frechheiten gegen verschiedene Personen"; „Dieser nächste Tag war ein Tag der Überraschungen, ein Tag greller Aufklärungen und noch schlimmerer Verwirrung"; „Jetzt, wo alles vorüber ist und ich diese Chronik schreibe, wissen wir bereits, um was es ging; damals aber wußten wir nichts, und es war nur natürlich, daß uns verschiedene Dinge seltsam vorkamen."

Einen ironischen Vorgriff von umwerfender Wirkung praktizierte der „Aussteiger" Norbert Klugmann 1980 im „Kursbuch 60"; unter seine antibürgerlichen Sprüche streute er die Ankündigung: „Weiter hinten werde ich zugeben, daß ich einen Bausparvertrag in beträchtlicher Höhe abgeschlossen habe."

Die Gefahr der Überreizung

Droht aber bei all dem nicht die Gefahr, den Anfang oder den ganzen Text zu überreizen? *Nur* dramatisch, mit zu *vielen* ironischen Glanzlichtern, mit Appetithäppchen am laufenden Band: Das würde dem Leser auf den Magen schlagen. Doch ist dies für die Masse der Schreibenden ein eher theoretisches Problem: Die Praxis krankt daran, daß die meisten Bücher und Artikel zu *wenig* Rücksicht auf das elementare Bedürfnis des Lesers nehmen, angeregt und mit leichter Hand geführt zu werden.

Der Praxis ist nicht gedient mit verspielten Anfängen, die sich damit brüsten, daß sie keine sind:

> Dies hier ist ein erstes Kapitel, welches verhindern soll, daß vorliegendes Werkchen mit einem zweiten Kapitel beginne.
> Franz Werfel, Stern der Ungeborenen

> Die Sonne schien, da sie keine andere Wahl hatte, auf nichts Neues.
> Samuel Beckett, Murphy

Dergleichen wird von vielen als Originalitätshascherei empfunden oder als Einladung, sich mit dem Autor zusammen zu langweilen. Derart vor sich selbst genieren sollte sich der Anfang nicht. Umgekehrt wäre es verfehlt, dieses Plädoyer für den attraktiven Einstieg und die über den Text verteilten Reize gleichzusetzen mit der Aufforderung zum Marktgeschrei. Das allzu Laute und Grelle ist gar nicht attraktiv, jedenfalls nicht im Wiederholungsfall; stärker wirken die leisen Mittel, die halben Versprechungen, die kleinen Hinterhältigkeiten – wie in diesem Anfang von Peter Brügge im „Spiegel":

> Als die Vietnamesen nach Unterwössen kamen, hat der Pfarrer Franz Niegel das für einen Segen und für eine Prüfung genommen.

Asylanten aus Vietnam in einem Chiemgau-Städtchen – eine kleine Spannung gleich in den ersten Wörtern. Für einen Segen hat der Pfarrer das „genommen"; man glaubt zu hören, wie er den natürlichen Gegensatz mit frommen Sprüchen überdecken will. Doch für eine Prüfung ebenso! Damit hat der Pfarrer, wiewohl mit gottgefälligen Worten, kundgetan, daß auch ihm diese Invasion nicht geheuer ist. Auf einem kleinen geistlichen Umweg wird der Leser also zu seiner spontanen Vermutung zurückgeführt, daß die Unterwössener nicht sehr dringend auf die Vietnamesen gewartet haben. Ja, so schreibt man, wenn man Leser fangen will.

26. Vom richtigen Umgang mit scharfen Gewürzen

> Der Knecht singt gern ein Freiheitslied
> Des Abends in der Schenke:
> Das fördert die Verdauungskraft
> Und würzet die Getränke.
> *Heine, An einen politischen Dichter*

Ironie bis zur Tragikomödie wie in diesem Vers aus Heines „Zeitgedichten" – hier zitiert, weil die Ironie, als Einstieg in einen Text schon gewürdigt, zu den scharfen Gewürzen gehört, deren wichtigste wir ausdrücklich abschmecken sollten: Bosheit, Wortspiel, verblüffende Volte, Übertreibung, Untertreibung und Oxymoron.

Diese scharfen Würzen, Pfeffer, Salz und Paprika, gehören zugleich zu den kalkulierten Verstößen gegen eingerastete Erwartungen; und solche Stöße machen, wie im vorletzten Kapitel dargelegt, Prosa attraktiv; zusammen mit saftigen Wörtern, transparenten Sätzen, einer lebhaften Satzmelodie, einer klaren Gliederung mit deutlichen Signalen – und dem ständigen Versuch, die Menschen den Sachen vorzuziehen, die konkreten Sachen den abstrakten, die Handlung dem Zustand.

Es versteht sich, daß man mit Gewürzen um so sparsamer umgehen muß, je schärfer sie schmecken; so sind denn auch etliche der folgenden Beispiele Aphorismen, das heißt isolierte Texte, die meist in kleinen Dosen genossen werden. Doch als Anregung für eine attraktive Prosa eignen sie sich alle, denn, um es noch einmal zu sagen: Die Mehrheit der Schreibenden steht nicht in der Versuchung, zu *viele* Reize in den Text zu streuen, sondern in der Not, zu wenige zu kennen, oder sie huldigt der Arroganz, die zähe, ungewürzte Speise, die sie bereitet hat, müsse dem Leser eben munden.

Das ironische Augenzwinkern

Zur Vorsicht mit der *Ironie* mahnt uns indessen zusätzlich, daß sie eine Quelle von Mißverständnissen ist. Oft läßt sich dem Zusammenhang in keiner Form entnehmen, ob der Autor seinen Satz ernst oder ironisch meint, also ja oder nein gesagt hat – denn Ironie ist ja das verspielte Darbieten des Gegenteils ("Flick mit seinem bescheidenen Vermögen"). Dazu kommt die alte, unter Journalisten unbestrittene Erfahrung, daß Leser, die Ironie verstehen, rarer sind als Schreiber, die sie anzuwenden wünschen.

Immerhin, die meisten Zuhörer werden die "nicht ganz dudenreine Formel" verstanden und gewürdigt haben, mit der sich Friedrich Dürrenmatt 1986 in Stuttgart für seinen dritten Schiller-Preis bedankte:

> Der erste fiel mir 1959 in Mannheim zu, der zweite 1961 in Zürich, und nun darf ich den dritten hier entgegennehmen müssen.

Auch ein Spruch wie "Weltschmerz ist eine Krankheit für Privatpatienten" kann auf breites Verständnis rechnen; oder der Seufzer des amerikanischen Schriftstellers Ogden Nash über die unergründliche Weisheit der Schöpfung: "God in his wisdom made the fly – but then forgot to tell us why." Als Nikita Chruschtschow beim Staatsbesuch in Bonn den großen Deutschen Friedrich Engels lobte, tupfte Konrad Adenauer ihm die Pointe hin: Der sei übrigens ein Verwandter des Bankiers Pferdmenges, und da sehe man, wie verschieden eine Familie sich entwickeln könne.

Unverfänglich ist Ironie ohnehin dann, wenn die Plazierung, die Form oder der Autor den Leser von vornherein darauf eingestimmt hat – beispielsweise durch den festen Platz, an dem in manchen Zeitungen die Satire steht; durch die erkennbare Form des Aphorismus, des Gedankensplitters ("Es sind zuverlässig in Deutschland mehr Schriftsteller, als alle vier Weltteile überhaupt zu ihrer Wohlfahrt nötig haben", Lichtenberg); oder durch

Autoren wie Cervantes, Grimmelshausen, Heine, Thomas Mann, von denen jeder Leser alsbald spürt, daß sie fast ständig augenzwinkernd, doppelbödig schreiben, daß es also ein Fehler wäre, sie vordergründig ernst zu nehmen.

Kafka macht es seinen Lesern schwerer: Bei ihm geht Ironie meist auf die eigenen Kosten, und genau weiß man nie, ob sie nicht Tragikomödie oder Tragödie zu heißen verdiente. Aus dem Sanatorium schrieb er an seine Schwester:

> Sylvester habe ich gefeiert, indem ich aufgestanden bin und dem Neuen Jahr die Stehlampe entgegengehalten habe. Feurigeres kann niemand im Glase haben.

Tücke und Attacke

Die Ironie zu Lasten *anderer* wird von einer gewissen Schärfe an als *Bosheit* bezeichnet, und von der wieder ist es nicht weit zur Perfidie, wie Heine sie gegen den Grafen Platen wandte – seinen „warmen Freund", von dem glücklicherweise niemand behaupte, „daß er mich hinter meinem Rücken liebe":

> Wenn ihm auch die Musen nicht hold sind, so hat er doch den Genius der Sprache in seiner Gewalt, oder viel mehr, er weiß ihm Gewalt anzutun.

Und so weiter, 26 Seiten lang. Da kann man sich trefflich streiten, wo die Grenzen des Geschmacks verlaufen; doch als Hinweis auf die Chancen einer scharfen Würze taugen Heines Bosheiten durchaus. Niemand ist vor seiner Tücke sicher, mit Halbsätzen begeht er Meuchelmorde: „Vielleicht mit Ausnahme von August Wilhelm Schlegel gibt es keine Frau in Deutschland, die..." Karl Kraus zahlte ihm heim: Heine habe „der deutschen Sprache so sehr das Mieder gelockert, daß heute alle Kommis an ihren Brüsten fingern können". Gift goß Ludwig Thoma über seine ärgsten Feinde, die Pastoren aus dem fernen Preußen, aus; seine Ballade auf den Pastor Klops schließt:

> Der alte Klops hat auch fünfzehn Töchter,
> Durch deren Anblick der Trieb der Geschlechter
> In der ganzen Gemeinde erstorben ist.
> So wirkete er als Pfarrer und Christ.

Und Bert Brecht schrieb über Gottfried Benn:

> Er war sehr geachtet, weil seine Verse nur von wenigen gelesen werden konnten, was man ihm als Reinheit anrechnete, denn man schloß aus der Unverkäuflichkeit seiner Bücher auf eine Unverkäuflichkeit seiner Seele.

Zum Stilmuster taugt eher der feinere Spott – wie Mark Twains hinterhältiges Lob für Richard Wagner: „Seine Musik ist viel besser, als sie klingt"; und Nietzsches Frage:

> Haben Sie bemerkt, daß die Wagnerischen Heldinnen keine Kinder bekommen? Sie können's nicht... Die Verzweiflung, mit der Wagner das Problem angegriffen hat, Siegfried überhaupt geboren werden zu lassen, verrät, wie modern er in diesem Punkte fühlte.

Wortspiel und Oxymoron

Als subtiles Mittel der Bosheit bietet sich das scheinheilige Spiel mit Wortbedeutungen an, nach Art des Sponti-Spruchs „Kommunismus ist, wenn jeder von allem genug hat" oder der Lebensregel „Eine gute Erziehung *genießt* man nicht" oder der traurigen Erfahrung „Die Anziehungskraft der Erde läßt allmählich nach."

Sigmund Freud erzählt von dem Ehepaar, das es dadurch zu Wohlstand brachte, daß *er* gut verdient und sich dabei etwas zurückgelegt habe, während *sie* sich etwas zurückgelegt und dabei gut verdient habe. Karl Kraus empfahl, aus dem Satz „Wien bleibt Wien" die *Drohung* herauszuhören, und so manchem von der Verwandtschaft Geplagten gab er den Trost: „Das Wort *Familienbande* hat einen Beigeschmack von Wahrheit."

Eine besondere Form des Spiels mit Wörtern trägt den griechischen Namen *Oxymoron*, was wörtlich „scharfsinnig-dumm", in der Rhetorik aber die Stilfigur des mutwilligen Zusammenspannens von Unverträglichem bedeutet, etwa des Dummen mit dem Scharfsinnigen eben; ein Beispiel dafür war schon die *Nobelherberge* in Kap. 12.

Entweder kombiniert das Oxymoron zwei Begriffe, die einander logisch ausschließen, ist also zugleich ein *Paradoxon:* stolze Demut, süße Bitternis, elende Pracht, beredtes Schweigen – ein beliebtes Stilmittel schon seit Petrarca und Shakespeare. Lichtenberg wetterte gegen einen Ungenannten:

> Er hat mich einiger Fäden des frömmsten Geifers gewürdigt und sein geweihtes Pfui über mein Werkchen ausgespuckt.

Bei Kleist wütet ein frommer Eiferer in „heiliger Ruchlosigkeit". Novalis schrieb vom „schmetternden Witz der Verzweiflung"; Friedrich Schlegel trieb die Stilfigur in seinem Roman „Lucinde" bis zum Exzeß: mit schüchterner Lüsternheit, der hohe Leichtsinn unserer Ehe, treuherzig in ihrer Habsucht, in einem Anfall von begeisterter Verzweiflung, bis zur Grobheit göttlich.

Mit einigem Wohlwollen lassen solche Paradoxa sich über den Zweck der stilistischen Verblüffung hinaus als Versuche deuten, die Vielschichtigkeit des Lebens angemessener in Worte zu fassen, als Geradeaus-Begriffe dies vermögen. Pascal, Kierkegaard und andere Denker glaubten sich so einer höheren Wahrheit zu nähern; und in der Tat: Auch populäre Wortverbindungen wie Haßliebe, Freudentränen, Wonneschauer zeigen an, daß wir häufig gespaltene Gefühle haben, die sich mit der Paarung scheinbar unverträglicher Wörter vielleicht noch am ehesten benennen lassen.

Oder das Oxymoron spannt nicht das logisch Widersinnige, sondern das stilistisch Widersprüchliche zusammen – es ist ein kalkulierter Stilbruch, nach dem zitierten Muster: „Nirgends wird einem der Hauch des Alls so aufs Butterbrot geschmiert." Jean Paul sprach von der „jungfräulichen Blödigkeit des Entzückens", Herzmanovsky-Orlando klagte: „Sie wühlen mit ruchlosen Füßen in unseren heiligsten Gefühlen!" Heine schrieb über ein verfallenes Schloß:

Die Götterstatuen sind von ihren Postamenten herabgefallen, und ein paar mutwillige Bettelbuben kauern neben einer armen Venus, die im hohen Grase liegt, und mit Brennesseln geißeln sie ihr den marmornen Hintern.

Der Sprung von den Göttern zum Popo ist ziemlich jäh, und eben dies hat Heine gewollt; man mag seine Prosa überladen mit solchen Elementen finden, nur: Langweilig ist sie nie, der Leser bekommt genügend Stöße, vielleicht zu viele.

Die *verblüffende Volte,* die sich hier des Stilbruchs bediente, verfehlt auch ohne diesen ihre Wirkung nicht. Sie kann listig mit dem Wortspiel und zugleich mit dem grüblerischen Hinweis auf die Zwiespältigkeit der Natur operieren – wie bei einem wiederkehrenden Modell Georg Christoph Lichtenbergs, des Großmeisters der kleinen Form:

> Es regnete so stark, daß alle Schweine rein und alle Menschen dreckig wurden.

> Von dem seltsamen Geschmacke der Menschen zeugt auch dieses, daß bei belagerten Städten Leute sowohl heraus als hinein desertieren.

> Manches an unserem Körper würde uns nicht so säuisch und unzüchtig vorkommen, wenn uns nicht der Adel im Kopfe steckte.

Oder die Volte wird zum Purzelbaum gesteigert: „Späte Reue ist echte Zerknirschung mit falschen Zähnen", sagte der Wiener Kabarettist Carl Merz. Ein Streiflicht der „Süddeutschen Zeitung" wies auf jenen Buchhalter hin, „der 700 000 Mark aus der Firmenkasse im Lotto verspielt und nur die Freiheit gewonnen hat, allerdings erst nach ein paar Jahren im Gefängnis".

Übertreibung – Untertreibung

Als letztes der scharfen Gewürze sei der Senf gewürdigt, den vier Diener dem Gargantua mit Schaufeln ins Maul schleudern, während er sich mit einem Dutzend Schinken, Ochsenzungen und Leberwürsten mästet – das Stilmittel der *Übertreibung* also, und zwar ins Groteske, weil eine mäßige Übertreibung alltäglich und eher ärgerlich als reizvoll ist. In der äußersten Übersteigerung tut es dem Rabelais keiner gleich:

> Mit fröhlichem Lächeln tat Gargantua seinen Hosenlatz auf, zog den Spritzschlauch hervor und ließ einen solchen Erguß auf die Umstehenden los, daß 260 418 Pariser eines bitteren und feuchten Todes starben, Weiber und Kinder gar nicht eingerechnet.

Das läßt sich kaum nachmachen. Doch gewaltig übertreiben darf man schon im Rahmen der anerkannten zeitgenössischen Literatur:

> Sie hatten eine sehr große Wohnstube auf Bleekenwarf, einen nicht allzu hohen, aber breiten und vielfenstrigen Raum, in dem mindestens neunhundert Hochzeitsgäste Platz gehabt hätten, und wenn nicht die, dann aber doch sieben Schulklassen einschließlich ihrer Lehrer, und das trotz der ausschweifenden Möbel, die dort herumstanden mit ihrer hochmütigen Raumverdrängung...
> Siegfried Lenz, „Deutschstunde"

Dankbarer und vielseitiger verwendbar ist das gegenteilige Mittel: die *Untertreibung,* die griechisch *litotes* und englisch *understatement* heißt – ein klassisches Stilmittel, unter den scharfen Gewürzen eines der milderen und von besonderem Wohlgeschmack. In simpler Form betreiben wir sie alltäglich, wenn wir den Atlantik als „Großen Teich" oder eine fürstliche Speise als „nicht ganz schlecht" bezeichnen.

Mit Umsicht eingesetzt, steuert das understatement dem allgegenwärtigen Hang zur Übertreibung entgegen, was für den Leser erholsam ist und den Schreiber als besonnen, bescheiden oder listig ausweist; und im Grenzfall lassen sich mit ihm drastische Wirkungen erzielen. Unvergeßlich, wie der Fremdenverkehrsdirektor des Kantons Graubünden eine Gruppe ausländischer Reisejournalisten mit den Worten begrüßte: „Jahrhundertelang hat Graubünden als das Land der Räuber und Mörder gegolten. Aber ich versichere Ihnen: Es ischt besser geworden." Unvergeßlich die groteske Untertreibung der germanischen Völkerwanderung durch Lichtenberg:

> Als es den Goten und Wandalen einfiel, die große Tour durch Europa in Gesellschaft zu machen, so wurden die Wirtshäuser in Italien so besetzt, daß fast gar nicht mehr unterzukommen gewesen sein soll. Zuweilen klingelten drei, vier auf einmal.

„Hie und da eine Prise Lichtenberg", schreibt Hans Magnus Enzensberger, „ein Quentchen Diderot, ein Hauch Heine – und schon röche es nicht mehr so muffig im intellektuellen Psychodrom."

Aktuelle Probleme

27. Wer setzt die Normen für die Sprache?

> Schreibt ihr Plattheiten und Unsinn in die Welt, so viel es euch beliebt – das schadet nicht: Denn es wird mit euch zu Grabe getragen, ja schon vorher. Aber die Sprache laßt ungehudelt und unbesudelt: Denn die bleibt.
> *Schopenhauer, Über die seit einigen Jahren methodisch betriebene Verhunzung der deutschen Sprache*

„Erbarme dich der Seelen, derer wir gedenken!" Oder heißt es: „... der Seelen, *deren* wir gedenken"? Der Sprachwissenschaftler Hans Eggers stellte diese Frage 103 gebildeten Deutschen – Mitgliedern und Freunden der Deutschen Akademie für Sprache und Dichtung sowie Studenten der Germanistik; nur 25 hielten diejenige Form für richtig, die nach der Grammatik allein richtig ist: *deren*.

Da haben wir eines der klassischen Beispiele für die These, daß die Sprachnorm eine überaus theoretische Größe sei, etwa wie die moralische Norm „Du sollst nicht ehebrechen". Sich in sämtlichen Verästelungen der deutschen Grammatik auszukennen, ist kaum einem einzelnen Menschen gegeben – am ehesten noch den Auslandsgermanisten: Deutschlehrern fremder Muttersprache, die sich in die Korrektheit hineingebüffelt haben. Der Anekdote nach ging ein Germanist aus Indien mit einem deutschen Kollegen im Harz spazieren und sprach: „Welch anmutige Landschaft!" Worauf der andere erwiderte: „Ja, janz schöne Jejend." Denn seine Aussprache hatte er in Berlin gelernt, und seine Stilnorm sah er in der Umgangssprache, während der Inder sich mehr nach Goethe richtete.

Was also ist „Norm" im Deutschen, grammatisch und stilistisch? Wer mit diesem Buch bisher im großen und ganzen einverstanden war, kann den Streit um diese

Frage und damit den Rest dieses Kapitels überschlagen; es trägt nichts bei zu gutem Deutsch, doch es zeigt für Interessierte auf, wieviel Ideologie hier mitschwingt und über welchen Slalom-Kurs sich der Duden geschlängelt hat.

In der Tat: Falls wir unter „Norm" eine Vorschrift verstehen wie die Zehn Gebote, so beherrscht sie lückenlos fast keiner, und sie *überwiegend* zu kennen und dann auch noch im Alltag zu beherzigen, ist das Gesellschaftsspiel einer sehr kleinen Minderheit. Wer eigentlich setzt solche Normen fest – aus welchen Gründen und mit welcher Legitimation? Mit welchem Recht begibt er sich in die Pose, der Mehrheit der Deutschen nachzusagen, sie seien ständige Normverletzer?

Was zum Beispiel gibt mir die Autorität, in Kap. 12 dieses Buches festzulegen, erstens, was ein „Modewort" sei, und zweitens, daß man es eben deshalb nicht verwenden solle – während die Masse der Deutschen es doch zu lieben scheint, da es sonst kein Modewort geworden wäre? Soll man also nicht den umgekehrten Weg beschreiten, das heißt an die Stelle der Sollnorm die Istnorm setzen, die Gebrauchsnorm, den statistisch erfaßbaren Sprachgebrauch?

Drei Einwände gegen Sprachnormen

Darüber läßt sich reden, und seit 1968 ist es sogar eine Weltanschauung, mit dem Ist gegen das Soll zu kämpfen, mit der Realität gegen ein fragwürdiges Ideal, wie es von Grammatikern, Sprachkritikern und den Verfassern von Stillehren vertreten werde (und fast nur noch von ihnen). Die Sprachwissenschaft als Universitätsdisziplin tat in den letzten Jahrzehnten jede Art von *Sprachpflege* als „unwissenschaftlich und dilletantisch" ab. Ihre wichtigsten Gründe lassen sich so zusammenfassen:
1. Sprachnormen haben keine wissenschaftliche Grundlage, und die Normsetzer haben keine Legitimation.
2. Sprachnormen sind weltfremd und lebensfeindlich, da nur eine winzige Minderheit der Sprachbenutzer sie

beherrscht, und auch dies nicht total.
3. Damit entlarven sie sich als ein Herrschaftsinstrument, mit dem die benachteiligten Klassen abgestempelt und an der sprachlichen Formulierung ihrer berechtigten Anliegen gehindert werden sollen.

Dieser Gesinnung schloß sich 1971 bemerkenswerterweise die Duden-Redaktion an: Aus der 6. Auflage ihres „Stilwörterbuchs" entfernte sie den einleitenden Essay von Ludwig Reiners, betitelt „Vom deutschen Stil", den sie fünfzehn Jahre zuvor der 4. Auflage vorangestellt hatte. Eine öffentliche Begründung dafür gab die Redaktion nicht; intern ließ sie verlauten, der Essay entspreche nicht mehr den Erkenntnissen der modernen Sprachwissenschaft, er sei „verstaubt".

Das richtete sich offensichtlich nicht gegen die *Art* von gutem Deutsch, die Reiners propagierte, sondern gegen den Anspruch, daß gutes Deutsch überhaupt etwas sei, das kodifiziert und gelehrt werden könne. Der Göttinger Sprachwissenschaftler Reinhard Nickisch lobte 1972 den Duden für seine Entscheidung gegen Reiners; denn die „Stilkunde" habe kein wissenschaftliches Fundament, sie könne auch keines haben, und ebenso müsse man für die Zukunft „annehmen und befürchten, daß aus dem gleichen Grund andere Entwürfe normativer Stillehren vergleichbare Defekte aufweisen".

„Die große Hure Duden"

1976 ging die Duden-Redaktion noch einen Schritt weiter: Nachdem sie sich 1971 von der stilistischen Norm verabschiedet hatte, gab sie nun überdies die grammatische Norm preis. Auch das bis dahin Falsche wurde kommentarlos als Muster vorgestellt, wenn es zu den Quellen gehörte, für die der Duden sich entschieden hatte, und die reichten von Heinrich Böll über Johannes Mario Simmel und das Bulletin des Bundespresseamts bis zur „Bildzeitung" und zum „Neuen Deutschland".

Die Deutsche Presse-Agentur, für die 30 000 Journalisten der Bundesrepublik in Sprachfragen die wichtigste

Instanz neben dem „Spiegel", zog 1985 in einer Dienstanweisung an ihre Redakteure daraus folgende Konsequenz:

> Auf den Duden kann man sich nicht immer berufen, wenn es um eine gute deutsche Sprache geht. Er verzeichnet nicht nur, was richtig ist, sondern auch, was mit einer gewissen Regelmäßigkeit üblich ist. Das heißt, wenn dpa einen Fehler mehrmals macht, der durch die Wiedergabe in den Zeitungen oft genug potenziert wird, wird dieser Fehler wohl alsbald auch im Duden erscheinen. Es kommt also auf das Sprachgefühl jedes Einzelnen an.

Drastischer stand dasselbe 1985 in der „Zeit": „Wie stets, wenn etwas nur lange genug unkorrekt gebraucht wird, ist unsere große Hure Duden zur Stelle und kassiert es als korrekt."

Doch kaum hatte die öffentliche Entrüstung endlich auf die Volte von 1976 reagiert, da bahnte sich die Wende rückwärts an. An den Universitäten kamen laut Harald Weinrich „zögernd Zweifel auf", ob die totale Enthaltsamkeit von Normierungen „nicht vielleicht doch zu weit geht", und Weinrich selbst bekannte 1985 „eine beständige Sympathie und Voreingenommenheit für guten Sprachgebrauch".

Sehr Konkretes dagegen geschah gleichzeitig im Schoß der Duden-Redaktion. Band 9 des Standard-Dudens, der in der 1. und 2. Auflage „Zweifelsfälle der deutschen Sprache" hieß, heißt seit der 3. Auflage von 1985 „Richtiges und gutes Deutsch" – wenn das nicht der Anspruch einer Sprachnorm ist! Damit akzentuierte der Duden eine Wende, die er im Vorwort schon 1972 bei der 2. Auflage vollzogen hatte:

> Fragen der Norm haben in den letzten Jahren wiederholt im Brennpunkt des Interesses gestanden. Mit Bestimmtheit läßt sich heute sagen, daß unsere Gesellschaft ohne eine übergreifende Standardsprache nicht auskommt und daß sich diese Sprache nicht selbsttätig reguliert... Die Sprachwissenschaft darf sich nicht darauf beschränken, wertfrei nur das zu beschreiben, was ist; sie hat auch zu sagen, wie die über Mundart, lokaler Umgangssprache und Gruppensprache stehende Hoch- oder Standardsprache sein soll.

Dem Vorwort zur 3. Auflage zufolge brauchen wir nicht nur „eine übergreifende Standardsprache", sondern, schärfer gesagt, „eine normativ geregelte Hoch- oder Standardsprache". Mit einem Donnerschlag also kehrt der Duden auf dem Irrweg um, den er selbst gepflastert hat; leider ohne mitzuteilen, daß es sein eigener Irrweg war, und überdies mit der irreführenden Behauptung, es lasse sich „heute" mit Bestimmtheit sagen, daß wir Normen brauchen – da sich dies doch seit Einführung des Buchdrucks mit immerwährender Bestimmtheit sagen läßt.

Ebenfalls erfreulich in der Sache, wiederum irreführend in der Form war der Aufdruck auf dem Rechtschreib-Duden von 1986: „Richtiges Schreiben ist wieder gefragt". Das klingt, als ob die Duden-*Benutzer* wieder fragten! Aber gefragt haben sie immer – nur haben die Duden-*Macher* eine Zeitlang nicht geantwortet. Nun antworten sie wieder.

Acht gute Gründe für die Norm

Wenn es also auch den Anschein hat, als sei der Tiefpunkt der Sprachnorm-Verwirrung überwunden, so sollten doch die guten Gründe einzeln angeleuchtet werden, die es für eine Sollnorm gab, gibt und immer geben wird – eine Norm natürlich, die sich behutsam wandeln, indessen freihalten sollte von tagespolitischer Hektik und ideologischer Besessenheit; im Einzelfall zu unterscheiden nach Stilnorm, grammatischer Norm und der Rechtschreibung, von der das nächste Kapitel handelt. *Für* eine verbindliche Sprachnorm spricht:

1. Sie garantiert, wie alle sozialen Normen, eine gewisse Verläßlichkeit. Wir müßten „in jedem Augenblick angespannt und auf der Hut sein", wenn sich unsere Mitmenschen nicht im großen und ganzen vorhersehbar verhielten (Harald Weinrich). Die gemeinsame Sprache ist heute eine der ganz wenigen öffentlichen Einrichtungen, die alles in allem funktionieren und einen Grundkonsens sichern (Hugo Steger).

2. Die Sprachnorm sorgt für eine gewisse Kontinuität in Zeit und Raum. Ein Holsteiner und ein Tiroler können mühelos miteinander korrespondieren, mit mäßiger Anstrengung sich sogar unterhalten. Einen Text von Luther im Original zu lesen, bereitet uns Mühe – Lessing, Lichtenberg, der junge Goethe bereiten sie uns nicht: Über mehr als 200 Jahre hinweg hat die Sprache eine ausreichende Konstanz gewahrt. (Was der Verzicht auf Normen für den Benutzer eines Lexikons bedeuten würde, dafür ein drastisches Beispiel im nächsten Kapitel.)

Mehr Deutsch an den Schulen!

3. Wer die Sprachnorm grob verletzt, irritiert nicht nur seine Mitmenschen; er macht sich selber lächerlich und zerstört seine Chance, die Wirkung zu erzielen, die er vermutlich doch erzielen wollte – ob er nun *Rütmus* schreibt oder die sprichwörtliche Anzeige aufgibt: „Zimmer gesucht von Fräulein, durch welches Kamin geht."

Die Normenstürmer folgern daraus: Da sehe man mal wieder, wieviel Unheil die Sprachnorm anrichte. Näher liegt die umgekehrte Konsequenz: durch gründliche Schulbildung möglichst allen Mitgliedern der Sprachgemeinschaft zu einem passablen Umgang mit der Hochsprache zu verhelfen. „Alle Bürger haben einen Anspruch auf Beherrschung der Norm", schreibt Hans-Martin Gauger, Vizepräsident der Deutschen Akademie für Sprache und Dichtung. Man tue niemandem einen Gefallen, wenn man ihn vor der Norm beschütze; seine Lebenschancen, sein „Kommunikationsradius" würden dadurch reduziert. Ähnlich Harald Weinrich: Die Vermittlung des „richtigen" Sprachgebrauchs biete die beste Voraussetzung dafür, daß der Schüler möglichst viele künftige, also noch unbekannte Situationen sprachlich meistere.

Die Westdeutsche Rektorenkonferenz forderte 1986, an Schulen und Universitäten mehr für die Ausdrucksfähigkeit der jungen Menschen zu tun. Die Bundesvereinigung der Oberstudiendirektoren kritisierte 1986 scharf, daß die Überwachung der Sprachnorm weithin unüblich geworden, ja ihre Bewertung von Amts wegen eingeschränkt worden sei; Deutsch müsse bis zum Abitur Pflichtfach bleiben, mit mindestens vier Wochenstunden. „Auf die Dauer sollte es eine Kulturnation nicht hinnehmen, daß die Muttersprache an den Schulen vernachlässigt wird", sagte der Sprecher der Oberstudiendirektoren.

4. Die Sprachnorm hält jenen Reichtum an Wörtern, Begriffsschattierungen und grammatischen Feinheiten am Leben, der durch hundert Generationen von Dichtern, Tüftlern, Priestern, Lehrern aufgehäuft worden ist. Wer die beiden deutschen Konjunktive – den der Unwirklichkeit und den der indirekten Rede – verwechselt, mißhandelt oder ignoriert, hat eine nützliche Abstufung beseitigt, dazu einen noblen Klang und eine deutsche Besonderheit, um die viele Ausländer uns beneiden (in Kap. 29 mehr darüber). Wer *anscheinend* und *scheinbar* nicht auseinanderhalten kann, vermag nicht mehr zu trennen, ob einer dem glaubhaften Anschein nach oder nur scheinbar krank ist.

Umgekehrt ist der Kampf gegen Modewörter (hier in Kap. 12) zugleich ein Kampf für den Reichtum der Sprache; Modewörter sind ja eben solche, die ein Dutzend andere Wörter abdrängen und zu ersetzen behaupten: *Aktivitäten* für Aktionen, Taten, Handlungen, Tätigkeit, Unternehmung, Unternehmungsgeist, Arbeit, Leistung, Fleiß.

Normen werden sowieso gesetzt

5. Mögen auch viele Norm-Entscheidungen von Unbefugten auf willkürliche Weise getroffen worden sein – noch willkürlicher ist die *spontane* Sprachentwicklung. Hans-Martin Gauger plädiert dafür, die Linguisten ihrem „dogmatischen Schlummer" zu entreißen: Er bestehe in „der dumpfen Durchdrungenheit" von der Meinung, daß alles, „was in der Sprache ist und sich in ihr entwickelt, zu

Recht in ihr sei und sich zu Recht entwickle".

Was sich in der Sprache durchsetzt, wird de facto oft von Dümmeren oder noch weniger Legitimierten als den Lehrern und Grammatikern entschieden: von Werbesprücheklopfern beispielsweise, von Popstars, Sportjournalisten, den Satzdrechslern der Tagesschau oder von einem übermüdeten Redakteur der Deutschen Presse-Agentur.

6. Viele Sprachnormen werden ganz bewußt gesetzt – nicht beiläufig oder zufällig also wie eben geschildert, aber auch nicht mit einem öffentichen Bekenntnis zur Normsetzung wie bei den Verfassern von Stillehren oder neuerdings wieder in der Duden-Redaktion: sondern getarnt, zielstrebig und inkompetent.

Politiker *wollen* ja die Sprache steuern: von Lenin, dem es darauf ankam, „unter der Arbeiterschaft die richtigen Begriffe zu verbreiten", über Goebbels, dem es (nach Victor Klemperer) gelang, den Deutschen „Worte wie winzige Arsendosen" einzuflößen, bis zum CDU-Generalsekretär Heiner Geißler, der es eingestandenermaßen darauf anlegt, „die Begriffe zu besetzen". Rudolf Augstein hat erst *im* „Spiegel", dann *mit* dem „Spiegel" ein Bündel von Sprachmarotten in Deutschland etabliert, die für Tausende von Journalisten Norm-Charakter haben.

Also: Die Normsetzer sind unter uns! Leute, die sich überhaupt nicht getroffen fühlen von den rabiaten Forderungen der Normenstürmer; Leute, die großenteils nicht die Sachkenntnis und gewiß nicht die Selbstzweifel haben, durch die viele der Lehrer und Grammatiker sich immerhin auszeichnen; Leute, deren Absicht keineswegs Pflege und Kultivierung der Sprache, sondern die Durchsetzung ihrer politischen oder kommerziellen Zwecke mit sprachlichen Mitteln ist. Und denen sollten die Sprachwissenschaftler, Sprachkritiker, Schriftsteller, Deutschlehrer das Feld überlassen?

Weg mit der „hochmütigen Abstinenz gegenüber den Normen"! fordert Horst Sitta, Professor für deutsche

Sprache der Gegenwart in Zürich. Sie schaffen nur den Spielraum für all diejenigen, „die mit viel weniger Skrupeln Normen zu setzen bereit sind und die es per Saldo gewiß nicht begründeter tun, als wir das tun könnten".

Die meisten Mitglieder einer Sprachgemeinschaft *suchen* sich ihre Vorbilder – ob diese welche sein wollen oder nicht, ob die Propaganda ihr Anliegen ist oder die Sprachkultur. Also sollte die Minderheit derer, die ein Liebesverhältnis mit der deutschen Sprache unterhalten, ihre Vorbildrolle annehmen. Und sprechen sollten sie (wie W. E. Süskind fordert) so, daß das Volk *ihnen* aufs Maul schaut.

Die Wissenschaft von der Verständlichkeit

7. Das beliebte Vorbringen moderner Linguisten, daß Sprachnormen wissenschaftlich nicht zu begründen seien, kommt vierzig Jahre zu spät: Die *Verständnisforschung* ist längst eine exakte Wissenschaft, die Mehrzahl der Normen in dieser Stilkunde hat damit einen wissenschaftlichen Unterbau, und von den übrigen hängt die Mehrheit auch noch mehr oder weniger mit meßbarer Verständlichkeit zusammen.

Diese Wissenschaft begann 1949 mit dem Amerikaner Flesch, setzte sich in Deutschland durch mit der Untersuchung des Psychologischen Instituts der Universität Hamburg von 1974 (Langer/Schulz/Tausch), wurde seitdem mit vielen Arbeiten fortgeführt (zum Beispiel von Früh, Groeben, Straßner, Teigeler) und wird seit 1984 von einem Arbeitskreis unter Friedrich Knilli an der Technischen Universität Berlin betrieben.

Im selben Jahr gab die Bundesstelle für Büroorganisation und Bürotechnik im Bundesverwaltungsamt zu Köln ihre Broschüre „Bürgernahe Verwaltungssprache" heraus, die hier mehrfach als mustergültig zitiert worden ist, und die Bundesanstalt für Arbeitsschutz 1986 die Broschüre „Optimierung von Gebrauchsanweisungen", die in dieselbe Kerbe schlägt.

Die völlige Einigkeit über die Grundzüge eines guten Stils, die von Luther über Lessing und Jean Paul bis zu Ludwig Reiners reichte, setzt sich damit fort bis in Bundesbehörden und Universitätsinstitute. Es wäre also nicht zu früh, wenn die rechthaberischen Sprachnorm-Kritiker in den linguistischen Seminaren dieselbe Wende vollzögen, zu der sogar die Duden-Redaktion sich aufgerafft hat.

8. Soweit aber bei Sprach- und Stilnormen Wissenschaft nicht im Spiel sein kann, brauchen ihre Verfechter sich deswegen nicht zu verstecken: „Es ist dem Anspruch der Linguistik entgegenzutreten, die *einzig* sinnvolle, *einzig* rationale Betrachtung der Sprache zu sein", sagt Gauger. „Die Linguistik hätte die Aufgabe, einer rationalen Sprachpflege nicht nur wissenschaftshuberisch im Wege zu stehen, sondern umgekehrt: ihr Raum zu schaffen." In der Sprachwissenschaft gehe es um das Erkennen, in der Sprachpflege um das Wollen: „Der Unterschied entspricht dem zwischen der Historie und der Politik."

Und Sprachpolitik ist schließlich etwas, das man treiben darf, zumal wenn sie sich klar als solche zu erkennen gibt – „Sprachpolitik" nicht im Sinne von Lenin, Goebbels und Geißler, sondern als kalkuliertes Handeln mit offenem Visier, das auf Mitgestaltung zielt.

Können Normen wirken?

Daß aber Sprachnormen keine Chance hätten, weil die Sprache ja doch dahin treibe, wohin unbekannte Mächte oder schicksalhafte Entwicklungen sie drängten: Dieser Pessimismus vieler Sprachfreunde, den viele Normenstürmer als Hoffnung sehen, ist beweisbar falsch.

Warum sagen wir denn „Exkursion" nur noch zu einem wissenschaftlichen Gruppenunternehmen, zu allem anderen aber, was bis 1801 „Exkursion" hieß, *Ausflug?* Weil der deutsche Sprachforscher Joachim Heinrich Campe dies 1801 empfohlen hat. Warum sagen immer mehr Deutsche „Sohn Otto", wenn sie sich auf ihr eigenes Kind beziehen? Weil Rudolf Augstein dies dem „Spiegel" 1946 als Marotte verordnet hat. Warum ergehen sich Zehntausende von Studenten in ihrem Selbsteinbringungs-Kauderwelsch? Weil Adorno, Habermas, Marcuse es ihnen vorgemacht haben.

Es gibt keine Sprachentwicklung unabhängig von denen, die die Sprache sprechen. Jeder, der spricht oder schreibt, der dieses Wort wählt und jenes verwirft, hat ein bißchen zur Entwicklung seiner Sprache beigetragen. Politiker, Werbetexter, Lehrer, Journalisten üben bereits einen *meßbaren* Einfluß aus. Gewiß bestreitet niemand, daß Konrad Duden und seine Erben Einfluß haben; Normen haben sie selbstverständlich auch in jener Zwischenphase gesetzt, in der sie sie nach eigenem Bekunden nicht setzen wollten: Denn wenn im Duden die Istnorm steht, ist damit eben diese für Millionen Deutsche zur Sollnorm geworden. Einfluß zu nehmen ist schließlich auch der Ehrgeiz jeder Stillehre, und nicht immer ganz vergebens.

Was sagt die Sprachnorm zu „rasant"?

Rasant ist seiner Herkunft nach das Präsenspartizip zu dem französischen Verbum *raser,* welches rasieren, abrasieren, flach über den Boden streichen, dem Erdboden gleichmachen bedeutet.

Deutsche Ohren hörten im 20. Jahrhundert aus dem Wort jedoch nicht mehr „rasieren" heraus, das wir im 17. Jahrhundert aus demselben französischen *raser* abgeleitet haben, sondern sie fühlten sich an *rasend* erinnert und gaben dem Import nunmehr die Bedeutung „schnittig, rassig, rasend schnell", zum Beispiel von Sportwagen oder auch von Frauen.

Der Vorgang ist als *Wortkreuzung* bekannt: Fremdwörtern, die lautlich an ein deutsches Wort erinnern, wird der deutsche Wortsinn untergeschoben; ähnlich bei *opportun:* Das erinnert uns an *tun*lich, ratsam, angebracht, obwohl es ursprünglich günstig oder bequem bedeutet.

Noch kühner verfahren wir bei der sogenannten *Volksetymologie:* Da wird das Laut- und Schriftbild eines fremden Wortes so verändert, daß es dem deutschen Vorstellungsbild entspricht – zum Beispiel der „wendische Hund" zum *Windhund,* die indianische „hamaca" zur *Hängematte.* „Fällt von ungefähr ein fremdes Wort in den Brunnen der Sprache, so wird es so lange darin umgetrieben, bis es ihre Farben annimmt", sagt Jacob Grimm.

Demgemäß haben die meisten deutschen Wörterbücher sich entschlossen, beide Bedeutungen von rasant – „rasend" und „abrasierend" – anzuerkennen. Viele kritische Sprachfreunde jedoch halten daran fest, daß rasant nur „abrasierend" bedeuten könne; sie sind also strenger als der Duden, aber der ist ja seit 1971 lax genug.

Zu den Gegnern des Rasend-Rasanten zählte auch ich in meinem Buch „Deutsch für Profis" von 1982. Inzwischen habe ich meine Meinung geändert und plädiere dafür, umgekehrt die Bedeutung „abrasierend" allmählich aus den Wörterbüchern zu tilgen.

Den Anstoß dazu gab mir Wolfgang Müller vom Wissenschaftlichen Rat der Duden-Redaktion. In seinem Aufsatz „Das Sprachgefühl auf dem Prüfstand der Philologie" wirft er die Frage auf, wer mehr Sprachgefühl besitze: der typische Sprachkritiker, der die französische Bedeutung im Deutschen wachhalten, also das Wort *nicht* ins Deutsche integrieren will – oder jene Mehrheit der Deutschen, die bei rasant an „rasend" erinnert wird und die französische Vokabel unbefangen in eine kraftvolle Variante zu „rasend" verwandelt?

Das hat mich beeindruckt. So leiste ich einen kleinen Beitrag zum langsamen Wandel der Sprache; mit dem Ton auf „langsam", wofür das folgende Kapitel auch bei der Rechtschreibung plädiert.

Gegen die Demolierer der deutschen Sprache

Welch ein Abstand ist doch zwischen denen, die einst die Tempora und Modi der Verben und Kasus der Substantive und Adjektive erfunden und gesondert haben – und jenen Elenden, die dies alles zum Fenster hinauswerfen möchten, um, sich so ungefähr ausdrückend, einen ihnen angemessenen Hottentotten-Jargon übrigzubehalten.
Schopenhauer, Über Schriftstellerei und Stil

Wenn sie einen Schnitzer dreimal gedruckt gesehen haben, ist er ihnen klassisches Deutsch... So ist denn jeder Sudler dem anderen ein Cicero, eine sprachliche Autorität... Von den Schreibern dieses Zeitalters wird nichts auf die Nachwelt kommen als bloß ihr Sprachverderb – weil dieser sich forterbt wie die Syphilis.

Das Schlimmste an der Sache ist, daß allgemach eine junge Generation heranwächst, welche, da sie stets nur das Neueste liest, schon kein anderes Deutsch mehr kennt als diesen verrenkten Jargon des impotenten Zeitalters, welches sich ein Gewerbe daraus macht, die deutsche Sprache zu demolieren.
Schopenhauer, Über die seit einigen Jahren methodisch betriebene Verhunzung der deutschen Sprache

Die Verluderung der Sprache, die servilen, albernen Anglizismen, die inhaltlose Gestelztheit, die Pluralmanie, die Wortblasen sind ein besonders starker und trauriger Eindruck des Rückkehrers. Vor 30 Jahren, als man die Heimat verließ, hatten gute Zeitungen noch ihre eigenen Sprachpäpste, die über die Sprache wachten. Entweder sie oder die Zeitungen haben kapituliert.
Thilo Bode, 32 Jahre lang Zeitungskorrespondent in Asien und in England, 1985 über seine „Eindrücke von der Heimat Deutschland" in der „Süddeutschen Zeitung".

Mehrere Sprachen mittelmäßig zu lernen ist die Frucht der Arbeit einiger Jahre; die eigene Sprache rein und beredt zu sprechen ist die Arbeit des ganzen Lebens.
Voltaire

28. manbrif in sachen ortografi

> Ohne Regeln gibt es überhaupt keine Gesellschaft, auch keine künftige.
> *Dolf Sternberger*

Über keine Sprachnorm wird so oft und so erbittert gestritten wie über die äußerlichste und formalistischste von allen, die Rechtschreibung. Seit 1954 hängt das Damokles-Schwert der „Stuttgarter Empfehlungen" über uns, von einer „Arbeitsgemeinschaft für Sprachpflege" entworfen und damals durch den Einspruch Österreichs und der Schweiz blockiert: Die Großschreibung wird abgeschafft (außer bei Satzanfängen und Eigennamen); das Dehnungs-h und das Dehnungs-e verschwinden (also *denung, zan, wise*), alle gebräuchlichen Fremdwörter werden phonetisch geschrieben: *stazion, fär, kautsch, niwo.*

Ähnliche Pläne und vielerlei Varianten tauchen seitdem in lockerer Folge und mit wechselnden Erfolgsaussichten aus Amtsstuben und ideologischen Sümpfen auf. Die krasseste Forderung erhob 1986 Prof. Wolfgang Klein vom Max-Planck-Institut für Psycholinguistik. Es wäre kein Schade, schrieb er, „wenn man es jedem freistellen würde, *nütslich* oder *nützlich* oder *nützlig* zu *schreiben* oder zu *schraiben* oder zu *shraiben*. Die Klarheit des Ausgedrückten würde darunter nicht leiden ... Wenn das Verständnis nicht bedroht ist, dann kann man machen, wozu man lustig ist."

Lichtenberg meinte seinen „Forschlach, künftig keine Bainklaider mer zu tragen", wenigstens ironisch, als er ein neues „Süstem der Ortokrafi" vorschlug. Wolfgang Klein scheint es ernst zu sein. Wenn ein Berliner dazu lustig ist, *Aba im Jejenteil* zu schreiben, hat er recht; wenn sich ein Frankfurter für *Awwer im Geschedeil* entscheidet, muß er auch recht haben – nur Briefe tauschen können die beiden nicht mehr, und auch ein Buch, das beide lesen können, wird es nicht mehr geben.

Aber ist denn nicht die deutsche Orthographie von schwer erträglichem Unsinn voll? Haben die Reformer, auch wenn sie gelegentlich überziehen, nicht die Vernunft im Rücken? Wenn wir *Fogel* und *Wase* sprechen – warum schreiben wir sie beide mit dem gleichen V? Unser ch steht für vier verschiedene Laute: für den weichen Gaumenlaut in *ich*, den harten Rachenlaut in *ach*, das sch in *Charlotte* und das k in *Chor;* wobei die Buchstaben c und h, hintereinander ausgesprochen, überhaupt keinen menschlichen Laut ergeben.

Wo sollen wir den Rütmus suchen?

Oder der *Rhythmus!* Kaum ein Wort der deutschen Sprache buchstabiert sich ärgerlicher. Schulkinder stolpern zu Hunderttausenden über die Frage, ob es sich mit zwei h schreibt oder mit einem h nach dem r oder mit einem h nach dem t oder ganz ohne h.

Es begann mit der Torheit der Römer, die griechischen Schriftzeichen *rho* und *theta* so und nicht mit der lateinischen Umschrift *ro* und *teta* wiederzugeben, obwohl doch Griechen und Römer vermutlich, ebenso wie wir, außerstande waren, hinter einem r ein h zu hauchen. Es setzte sich fort mit der Torheit der Engländer und der Deutschen, diese beiden unaussprechlichen H's zu konservieren – während die Franzosen immerhin eines von ihnen abgestoßen haben (rythme), Italiener und Spanier aber beide *(ritmo).*

Wann endlich werden wir so klug wie diese sein und *Ritmus, Rütmus* oder *Rytmus* schreiben? Wie viele Schüler sollen sich noch mit dieser antiken Narrheit plagen – wie viele Erwachsene noch auf die „Gebildeten" ungebildet wirken, weil sie ein h vergessen haben? Wird nicht an diesem Punkt über alle Maßen klar, daß unsere Rechtschreibregeln diktatorische Züge tragen und die Erzwingung von Unsinn begünstigen?

Hatten also die berüchtigten hessischen „Rahmenrichtlinien für den Deutschunterricht" von 1972 nicht doch einige Vernunft für sich, als sie feststellten: Die

Rechtschreibung werde überbewertet, sie dürfe nicht mehr zum Kriterium von Versetzungen gemacht werden? „Grundkenntnisse" seien zwar weiter zu vermitteln, jedoch nur aus zwei Gründen: um die Schüler vor Benachteiligung durch „Traditionalisten" zu schützen und um sie „durch die Einsicht in die historische Bedingtheit der Orthographie zu einer kritischen Einstellung gegenüber der Rechtschreibung zu befähigen". Lerne nur, damit du kaputtmachen kannst: Das war der Geist von 1972.

Aus ihm gingen jene Lehrer hervor, die der Bundeselternrat 1986 ermahnte, den Schülern ein Vorbild an Korrektheit zu werden: Die Schule müsse der Rechtschreibung wieder *mehr* Aufmerksamkeit widmen. Im selben Geist, wenn auch mit einem Rückzugsgefecht am Schluß, heißt es im Vorwort zum Rechtschreib-Duden von 1986 (dem mit dem Aufdruck „Richtiges Schreiben ist wieder gefragt"):

> Der Wert einer einheitlichen, im gesamten deutschen Sprachraum verbindlichen und anerkannten Regelung der Rechtschreibung wird heute kaum noch in Frage gestellt. Auch der Rechtschreibunterricht an den Schulen erhält vielfach wieder einen höheren Stellenwert in den Lehrplänen. Nach wie vor sollte aber gelten, daß die Beherrschung der Rechtschreibung nicht als Gradmesser für Begabung und Intelligenz angesehen werden darf. Rechtschreibfehler sollten niemals überbewertet werden. Die Rechtschreibung ist als das anzusehen, was sie ausschließlich sein soll: ein Mittel zur Erleichterung und Verbesserung der schriftlichen Kommunikation.

„Heute" also weiß auch der Duden wieder, was er immer hätte wissen können: daß wir für eine Veränderung der Orthographie einen Preis zu zahlen hätten – einen hohen für eine neue, vereinfachte Norm und einen unerträglichen, wenn wir auf die Erzwingung einer Norm verzichten würden.

Wenn einer sich, von Wolfgang Klein ermutigt, angewöhnt hätte, *shraiben* zu schreiben: In seinem deutsch-englischen Taschenwörterbuch würde er (falls er noch das Alphabet beherrscht) das Wort auf Seite 1076 suchen und es dort nicht finden. Es steht nämlich in genormter

Orthographie auf Seite 1062. Das Stichwort *Rhythmus* findet sich in einem 20bändigen Lexikon in Band 15, *ritmus* aber würde in Band 16 unterkommen, und zwar 76 Seiten später, *rütmus* 361 Seiten später, *rytmus* 366 Seiten weiter hinten. Je nachdem, ob das Lexikon vor oder nach der Reform erschienen und ob sein Benutzer schon auf die neue Schreibweise eingeschworen wäre, müßte er also Sprungversuche über Hunderte von Seiten machen, um ein Stichwort zu finden, und wenn er von dem alten Schriftbild nichts mehr wüßte, würde ein älteres Lexikon für ihn unbrauchbar.

Dies auch dann, wenn die Deutschen sich auf eine neue Schreibnorm einigten. Doch wer gegen jede Schreibnorm auftritt – wo will der den *rüttmuss* finden? Wonach richtet sich die Lexikon-Redaktion? Soll sie ihren 20 Bänden einen 21. vorausschicken, in welchem sie mit Kreuz- und Querverweisen ihre Schreibsitten vorstellt? Und mit welchem Recht würde der Herausgeber des Lexikons von seinen Redakteuren fordern, sich auf gemeinsame Schreibweisen zu einigen – müßte es nicht möglich sein, daß unter *Musiek* auf das Stichwort *Rittmuss* verwiesen wird, während der Bearbeiter dieses Bandes es vorzieht, *Rytmuhs* zu schreiben, womit er dann 300 Seiten weiter hinten eingeordnet werden müßte? „So ein Kvač!" meinte der tschechische Lektor.

Der Tod aller Bücher

Schreibnormen *müssen* also sein, und noch schlechte Normen sind besser als keine. Nur sind eben, wenngleich man es sich ungern eingesteht, auch alte Normen besser als neue:

Zum ersten der Lexika wegen, wie am Beispiel „Rhythmus" dargetan, doch für fremdsprachliche Wörterbücher gilt dasselbe, auch für Register und Karteien. Zum zweiten würden neue Schreibnormen, etwa im Sinne der „Stuttgarter Empfehlungen", die dramatische Wirkung haben, alle nach der alten Norm gedruckten Bücher, die Schätze aller Bibliotheken fast unlesbar zu machen für die, die in die neue Norm hineingewachsen wären. Der *Mahnbrief* sähe für sie nicht weniger abstoßend, lächerlich und schwer begreifbar aus als der *manbrif* für uns. Wer aber die alte Orthographie noch entziffern könnte, würde kaum die Lust zu solcher Mühe spüren. Binnen einer Generation also wären die Milliarden Bücher deutscher Sprache nur noch ein Studienobjekt für Philologen – oder Altpapier.

Soll daraus nun folgen, daß unsere Rechtschreibung für alle Zeit tabu wäre, kompliziert wie sie ist, unlogisch, widersprüchlich und mit historischem Ballast überfrachtet? Nein – man muß sich nur Zeit lassen. Die schlimmsten Reformen sind ja die, mit denen ein ausgeruhter Kopf am Donnerstag die deutsche Sprache überziehen will, weil er am Mittwoch ein Aha-Erlebnis hatte. An Schreibnormen sollte man sich nur etwa alle fünfzig Jahre wagen, und dann in kleinen Schüben. Das genügt durchaus für einen Kompromiß aus historischem Bestand und praktischem Bedürfnis.

Da hat also das Land Preußen 1926 festgelegt, daß *Telephon, Photographie* und einige andere dieser Wörter auch mit f geschrieben werden dürfen. Der Duden hat sich dem angepaßt und läßt noch heute beide Schreibweisen zu, inzwischen mit dem f als erstem Angebot. Nun könnte man zwei kleine Schritte weitergehen: *Telefon* wird zur alleinigen Norm erhoben, für alle anderen Wörter mit ph wird die Schreibweise mit f gestattet (*Fantasie,* warum nicht) – und in weiteren fünfzig oder sechzig Jahren könnte man das törichte lateinische ph verbannen.

Bis unsere Nachkommen dann wirklich mit alten Büchern Schwierigkeiten hätten, wären ein paar Jahrhunderte vergangen. Für uns selbst und unsere Kinder aber wären fünfzig Jahre ein überaus menschenfreundliches Intervall: Den Lebenden, möglicherweise kurz nach dem Schulabschluß mit einer radikalen Rechtschreibreform konfrontiert, bliebe es erspart, jahrzehntelang eine falsche Gewohnheit mitzuschleppen, die ihnen alles neu Gedruckte schwierig macht, während die Jüngeren über sie lachen.

Großbuchstaben für Leser!

Die wenigsten der bisher erhobenen Einwände treffen jedoch ein Problem, das die Gemüter immer wieder heftig bewegt und dem auch die meisten Reformvorstöße gelten: die Großschreibung der Hauptwörter. Erst im Barock ist sie als zunächst willkürlicher Schnörkel aufgetaucht, Jacob Grimm und Stefan George haben sie in ihren Schriften verhindert, der Duden hat sie mit einem Gestrüpp von Varianten, Ausnahmen, Unterausnahmen und Kuriositäten überzogen: mir ist angst – ich habe Angst; im Recht sein – unrecht tun.

So wird seit 1954 immer wieder die Kleinschreibung gefordert, von der nur Satzanfänge und Eigennamen ausgenommen bleiben sollen. Die Kultusminister der Bundesrepublik haben 1973 sogar einstimmig beschlossen, diese fast totale Kleinschreibung einzuführen – von den Reformern wird sie irreführenderweise als „gemäßigte" verkauft, obwohl noch mehr Unmäßigkeit in keiner Sprache vorkommt.

An den Vollzug ihres Beschlusses haben die Kultusminister bis heute nicht gedacht. Dabei wäre die Vereinfachung in der Tat enorm, von Millionen Schülern würde ein Alpdruck genommen, die vermutlich überhaupt häufigste Art von Normverstößen in Mitteleuropa fände nicht mehr statt. Nur daß es da ein paar Nachteile gäbe.

Um mit den kleineren zu beginnen: Sollen wir die Eigennamen auch dann groß schreiben, wenn sie als Adjektive auftreten? The German language, schreiben die Engländer – soll es in Zukunft „die Deutsche sprache" heißen? Da hätten wir die Großbuchstaben nur vertauscht und nichts erreicht als ein irritiertes Augenzukken. Und was sind eigentlich Eigennamen – wie steht es mit ostern, dem mai, der sonne, dem sturm und drang, dem herrn oberbürgermeister? Neue Zweifelsfälle lägen zu Hunderten auf der Lauer.

Bei substantivierten Adjektiven (das Schöne) und Verben (das Schreiben und das Lesen) hat die Großschreibung eine ausgesprochen erhellende Funktion: *Die mei-*

sten verdächtigen, das sagt mir noch nicht, ob damit schon das Subjekt des Satzes genannt ist (die Verdächtigen eben) oder ob ich mich noch am Anfang einer Attributenschlange befinde: „Die meisten verdächtigen, jedoch bisher nicht festgenommenen Personen..." Da besitzen wir also das Signal „Achtung, ich bin das Subjekt", wir sind dankbar dafür im Irrgarten typischer deutscher Sätze – und nun will man es beseitigen!

Wenn wir lesen	Soll das dies heißen?	Oder das heißen?
Schweizer, die Deutschen boden verkaufen	Schweizer, die deutschen Boden verkaufen	Schweizer, die Deutschen Boden verkaufen
Ich habe liebe genossen	Ich habe liebe Genossen	Ich habe Liebe genossen
Der junge sieht dir ungeheuer ähnlich	Der Junge sieht dir ungeheuer ähnlich	Der Junge sieht dir Ungeheuer ähnlich
Der gefangene floh	Der gefangene Floh	Der Gefangene floh
Wenn wir weise reden hören	Wenn wir weise Reden hören	Wenn wir Weise reden hören
Das ist eine schale suppe	Das ist eine schale Suppe	Das ist eine Schale Suppe
Wir werden die reformer zu meistern haben	Wir werden die Reformer zu Meistern haben	Wir werden die Reformer zu meistern haben
Helft den armen vögeln	Helft den armen Vögeln	

Wie die Großschreibung für Klarheit sorgen kann

Wie überhaupt die Reformer keine Kenntnis nehmen von der Signalwirkung, die jeder Großbuchstabe bei jedem Hauptwort hat. „Allgemeinlogischen begriffen bin ich feind", schrieb Jacob Grimm, wobei mancher Leser unwillkürlich auf das falsche Gleis geleitet wird: „Allgemeinlogisch begriffen... ist diese Aussage falsch." Auch ist nicht einzusehen, warum der Satzanfang, den doch

ohnehin der Punkt markiert, nun plötzlich optisch mehr
Gewicht bekommt als die tragende Säule des Textes. Bei
kurzen Verszeilen wird das wirklich kurios:

> Sprich nicht immer
> Vom zerschellen
> Reifer quitten

fordert Stefan George (warum auch immer), der übrigens
sfäre schreibt; ihm allerdings sagt man nach, er habe
seinen Lesern Mühe machen *wollen,* um sie zu langsamer
Lektüre zu zwingen.

Die Reformer wollen Mühe nicht machen, sondern
sparen: den Schreibern. Das würde ihnen mit Sicherheit
gelingen. Nur taucht in der ganzen Diskussion überraschend selten die Frage auf, wie es mit der Mühe der
Leser bestellt ist. Daß Leser nach lauter Kleinbuchstaben
lechzten, ist natürlich falsch und nie auch nur behauptet
worden.

Umgekehrt: Seit 1985 liegt eine von der Deutschen
Forschungsgemeinschaft finanzierte Studie der Universität Bochum vor, wonach das Lesetempo beim Verzicht
auf Großbuchstaben drastisch sinkt – und zwar nicht nur
wegen mangelnder Gewöhnung der Testpersonen; vielmehr braucht das Gehirn mehr Zeit, Wörter aus einem
gleichförmigen Buchstabenbrei nur nach ihrer Bedeutung einzuordnen, als wenn es dabei durch die Signalwirkung der Großbuchstaben unterstützt wird.

Leuchttürme sind sie, die Großbuchstaben! Nicht selten die einzigen Lichter in einem deutschen Satzlabyrinth. Da wir die unpraktischste Syntax der Welt haben,
besteht bei uns auch das stärkste Bedürfnis nach solcher
Erleuchtung. Wenn deutsche Professoren einen Wortverhau errichten wie hier oft glossiert, sollten sie wenigstens den Anstand haben, uns nicht auch noch der letzten
Orientierungspunkte zu berauben. Der Eifer der Reformer ist wieder einmal dramatisch größer als der Bedarf
der deutschen Sprache an den Reformen, die sie anbieten
– aus unkontrollierter Bastelfreude oder um ihren Namen in den Duden einzugraben.

Reicht unsere Großschreibung?

Die Zahl der großgeschriebenen Wörter geht ohnehin langsam zurück: Wir schreiben gar nicht mehr „des Abends" oder „in Folge dessen". Da sollte man unbefangen prüfen dürfen, ob die Kleinschreibung nicht auf manchen Gebieten zu weit geht. Mir scheint sie übertrieben bei den Zahlwörtern, und ich behaupte, daß da mögliche Verständnis-Erleichterungen verpaßt werden.

Laut Duden müssen wir schreiben *die Zwei*, wenn wir die bloße Zahl benennen, die abstrakte Größe, aber *die zwei*, wenn wir „die beiden" meinen, die zwei konkreten Menschen da. Sind nicht zwei zum Anfassen geeignete Personen geradezu der Inbegriff dessen, wozu die Großschreibung ersonnen wurde?

Noch ärgerlicher ist die verordnete Kleinschreibung bei der *einzelne*, die *meisten, alle*. Der *einzelne* ist fast immer ein Mensch, und „alle" als Statthalter für eine große Zahl von Menschen – das soll kein Hauptwort sein? *Sind alle Komplizen* – geht der Satz nun weiter: „... zur Stelle?" Oder stellt er bereits eine komplette Frage dar: „Sind *alle* Komplizen?" Die Orthographie könnte mir ein Signal geben, aber sie gibt es nicht. *Das Glück aller*, wenn ich fünf Milliarden Menschen meine: Das nicht groß zu schreiben ist erstens unlogisch und zweitens ein ausgesprochenes Lesehemmnis; in meinem Buch über das Glück habe ich daher die Schreibweise „das Glück Aller" und „die Zufriedenheit der Meisten" gegen die Korrektoren durchgesetzt.

Inzwischen sind die Reformer zahm geworden, lassen die Großschreibung unangetastet und wollen uns neue Schreibweisen nur für 12000 Wörter verordnen. Österreich und die Schweiz haben das 1995 abgesegnet, bei mehreren deutschen Kultusministern regte sich Widerstand; ob sie nun kommen würde, 12000fache Belästigung von fast 100 Millionen Menschen deutscher Muttersprache, war bei Drucklegung dieses Buches noch nicht abzusehen.

29. Ein Hoch auf Konjunktiv und Genitiv

> Wenn ich sitze, will ich nicht
> Sitzen, wie mein Sitz-Fleisch möchte,
> Sondern wie mein Sitz-Geist sich,
> Säße er, den Stuhl sich flöchte.
>
> *Christian Morgenstern*

Eine der erstaunlichsten Leistungen unserer Ahnen, als sie für sich und uns das Haus der Wörter zimmerten, war die Erfindung des Konjunktivs: eines Modus, ausdrücklich ersonnen, um das zu benennen, was *nicht* ist – wovon wir nur hoffen, daß es sein könnte (Wenn doch endlich ein Gewitter käme!), oder bedauern, daß es war (Wäre ich ihm bloß nie begegnet!). Eine eigene Verbform für das lediglich Vorgestellte, „eine innere Auflehnung gegen die Wirklichkeit", wie Arno Schmidt es nennt, „sogar ein linguistisches Mißtrauensvotum gegen Gott: Wenn alles unverbesserlich gut wäre, bedürfte es gar keines Konjunktivs." Wenn es *wäre,* eben.

Der Konjunktiv verbindet *destruktive Potenz* mit *produktiver Energie,* schreibt Albrecht Schöne in einer Untersuchung über die Rolle des Konjunktivs bei Lichtenberg. „Was wäre, wenn..." oder „Könnte man nicht...": Das sei die Geisteshaltung des experimentierenden Physikers, der Lichtenberg von Beruf war, übertragen auf Philosophie, Psychologie und Moral mit jenem sprachlichen Mittel, das imstande sei, den Zweifel am Überlieferten in einem einzigen Modus einzufangen mit der Vision des Neuen, und auch noch den Zweifel an dieser Vision.

Diese große Denk- und Sprachleistung, kühn in der Erfindung und oft tröstlich im Gebrauch, war vielen Leuten immer zu schwierig und verliert in unserem Jahrhundert weiter an Ansehen – vermutlich deshalb, weil ihre grammatische Form kompliziert, ihr Klang zum Teil schon ungewohnt und ihre Abgrenzung zum anderen Konjunktiv, dem der indirekten Rede, offenbar den meisten eine zu hohe Hürde ist.

Ich *hätte, wäre, möchte, dächte,* das sagen wir ja noch; aber die wenigsten vermöchten einen Satz zu formulieren wie den in Matthäus 16, 26: „Was hülfe es dem Menschen, wenn er die ganze Welt gewönne und nähme doch Schaden an seiner Seele?" Dabei liest man *hülfe* im „Spiegel", auch *schmölze* und *würfe; gewänne* wie *erwürbe* in der FAZ; *untergrübe* in der „Süddeutschen Zeitung"; *röche* bei Enzensberger (S. 271).

Doch es ist zuzugeben: Etliche dieser klangvollen Formen sind so ungebräuchlich und wirken, zumal auf jüngere oder weniger gebildete Leute, derart hochgestochen oder antiquiert, daß man schon prüfen muß, ob man mit solchen Konjunktiven nicht Leser verscheucht, die man erreichen will. Wie im Motto dieses Kapitels Christian Morgenstern den Stuhl sich *flöchte,* das ist so überzogen schön, daß es in die „Galgenlieder" besser paßt als in einen ernstgemeinten Text. Für ironische Wirkungen eine kostbare Form, in der Tat: „So ist es nicht, Herr Hauptmann, daß ich Ihnen in den Hintern kröche!" Und wenn nur ein Fünkchen Hoffnung glömme, daß uns der Zeitgeist nicht entgegenbliese: Wir täten alles, daß er weiter gölte und nicht verdürbe, der schöne deutsche Konjunktiv.

Hat Brandt nun oder hätte er nur?

Ist der Irrealis, von dem bisher allein die Rede war, wenigstens in seinen schlichten Ausprägungen wie *hätte, wäre,* auch noch *käme* halbwegs populär, so hat der andere Konjunktiv noch nie viele Freunde gehabt: der für die indirekte Rede („Er sagte, er *habe* keine Lust"). In der Schweiz gibt es viele, die wirklich so sprechen; in Deutschland schätze ich die Zahl derer, die den Konjunktiv der indirekten Rede schriftlich korrekt verwenden, auf höchstens hunderttausend, und auf wenige tausend die, die ihn auch mündlich richtig setzen.

Dabei ist es so wichtig, ihn einerseits gegen den Indikativ abzugrenzen und andererseits gegen den Konjunktiv der Unwirklichkeit. „Brandt sagte, nur die SPD *habe* die Antworten auf die Fragen der Zukunft": Das ist eben etwas anderes als „... nur die SPD *hat*...", nämlich der deutliche Hinweis des Zeitungsredakteurs oder des Nachrichtensprechers, daß er hier nicht seine eigene Meinung kundtut, sondern die Worte eines anderen, des Redners, zitiert, für deren Richtigkeit er keine Gewähr übernimmt.

Diese Abgrenzung zum Indikativ, der direkten Aussage, ist sprachlich, logisch und sogar politisch verdienstvoll, und die meisten Journalisten haben erfreulicherweise keine Mühe mit ihr. Viel schwerer fällt es ihnen offensichtlich, den Konjunktiv der indirekten Rede (er sagte, er *habe*) zu unterscheiden vom Konjunktiv der Unwirklichkeit (er sagte, er *hätte*).

Dabei besagt die zweite Form faktisch das Gegenteil der ersten: „Er sagte, er *habe* Geld", bedeutet: Er hat welches. „Er sagte, er *hätte* Geld", läuft darauf hinaus, daß er keins hat – denn *hätte* ist Irrealis, der Ausdruck des Unwirklichen, des Kein-Geld-Habens; das *hätte* wäre also nur dann korrekt verwendet, wenn der komplette Satz zum Beispiel hieße: „Er hätte ja Geld, er habe es nur leider in Frankfurt liegenlassen." Ähnlich: „Er sagte, er *komme*" heißt: er kommt; „Er sagte, er *käme*" aber: Er kommt nicht; denn korrekt ist das *käme* nur in einem Satz wie: „Er käme gern, wenn er nicht krank wäre."

Um es noch einmal durchzuexerzieren, mit hoffentlich erhellender und erwünschter Redundanz:

- Nur die SPD *hat* die Antworten auf die Fragen der Zukunft, sagte Brandt – das ist eine Parteinahme des Sprechers oder Schreibers *für* die SPD, er identifiziert sich mit Brandt.
- Nur die SPD *hätte* die Antworten auf die Fragen der Zukunft – das ist de facto eine Parteinahme *gegen* die SPD, weil *hätte* den Konjunktiv der Unwirklichkeit ausdrückt, also das, was die SPD *nicht* hat.
- Nur die SPD *habe* die Antworten auf die Fragen der

Zukunft – das ist die allein korrekte, unparteiliche Wiedergabe dessen, was Willy Brandt gesagt hat.

Diese gravierende, nützliche, zumutbare und noch dazu hochpolitische Unterscheidung hat nun leider zwei Gegner: den überwiegenden Sprachgebrauch und den Duden. Wolfgang Müller vom Wissenschaftlichen Rat der Duden-Redaktion schreibt, der Unterschied der Konjunktive werde „noch" gelehrt, und der Duden selbst verharrt hier im bloßen Registrieren, von dem er sich sonst doch wieder abgewandt hat: Der Konjunktiv I (*habe, sei*) werde „am weitaus häufigsten in der indirekten Rede gebraucht", der Konjunktiv II (*hätte, wäre*) „am häufigsten zur Kennzeichnung des nur Vorgestellten". Das ist die Beschreibung eines Gebrauchs, und zwar eines teilweise falschen – falsch gemessen an dem, was der Duden früher dekretierte und was die Mehrzahl der Berufsschreiber im deutschen Sprachraum durchaus praktiziert.

„Ansonsten *sei* die Arbeit des Kirchentags vergeblich gewesen", hieß es in der Tagesschau – nach der korrekten und laut Duden immerhin weitaus häufigsten Verwendung bedeutet dies: Die Arbeit des Kirchentags *war* vergeblich. Das aber meinte der Sprecher offensichtlich nicht; er wollte sagen: „Andernfalls *wäre* die Arbeit des Kirchentags vergeblich gewesen" – sie war also *nicht* umsonst („Andernfalls" ist eine der drei Bedeutungen des leidigen Modeworts *ansonsten;* die anderen: „sonst" und „im übrigen"). Die Tagesschau konnte Ja und Nein nicht auseinanderhalten, wie schade! Sie konnte sich dabei auch noch auf den Duden berufen – welch ein Jammer.

Deutsche Vorzüge – englische Trümpfe

Die beiden Konjunktive, die so radikal Verschiedenes bedeuten, haben freilich einen schlimmen Nachteil: Die Konjugation gibt nicht bei allen Verben in allen Personen die zwei Formen her, die wir zur Unterscheidung brauchten. Du sagtest mir, du *habest* – Du sagtest mir, du *hättest;*

das ist klar: Ich zitiere dich mit einer Äußerung, die im ersten Fall *du hast,* im zweiten Fall *du hast nicht* bedeutet (du hättest nur fast ...)

Aber: „Du sagtest, *ich habe*": Das ist kein Konjunktiv. Die Form drückt nicht aus, daß ich hier nur zitiere. Folglich müssen wir uns für die indirekte Rede den einzigen Konjunktiv *borgen,* den die Konjugation hergibt: „Du sagtest, ich *hätte*". Dies ist die Form der Unwirklichkeit; doch in Ermangelung einer eigenständigen Form für die indirekte Rede muß sie auch für diese herhalten.

Das ist ärgerlich – für jene Minderheit, die den Unterschied praktiziert. Die Mehrheit, die ohnehin die Konjunktive verwechselt, kann darunter kaum leiden und hat auch keinen Grund zur Schadenfreude: Uns fehlt das *perfekte* Instrument; ungeheuer viel reicher als die Engländer sind wir trotzdem: Sie müssen, wenn sie mehrere Sätze indirekt zitieren, in hartnäckiger Folge *he said* einstreuen, um das Bewußtsein wachzuhalten, daß sie die Meinung eines anderen wiedergeben. Den Konjunktiv der Unwirklichkeit besitzen sie nur in vereinzelten Formen: „If I were".

Dem stehen zwei Vorzüge der englischen Konjugation gegenüber: die Möglichkeit, zu unterscheiden zwischen *I smoke* = ich bin Raucher und *I am smoking* – ich rauche (gerade); zum zweiten die schöne Ausschöpfung eines Zeitraums, wo wir auf das ärmliche Präsens angewiesen sind: „Ich lebe seit zehn Jahren in Frankfurt", obwohl doch nur der letzte dieser 3652 Tage Gegenwart ist, alle anderen Vergangenheit. Da haben die Engländer jene königliche Form, mit der sie die ganzen Jahre Revue passieren lassen: *I have been living in Frankfurt for ten years.*

Was folgt daraus? Natürlich nicht, daß wir die beiden Vorzüge der englischen Konjugation ins Deutsche übernehmen: Dergleichen könnte nicht einmal der „Spiegel" durchsetzen. Es folgt daraus indessen, daß das populäre Argument „Die Engländer kommen doch auch ohne Konjunktiv aus" nicht sticht: Ja, in keiner Sprache sind alle Reichtümer und Abstufungen versammelt; jede hat ein paar Vorzüge, die zu pflegen sich lohnt; zu denen des Deutschen gehören die beiden Konjunktive: ästhetisch schön, logisch befriedigend und auch noch politisch nützlich.

Dem Autoren einen Bär aufbinden

Von der *Konjugation,* der Beugung der Verben, zur *Deklination,* der Beugung der Substantive und Adjektive: Sie ist das andere große Tummelfeld derer, die ahnungslos, gleichgültig oder mutwillig die grammatische Norm verletzen (und nur die unter Gebildeten häufigsten Verstöße werden hier behandelt).

Im Unterschied zu den Konjunktiven ist die Deklination nicht etwa unpopulär; vielen, zumal jüngeren Leuten scheint sie solchen Spaß zu machen, daß sie Endungen hinzuerfinden, die in der Grammatik nicht vorgesehen sind: *diesem Typen* sagen sie statt „diesem Typ" und *dem Autoren,* obwohl es eindeutig und mit Dudens Segen „dem Autor" heißt; noch geben wir ja auch nicht *dem Motoren* Öl.

Doch scheint es der Deklination ähnlich zu ergehen wie der Zeichensetzung: Man hat nichts gegen ein Quantum angehängter Endungen und nichts gegen ein Quantum Kommas, aber wohin sie gehören, das weiß man nicht so genau. Dieselben Leute, die den *Autoren* um ein Autogramm bitten, ziehen sich Zigaretten *am Automat* und sehen *einen Bär* im Zoo. „Lebenslang für Exil-*Ungar*", druckt die „Frankfurter Rundschau", „Das Verhältnis Italiens zum *Nachbar* Libyen" druckt die FAZ.

Manchmal ist es die Platznot in der Zeitungsüberschrift, was die Deklination behindert; am größten scheint diese Not in der „Frankfurter Rundschau" zu sein – dort liest man: *Tag der Befreiung gedacht, Hüttendorf Erdboden gleichgemacht, Washington reicht Kürzung* (wo nur ein phantasievoller Kopf noch herauslesen kann, daß der amerikanischen Regierung die Kürzung genügt, welche auch immer).

Die Chefredakteure erfolgreicher Zeitschriften fühlen sich ermächtigt, den Namen ihres Blattes aus der deutschen Deklination herauszunehmen. An „des Spiegel" und „des Stern" haben die meisten sich gewöhnt, obwohl es nicht sinnvoller ist als „diese Ausgabe der Rheinische Post". Härter klingt vielen die Deklinationsverweigerung der „Bunten Illustrierten" im Ohr: Die Auflage „von Bunte" muß man lesen und „Ihre Liebe zerbrach. Bunte verriet sie, warum." (Bunte verriet sie! Warum?)

Nach dem Verkauf an Konkurrent Burda, heißt es im „Spiegel": die Nichtdeklination als Masche, als Bestandteil des Erfolgsrezepts, wofür Kap. 12 die Beispiele bot. Da mit dem Autoren und dem Typen bewiesen ist, daß eine durchaus deklinationsfreudige Jugend nachwächst, muß der statistisch erwiesene Rückgang der Genitiv- und Dativ-Endungen im Deutschen mit solchen Stilmustern zusammenhängen.

Wieder einmal also läßt sich aus dem „Spiegel" Hoffnung schöpfen: Es ist eben nicht wahr, daß die Sprache sich unsteuerbar entwickle. Die Marotten, die ein einzelner seiner Redaktion verordnet hat, haben im Gegenwartsdeutsch tiefe Spuren hinterlassen. Gar nicht auszudenken, was ein Augstein des *guten* Deutsch an Segen stiften könnte.

Der bayerische Konjunktiv

In einigen Dialekten haben sich eigenständige Formen des Konjunktivs der Unwirklichkeit erhalten; so im Bayerischen. „Bois amoi *rang, daß da Dreck spratz*" (Wenn es mal regnete, daß der Dreck spritzte): Das ist altbairisch und nicht mehr gebräuchlich.

Lebendig ist jedoch noch der Konjunktiv auf -at: *I mechat* = Ich täte mögen. Der Münchner Regisseur Kurt Wilhelm hat ihn in einem Gedicht über die idealen Fernseh-Einschaltquoten 16mal untergebracht:

> Wenn ma des schaffat,
> daß der Dallas- mitm Denver-Clan raffat,
> de Biene Maja an Nils Holgerson stechat,
> der Derrick beim Schimanski eibrechat,
> und der Alte eahm schnappat,
> wenn des amal klappat,
> daß der Karajan de lustign Musikantn dirigierat
> und der Pumuckl de Heidi verführat,
> de Hellwig an Placido Domingo dazua bringat,
> daß er an Erzherzog-Johann-Jodler singat,
> der Gorbatschow mitm Reagan beim Elsner wettat,
> daß mitm Wettrüstn a End endlich hättat,
> der Boris Becker an seim Tennis-Arm lahmat
> und in de Schwarzwald-Klinik neikamat
> der Dr. Schiwago den Schadn behebat...
> was moanst, welche Einschaltquotn des nacha gebat.

30. Die elektronische Schlampe

> Am Anfang war das Ding ein Horror. Dann war es wie eine elektrische Eisenbahn. Und heute soll die Eisenbahn immer größer werden, immer mehr Weichen rein, immer mehr Züge drauf.
> *Ein „Redaktroniker" in: Jürgen Prott u. a., Journalisten an Bildschirmgeräten*

In Bewegung war die Sprache immer: durch das Wechselspiel von Erfindung und Verschleiß; durch Entdeckungen oder neuartige Ereignisse, die nach Benennung riefen; durch Moden; durch den Anprall einer anderen Sprache, der vom Nachbarvolk kommen konnte oder von der jeweils dominierenden Kulturnation.

Wodurch sich die Entwicklung in den letzten Jahrzehnten bis zum Irrsinn beschleunigt hat, davon war in Kap. 1 die Rede: durch die Internationalisierung der Geschäfte, des Tourismus, der Kultur, durch den wachsenden Übermut der Experten und vor allem durch die elektronischen Medien. Hörfunk und Fernsehen haben einer Minderheit das Privileg verschafft, die Mehrheit mit den Produkten ihrer Schwatzlust zu berieseln; unseren Politikern geben sie die Chance, ihre erbaulichen Phrasen in schlechtem Deutsch nicht nur vor den paar hundert Leuten auszubreiten, die ihnen früher lauschten, sondern vor den 15 Millionen Hörern der Tagesschau.

Und nun die Computer. Nicht, daß sie die Wortsprache zurückdrängten oder gar entbehrlich machten: Wer sie programmieren und bedienen will, muß zwar meist formalisierte Zusatzsprachen lernen – dies jedoch oft zu dem ausdrücklichen Zweck, mit ihrer Hilfe den guten alten Wörtern den Weg zu bereiten. Die Mehrheit der Journalisten, immer mehr Briefschreiber und eine wachsende Zahl von Schriftstellern tippen ihre Texte nicht mehr in eine Schreibmaschine, sondern in einen Rechner ein, und das Resultat ist nicht das Manuskript (das eigentlich *Typoskript* heißen müßte, wenn es aus der Schreibmaschine kommt), sondern die *Diskette,* der magnetische Datenspeicher.

Nun enthält die Tastatur des Computers dasselbe QWERTZUIOPÜ wie die Schreibmaschine, und dieselben Menschen wie früher bedienen sich ihrer in derselben Absicht wie früher – was die Frage nahelegt: Unterscheidet sich die Qualität der elektronisch eingegebenen Texte überhaupt von der eines Typoskripts? Nein, sagen viele Benutzer: Ein guter Schreiber bleibt ein guter Schreiber und ein guter Satz ein guter Satz, ob mit Tinte, Farbband oder Bildschirm.

Doch diese Auskunft ist von einer Treuherzigkeit, die von der Beschaffenheit der Texte, die aus dem Computer kommen, ebenso in Frage gestellt wird wie von der Geschichte der Medien. Denn von jeher wirkt die Technik der Kommunikation auf die Form und den Inhalt des Mitgeteilten zurück – dies der Sinn des Schlagworts *the medium is the message,* das der kanadische Medienphilosoph Marshall McLuhan 1964 mit seinem Buch „Understanding Media" in Umlauf setzte; und so viel modischer Mißbrauch damit auch getrieben wurde: Im Kern ist der Satz wahr.

Stilbildner: Eisenbahn – Comics – Telegramm

Wir sahen ja, wie die Einführung der *Schrift* den Zwang zu lapidarer Kürze mit sich brachte, da die Zeichen zunächst nur gestichelt, geschnitzt oder gemeißelt werden konnten. Das Pergament linderte diese Not, das Papier erlaubte die Rückkehr zur Redseligkeit. Mit dem *Buchdruck* verselbständigte sich das geschriebene Wort und lastet seither schwer auf der mündlichen Rede.

Dem russischen Lyriker Ossip Mandelstam zufolge hat die *Eisenbahn* „die Struktur und den Rhythmus unserer Prosa vollkommen verändert... Sie ist nun vollgestopft mit Rangiergeräten, Deliriumspartikeln und Präpositionen; aller Sorge um Schönheit und Ebenmaß ist sie enthoben." Sein Landsmann Jewgenij Samjatin schrieb:

„Die Schilderungen im Postkutschentempo gibt es nicht mehr – nur noch den lakonischen Stil, der jedes Wort mit Hochspannung auflädt. In einer Sekunde muß man so viel fragen wie früher in einer Minute; die Syntax wird elliptisch, sie fliegt... Der ungewöhnliche Ausdruck ist gefragt. Die Gegenstände haben nur das eine Merkmal, das man vom *Auto* aus erkennen kann..."

Der *Telegrammstil* mit seinen extremen und oft künstlichen Wortverkürzungen („Eintreffe Dienstag...") war natürlich unbekannt, ehe der Telegraph erfunden wurde, und hat doch der Schriftsprache Keßheiten ermöglicht, wie man sie noch heute in der „Bildzeitung" oder im „Spiegel" finden kann, wenn er *Präside* statt Präsidiumsmitglied schreibt. Das *Telefon* zog zunächst eine überspitzte Artikulation nach sich („fünnef"), auch das Buchstabier-Alphabet (Anton-Berta-Cäsar), und in seiner heutigen Verbreitung läutet es den Tod einer hochspezialisierten Schreibkultur ein, des privaten Briefes; sie wiederum hatte erst entstehen können, als Papier und Alphabetisierung mit einem organisierten Postwesen zusammentrafen.

Die *Schreibmaschine* unterbrach den direkten Kontakt zwischen Hand und Wort, sie schob einen technischen Ablauf zwischen den Gedanken und seinen Ausdruck, an die Stelle der beiläufigen Korrektur setzte sie das umständliche Geschiebe eines Wagens, und dem Empfänger verweigerte sie das individuelle Schriftbild des Absenders; so läßt sich die Behauptung hören, es bestehe ein Zusammenhang zwischen dem kargen Stil des Ernest Hemingway und der Tatsache, daß er einer der ersten Schriftsteller war, die in die Maschine tippten.

Das *Radio* hat die Geschwätzigkeit zur Einkommensquelle gemacht; die Schnittechnik des *Films,* das krasse Gegeneinandersetzen des Unzusammenhängenden, hat auf die Erzähltechnik abgefärbt. Das *Fernsehen* wiederum hat den Film verändert: Früher konnte er gemächlich, heute muß er aufregend beginnen, da man im Kino das Programm nicht wechseln kann, im Fernsehen aber allzu leicht; und die hektischen Schnitte im Vorspann amerikanischer Fernsehserien begünstigen vermutlich den Asthma-Stil, für den Kap. 19 Beispiele lieferte.

Die Sprechblasen der *Comics* gebaren eine Stummelsprache, dazu eine Fülle neuartiger Interjektionen und Lautmalereien (seufz, krächz, uuugh!), sogar eine Bilderschrift, beispielsweise um einen Wutanfall von Mensch oder Hund auszudrücken. Das *Diktiergerät* macht die Geschäftsbriefe länger, weil der Diktierende mühelos dahinschwatzen kann.

Die Geburt des Redaktronikers

Und ausgerechnet der *Computer* also soll die Qualität der Sprache *nicht* verändern? Da er doch an die Stelle von Schriftzeichen, die wir noch nach Jahrtausenden erkennen können, eine elektronische Vision setzt, die per Knopfdruck für immer gelöscht werden kann oder sich gelegentlich auch gegen den Willen des Benutzers in Nichts auflöst? Weder die Scheu, die viele Neulinge vor dem Computer haben, noch die Begeisterung, die sich bei vielen Routiniers einstellt, sollte in irgendeiner Form abfärben auf die Beschaffenheit ihrer Produkte?

Selbst wenn wir über die Veränderungen der Sprache durch den Rechner noch nichts wissen könnten – wir müßten unterstellen, daß sie im Gange ist. Nicht dann natürlich, wenn der Computer nur so verwendet wird, daß eine Sekretärin oder Texterfasserin oder auch der Autor selbst von einem Manu- oder Typoskript die elektronische Reinschrift herstellt.

Der Computer verändert die Sprache jedoch in zwei Fällen: erstens, wenn der Schreiber ihm seine Einfälle direkt anvertraut, ohne Umweg über ein anderes Schreibgerät – wie bereits die Mehrheit der Journalisten, also der großen Sprachbildner unserer Tage, und immer mehr Schriftsteller und Privatpersonen; zweitens, wenn Redakteure und Lektoren nicht mehr auf Papier *redigieren,* sondern auf dem Schirm.

Was sich da im einzelnen ändert, ist noch nicht durch vergleichende Textanalysen belegt; es wird sich auch mit einigem historischen Abstand leichter beurteilen lassen als durch uns, die wir mitten in der Entwicklung stehen. Andererseits ist eben die Entwicklung faszinierend, und da die Anwender überwiegend Journalisten sind, Leute also, die sich artikulieren können und ihr professionelles Mißtrauen gelegentlich auch gegen sich selber kehren, liegen genügend Erfahrungsberichte vor, großenteils zu Gunsten dieses Buches abgefaßt.

Selbstironisch nennen sich viele Redakteure *Redaktroniker* – Teile eines elektronischen Systems, das eine wesentlich höhere Konzentration verlangt als die Schreibmaschine (Johannes Graubner, Fachjournalist). Der Redaktroniker ist viel stärker auf den Schreibvorgang fixiert als der Redakteur alter Schule; das isoliert ihn von seinen Kollegen, jedes Geplauder empfindet er als Störung (Studie der Hans-Böckler-Stiftung).

Seine Verantwortung hat sich vergrößert: Mit dem Bleisatz zusammen wurden zumeist die *Korrektoren* abgeschafft, die einst Übertragungs- und Flüchtigkeitsfehler des Setzers hatten aufspüren sollen, jedoch gleichzeitig in Rechtschreibung, Zeichensetzung und Grammatik häufig beschlagener waren als die Redakteure. Der Redaktroniker haftet für jedes falsche Komma selbst, und auch jeder Flüchtigkeitsfehler gelangt ohne Umweg in die Zeitung. „Die kurze Durchlaufzeit zur Endstation des Druckens bedeutet nichts anderes, als daß alle oder die meisten der gewohnten oder notwendigen verlangsamenden Zwischenstationen aufgelöst worden sind" (Claus Heinrich Meyer, „Süddeutsche Zeitung").

Das kostet die Journalisten Zeit und zerrt an ihren Nerven (Paul-Josef Raue, „Oberhessische Presse"), und der gedruckte Text – das ist unbestritten – enthält mehr Fehler aus Unkenntnis und Fahrlässigkeit, mehr Verstöße gegen die Spielregeln der deutschen Sprache als vor dem Siegeszug der Computer. Auch hat kein Klippschüler je eine so törichte Silbentrennung vorgenommen, wie sie dem Computer unterläuft, so oft sein Programm ihn im Stich läßt: Fehl-erquellen so-nder Zahl.

Zwischen Nervenmühle und Elysium

Ein Zwang zu höherer Konzentration entsteht zusätzlich dadurch, daß der blinkende Cursor eine Art Befehl erteilt, „gefälligst etwas einzutippen – ich fühle mich dadurch eher angespornt, manche fühlen sich unter Druck gesetzt" (Reinhard Weber, „P.M. Computerheft"). „Der flimmernde Bildschirm macht mich bei notwendigen Denkpausen nervös" (Helene Maier, „Augsburger Allgemeine"). „Manche empfinden einen Zwang zum schnelleren Arbeiten – verkürzte Zusammenhänge und fehlende stilistische Feinheiten werden dabei in Kauf genommen" (Graubner). „Uns fällt auf, wieviel schlechter die Manuskripte sind: stilistische Fehler, Wiederholungen, unrichtige Satzfolgen" (Fritz Kübler, „Tages-Anzeiger", Zürich).

Da wird es nun ganz direkt gesagt: Der Computer macht die Texte schlechter. „Wo Formulierungskünstler gefragt sind, erziehen die schnellen Gesellen zur Nachlässigkeit. Die Sprache wird ärmer." (Helmut Locher, „DM"). Der Computer kann verführen – „zur ,schnellen Schreibe'. Zur Wiederholung. Zur Wahllosigkeit ... Am besten eignet sich der Textcomputer für die Erstellung von Groschenromanen." (Matthias Horx in dem Buch „Schrift und Chips", 1986).

Das Urteil ist eindeutig; freilich auch einseitig. Andere Computer-Benutzer sind voll des Lobes – überwiegend Schriftsteller und freie Journalisten, also Schreiber, die meist unter geringerem Termindruck stehen und sich ohnehin isolieren. „Der Computer macht mich stilistisch und formal flexibler" (Horst Gottfried, freier Journalist). „Man wird beredter" (Helga Köster, freie Journalistin). „Ich sehe den Computer nicht als elektronische Schlampe, sondern als Hilfe fürs Tippen und das Ausmerzen spontaner Schreib-Schlamperei" (Roland Stimpel, „Stern"). Erst der Computer verdient es wirklich, „Schreibmaschine" zu heißen (Horx). „Der Weg vom Kopf in die Schriftform ist müheloser denn je. So wird man wohl beredter. Vielleicht auch geschwätziger? ...

Ich weiß nicht, wie ich je ohne dies Ding ausgekommen bin" (Dieter E. Zimmer, „Die Zeit"). „Dem Schriftsteller eröffnet sich ein wahres Elysium" (Cora Stephan, freie Autorin).

Auch das Lob bestätigt, daß der Computer den Stil in der Tat verändert. Die Begeisterung etlicher Benutzer ist im übrigen kein Gradmesser für den Rang ihrer Texte: Einer muß sich ja plagen, wie wir wissen – der Schreiber oder der Leser; je leichter ein Text sich liest, desto härter hat im Durchschnitt der Autor an ihm gearbeitet. Wenn ein neues Schreibgerät den Schreiber entzückt, bestehen demnach zwei Möglichkeiten: Entweder das Gerät vermindert die Last des Schreibers, verlangt ihm also für dieselbe Qualität weniger Plage ab, ja „die Mühelosigkeit setzt Kreativität frei" (Wolfgang Nagel, freier Journalist); oder der Autor läßt sich zum Hudeln und Schludern verführen.

Verleitet ihn vielleicht noch mehr – färbt die *Computer-Logik* auf die Texte ab? Wird unsere Umgangssprache, von der Wissenschaft ohnehin gedrängt, auch auf diesem Wege „mathematisiert"? (Uwe Pörksen in der „Frankfurter Allgemeinen"). Nein, sagt Matthias Horx: Der Computer übernimmt nur den stupiden Teil der Arbeit, „und das erweitert den Raum des Kreativen". Ja, sagt derselbe Matthias Horx: Es kann schon passieren, daß der Schreiber dem Computer die „Strukturgewalt" überläßt. Der Text der Zukunft, sagt Claus Heinrich Meyer, werde der einfache Hauptsatz sein (wogegen nichts spräche im Sinne von Kap. 20 dieses Buches), jedoch der Hauptsatz „ohne besondere Schönheit, Musikalität, Sinnlichkeit, Genauigkeit".

Korrigieren und Redigieren

Doch selbst wenn das stimmt – *korrigiert* es sich auf dem Bildschirm nicht viel leichter als auf der Schreibmaschine? Kann man nicht Buchstaben auswechseln, Wörter einfügen oder tilgen, Absätze vertauschen und trotzdem per Knopfdruck sogleich wieder ein sauberes

Schriftbild haben? Reinhard Weber findet es „befreiend", daß er drauflosschreiben kann im Vertrauen auf seine Knöpfe; Wolfgang Nagel rühmt die Chance, Alternativformulierungen einzutippen, da es so leicht sei, sie zu streichen. „Es ist eine Lust, spurlos wegzuhacken, was man nicht mehr sehen will" (Zimmer).

Darin liegt allerdings zugleich eine Versuchung: „Der Computer erzieht zu flüchtigerer Arbeitsweise, weil der Verfasser weiß, daß er jederzeit einfügen, streichen, verändern kann" (Kübler). „Die Möglichkeiten, den Text nachträglich zu verändern, sind so groß, daß man sich nicht mehr die Mühe macht, zu gliedern und seinen Text klassisch aufzubauen" (Horx).

> Der Formuliervorgang hat sich verändert: Statt im Kopf einen einigermaßen fertigen Satz zusammenzubauen und ihn dann in die Maschine zu hacken, schreibe ich erst mal drauflos, baue dann um, lösche oder füge ein, bis mir der Satz gefällt. Ein Teil des Selbst-Redigierens ist vom Hirn auf den Schirm verlegt. Das ist anstrengender für die Augen, entlastet aber das Gedächtnis, das sich nicht immer einen ganzen Satz merken muß. Das wiederum erleichtert die Konzentration auf das Formulierungs-Detail. (Roland Stimpel)

Viele Benutzer unterscheiden zwischen dem *Korrigieren,* das heißt vor allem der Beseitigung von Flüchtigkeitsfehlern, und dem *Redigieren,* der stilistischen Verfeinerung. Für das Korrigieren sei der Computer vorzüglich; „ebenso eindeutig ist, daß man am Bildschirm nicht vernünftig redigieren kann" (Andreas Birken, Globus-Kartendienst) – oder wenn, dann zwar informative Texte, nicht aber komplexe oder literarische (Reinhard Seiffert, freier Journalist).

Für das Redigieren wird daher ganz überwiegend die alte Methode bevorzugt: mit Bleistift oder Kugelschreiber übers Papier zu huschen, mit einer Behendigkeit, die kein Computer kennt. Das Papier erhält man, indem man den flimmernden Text *ausdruckt.* Doch im Drang des Zeitungsgeschäfts fehlt dazu meist die Zeit; auch hat nicht jeder Redakteur neben dem Computer einen Drukker zur Verfügung.

Die verlorene Übersicht

Gibt aber der Autor seinem Text den Segen, ohne eine Kontroll-Lektüre auf Papier vorgenommen zu haben – und so geschieht es mit der großen Mehrheit aller journalistischen Produkte –, dann liefert er schlechteres Deutsch als auf dem alten Typoskript, darüber herrscht Einigkeit. Wer das Blatt aus der Schreibmaschine zog, nahm sich meistens die Zeit, seinen Text zu überlesen, und fast immer fand er Gelegenheit, wenigstens die entscheidenden ersten Sätze zu prüfen.

Der Bildschirm dagegen zeigt nur die letzten 20 bis 25 Zeilen, bei vielen tragbaren Geräten gar nur die letzten 8 Zeilen des Textes; den Anfang „zurückzuholen", wäre ein ausdrücklicher Arbeitsgang, der eine meßbare Zeit erfordert, anders als beim Typoskript; Computer sind eben, unter anderem, von erschreckender Langsamkeit. So verliert der Redaktroniker die Übersicht, und die Version, die er verabschiedet, enthält schlechtere Übergänge, mehr Brüche, mehr Wiederholungen.

Dazu kommt nun eine Versuchung: den Text für *weniger* redigierbedürftig zu halten, weil er so makellos und endgültig aussieht, sobald man die Flüchtigkeitsfehler, die Leerstellen, die zu streichenden Wörter und Sätze beseitigt hat. Der Computer nimmt dem Schreiben den beiläufigen, vorläufigen Charakter, „es gewinnt an Bestimmtheit: So, genau so, denkt man und drückt den Hebel, will ich den Satz haben" (Zimmer).

Dieser Versuchung erliegen ganz besonders die Kontroll-Instanzen: der Redakteur, der Ressortleiter, der Lektor des Buchverlags. Falls sie nicht ihrerseits Zeit und Gelegenheit haben, ihre Korrektur auf einem Papierausdruck anzubringen (und das ist in Redaktionen eher die Ausnahme), erscheint der Text, den sie begutachten sollen, auf dem Bildschirm optisch schlackenlos – und nun entweder durch mehrere Befehle veränderbar oder durch einen einzigen Befehl zum Druck freizugeben. Da wird das Redigieren zur Charakterfrage.

Das ist „eine psychologische Sperre für diejenigen, die in der Zentrale durch Redigieren Texte zu verfeinern haben. Da wird schnell mal ein Auge zugedrückt." (Richard Adamstaler, Deutsche Presse-Agentur). „Das Redigieren am Terminal ist komplizierter und dauert länger. Auf Kosten der Qualität wird auch dabei lieber mal auf Feinheiten verzichtet" (Graubner). „Redakteure und Lektoren haben Schwierigkeiten mit sauber und auf Maß geschriebenen Manuskripten – sie trauen sich nicht" (Köster). Eine wachsende Zahl von Buchverlagen *verlangt* vom Autor eine Diskette als Satzvorlage: „Ich befürchte, daß auf Disketten gelieferte Manuskripte viel schneller ungelesen in den Druck wandern als welche auf Papier – kein Lektor liebt das Starren in den Bildschirm" (Horx).

Fazit: Die *Schreiber* erkennen beim *Eintippen* Vorzüge und Nachteile, bei der *Prüfung* des eigenen Produkts jedoch mehr Nachteile als Vorzüge; die *Kontrolleure* haben weitgehend abgedankt. Also: Der Computer begünstigt einen schlampigen Umgang mit der Sprache, das im Durchschnitt schlechtere, ärmere Deutsch.

Der elektronische Zuchtmeister

Da gibt es freilich längst Programme, die einen Teil dieser Fehler wieder gutmachen. Sie hören auf klangvolle Namen wie *Speller, Rightwriter, Orthocheck* und haben, beispielsweise, den gesamten Rechtschreib-Duden gespeichert, manche sogar Verstöße gegen die Grammatik; teils zeigen sie auf Knopfdruck an, was der Eingeber falsch gemacht hat, teils blinken sie ihm schon während der Eingabe ihre Warnung zu.

Auch gibt es den Knopf, der auf Wortwiederholungen aufmerksam macht, und jenen, der die Wiederholungen beseitigen hilft, indem er eine Reihe sinnverwandter Wörter herbeiruft, die berühmten Synonyme. Redaktionen können mit solchen Programmen einheitliche Schreibweisen durchsetzen (etwa für Gadaffi/Khadafi), jeder Benutzer kann sich ein Spezialwörterbuch schaffen. Also alle Probleme gelöst?

Nicht ganz – lediglich ein Teil derjenigen, die sich mechanisch und logisch erfassen lassen. Es ist nur recht und billig, wenn der Rechner die vermehrten Verstöße gegen die Rechtschreibung, die er selbst begünstigt hat, auf Tastendruck beheben kann; womit er den Redaktroniker freilich in die Versuchung führt, die rechte Schreibung weder zu praktizieren noch auch nur zu erlernen, weil ja der Computer ihm diese Arbeit abnimmt.

Überdies schleicht sich da ein Risiko ein. Steht ein falsch eingegebenes Wort ebenfalls im Duden – zum Beispiel „Wort", obwohl der Autor „Wert" meinte, oder „Phase" statt „Phrase": so signalisiert das Kontrollprogramm Zufriedenheit; der Autor aber könnte im Vertrauen auf die Elektronik eine weitere Kontrolle unterlassen, zumal wenn das falsche Wort immer noch einen leidlichen Zusammenhang ergibt. Lexikon-Redaktionen wissen bereits ein Lied davon zu singen, daß inhaltliche Fehler bei formaler Richtigkeit unkontrollierbar im Informationssystem verschwinden (so die Lektoren des berühmten Klinischen Wörterbuchs „Pschyrembel" in einem Erfahrungsbericht von 1986).

Kein Fortschritt also ohne Tücken – manche Tücke ohne Fortschritt. Wohin soll der Weg noch führen? In vielen Redaktionen kursieren Listen unerwünschter Wörter – verbrauchter, überreizter, historisch belasteter (*durchführen* bei der Nachrichtenagentur Reuter, *Zeitgeist* in der Zeitschrift „Tempo"); das ist legitim. Sie einem Computer einzugeben, ist ein Kinderspiel. Blinkend oder piepend kann er vor ihnen warnen. Ja er ließe sich so programmieren, daß er sich weigert, sie auszudrucken. Aber wollen wir das?

Auch viele Elemente dieser Stilkunde wären durch bloßes Zählen erfaßbar, also der Programmierung zugänglich: Silbenschleppzüge, Schachtelsätze, Attributenschlangen, nachhinkende Verben, ärgerliche Armut an Doppelpunkten und Fragezeichen. Der Verfasser einer Stilkunde ist naheliegenderweise ein Mensch von ausgeprägt lehrhafter Gesinnung und leugnet nicht, daß diese Vision etwas Faszinierendes hat. Doch ernstlich kann nicht einmal er das wünschen. Jede Warnung und Empfehlung, und wäre sie noch so vernünftig, kann und soll nur dem individuellen Schreiber gelten, der die Freiheit hat, seinen Stil entsprechend zu ändern oder nicht. Uns allen graust vermutlich bei der Vorstellung, Stilregeln könnten einem hochgezüchteten elektronischen Idioten zum Zweck der Erzwingung eingegeben werden.

Doch was mag uns noch blühen? Wörter korrigiert er uns schon, der Textcomputer, Synonyme spuckt er uns entgegen, mit blinkendem Cursor treibt er uns zur Arbeit an, und einen *unheimlichen* Sog übt er aus, wie es in der Hans-Böckler-Studie heißt: Die Abhängigkeit wächst, „die Maschine hat uns immer mehr im Griff".

Dies ist keine Maschinenstürmerei. Durch nichts sind die Computer aufzuhalten, auf anderen Feldern stiften sie ungleich mehr Nutzen oder Schaden – hier war das Thema allein ihr Einfluß auf die Sprache. Daß er stattfindet, ist nicht zu leugnen; ob zum Besseren oder zum Schlechteren, darüber läßt sich streiten. Daß aber ein technischer Fortschritt einen unheimlichen Sog ausüben kann, beweisen zum Beispiel das Auto und das Fernsehen; und daß der technische Fortschritt gelegentlich einen sprachlichen Rückschritt bedeutet, bekommen wir durch die Produkte der Diktiergeräte und den Wortschwall aus den Mikrofonen täglich demonstriert.

Die Verkümmerung der Gedanken beim Schreiben
Es wäre schon eine Studie wert: die allmähliche Verkümmerung der Gedanken beim Schreiben mit Hochgeschwindigkeitsapparaten. Man könnte empirisch-experimentell vorgehen, zum Beispiel indem man Enzensberger sein Buch mit einer Gänsefeder schreiben ließe, am Stehpult ... Was wäre aus diesem „Ach Europa!" unter solchen Umständen geworden! Jede Floskel, jedes triviale Attribut hätte der Autor beim meditativen Eintunken der Feder erkannt, und keines wäre bis aufs Papier gelangt, denn schon unter dem behutsamen Abstreifen der Tinte am Fäßchenrand wäre dem behenden Gehirn die andere, die kühne und einzigartige Wendung eingefallen.
Peter von Matt, „Frankfurter Allgemeine"(1987)

31. Deutsch – wieder eine Weltsprache

> Es schmeichelt mir doch, daß ich auch meine undankbaren Jünger, ja meine Feinde reden gelehrt habe.
> *Luther, Sendbrief vom Dolmetschen (1530)*

Deutsch – das war einmal das Esperanto Mittel-, Ost- und Nordeuropas, im 19. Jahrhundert die zweite Sprache der Vereinigten Staaten und im ersten Drittel unseres Jahrhunderts die regierende Weltsprache der Naturwissenschaften. Der Niedergang begann 1914, beschleunigte sich 1933 und hatte 1945 seinen Tiefpunkt erreicht.

1989 kam die Wende. Wenn wir ihre Chancen wahrnehmen wollen, sollten wir freilich zwei Eigenheiten im Umgang mit unserer Muttersprache überdenken: Wir reden und schreiben im Durchschnitt schlampiger als etwa die Franzosen, und überall im Ausland beeilen wir uns, mit unseren fremdsprachlichen Kenntnissen zu glänzen.

„Jeder Wissenschaftler hat zwei Muttersprachen: seine eigene und Deutsch." Dieser große Satz galt ungefähr seit dem Weltruhm Alexander von Humboldts (1769–1859), dessen Namen noch heute mehr als 800 Pflanzen, Tiere, Berge, Flüsse und Meeresströmungen tragen; er setzte sich damit fort, daß von den 102 Nobelpreisen für Physik, Chemie und Medizin, die von 1901 bis 1933 verliehen wurden, 32 nach Deutschland gingen; und er endete 1933 damit, daß Albert Einstein Berlin verließ, an der Spitze eines langen Zugs von Emigranten.

Auch die deutsche Literatur hat, trotz Böll und Grass, nicht mehr jenes internationale Ansehen, das sie mit Thomas Mann und Franz Kafka genoß, von denen oft der eine und oft der andere als der größte Schriftsteller des Jahrhunderts bezeichnet wird. Für die Beatniks und Hippies der sechziger Jahre war Hermann Hesse ein Säulenheiliger wie seitdem kein Deutscher mehr für irgendeine Modeströmung.

Am meisten hat das Deutsche kurioserweise in den Ländern gelitten, mit denen wir politisch verbündet sind. In den *USA* fiel Deutsch auf den dritten Rang zurück, nach Spanisch und Französisch, zum Teil vom Italienischen sogar auf den vierten Platz abgedrängt. Im wallonischen Teil *Belgiens* wurde 1986 die Möglichkeit, als erste Fremdsprache an den staatlichen Gymnasien Deutsch zu lernen, abgeschafft; in *Holland* ging das Interesse am Deutschunterricht dramatisch zurück – während meist mehr als 20 Prozent der Stellenanzeigen in den großen holländischen Zeitungen die Kenntnis der deutschen Sprache verlangen.

Drei Artikel und vierzehn Pluralformen

So riefen holländische Deutschlehrer und Wirtschaftler, von der deutschen Botschaft und den Goethe-Instituten unterstützt, 1986 die Aktion „Deutsch macht Spaß" ins Leben; womit sie unsere Sprache zugleich vom „Stigma der Unlernbarkeit" befreien wollten, das Oscar Wilde zu dem Ausruf veranlaßte: „Das Leben ist zu kurz, um Deutsch zu lernen." Das ist freilich ein kühner Versuch: Unstreitig hat das Deutsche eine viel kompliziertere Grammatik als die romanischen Sprachen oder gar das Englische.

Es beginnt mit unseren drei Artikeln, die dem Ausländer nur eine Trefferchance von 33 Prozent lassen, wo er im Französischen auf 50 Prozent hoffen darf, während ihm im Englischen 100 Prozent sicher sind. Noch dazu ist der weibliche Artikel von dem sächlichen Wort „das Weib" abgeleitet, während wir „das Mädchen" selber nicht mögen, indem wir meist mit *sie* fortfahren, obwohl es *es* heißen müßte. *Die* ist nicht nur die weibliche Form, sondern auch der Plural für alle Geschlechter; *der* nicht nur der männliche Artikel, sondern auch der Genitiv und der Dativ des weiblichen Artikels: „der Butter" – so daß der Ausländer raten darf, ob er das als weiblichen Genitiv oder als männlichen Nominativ lesen soll (was „der Butter" auf bayerisch obendrein noch ist).

Und der Plural! Im Englischen, Französischen, Spanischen brauchen wir lediglich ein -s anzuhängen, mit wenigen Ausnahmen. Das Deutsche bietet dem Ausländer die Wahl zwischen nicht weniger als vierzehn Formen an: unverändert (die Schüler), mit Umlaut (die Väter), auf -e ohne Umlaut (die Schafe), auf -e mit Umlaut (die Nächte), auf -n (die Matten), auf -en (die Betten), auf -ten (die Bauten), auf -ien (Textilien, Reptilien), auf -er ohne Umlaut (die Bilder), auf -er mit Umlaut (die Bücher), eine der vorigen mit Verdoppelung des Auslaut-Konsonanten (Hündinnen, Bildnisse), auf -s (die Autos), in fremder Sprache (Visa, Soli) und in nicht einzuordnenden Mischformen (Alben, Atlanten, Kakteen).

> Überall in der deutschen Sprache lauern die Fälle – sehen Sie? Ich meine natürlich die Fallen, die den vermeintlich Integrierten als Fremdling entlarven. Wenn – was auch bei langjährigem Aufenthalt in Deutschland sehr selten der Fall ist – ein Ausländer nicht mehr in das „Der-die-das-Fangeisen" tritt, ist er noch lange nicht in Sicherheit.
>
> Wie ein Bluthund wird ihn ständig der Zweifel jagen: „die Banken" oder „die Bänken", die Hände" oder „die Händen"? Wann „die Banden", „die Bände" oder „die Bänder"? Die Zahl dieser wie Tretminen in der deutschen Sprache verstreuten Fallen ist unermeßlich.
>
> Wie kann man ein Gespräch führen, ohne den Faden zu verlieren, wenn man ein „ab", ein „an", ein „aus", ein „um", ein „zu" im Gedächtnis mitschleppen muß, bis der richtige Augenblick kommt, es fallenzulassen? ... Der Ausländer, der die deutsche Sprache liebt, darf nicht hoffen, sie je zu besitzen.
>
> *Manfred Moral, spanischer Redakteur beim Bayerischen Rundfunk, 1985 in der „Süddeutschen Zeitung".*

Da kann man Jeffrey L. Sammons verstehen, Professor für Deutsch an der Yale-Universität, der 1985 in einem Leserbrief an die „Zeit" vorschlug:

> Die Reduktion der Multiplizität der Pluralformen auf eine einzige ist dringend notwendig auch. Wie wäre „-s"? In unserem feministischen Alter die Abolition der grammatikalischen Ge-

schlechtsunterschiede wäre wohl auch diskutabel. Aber bei allen Mitteln behalten bei die Großschreibung; ohne sie keiner von uns würde können lernen lesen die deutsche Sprache.

„Das ist lustig, ist es nicht?" schrieb die „Zeit" darunter.

Unsere Freunde in Ostasien

Doch so war es auch zwischen 1945 und 1989 nicht, daß die deutsche Sprache hoffnungslos abgeschlagen gewesen wäre. Sie wurde als erste Fremdsprache angeboten in der Sowjetunion, in England und einigen anderen englischsprachigen Ländern, in Frankreich, Holland, Dänemark, den nicht deutschsprachigen Teilen der Schweiz und im Senegal; in Namibia blieb sie die dritte Amtssprache. Nach der internationalen Geltung wie auch nach der Zahl der Ausländer, die sie freiwillig lernten (anders also, als Moskaus Trabanten Russisch lernen mußten), befand sich das Deutsche mit dem Spanischen und dem Französischen stets in jener Spitzengruppe, die zwar weit hinter Englisch, aber deutlich vor allen anderen Sprachen liegt.

In Asien gewann unsere Sprache in den achtziger Jahren sogar wieder an Boden: In China schob sie sich vom fünften auf den dritten Platz vor (hinter Englisch und Japanisch); 1988 lief im chinesischen Fernsehen ein Deutschkurs in 26 Folgen. In Südkorea lernten 650 000 Schüler Deutsch, in Japan 540 000 (nur vom Englischen übertroffen), in Indonesien 250 000. Darin drückte sich Respekt vor dem Stand der deutschen Wissenschaft und Technik aus, wohl auch vor dem Erbe der deutschen Kultur.

Eine Weltsprache blieb das Deutsche unterdessen im Ostblock: zwar überall in den Schulen kraft Dekret vom Russischen verdrängt, aber doch auf einem erstaunlichen zweiten Platz vor dem Englischen in *Polen* und der *Tschechoslowakei*. Der Menge nach ist die *Sowjetunion* die Hochburg des Deutschen als Fremdsprache: 23 Prozent aller sowjetischen Schüler lernen Deutsch, das sind mehr als neun Millionen – von rund fünfzehn Millionen Schulkindern in aller Welt, die sich mit deutscher Grammatik plagen müssen. Lenin nannte das Deutsche „die allgemeine Slawen-Sprache", und wenngleich die russische Vormacht diesen Rang zerstörte, so blieb es doch eine verbreitete Zweitsprache, gefördert durch die wirksame Kulturarbeit der DDR mir Hilfe des Herder-Instituts in Leipzig sowie durch die 3,6 Millionen Menschen deutscher Muttersprache zumal in der Sowjetunion, Polen und Rumänien; überdies die einzige Sprache, die auf beiden Seiten des Eisernen Vorhangs als Muttersprache verwurzelt war.

Seit 1989 aber, seit der Befreiung Osteuropas vom kommunistischen Joch, ist das Deutsche auf einem Siegeszug durch die ehemaligen Satellitenstaaten, seit der Wiedervereinigung von 1990 auch in vielen westlichen Ländern im Vordringen. Ungarn hat Deutsch als erste Fremdsprache eingeführt, in der Tschechoslowakei ist Deutsch die beliebteste Fremdsprache vor Englisch, Goethe-Institute schießen aus dem Boden und können doch die Nachfrage kaum befriedigen, ganze Regimenter von Russischlehrern werden zu Deutschlehrern umgeschult.

In England, Frankreich, Norditalien und überall in der Europäischen Gemeinschaft wächst die Zahl der Deutschlernenden. Eine Gruppe portugiesischer Journalisten berichtete 1990 in Hamburg halb lachend, halb seufzend, in ihrem Land gelte die Parole: „Lernt Deutsch, ehe sie's euch beibringen." Sogar in Amerika ist das Interesse am Deutschen gestiegen.

Schon seit Jahrzehnten kommen unserer Sprache dabei weitere Umstände zu Hilfe. Österreich und die Schweiz gehören zur Weltspitze von Wohlstand und Technik und ziehen dabei nicht die Antipathien auf sich, unter denen die Bundesbürger seit Hitler zu leiden haben. Die Bundesrepublik, Österreich und die deutsche Schweiz gemeinsam bilden für Touristen eine Zielregion deutscher Sprache, deren Größe nur noch von englisch- und spanischsprachigen Gastländern übertroffen wird.

Als Exporteure von Touristen halten die deutschsprachigen Länder sogar die Weltspitze; auf den Kanarischen Inseln, den Balearen und an vielen Küsten Spaniens, Italiens, Jugoslawiens heißt die Verkehrssprache Deutsch. Ebenso reisen aus den deutschsprachigen Ländern mehr Gastarbeiter heim als aus irgendeiner anderen Sprachregion; die zurückkehrenden Türken, Jugoslawen, Spanier, Italiener streuen die deutsche Sprache auf eine Weise aus, die keine Statistik erfassen kann.

Das Esperanto der Bücherwürmer

Die aktuelle Geltung des Deutschen in der Welt ist also nicht gering; und es kommt hinzu, daß der historische Rang unserer Sprache durch die beiden Weltkriege keineswegs zerstört worden ist. Bis heute heften sich ans Deutsche drei absolute Superlative.

Der erste: Ins Deutsche ist so viel *übersetzt* worden wie in keine andere Sprache auf Erden – eine ungeheure Aufgeschlossenheit gegenüber fremden Kulturen in der Tradition Johann Gottfried Herders: die Shakespeare-Aneignung durch Schlegel und Tieck, das riesige Übersetzungswerk Friedrich Rückerts aus dem Persischen und Arabischen, die Erschließung des altindischen Sanskrit durch Friedrich Max Müller, der heute noch in Indien bekannter ist als Goethe; dieser wiederum übersetzte die Memoiren des Benvenuto Cellini, wie später Schopenhauer „Gracians Handorakel"; und in der aktuellen UNO-Statistik der Übersetzungen hält der deutsche Sprachraum immer noch die Spitze – kurz: Auf deutsch liegt mehr Weltliteratur vor als in irgendeiner anderen Sprache, Deutsch ist das Esperanto aller Bücherwürmer.

Der zweite Superlativ: In deutscher Sprache ist so viel und so einflußreich *philosophiert* worden wie nur noch im Altgriechischen. Kant, Hegel, Schopenhauer, Nietzsche – der Weltgeltung dieser vier hat keine Kultur der Neuzeit etwas gleichzusetzen. Nietzsche, nach 1945 lange Zeit in Acht, weil die Nazis sich seiner vulgär-darwinistischen Entgleisung, des „Übermenschen", allzugern bedienten, wird heute, zumal in Frankreich, als einer der wichtigsten Philosophen betrachtet; André Malraux nannte ihn „den größten irrationalen Denker des Abendlands"; Thomas Mann sagte über Nietzsche, Goethe und er hätten Luthers Sprache „zur Vollendung geführt".

Der dritte Superlativ: Deutsch ist die Weltsprache des *Protestantismus,* des *Marxismus* und der *Psychoanalyse* – und die beiden letzten werden oft als diejenigen Kräfte bezeichnet, die unser Jahrhundert am stärksten geformt haben. „Seit mehr als hundert Jahren schmiedet der deutsche Geist die großen Ideen, die die Welt erschüttern", schreibt Brigitte Sauzay in ihrem Buch „Die rätselhaften Deutschen". Marx und Freud sind die großen Beweger, und ihre Jünger müssen Deutsch lernen, wenn sie zu den Quellen vorstoßen wollen.

Daß die englischsprachigen Länder und Frankreich das Deutsche immer noch als Bruder akzeptieren, geht aus der Selbstverständlichkeit hervor, mit der sie deutsche Wörter übernehmen – zwar weit weniger als wir von ihnen, doch weit mehr, als sie aus anderen Sprachen importieren. Zu den klassischen Anleihen wie *kindergarten* und *hinterland, kaffeeklatsch* und *leberwurst, weltschmerz* und *weltanschauung, ersatz* und *gemütlichkeit* kommen immer neue: *le zeitgeist, the ostpolitik, le waldsterben, the wunderkind* (Boris Becker); 1987 konnte man *the leitmotiv* lesen (in der „International Herald Tribune", und zwar in politischem Zusammenhang) und *the sackgasse* (in einer Überschrift des „Economist"); 1990 in Amerika dutzendfach *Wiedervereinigung* und *Fahrvergnügen.*

Dies sind überwiegend zusammengesetzte Substantive, eine grammatische Form, die immer wieder ihre Eignung beweist, neue Strömungen oder Sachverhalte sprachlich zu erfassen, so daß das Deutsche „über viel mehr Ausdrucksmöglichkeiten als das Französische verfügt", wie Brigitte Sauzay sagt, Dolmetscherin der Staatspräsidenten Giscard und Mitterrand. Trotzdem würden Engländer und Franzosen uns nicht zitieren, wenn das Deutsche für sie den Rang des Polnischen oder einer nur halben Weltsprache wie des Portugiesischen hätte.

Angst vor dem Selbstverständlichen

Will man das Wort „Weltsprache" für das einsam dominierende Englisch reservieren, dann ist Deutsch keine; läßt man auch Französisch und Spanisch als Weltsprachen gelten, dann ist es eine – das abzustreiten kann kaum eine kühle Einschätzung der Realität sein, eher ein Hang zur Selbsterniedrigung oder die absurde Angst, irgend jemand könnte ein gutes Wort über unsere Sprache sogleich für Chauvinismus halten. Die Stimmung ist also schlechter als die Lage, doch natürlich färbt die Stimmung allmählich auf die Lage ab.

Uns fehlt nicht nur (wofür ja manches spricht) der kaum verhohlene Hochmut, mit dem die Franzosen ihre Sprache zur Schau tragen, nicht nur die lässige Überlegenheit der englischsprechenden Völker – uns fehlt ein bißchen vom Selbstverständlichen: Wenn wir zu brillieren versuchen, dann mit der Kenntnis fremder Sprachen; wenn wir uns genieren, dann fürs Deutsche. Zehntausende von Ausländern, die auf deutsche Geschäftspartner oder Arbeitgeber angewiesen sind, bedienen sich nur allzugern des Eifers, mit dem wir *ihre* Sprache zu sprechen versuchen. Dem Hochmut der Franzosen entspricht bei uns der kaum sympathischere Charakterzug, uns anzubiedern und uns kleinzumachen.

Dagegen läßt sich einwenden: Muß eine Sprache denn expandieren, um ihren Rang zu wahren? Können wir nicht völlig damit zufrieden sein, daß das Deutsche dort gedeiht, wo die Menschen deutscher Muttersprache wohnen? Bringt nicht die Ausbreitung großer Sprachen die kleinen in Bedrängnis, wie wir es mit dem Baskischen, dem Bretonischen, dem Katalanischen, dem Walisischen erleben – muß sich das Deutsche unbedingt auch daran beteiligen?

Das läßt sich hören; doch es ist nur die halbe Wahrheit. Denn Stillstand gibt es nicht. Eine Sprache wächst, oder sie schrumpft – und wer sie nicht schrumpfen sehen will, muß versuchen, sie wachsen zu lassen. Seit 1945 schrumpft das Deutsche im Ausland und im Inland auch: Hier hat die Invasion des Englischen ganze Wirtschaftszweige, halbe Zunftsprachen und einen großen Teil der Alltagsrede überrollt.

Wenn wir also das Deutsche auch nur lebendig erhalten und in seinem Bestand stabilisieren wollen, müssen wir der Schrumpfung den Willen zum Wachstum entgegensetzen: das Interesse daran und das gute Gewissen dabei, mit ein bißchen Sachverstand, Sprachgefühl und Liebe.

Und daran eben mangelt es. Wie sollen wir uns der Invasion erwehren, wie sollen wir Ausländer dafür gewinnen, daß sie unsere Sprache lernen, „wenn wir selber in Politik, Journalismus und Literatur äußerst achtlos mit ihr umgehen"? fragt Horst Harnischfeger, Generalsekretär des Goethe-Instituts. Nein, am deutschen Wesen soll die Welt keineswegs genesen – aber auch das Gegenteil kann man übertreiben. Wenn die Deutschen ihre Sprache so behandeln wie ein Punker seinen Kaugummi, dann lassen sie ein großartiges Kunstwerk, das in Jahrtausenden gewachsen ist, verlottern und verfallen. Die ägyptische Tempelstadt Abu Simbel war es wert, gerettet zu werden; die deutsche Sprache ist es nicht minder. „Lebt das Wort", sagt Heine, „so wird es von Zwergen getragen; ist das Wort tot, so können es keine Riesen aufrecht erhalten."

Die goldenen Regeln des großen Stils

Meine Sprache ist allzeit simpel, enge und plan. Wenn man einen Ochsen schlachten will, so schlägt man ihm gerade vor den Kopf.
Lichtenberg

Die alten Wörter sind die besten und die kurzen die allerbesten.
Churchill

Man brauche gewöhnliche Worte und sage ungewöhnliche Dinge.
Schopenhauer

Die Probe der Güte ist, daß der Leser nicht zurückzulesen hat.
Jean Paul

Er sagt es klar und angenehm, was erstens, zweitens und drittens käm.
Wilhelm Busch

Wer's nicht einfach und klar sagen kann, der soll schweigen und weiterarbeiten, bis er's klar sagen kann.
Karl Popper

Was sich sagen läßt, läßt sich klar sagen, und worüber man nicht sprechen kann, darüber muß man schweigen.
Ludwig Wittgenstein

*

„Lobet den Herren und her mit der Munition!" Das rief der amerikanische Militärgeistliche Howell Forgy an Bord des Kreuzers „New Orleans", als die japanischen Bomben auf Pearl Harbor krachten. Die Verquickung von Frömmigkeit und Blutvergießen mag man tadeln – als Sprachkunstwerk in der Nußschale sollte der Satz gewürdigt werden: Er schlägt dem Ochsen gerade vor den Kopf, er drückt ungewöhnliche Dinge mit gewöhnlichen Worten aus, zurücklesen oder zweimal hinhören muß wahrlich keiner, und Forgy sagt es einfach, klar und angenehm, was erstens und was zweitens käm.

Meisterwerke deutscher Prosa

An *kurzen* Beispielen für elegantes, kraftvolles, brillantes Deutsch war in diesem Buch kein Mangel. Nun sollen ein paar längere Textbeispiele den Schluß des Buches bilden.

Problematisch muß eine Auswahl wie diese immer sein. Nicht nur spiegelt sie den subjektiven Geschmack des Auswählenden wider, sondern der wiederum hatte die Qual der Wahl: Warum aus der überwältigenden Fülle herrlicher Prosastücke diese neun? Neunzig wären mir lieber gewesen. Aber leicht habe ich es mir nicht gemacht, und ganz schlecht ist sicher keines.

Robert Walser:
Brief eines Dichters

> Der Schweizer Robert Walser (1878–1956) war Bankkaufmann, Lyriker und, in seinen Worten, „Verfertiger von Prosastücken", von denen er, neben drei Romanen, über tausend hinterlassen hat. Eins folgt hier: mit Ironie, subtiler Sprachkunst und einem Hauch von Wahnsinn, wie in seinen meisten kleinen und großen Werken.
> Der letzte Absatz besteht aus einer hartnäckigen Reihung kurzer Sätze und ist doch leichtfüßig und poetisch dazu: aus achtzehn Hauptsätzen mit nur 3 bis 12 Wörtern und vier Nebensätzen mit 3 bis 5 Wörtern.
> Christian Morgenstern war es, der Walser entdeckte; Franz Kafka bewunderte ihn und stand anfänglich so stark unter seinem Einfluß, daß er sich von Robert Musil den Vorwurf zuzog, ein bloßer Nachahmer Walsers zu sein.

Auf Ihren Brief, hochverehrter Herr, den ich heute abend auf dem Tisch fand, und worin sie mich ersuchen, Ihnen Zeit und Ort anzugeben, wo Sie mich kennen lernen könnten, muß ich Ihnen antworten, daß ich nicht recht weiß, was ich Ihnen sagen soll. Einiges und anderes Bedenken steigt in mir auf, denn ich bin ein Mensch, müssen Sie wissen, der nicht lohnt, kennen gelernt zu werden. Ich bin außerordentlich unhöflich, und an Manieren besitze ich so gut wie nichts. Ihnen Gelegenheit geben, mich zu sehen, hieße Sie mit einem Menschen bekannt machen, der seinen Filzhüten den Rand mit der Schere halb abschneidet, um ihnen ein wüsteres Aussehen zu verleihen. Möchten Sie einen solchen Sonderling vor Augen haben?

Ihr liebenswürdiger Brief hat mich sehr gefreut. Doch Sie irren sich in der Adresse. Ich bin Der nicht, der verdient, solcherlei Höflichkeiten zu empfangen. Ich bitte Sie: Stehen sie sogleich ab von dem Wunsch, meine Bekanntschaft zu machen! Artigkeit steht mir schlecht zu Gesicht. Ich müßte Ihnen gegenüber die notwendige Artigkeit hervorkehren; und das eben möchte ich vermeiden, da ich weiß, daß artiges und manierliches Betragen mich nicht kleidet. Auch bin ich nicht gern artig; es langweilt mich. Ich vermute, daß Sie eine Frau haben, daß Ihre Frau elegant ist, und daß bei Ihnen so etwas wie ein Salon ist. Wer sich so feiner und schöner Ausdrücke bedient wie Sie, hat einen Salon. Ich aber bin nur Mensch auf der Straße, in Wald und Feld, im Wirtshaus und in meinem eigenen Zimmer; in irgend jemandes Salon stünde ich da wie ein Erztölpel. Ich bin noch nie in einem Salon gewesen, ich fürchte mich davor; und als Mann von gesunder Vernunft muß ich meiden, was mich ängstigt.

Sie sehen, ich bin offenherzig. Sie sind wahrscheinlich ein wohlhabender Mann und lassen wohlhabende Worte fallen. Ich dagegen bin arm, und alles, was ich spreche, klingt nach Ärmlichkeit. Entweder würden Sie mich mit Ihrem Hergebrachten oder ich würde mit meinem Hergebrachten Sie verstimmen.

Sie machen sich keine Vorstellung davon, wie aufrichtig ich den Stand, in welchem ich lebe, bevorzuge und liebe. So arm ich bin, ist es mir doch bis heute noch nie eingefallen, mich zu beklagen; im Gegenteil: Ich schätze, was mich umgibt, so hoch, daß ich stets eifrig bemüht bin, es zu hüten. Ich wohne in einem wüsten, alten Haus, in einer Art von Ruine. Doch das macht mich glücklich. Der Anblick armer Leute und armseliger Häuser macht mich glücklich; so sehr ich auch denke, wie wenig Grund Sie haben, dies zu begreifen. Ein bestimmtes Gewicht und eine gewisse Menge von Verwahrlosung, von Verlotterung und von Zerrissenheit muß um mich sein: sonst ist mir das Atmen eine Pein. Das Leben würde mir zur Qual, wenn ich fein, vortrefflich und elegant sein sollte. Die Eleganz ist mein Feind, und ich will lieber versuchen, drei Tage lang nicht zu essen, als mich in die gewagte Unternehmung verstricken, eine Verbeugung zu machen.

Verehrter Herr, so spricht nicht der Stolz, sondern der ausgesprochene Sinn für Harmonie und Bequemlichkeit. Warum sollte ich sein, was ich nicht bin, und nicht sein, was ich bin? Das wäre eine Dummheit. Wenn ich bin, was ich bin, bin ich mit mir zufrieden; und dann tönt alles, ist alles gut um mich. Sehen Sie, es ist so: Schon ein neuer Anzug macht mich ganz unzufrieden und unglücklich;

woraus ich entnehme, wie ich alles, was schön, neu und fein ist, hasse und wie ich alles, was alt, verschabt und verbraucht ist, liebe. Ich liebe Ungeziefer nicht gerade; ich möchte Ungeziefer nicht geradezu essen, aber Ungeziefer stört mich nicht. In dem Haus, in welchem ich wohne, wimmelt es von Ungeziefer: und doch wohne ich gern in dem Haus. Das Haus sieht aus wie ein Räuberhaus, zum Ans-Herz-Drücken. Wenn alles neu und ordentlich ist in der Welt, dann will ich nicht mehr leben, dann morde ich mich.

Ich fürchte also quasi etwas, wenn ich denken soll, ich solle mit einem vornehmen und gebildeten Menschen bekannt werden. Wenn ich befürchte, daß ich Sie nur störe und keine Förderlichkeit und Erquicklichkeit für Sie bedeute, so ist die andere Befürchtung ebenso lebendig in mir, nämlich die (um ganz offen zu reden), daß auch Sie mich stören und mir nicht erquicklich und erfreulich sein könnten. Es ist eine Seele in eines jeden Menschen Zustand; und Sie müssen unbedingt erfahren, und ich muß Ihnen das unbedingt mitteilen: Ich schätze hoch, was ich bin, so karg und ärmlich es ist. Ich halte allen Neid für eine Dummheit. Der Neid ist eine Art Irrsinn. Respektiere jeder die Lage, in der er ist: so ist jedem gedient.

Ich fürchte auch den Einfluß, den Sie auf mich ausüben könnten; das heißt: ich fürchte mich vor der überflüssigen innerlichen Arbeit, die getan werden müßte, mich Ihres Einflusses zu erwehren. Und deshalb renne ich nicht nach Bekanntschaften, kann nicht danach rennen. Jemand Neues kennen lernen: Das ist zum mindesten stets ein Stück Arbeit, und ich habe mir bereits erlaubt, Ihnen zu sagen, daß ich die Bequemlichkeit liebe.

Was werden Sie denken von mir? Doch das muß mir gleichgültig sein. Ich will, daß mir das gleichgültig sei. Ich will Sie auch nicht um Verzeihung wegen dieser Sprache bitten. Das wäre Phrase. Man ist immer unartig, wenn man die Wahrheit sagt. Ich liebe die Sterne, und der Mond ist mein heimlicher Freund. Über mir ist der Himmel. Solange ich lebe, werde ich nie verlernen, zu ihm hinaufzuschauen. Ich stehe auf der Erde: Dies ist mein Standpunkt. Die Stunden scherzen mit mir, und ich scherze mit ihnen. Ich vermag mir keine köstlichere Unterhaltung zu denken. Tag und Nacht sind meine Gesellschaft. Ich stehe auf vertrautem Fuß mit dem Abend und mit dem Morgen. Und hiermit grüßt Sie freundlich der arme junge Dichter.

„Brief eines Dichters" aus: Das Gesamtwerk.
© Suhrkamp Verlag Zürich / Frankfurt am Main 1978
Abdruck mit Genehmigung der Inhaberin der Rechte,
der Carl Seelig Stiftung, Zürich

Franz Kafka:
Der Kampf der Hände

> Franz Kafka' (1883–1924) liefert die beste Illustration zu Schopenhauers Rat: „Man brauche gewöhnliche Worte und sage ungewöhnliche Dinge." Sein deutscher Wortschatz ist fast karg, sein Satzbau konventionell; das folgende, namenlose Textstück aus dem Sammelband „Hochzeitsvorbereitungen auf dem Lande" bezieht seine Wirkung allein daraus, daß Kafka mit höchster Intensität aus ungewöhnlicher Perspektive berichtet.

Meine zwei Hände begannen einen Kampf. Das Buch, in dem ich gelesen hatte, klappten sie zu und schoben es beiseite, damit es nicht störe. Mir salutierten sie und ernannten mich zum Schiedsrichter. Und schon hatten sie die Finger ineinander verschränkt und schon jagten sie am Tischrand hin, bald nach rechts, bald nach links, je nach dem Überdruck der einen oder der andern. Ich ließ keinen Blick von ihnen. Sind es meine Hände, muß ich ein gerechter Richter sein, sonst halse ich mir selbst die Leiden eines falschen Schiedsspruchs auf. Aber mein Amt ist nicht leicht, im Dunkel zwischen den Handtellern werden verschiedene Kniffe angewendet, die ich nicht unbeachtet lassen darf, ich drücke deshalb das Kinn an den Tisch, und nun entgeht mir nichts. Mein Leben lang habe ich die Rechte, ohne es gegen die Linke böse zu meinen, bevorzugt. Hätte doch die Linke einmal etwas gesagt, ich hätte, nachgiebig und rechtlich wie ich bin, gleich den Mißbrauch eingestellt. Aber sie muckste nicht, hing an mir hinunter, und während etwa die Rechte auf der Gasse meinen Hut schwang, tastete die Linke ängstlich meinen Schenkel ab. Das war eine schlechte Vorbereitung zum Kampf, der jetzt vor sich geht. Wie willst Du auf die Dauer, linkes Handgelenk, gegen dieses gewaltige rechte Dich stemmen? Wie Deinen mädchenhaften Finger in der Klemme der fünf andern behaupten? Das scheint mir kein Kampf mehr, sondern natürliches Ende der Linken. Schon ist sie in die äußerste linke Ecke des Tisches gedrängt, und an ihr regelmäßig auf und nieder schwingend wie ein Maschinenkolben die Rechte. Bekäme ich angesichts dieser Not nicht den erlösenden Gedanken, daß es meine eigenen Hände sind, die hier im Kampf stehn und daß ich sie mit einem leichten Ruck voneinander wegziehn kann und damit Kampf und Not beenden – bekäme ich diesen Gedanken nicht, die Linke wäre aus dem Gelenk gebrochen, vom Tisch geschleudert worden und dann vielleicht die Rechte in der Zügellosigkeit des Siegers wie der fünfköpfige Höllenhund mir selbst ins aufmerksame Gesicht gefahren. Statt dessen liegen die zwei jetzt übereinander, die Rechte streichelt den Rücken der Linken, und ich unehrlicher Schiedsrichter nicke dazu.

© 1935 by Schocken Verlag, Berlin
© 1946 by Schocken Books Inc., N.Y., USA
© 1963 by Schocken Books Inc., N.Y., USA
Abdruck mit freundlicher Genehmigung der S. Fischer Verlag GmbH, Frankfurt am Main

Georg Büchner:
Sturm in den Vogesen

> In einem ersten Anfall von Wahnsinn floh der 27jährige Dramatiker Jakob Michael Reinhold Lenz, kurz zuvor noch so berühmt wie der junge Goethe und mit dessen vormaliger Freundin Friederike Brion verlobt, 1778 von Straßburg nach Waldbach in den Vogesen, wo er drei Wochen beim Pfarrer Oberlin wohnte.
> Aus Oberlins Tagebuchnotizen darüber und Lenzens Briefen gestaltete 1835 der 22jährige Georg Büchner Lenzens Schicksal nach – mit einer Kühnheit des Satzbaus und einer explosiven Kraft, wie sie der deutschen Sprache noch nie widerfahren waren; auch mit einer Hellsicht für den Wahnsinn, die den Gedanken an Wahlverwandtschaft nahelegt.
> Lenz verhungerte 1792 auf den Straßen von Moskau. Büchner ging 1837 in Zürich elend an Typhus zugrunde.
> Hier der Anfang von Büchners „Lenz".

Den 20. Jänner ging Lenz durchs Gebirg. Die Gipfel und hohen Bergflächen im Schnee, die Täler hinunter graues Gestein, grüne Flächen, Felsen und Tannen.

Es war naßkalt; das Wasser rieselte die Felsen hinunter und sprang über den Weg. Die Äste der Tannen hingen schwer herab in die feuchte Luft. Am Himmel zogen graue Wolken, aber alles so dicht – und dann dampfte der Nebel herauf und strich schwer und feucht durch das Gesträuch, so träg, so plump.

Er ging gleichgültig weiter, es lag ihm nichts am Weg, bald auf-, bald abwärts. Müdigkeit spürte er keine, nur war es ihm manchmal unangenehm, daß er nicht auf dem Kopf gehen konnte.

Anfangs drängte es ihm in der Brust, wenn das Gestein so wegsprang, der graue Wald sich unter ihm schüttelte und der Nebel die Formen bald verschlang, bald die gewaltigen Glieder halb enthüllte; es drängte in ihm, er suchte nach etwas, wie nach verlornen Träumen, aber er fand nichts. Es war ihm alles so klein, so nahe, so naß; er hätte die Erde hinter den Ofen setzen mögen. Er begriff nicht, daß er so viel Zeit brauchte, um einen Abhang hinunterzuklimmen, einen fernen Punkt zu erreichen; er meinte, er müsse alles mit ein paar Schritten ausmessen können. Nur manchmal, wenn der Sturm das Gewölk in die Täler warf und es den Wald heraufdampfte, und die Stimmen an den Felsen wach wurden, bald wie fern verhallende Donner und dann gewaltig heranbrausten, in Tönen, als wollten sie in ihrem wilden Jubel die Erde besingen, und die Wolken wie wilde, wiehernde Rosse heransprengten, und der Sonnenschein dazwischen durchging und kam und sein blitzendes Schwert an den Schneeflächen zog, so daß ein helles, blendendes Licht über die Gipfel in die Täler schnitt; oder wenn der Sturm das Gewölk abwärts trieb und einen lichtblauen See hineinriß und dann der Wind verhallte und tief unten aus den Schluchten, aus den Wipfeln der Tannen wie ein Wiegenlied und Glockengeläute heraufsummte, und am tiefen Blau ein leises Rot hinaufklomm und kleine Wölkchen auf silbernen Flügeln durchzogen, und alle Berggipfel, scharf und fest, weit über das Land hin glänzten und blitzten – riß es ihm in der Brust, er stand, keuchend, den Leib vorwärts gebogen, Augen und Mund weit offen, er meinte, er müsse den Sturm in sich ziehen, alles in sich fassen, er dehnte sich aus und lag über der Erde, er wühlte sich in das All hinein, es war eine Lust, die ihm wehe tat; oder er stand still und legte das Haupt ins Moos und schloß die Augen halb, und dann zog es weit von ihm, die Erde wich unter ihm, sie wurde klein wie ein wandelnder Stern und tauchte sich in einen brausenden Strom, der seine klare Flut unter ihm zog. Aber es waren nur Augenblicke; und dann erhob er sich nüchtern, fest, ruhig, als wäre ein Schattenspiel vor ihm vorübergezogen – er wußte von nichts mehr.

Gegen Abend kam er auf die Höhe des Gebirgs, auf das Schneefeld, von wo man wieder hinabstieg in die Ebene nach Westen. Er setzte sich oben nieder. Es war gegen Abend ruhiger geworden; das Gewölk lag fest und unbeweglich am Himmel; so weit der Blick reichte, nichts als Gipfel, von denen sich breite Flächen hinabzogen, und alles so still, grau, dämmernd. Es wurde ihm entsetzlich einsam; er war allein, ganz allein. Er wollte mit sich sprechen, aber er konnte nicht, er wagte kaum zu atmen; das Biegen seines Fußes tönte wie Donner unter ihm, er mußte sich niedersetzen. Es faßte ihn eine namenlose Angst in diesem Nichts: er war im Leeren! Er riß sich auf und flog den Abhang hinunter.

Es war finster geworden, Himmel und Erde verschmolzen in eins. Es war, als ginge ihm was nach und als müsse ihn was Entsetzliches erreichen, etwas, das Menschen nicht ertragen können, als jage der Wahnsinn auf Rossen hinter ihm.

Endlich hörte er Stimmen; er sah Lichter, es wurde ihm leichter. Man sagte ihm, er hätte noch eine halbe Stunde nach Waldbach.

Er ging durch das Dorf. Die Lichter schienen durch die Fenster, er sah hinein im Vorbeigehen: Kinder am Tische, alte Weiber, Mädchen, alles ruhige, stille Gesichter. Es war ihm, als müsse das Licht von ihnen ausstrahlen; es ward ihm leicht, er war bald in Waldbach im Pfarrhause.

Man saß am Tische, er hinein; die blonden Locken hingen ihm um das bleiche Gesicht, es zuckte ihm in den Augen und um den Mund, seine Kleider waren zerrissen.

Oberlin hieß ihn willkommen, er hielt ihn für einen Handwerker: „Sein Sie mir willkommen, obschon Sie mir unbekannt."

Jean Paul
Rede des toten Christus vom Weltgebäude herab, daß kein Gott sei

Diese unerhörte Überschrift trägt ein Einsprengsel in dem Eheroman „Siebenkäs", der mit vollem Titel „Blumen-, Frucht- und Dornenstücke oder Ehestand, Tod und Hochzeit des Armenadvokaten F. St. Siebenkäs im Reichsmarktflecken Kuhschnappel" heißt. Aus einer so versponnenen Umwelt springt die „Rede des toten Christus" als die sprachgewaltigste und rabiateste Gottesleugnung der Weltliteratur heraus: Denn nicht irgendein Ketzer – Jesus selbst erklärt Gott für tot. Dieser radikale Ansatz hat die Zeitgenossen mehr beeindruckt als der Umstand, daß Jean Paul die „Rede" als einen bloßen Alptraum einstuft, aus dem der Träumer „weinend vor Freude, daß er wieder Gott anbeten konnte", erwacht.

Der „Siebenkäs" erschien 1796. Die „Rede des toten Christus" wurde berühmt dadurch, daß Madame de Staël sie 1810 in ihrem Buch „De l'Allemagne" abdruckte. Auf diesem Wege hat sie ihren Einfluß auf Alfred de Vigny, Victor Hugo, Charles Baudelaire und auch auf Dostojewski ausgeübt. „In Paris, der Riesenstadt, von der Jean Paul so oft geträumt und die er nie betreten hat, horchen die Besten auf und erkennen sich betroffen in den Worten des Mannes aus Wunsiedel wieder, als spräche da mit den Zungen des Erzengels ein Bruder, ein Freund" (Robert Minder).

Ich lag einmal an einem Sommerabende vor der Sonne auf einem Berge und entschlief. Da träumte mir, ich erwachte auf dem Gottesacker. Die abrollenden Räder der Turmuhr, die elf Uhr schlug, hatten mich erweckt. Ich suchte im ausgeleerten Nachthimmel die Sonne, weil ich glaubte, eine Sonnenfinsternis verhülle sie mit dem Mond. Alle Gräber waren aufgetan, und die eisernen Türen des Gebeinhauses gingen unter unsichtbaren Händen auf und zu. An den Mauern flogen Schatten, die niemand warf, und andere Schatten gingen aufrecht in der bloßen Luft. In den offenen Särgen schlief nichts mehr als die Kinder. Am Himmel hing in großen Falten bloß ein grauer schwüler Nebel, den ein Riesenschatte wie ein Netz immer näher, enger und heißer herein zog. Über mir hört ich den fernen Fall der Lawinen, unter mir den ersten Tritt eines unermeßlichen Erdbebens. Die

Kirche schwankte auf und nieder von zwei unaufhörlichen Mißtönen, die in ihr miteinander kämpften und vergeblich zu einem Wohllaut zusammenfließen wollten. Zuweilen hüpfte an ihren Fenstern ein grauer Schimmer hinan, und unter dem Schimmer lief das Blei und Eisen zerschmolzen nieder. Das Netz des Nebels und die schwankende Erde rückten mich in den Tempel, vor dessen Tore in zwei Gift-Hecken zwei Basilisken funkelnd brüteten. Ich ging durch unbekannte Schatten, denen alte Jahrhunderte aufgedrückt waren.

Alle Schatten standen um den Altar, und allen zitterte und schlug statt des Herzens die Brust. Nur ein Toter, der erst in die Kirche begraben worden, lag noch auf seinen Kissen ohne eine zitternde Brust, und auf seinem lächelnden Angesicht stand ein glücklicher Traum. Aber da ein Lebendiger hineintrat, erwachte er und lächelte nicht mehr, er schlug mühsam ziehend das schwere Augenlid auf, aber innen lag kein Auge, und in der schlagenden Brust war statt des Herzens eine Wunde. Er hob die Hände empor und faltete sie zu einem Gebete; aber die Arme verlängerten sich und löseten sich ab, und die Hände fielen gefaltet hinweg. Oben am Kirchengewölbe stand das Zifferblatt der Ewigkeit, auf dem keine Zahl erschien und das sein eigner Zeiger war; nur ein schwarzer Finger zeigte darauf, und die Toten wollten die Zeit darauf sehen.

Jetzo sank eine hohe edle Gestalt mit einem unvergänglichen Schmerz aus der Höhe auf den Altar hernieder und alle Toten riefen: „Christus! ist kein Gott?"

Er antwortete: „Es ist keiner."

Der ganze Schatten jedes Toten erbebte, nicht bloß die Brust allein, und einer um den andern wurde durch das Zittern zertrennt.

Christus fuhr fort: „Ich ging durch die Welten, ich stieg in die Sonnen und flog mit den Milchstraßen durch die Wüsten des Himmels; aber es ist kein Gott. Ich stieg herab, so weit das Sein seine Schatten wirft, und schauete in den Abgrund und rief: ‚Vater, wo bist du?' Aber ich hörte nur den ewigen Sturm, den niemand regiert, und der schimmernde Regenbogen aus Wesen stand ohne eine Sonne, die ihn schuf, über dem Abgrunde und tropfte hinunter. Und als ich aufblickte zur unermeßlichen Welt nach dem göttlichen Auge, starrte sie mich mit einer leeren bodenlosen Augenhöhle an; und die Ewigkeit lag auf dem Chaos und zernagte es und wiederkäuete sich. Schreiet fort, Mißtöne, zerschreiet die Schatten; denn Er ist nicht!"

Die entfärbten Schatten zerflatterten, wie weißer Dunst, den der Frost gestaltet, im warmen Hauche zerrinnt; und alles wurde leer. Da kamen, schrecklich für das Herz, die gestorbenen Kinder, die im Gottesacker erwacht waren, in den Tempel und warfen sich vor die hohe Gestalt am Altare und sagten: „Jesus! haben wir keinen Vater?" Und er antwortete mit strömenden Tränen: „Wir sind alle Waisen, ich und ihr, wir sind ohne Vater."

Da kreischten die Mißtöne heftiger – die zitternden Tempelmauern rückten auseinander – und der Tempel und die Kinder sanken unter – und die ganze Erde und die Sonne sanken nach – und das ganze Weltgebäude sank mit seiner Unermeßlichkeit vor uns vorbei – und oben am Gipfel der unermeßlichen Natur stand Christus und schauete in das mit tausend Sonnen durchbrochne Weltgebäude herab, gleichsam in das in die ewige Nacht gewühlte Bergwerk, in dem die Sonnen wie Grubenlichter und die Milchstraßen wie Silberadern gehen.

Und als Christus das reibende Gedränge der Welten, den Fackeltanz der himmlischen Irrlichter und die Korallenbänke schlagender Herzen sah, und als er sah, wie eine Weltkugel um die andere ihre glimmenden Seelen auf das Totenmeer ausschüttete, wie eine Wasserkugel schwimmende Lichter auf die Wellen streuet: so hob er groß wie der höchste Endliche die Augen empor gegen das Nichts und gegen die leere Unermeßlichkeit und sagte: „Starres, stummes Nichts! Kalte, ewige Notwendigkeit! Wahnsinniger Zufall! Kennt ihr das unter euch? Wann zerschlagt ihr das Gebäude und mich? Zufall, weißt du selber, wenn du mit Orkanen durch das Sternen-Schneegestöber schreitest und eine Sonne um die andere auswehest, und wenn der funkelnde Tau der Gestirne ausblinkt, indem du vorübergehest? Wie ist jeder so allein in der weiten Leichengruft des All! Ich bin nur neben mir – O Vater! O Vater! Wo ist deine unendliche Brust, daß ich an ihr ruhe? Ach wenn jedes Ich sein eigner Vater und Schöpfer ist, warum kann es nicht auch sein eigner Würgeengel sein?

Ist das neben mir noch ein Mensch? Du Armer! Euer kleines Leben ist der Seufzer der Natur oder nur sein Echo – ein Hohlspiegel wirft seine Strahlen in die Staubwolken aus Totenasche auf euere Erde hinab, und dann entsteht ihr bewölkten, wankenden Bilder. Schaue hinunter in den Abgrund, über welchen Aschenwolken ziehen – Nebel voll Welten steigen aus dem Totenmeer, die Zukunft ist ein steigender Nebel, und die Gegenwart ist der fallende. Erkennst du deine Erde?"

Hier schauete Christus hinab, und sein Auge wurde voll Tränen, und er sagte: „Ach, ich war sonst auf ihr: da war ich noch glücklich, da hatt' ich noch meinen unendlichen Vater und blickte noch froh von den Bergen in den unermeßlichen Himmel und drückte die durchstochne Brust an sein linderndes Bild und sagte noch im herben Tode: ,Vater, ziehe deinen Sohn aus der blutenden Hülle und heb ihn an dein Herz!' Ach ihr überglücklichen Erdenbewohner, ihr glaubt Ihn noch. Vielleicht geht jetzt euere Sonne unter, und ihr fallet unter Blüten, Glanz und Tränen auf die Knie und hebet die seligen Hände empor und rufet unter tausend Freudentränen zum aufgeschlossenen Himmel hinauf: ,Auch mich kennst du, Unendlicher, und alle meine Wunden, und nach dem Tode empfängst du mich und schließest sie alle.' Ihr Unglücklichen, nach dem Tode werden sie nicht geschlossen. Wenn der Jammervolle sich mit wundem Rücken in die Erde legt, um einem schönern Morgen voll Wahrheit, voll Tugend und Freude entgegen zu schlummern, so erwacht er im stürmischen Chaos, in der ewigen Mitternacht – und es kommt kein Morgen und keine heilende Hand und kein unendlicher Vater! Sterblicher neben mir, wenn du noch lebest, so bete Ihn an: sonst hast du Ihn auf ewig verloren."

Und als ich niederfiel und ins leuchtende Weltgebäude blickte, sah ich die emporgehobenen Ringe der Riesenschlange der Ewigkeit, die sich um das Welten-All gelagert hatte – und die Ringe fielen nieder, und sie umfaßte das All doppelt – dann wand sie sich tausendfach um die Natur – und quetschte die Welten aneinander – und drückte zermalmend den unendlichen Tempel zu einer Gottesacker-Kirche zusammen – und alles wurde eng, düster, bang – und ein unermeßlich ausgedehnter Glockenhammer sollte die letzte Stunde der Zeit schlagen und das Weltgebäude zersplittern ... als ich erwachte.

Meine Seele weinte vor Freude, daß sie wieder Gott anbeten konnte – und die Freude und das Weinen und der Glaube an ihn waren das Gebet. Und als ich aufstand, glimmte die Sonne tief hinter den vollen purpurnen Kornähren und warf friedlich den Widerschein ihres Abendrotes dem kleinen Monde zu, der ohne eine Aurora im Morgen aufstieg; und zwischen dem Himmel und der Erde streckte eine frohe vergängliche Welt ihre kurzen Flügel aus und lebte, wie ich, vor dem unendlichen Vater; und von der ganzen Natur um mich flossen friedliche Töne aus, wie von fernen Abendglocken.

Heinrich v. Kleist
Über die allmähliche Verfertigung der Gedanken beim Reden

> Der Essay über die Verschränkung von Sprechen und Denken zeigt Kleists Stil, diese grandiose Übersteigerung und Vergewaltigung der deutschen Syntax, auf einem Gipfelpunkt: die „verwickelten, verknoteten, überlasteten Sätze, von atemlosem Tempo gejagt" (Thomas Mann). „Nie ist die deutsche Sprache mehr gehärtet worden... Kleist handhabt sie nicht gleich einer Harfe, sondern gleich einer Waffe, gleich einem Pflug mit unerbittlicher Gewaltsamkeit" (Stefan Zweig).
> Der historische Mirabeau und der geschriebene Lafontaine werden von Kleist, seiner Argumentation zuliebe und seinem Temperament gemäß, dramatisch überzeichnet. Dagegen könnte der Dichter, der unter schwerer Zunge und harter Rede litt, bei der Darstellung des schüchternen Menschen, der plötzlich „die Sprache an sich reißt und etwas Unverständliches zur Welt bringt", sich selbst porträtiert haben – Mirabeau beneidend und von dem Ehrgeiz besessen, mit der Feder zu leisten, was der Mund ihm versagte: den „Triumph des Sprechens über alle Unaussprechlichkeiten der Welt" (Curt Hohoff).

Wenn du etwas wissen willst und es durch Meditation nicht finden kannst, so rate ich dir, mein lieber, sinnreicher Freund, mit dem nächsten Bekannten, der dir aufstößt, darüber zu sprechen. Es braucht nicht eben ein scharfdenkender Kopf zu sein, auch meine ich es nicht so, als ob du ihn darum befragen solltest: nein! Vielmehr sollst du es ihm selber allererst erzählen.

Ich sehe dich zwar große Augen machen und mir antworten, man habe dir in frühern Jahren den Rat gegeben, von nichts zu sprechen als von Dingen, die du bereits verstehst. Damals aber sprachst du wahrscheinlich mit dem Vorwitz, andere, ich will, daß du aus der verständigen Absicht sprechest, *dich* zu belehren, und so könnten, für verschiedene Fälle verschieden, beide Klugheitsregeln vielleicht gut nebeneinander bestehen. Der Franzose sagt „l'appétit vient en mangeant", und dieser Erfahrungssatz bleibt wahr, wenn man ihn parodiert und sagt „l'idée vient en parlant". Oft sitze ich an meinem Geschäftstisch über den Akten und erforsche in einer verwickelten Streitsache den Gesichtspunkt, aus welchem sie wohl zu beurteilen sein möchte. Ich pflege dann gewöhnlich ins Licht zu sehen, als in den hellsten Punkt, bei dem Bestreben, in welchem mein innerstes Wesen begriffen ist, sich aufzuklären. Oder ich suche, wenn mir eine algebraische Aufgabe vorkommt, den ersten Ansatz, die Gleichung, die die gegebenen Verhältnisse ausdrückt, und aus welcher sich die Auflösung nachher durch Rechnung leicht ergibt.

Und siehe da, wenn ich mit meiner Schwester davon rede, welche hinter mir sitzt und arbeitet, so erfahre ich, was ich durch ein vielleicht stundenlanges Brüten nicht herausgebracht haben würde. Nicht, als ob sie es mir, im eigentlichen Sinne, sagte: denn sie kennt weder das Gesetzbuch, noch hat sie den Euler oder den Kästner studiert. Auch nicht, als ob sie mich durch geschicktes Fragen auf den Punkt hinführte, auf welchen es ankommt, wenn schon dies letzte häufig der Fall sein mag. Aber weil ich doch irgendeine dunkle Vorstellung habe, die mit dem, was ich suche, von fernher in einiger Verbindung steht, so prägt, wenn ich nur dreist damit den Anfang mache, das Gemüt, während die Rede fortschreitet, in der Notwendigkeit, dem Anfang nun auch ein Ende zu finden, jene verworrene Vorstellung zur völligen Deutlichkeit aus, dergestalt, daß die Erkenntnis zu meinem Erstaunen mit der Periode fertig ist. Ich mische unartikulierte Töne ein, ziehe die Verbindungswörter in die Länge, gebrauche auch wohl eine Apposition, wo sie nicht nötig wäre, und bediene mich anderer, die Rede ausdehnender Kunstgriffe, zur Fabrikation meiner Idee auf der Werkstätte der Vernunft die gehörige Zeit zu gewinnen. Dabei ist mir nichts heilsamer als eine Bewegung meiner Schwester, als ob sie mich unterbrechen wollte; denn mein ohnehin schon angestrengtes Gemüt wird durch diesen Versuch von außen, ihm die Rede, in deren Besitz es sich befindet, zu entreißen, nur noch mehr erregt und in seiner Fähigkeit, wie ein großer General, wenn die Umstände drängen, noch um einen Grad höher gespannt.

In diesem Sinne begreife ich, von welchem Nutzen Molière seine Magd sein konnte; denn wenn er derselben, wie er vorgibt, ein Urteil zutraute, das das seinige berichten konnte, so ist dies eine Bescheidenheit, an deren Dasein in seiner Brust ich nicht glaube. Es liegt ein sonderbarer Quell der Begeisterung für denjenigen, der spricht, in einem menschlichen Antlitz, das ihm gegenübersteht; und ein Blick, der uns einen halbausgedrückten Gedanken schon als begriffen ankündigt, schenkt uns oft den Ausdruck für die ganze andere Hälfte desselben. Ich glaube, daß mancher große Redner in dem Augenblick, da er den Mund aufmachte, noch nicht wußte, was er sagen würde. Aber die Überzeugung, daß er die ihm nötige Gedankenfülle schon aus den Umständen und der daraus resultierenden Erregung seines Gemüts schöpfen würde, machte ihn dreist genug, den Anfang, auf gutes Glück hin, zu setzen.

Mir fällt jener „Donnerkeil" des Mirabeau ein, mit welchem er den Zeremonienmeister abfertigte, der nach Aufhebung der letzten monarchischen Sitzung des Königs am 23. Juni, in welcher dieser den Ständen auseinanderzugehen anbefohlen hatte, in den Sitzungssaal, in welchem die Stände noch verweilten, zurückkehrte und sie befragte, ob sie den Befehl des Königs vernommen hätten.

„Ja", antwortete Mirabeau, „wir haben des Königs Befehl vernommen" – ich bin gewiß, daß er, bei diesem humanen Anfang, noch nicht an die Bajonette dachte, mit welchen er schloß: „Ja, mein Herr", wiederholte er, „wir haben ihn vernommen." Man sieht, daß er noch gar nicht recht weiß, was er will. „Doch was berechtigt Sie" – fuhr er fort, und nun plötzlich geht ihm ein Quell ungeheurer Vorstellungen auf – „uns hier Befehle anzudeuten? Wir sind die Repräsentanten der Nation." Das war es, was er brauchte! „Die Nation gibt Befehle und empfängt keine" – um sich gleich auf den Gipfel der Vermessenheit zu schwingen. „Und damit ich mich Ihnen ganz deutlich erkläre" – und erst jetzo findet er, was den ganzen Widerstand, zu welchem seine Seele gerüstet dasteht, ausdrückt: „so sagen Sie Ihrem Könige, daß wir unsre Plätze anders nicht als auf die Gewalt der Bajonette verlassen werden." Worauf er sich, selbstzufrieden, auf einen Stuhl niedersetzte.

Wenn man an den Zeremonienmeister denkt, so kann man sich ihn bei diesem Auftritt nicht anders als in einem völligen Geistesbankerott vorstellen; nach einem ähnlichen Gesetz, nach welchem in einem Körper, der von dem elektrischen Zustand Null ist, wenn er in eines elektrisierten Körpers Atmosphäre kommt, plötzlich die entgegengesetzte Elektrizität erweckt wird. Und wie in dem elektrisierten dadurch, nach einer Wechselwirkung, der ihm inwohnende Elektrizitätsgrad wieder verstärkt wird, so ging unseres Redners Mut bei der Vernichtung seines Gegners zur verwegensten Begeisterung über. Vielleicht, daß es auf diese Art zuletzt das Zucken einer Oberlippe war oder ein zweideutiges Spiel an der Manschette, was in Frankreich den Umsturz der Ordnung der Dinge bewirkte.

Man liest, daß Mirabeau, sobald der Zeremonienmeister sich entfernt hatte, aufstand und vorschlug: erstens sich sogleich als Nationalversammlung und zweitens als unverletzlich zu konstituieren. Denn dadurch, daß er sich einer Kleistischen Flasche gleich entladen hatte, war er nun wieder neutral geworden und gab, von der Verwegenheit zurückgekehrt, plötzlich der Furcht vor dem Chatelet und der Vorsicht Raum. Dies ist eine merkwürdige Übereinstimmung zwischen den Erscheinungen der physischen und moralischen Welt, welche sich, wenn man sie verfolgen wollte, auch noch in den Nebenumständen bewähren würde. Doch ich verlasse mein Gleichnis und kehre zur Sache zurück.

Auch Lafontaine gibt in seiner Fabel „Les animaux malades de la peste", wo der Fuchs dem Löwen eine Apologie zu halten gezwungen ist, ohne zu wissen, wo er den Stoff dazu hernehmen soll, ein merkwürdiges Beispiel von einer allmählichen Verfertigung des Gedankens aus einem in der Not hingesetzten Anfang.

Man kennt diese Fabel. Die Pest herrscht im Tierreich,

der Löwe versammelt die Großen desselben und eröffnet ihnen, daß dem Himmel, wenn er besänftigt werden solle, ein Opfer fallen müsse. Viele Sünder seien im Volke, der Tod des größesten müsse die übrigen vom Untergang retten. Sie möchten ihm daher ihre Vergehen aufrichtig bekennen. Er für sein Teil gestehe, daß er im Drange des Hungers manchem Schafe den Garaus gemacht; auch dem Hunde, wenn er ihm zu nahe gekommen; ja, es sei ihm in leckerhaften Augenblicken zugestoßen, daß er den Schäfer gefressen. Wenn niemand sich größerer Schwachheiten schuldig gemacht habe, so sei er bereit zu sterben.

„Sire", sagte der Fuchs, der das Ungewitter von sich ableiten will, „Sie sind zu großmütig. Ihr edler Eifer führt Sie zu weit. Was ist es, ein Schaf zu erwürgen? Oder einen Hund, diese nichtswürdige Bestie? Und: quant au berger", fährt er fort, denn dies ist der Hauptpunkt: „on peut dire", obschon er noch nicht weiß, was, „qu'il méritoit tout mal", auf gut Glück, und somit ist er verwickelt; „étant", eine schlechte Phrase, die ihm aber Zeit verschafft, „de ces gens-là", und nun erst findet er den Gedanken, der ihn aus der Not reißt: „qui sur les animaux se font un chimérique empire". Und jetzt beweist er, daß der Esel, der blutdürstige (der alle Kräuter auffrißt), das zweckmäßigste Opfer sei, worauf alle über ihn herfallen und ihn zerreißen.

Ein solches Reden ist ein wahrhaft lautes Denken. Die Reihen der Vorstellungen und ihrer Bezeichnungen gehen nebeneinander fort, und die Gemütsakte für eins und das andere kongruieren. Die Sprache ist alsdann keine Fessel, etwa wie ein Hemmschuh an dem Rade des Geistes, sondern wie ein zweites mit ihm parallel fortlaufendes Rad an seiner Achse.

Etwas ganz anderes ist es, wenn der Geist schon vor aller Rede mit dem Gedanken fertig ist. Denn dann muß er bei seiner bloßen Ausdrückung zurückbleiben, und dies Geschäft, weit entfernt, ihn zu erregen, hat vielmehr keine andere Wirkung, als ihn von seiner Erregung abzuspannen. Wenn daher eine Vorstellung verworren ausgedrückt wird, so folgt der Schluß noch gar nicht, daß sie auch verworren gedacht worden sei; vielmehr könnte es leicht sein, daß die verworrenst ausgedrückten gerade am deutlichsten gedacht werden. Man sieht oft in einer Gesellschaft, wo durch ein lebhaftes Gespräch eine kontinuierliche Befruchtung der Gemüter mit Ideen im Werk ist, Leute, die sich, weil sie sich der Sprache nicht mächtig fühlen, sonst in der Regel zurückgezogen halten, plötzlich mit einer zuckenden Bewegung aufflammen, die Sprache an sich reißen und etwas Unverständliches zur Welt bringen. Ja, sie scheinen, wenn sie nun die Aufmerksamkeit aller auf sich gezogen haben, durch ein verlegnes Gebärdenspiel anzudeuten, daß sie selbst nicht mehr recht wissen, was sie haben sagen wollen.

Es ist wahrscheinlich, daß diese Leute etwas recht Treffendes, und sehr deutlich, gedacht haben. Aber der plötzliche Geschäftswechsel, der Übergang ihres Geistes vom Denken zum Ausdrücken, schlug die ganze Erregung desselben, die zur Festhaltung des Gedankens notwendig wie zum Hervorbringen erforderlich war, wieder nieder. In solchen Fällen ist es um so unerläßlicher, daß uns die Sprache mit Leichtigkeit zur Hand sei, um dasjenige, was wir gleichzeitig gedacht haben und doch nicht gleichzeitig von uns geben können, wenigstens so schnell als möglich aufeinander folgen zu lassen. Und überhaupt wird jeder, der bei gleicher Deutlichkeit geschwinder als sein Gegner spricht, einen Vorteil über ihn haben, weil er gleichsam mehr Truppen als er ins Feld führt.

Wie notwendig eine gewisse Erregung des Gemüts ist, auch selbst nur, um Vorstellungen, die wir schon gehabt haben, wieder zu erzeugen, sieht man oft, wenn offene und unterrichtete Köpfe examiniert werden und man ihnen ohne vorhergegangene Einleitung Fragen vorlegt wie diese: Was ist der Staat? oder: Was ist das Eigentum? oder dergleichen. Wenn diese jungen Leute sich in einer Gesellschaft befunden hätten, wo man sich vom Staat oder vom Eigentum schon eine Zeitlang unterhalten hätte, so würden sie vielleicht mit Leichtigkeit, durch Vergleichung, Absonderung und Zusammenfassung der

Begriffe, die Definition gefunden haben. Hier aber, wo diese Vorbereitung des Gemüts gänzlich fehlt, sieht man sie stocken, und nur ein unverständiger Examinator wird daraus schließen, daß sie nicht wissen. Denn nicht wir wissen, es ist allererst ein gewisser Zustand unsrer, welcher weiß. Nur ganz gemeine Geister, Leute, die, was der Staat sei, gestern auswendig gelernt und morgen schon wieder vergessen haben, werden hier mit der Antwort bei der Hand sein.

Vielleicht gibt es überhaupt keine schlechtere Gelegenheit, sich von einer vorteilhaften Seite zu zeigen, als grade ein öffentliches Examen. Abgerechnet, daß es schon widerwärtig und das Zartgefühl verletzend ist und daß es reizt, sich stetig zu zeigen, wenn solch ein gelehrter Roßkamm uns nach den Kenntnissen sieht, um uns, je nachdem es fünf oder sechs sind, zu kaufen oder wieder abtreten zu lassen: es ist so schwer, auf ein menschliches Gemüt zu spielen und ihm seinen eigentümlichen Laut abzulocken, es verstimmt sich so leicht unter ungeschickten Händen, daß selbst der geübteste Menschenkenner, der in der Hebammenkunst der Gedanken, wie Kant sie nennt, auf das meisterhafteste bewandert wäre, hier noch wegen der Unbekanntschaft mit seinem Sechswöchner Mißgriffe tun könnte.

Was übrigens solchen jungen Leuten, auch selbst den unwissendsten noch, in den meisten Fällen ein gutes Zeugnis verschafft, ist der Umstand, daß die Gemüter der Examinatoren, wenn die Prüfung öffentlich geschieht, selbst zu sehr befangen sind, um ein freies Urteil fällen zu können. Denn nicht nur fühlen sie häufig die Unanständigkeit dieses ganzen Verfahrens: man würde sich schon schämen, von jemandem, daß er seine Geldbörse vor uns ausschütte, zu fordern, viel weniger seine Seele – sondern ihr eigener Verstand muß hier eine gefährliche Musterung passieren, und sie mögen oft ihrem Gott danken, wenn sie selbst aus dem Examen gehen können, ohne sich Blößen, schmachvoller vielleicht als der eben von der Universität kommende Jüngling, gegeben zu haben, den sie examinierten.

Friedrich Nietzsche:
Die Fröste der Einsamkeit

„Das Erdbeben der Epoche und seit Luther das größte deutsche Sprachgenie" – das war Nietzsche für Gottfried Benn. Nietzsches Stil tanzt kühn über die gängigen Regeln hinweg, oft zieht er der Präzision den Wortrausch vor, zum Vorbild ist er so wenig geeignet wie der von Kleist – aber er demonstriert, welchen Reichtum an Klängen, Farben, Halbschatten und Heimlichkeiten man der angeblich hölzernen deutschen Sprache abgewinnen kann, und er ist wie kein anderer „mit den Ohren geschrieben".

Nietzsche hat sich ja als Komponist versucht; die vielen Hervorhebungen (im folgenden Text alle von ihm) sollen offensichtlich nicht nur die tragenden Begriffe kennzeichnen, sondern auf unscheinbare Wörter jenen Nachdruck ziehen, den sie in lebhafter mündlicher Rede trügen; und Nietzsche sprach auch, wie er schrieb: Im Herbst 1889, ein Dreivierteljahr nach dem Zusammenbruch, führte der Psychiater Otto Binswanger seinen Studenten in Jena den Geisteskranken vor und lud ihn ein, aus seinem Leben zu plaudern; und das Auditorium war verdutzt und erschüttert über die Schönheit seiner Stimme, die Anmut seines Vortrags, seine kühnen Wortkombinationen und kunstvollen Antithesen – „so habe ich noch nie einen Menschen sprechen hören", berichtet ein Dr. Sinchowitz, der dabei war.

Nachstehend ein Auszug aus Nietzsches nachträglicher „Vorrede" von 1886 zu seiner Aphorismen-Sammlung „Menschliches – Allzumenschliches".

Es ist mir oft genug und immer mit großem Befremden ausgedrückt worden, daß es etwas Gemeinsames und Auszeichnendes an allen meinen Schriften gäbe, von der „Geburt der Tragödie" an bis zum letzthin veröffentlichten „Vorspiel einer Philosophie der Zukunft": sie enthielten allesamt, hat man mir gesagt, Schlingen und Netze für unvorsichtige Vögel und beinahe eine beständige unvermerkte Aufforderung zur Umkehrung gewohnter Wertschätzungen und geschätzter Gewohnheiten. Wie? *Alles* nur – menschlich-allzumenschlich? Mit diesem Seufzer komme man aus meinen Schriften heraus, nicht ohne eine Art Scheu und Mißtrauen selbst gegen die Moral, ja nicht übel versucht und ermutigt, einmal den Fürsprecher der schlimmsten Dinge zu machen: wie als ob sie vielleicht nur die bestverleumdeten

349

seien? Man hat meine Schriften eine Schule des Verdachts genannt, noch mehr der Verachtung, glücklicherweise auch des Mutes, ja der Verwegenheit. In der Tat, ich selbst glaube nicht, daß jemals jemand mit einem gleich tiefen Verdachte in die Welt gesehn hat, und nicht nur als gelegentlicher Anwalt des Teufels, sondern ebenso sehr, theologisch zu reden, als Feind und Vorforderer Gottes; und wer etwas von den Folgen errät, die in jedem tiefen Verdachte liegen, etwas von den Frösten und Ängsten der Vereinsamung, zu denen jede unbedingte *Verschiedenheit des Blicks* den mit ihr Behafteten verurteilt, wird auch verstehn, wie oft ich zur Erholung von mir, gleichsam zum zeitweiligen Selbstvergessen, irgendwo unterzutreten suchte – in irgendeiner Verehrung oder Feindschaft oder Wissenschaftlichkeit oder Leichtfertigkeit oder Dummheit; auch warum ich, wo ich nicht fand, was ich *brauchte,* es mir künstlich erzwingen, zurecht fälschen, zurecht dichten mußte (– und was haben Dichter je anderes getan? und wozu wäre alle Kunst in der Welt da?). Was ich aber immer wieder am nötigsten brauchte, zu meiner Kur und Selbst-Wiederherstellung, das war der Glaube, *nicht* dergestalt einzeln zu sein, einzeln zu *sehn,* – ein zauberhafter Argwohn von Verwandtschaft und Gleichheit in Auge und Begierde, ein Ausruhen im Vertrauen der Freundschaft, eine Blindheit zu Zweien ohne Verdacht und Fragezeichen, ein Genuß an Vordergründen, Oberflächen, Nahem, Nächstem, an Allem, was Farbe, Haut und Scheinbarkeit hat. Vielleicht, daß man mir in diesem Betrachte mancherlei „Kunst", mancherlei feinere Falschmünzerei vorrücken könnte: zum Beispiel, daß ich wissentlich-willentlich die Augen vor Schopenhauers blindem Willen zur Moral zugemacht hätte, zu einer Zeit, wo ich über Moral schon hellsichtig genug war; insgleichen daß ich mich über Richard Wagners unheilbare Romantik betrogen hätte, wie als ob sie ein Anfang und nicht ein Ende sei; insgleichen über die Griechen, insgleichen über die Deutschen und ihre Zukunft – und es gäbe vielleicht noch eine ganze lange Liste solcher Insgleichen? – Gesetzt aber, dies alles wäre wahr und mit gutem Grunde mir vorgerückt, was wißt *ihr* davon, was *könntet* ihr davon wissen, wieviel List der Selbst-Erhaltung, wie viel Vernunft und höhere Obhut in solchem Selbst-Betruge enthalten ist, – und wie viel Falschheit mir noch *not tut,* damit ich mir immer wieder den Luxus *meiner* Wahrhaftigkeit gestatten darf? ... Genug, ich lebe noch; und das Leben ist nun einmal nicht von der Moral ausgedacht: es *will* Täuschung, es *lebt* von der Täuschung... aber nicht wahr? da beginne ich bereits wieder und tue, was ich immer getan habe, ich alter Immoralist und Vogelsteller – und rede unmoralisch, außermoralisch, „jenseits von Gut und Böse"? –

*

Man darf vermuten, daß ein Geist, in dem der Typus „freier Geist" einmal bis zur Vollkommenheit reif und süß werden soll, sein entscheidendes Ereignis in einer *großen Loslösung* gehabt hat, und daß er vorher um so mehr ein gebundener Geist war und für immer an seine Ecke und Säule gefesselt schien. Was bindet am festesten? Welche Stricke sind beinahe unzerreißbar? Bei Menschen einer hohen und ausgesuchten Art werden es die Pflichten sein: jene Ehrfurcht, wie sie der Jugend eignet, jene Scheu und Zartheit vor allem Altverehrten und Würdigen, jene Dankbarkeit für den Boden, aus dem sie wuchsen, für die Hand, die sie führte, für das Heiligtum, wo sie anbeten lernten, – ihre höchsten Augenblicke selbst werden sie am festesten binden, am dauerndsten verpflichten. Die große Loslösung kommt für solchermaßen Gebundene plötzlich, wie ein Erdstoß: die junge Seele wird mit einem Male erschüttert, losgerissen, herausgerissen, – sie selbst versteht nicht, was sich begibt. Ein Antrieb und Andrang waltet und wird über sie Herr wie ein Befehl; ein Wille und Wunsch erwacht, fortzugehn, irgendwohin, um jeden Preis; eine heftige gefährliche Neugierde nach einer unentdeckten Welt flammt und flackert in allen ihren Sinnen. „Lieber sterben als *hier* leben" – so klingt die gebieterische Stimme und Verführung; und dies „hier", dies „zu Hause" ist alles, was sie bis dahin geliebt hatte! Ein plötzlicher Schrecken und Argwohn gegen das, was sie liebte, ein Blitz von Verachtung gegen das, was ihr „Pflicht" hieß, ein aufrührerisches, willkürliches, vulkanisch stoßendes Verlangen nach Wanderschaft, Fremde, Entfremdung, Erkältung, Ernüchterung, Vereisung, ein Haß auf die Liebe, vielleicht ein tempelschänderischer Griff und Blick *rückwärts,* dorthin, wo sie bis dahin anbetete und liebte, vielleicht eine Glut der Scham über das, was sie eben tat, und ein Frohlocken zugleich, *daß* sie es tat, ein trunkenes, inneres frohlockendes Schaudern, in dem sich ein Sieg verrät – ein Sieg? über was? über wen? Ein rätselhafter, fragenreicher, fragwürdiger Sieg, aber der *erste* Sieg immerhin: – dergleichen Schlimmes und Schmerzliches gehört zur Geschichte der großen Loslösung. Sie ist eine Krankheit zugleich, die den Menschen zerstören kann, dieser erste Ausbruch von Kraft und Willen zur Selbstbestimmung, Selbst-Wertsetzung, dieser Wille zum *freien* Willen: und wie viel Krankheit drückt sich an den wilden Versuchen und Seltsamkeiten aus, mit denen der Befreite, Losgelöste sich nunmehr seine Herrschaft über die Dinge zu beweisen sucht! Er schweift grausam umher, mit einer unbefriedigten Lüsternheit; was er erbeutet, muß die gefährliche Spannung seines Stolzes abbüßen; er zerreißt, was ihn reizt. Mit einem bösen Lachen dreht er um, was er verhüllt, durch irgend eine Scham geschont findet: er versucht, wie diese Dinge aussehn, *wenn* man sie umkehrt. Es ist Willkür und Lust an der Willkür darin, wenn er vielleicht nun seine Gunst dem zuwendet, was bisher in schlechtem Rufe stand, – wenn er neugierig und versucherisch um das Verbotenste schleicht. Im Hintergrunde seines Treibens und Schweifens – denn er ist unruhig und ziellos unterwegs wie in einer Wüste – steht das Fragezeichen einer immer gefährlicheren Neugierde. „Kann man nicht *alle* Werte umdrehn? Und ist Gut vielleicht Böse? Und Gott nur eine Erfindung und Feinheit des Teufels? Ist alles vielleicht im letzten Grunde falsch? Und wenn wir Betrogene sind, sind wir nicht eben dadurch auch Betrüger? *müssen* wir nicht auch Betrüger sein? – Solche Gedanken führen und verführen ihn, immer weiter fort, immer weiter ab. Die Einsamkeit umringt und umringelt ihn, immer drohender, würgender, herzzuschnürender, jene furchtbare Göttin und mater saeve cupidinum – aber wer weiß es heute, was *Einsamkeit* ist?

*

Von dieser krankhaften Vereinsamung, von der Wüste solcher Versuchs-Jahre ist der Weg noch weit bis zu jener ungeheuren überströmenden Sicherheit und Gesundheit, welche der Krankheit selbst nicht entraten mag, als eines Mittels und Angelhakens der Erkenntnis, bis zu jener *reifen* Freiheit des Geistes, welche ebensosehr Selbstbeherrschung und Zucht des Herzens ist und die Wege zu vielen und entgegengesetzten Denkweisen erlaubt –, bis zu jener inneren Umfänglichkeit und Verwöhnung des Überreichtums, welche die Gefahr ausschließt, daß der Geist sich etwa selbst in die eignen Wege verlöre und verliebte und in irgend einem Winkel berauscht sitzen bliebe, bis zu jenem Überschuß an plastischen, ausheilenden, nachbildenden und wiederherstellenden Kräften, welcher eben das Zeichen der *großen* Gesundheit ist, jener Überschuß, der dem freien Geiste das gefährliche Vorrecht gibt, *auf den Versuch* hin leben und sich dem Abenteuer anbieten zu dürfen: das Meisterschafts-Vorrecht des freien Geistes! Dazwischen mögen lange Jahre der Genesung liegen, Jahre voll vielfarbiger schmerzlichzauberhafter Wandlungen, beherrscht und am Zügel geführt durch einen zähen *Willen zur Gesundheit*, der sich oft schon als Gesundheit zu kleiden und zu verkleiden wagt. Es gibt einen mittleren Zustand darin, dessen ein Mensch solchen Schicksals später nicht ohne Rührung eingedenk ist: Ein blasses feines Licht und Sonnenglück ist ihm zu eigen, ein Gefühl von Vogel-Freiheit, Vogel-Umblick, Vogel-Übermut, etwas Drittes, in dem sich Neugierde und zarte Verachtung gebunden haben. Ein

„freier Geist" – dies kühle Wort tut in jenem Zustande wohl, es wärmt beinahe. Man lebt, nicht mehr in den Fesseln von Liebe und Haß, ohne Ja, ohne Nein, freiwillig nahe, freiwillig ferne, am liebsten entschlüpfend, ausweichend, fortflatternd, wieder weg, emporfliegend; man ist verwöhnt, wie jeder, der einmal ein ungeheures Vielerlei *unter* sich gesehen hat, – und man ward zum Gegenstück derer, welche sich um Dinge bekümmern, die sie nichts angehn. In der Tat, den freien Geist gehen nunmehr lauter Dinge an – und wie viele Dinge! – welche ihn nicht mehr *bekümmern* . . .

*

Ein Schritt weiter in die Genesung: und der freie Geist nähert sich wieder dem Leben, langsam freilich, fast widerspenstig, fast mißtrauisch. Es wird wieder wärmer um ihn, gelber gleichsam; Gefühl und Mitgefühl bekommen Tiefe, Tauwinde aller Art gehen über ihn weg. Fast ist ihm zumute, als ob ihm jetzt erst die Augen für das *Nahe* aufgingen. Er ist verwundert und sitzt stille: wo *war* er doch? Diese nahen und nächsten Dinge: Wie scheinen sie ihm verwandelt! Welchen Flaum und Zauber haben sie inzwischen bekommen! Er blickt dankbar zurück, – dankbar seiner Wanderschaft, seiner Härte und Selbstentfremdung, seinen Fernblicken und Vogelflügen in kalte Höhen. Wie gut, daß er nicht wie ein zärtlicher dumpfer Eckensteher immer „zu Hause", immer „bei sich" geblieben ist! Er war *außer* sich: Es ist kein Zweifel. Jetzt erst sieht er sich selbst –, und welche Überraschungen findet er dabei! Welche unerprobten Schauder! Welches Glück noch in der Müdigkeit, der alten Krankheit, den Rückfällen des Genesenden! Wie es ihm gefällt, leidend stillzusitzen, Geduld zu spinnen, in der Sonne zu liegen! Wer versteht sich gleich ihm auf das Glück im Winter, auf die Sonnenflecke an der Mauer! Es sind die dankbarsten Tiere von der Welt, auch die bescheidensten, diese dem Leben wieder halbzugewendeten Genesenden und Eidechsen: – es gibt solche unter ihnen, die keinen Tag von sich lassen, ohne ihm ein kleines Loblied an den nachschleppenden Saum zu hängen. Und ernstlich geredet: Es ist eine gründliche *Kur* gegen allen Pessimismus (den Krebsschäden alter Idealisten und Lügenbolde, wie bekannt –) auf die Art dieser freien Geister krank zu werden, eine gute Weile krank zu bleiben und dann, noch länger, gesund, ich meine „gesünder" zu werden. Es ist Weisheit darin, Lebens-Weisheit, sich die Gesundheit selbst lange Zeit nur in kleinen Dosen zu verordnen.

*

Um jene Zeit mag es endlich geschehn, unter den plötzlichen Lichtern einer noch ungestümen, noch wechselnden Gesundheit, daß dem freien, immer freieren Geiste sich das Rätsel jener großen Loslösung zu entschleiern beginnt, welches bis dahin dunkel, fragwürdig, fast unberührbar in seinem Gedächtnis gewartet hatte. Wenn er sich lange kaum zu fragen wagte „warum so abseits? so allein? Allem entsagend, was ich verehrte? Der Verehrung selbst entsagend? Warum diese Härte, dieser Argwohn, dieser Haß auf die eigenen Tugenden?" – jetzt wagt und fragt er es laut und hört auch schon etwas wie Antwort darauf. „Du solltest Herr über dich werden, Herr auch über die eigenen Tugenden. Früher waren sie deine Herren; aber sie dürfen nur deine Werkzeuge neben andren Werkzeugen sein. Du solltest Gewalt über dein Für und Wider bekommen und es verstehn lernen, sie aus- und wieder einzuhängen, je nach deinem höheren Zwecke. Du solltest das Perspektivische in jeder Wertschätzung begreifen lernen – die Verschiebung, Verzerrung und scheinbare Teleologie der Horizonte und was alles zum Perspektivischen gehört; auch das Stück Dummheit in Bezug auf entgegengesetzte Werte und die ganze intellektuelle Einbuße, mit der sich jedes Für, jedes Wider bezahlt macht. Du solltest die *notwendige* Ungerechtigkeit in jedem Für und Wider begreifen lernen, die Ungerechtigkeit als unablösbar vom Leben, das Leben selbst als *bedingt* durch das Perspektivische und seine Ungerechtigkeit. Du solltest vor allem mit Augen sehn, wo die Ungerechtigkeit immer am größten ist: dort nämlich, wo das Leben am kleinsten, engsten, dürftigsten, anfänglichsten entwickelt ist und dennoch nicht umhin kann, *sich* als Zweck und Maß der Dinge zu nehmen und seiner Erhaltung zuliebe das Höhere, Größere, Reichere heimlich und kleinlich und unablässig anzubröckeln und in Frage zu stellen, – du solltest das Problem der *Rangordnung* mit Augen sehn und wie Macht und Recht und Umfänglichkeit der Perspektive miteinander in die Höhe wachsen. Du solltest" – genug, der freie Geist *weiß* nunmehr, welchem „du sollst" er gehorcht hat, und auch, was er jetzt *kann,* was er jetzt erst – *darf*...

Thomas Mann:
Der Alte Fritz

Ein Jahr nach dem Ausbruch des Ersten Weltkriegs, vierzehn Jahre nach den „Buddenbrooks", erschien der Essay „Friedrich und die große Koalition" – zum einen das Porträt eines erstaunlichen Menschen, von dem Thomas Mann fasziniert ist, wiewohl er ihn einen „boshaften Kobold" nennt; zum anderen, in des Autors Worten, eine „Skizze der Ursprünge eines Krieges, dessen Wiederholung oder Fortsetzung wir heute erleben". Da wehte, 1915, ein vaterländischer Geist mit fast militanten Zügen; es war ein „felddienstmäßig gerüsteter Artikel", wie Thomas Mann schon 1918 über sich selber spottete. Gleichwohl: Beispiellos ist die Kraft, mit der hier ein Extremfall der Gattung „Mensch" modelliert wird. Der Auszug stammt aus dem Schlußteil des Essays.

Man weiß, der Kampf dauerte sieben Jahre – diese alte Märchenzahl von Prüfungsjahren, und er ging ein wenig hinaus über das, was den Prinzen und Müllerburschen des Märchens an Prüfung auferlegt zu werden pflegt, – er war ohne Übertreibung die schrecklichste Prüfung, die eine Seele überhaupt jemals auf Erden zu bestehen gehabt hat. Um sie zu bestehen, dazu gehörten passive und aktive Eigenschaften, ein Maß von durchhaltender Geduld und von erfinderisch-tätiger Energie, wie unseres Wissens weder vorher noch nachher ein Mensch sie bekundet oder zu bekunden Gelegenheit gehabt hat. Sieben Jahre lang zog König Friedrich umher und bataillierte, schlug hier den einen Feind und dort den anderen, ward auch geschlagen, geschlagen bis zur Vernichtung, richtete sich zitternd wieder empor, weil ihm etwas einfiel, was vielleicht noch versucht werden konnte, versuchte es mit unerhörtem, ganz unwahrscheinlichem Glück und kam noch einmal davon. Immer im schäbigen Waffenrock, gestiefelt, gespornt und den Uniformhut auf dem Kopf, atmend jahraus, jahrein im Dunst seiner Truppen, in einer Atmosphäre von Schweiß, Leder, Blut und Pulverdampf, ging er, zwischen zwei Schlachten, zwischen einer trostlosen Niederlage und einem unglaubhaften Triumph, in seinem Zelt hin und her und blies auf der Flöte, kritzelte französische Verse oder zankte sich brieflich mit Voltaire. Seine Mutter starb, ohne daß er sie noch einmal gesehen hätte, und nun fühlte er sich verlassener als je. Seine Lieblingsschwester starb – mon Dieu, ma soeur de Bayreuth! – und sein Weh über diesen Verlust zeugt für die Sensitivität seines bösartigen Herzens.

Mit der Zeit wurde er sich selber grotesk, er übersah nicht die fürchterliche Komik seines Daseins, er verglich sich mit Don Quijote, mit dem Ewigen Juden. „Der Stier muß Furchen ziehen", sagte er, „die Nachtigall singen, der Delphin schwimmen, und ich – muß Krieg führen." Er kam sich verdammt vor, Krieg zu führen bis zum jüngsten der Tage, und wurde sich selber zum Spuk. Auch die gräßliche Müdigkeit der Gespenster war ihm vertraut, ihre jammervolle Sehnsucht nach Ruhe. „Selig die Toten! Sie sind geschützt vor Kümmernissen und allen Sorgen." Er trug Gift bei sich für den äußersten Fall, aber obgleich der äußerste Fall mehr als einmal eingetreten schien, nahm er das Gift doch nicht, sondern es fiel ihm noch etwas ein, und der äußerste Fall ging vorüber. Unter den entsetzlichen Strapazen, den krassen Wechselfällen, der unaufhörlichen Spannung alterte das „niedlichste Menschenkind" rapide. Die Zähne fielen ihm aus, sein Kopf ergraute auf einer Seite, sein Rücken krümmte sich, sein Körper ward gichtig und schnurrte ein. Außerdem litt er an Diarrhöen. Es war in der Tat die Qual der Verdammten.

Aber sein Ruhm wuchs unterdessen, – seine Vergehen, seine Völkerrechtsbrüche gerieten in Vergessenheit, aber sein Ruhm als der eines Gottgeschlagenen und Gotterwählten wuchs auf wie ein Baum und überschattete das Jahrhundert. Nicht nur, daß er, der bei Roßbach die Scharen des Marschalls Soubise zu Paaren trieb – eben jene Franzosen, die das Elsaß gestohlen und die Pfalz ausgebrannt hatten –, den Deutschen zum gemeinsamen Helden wurde, zu einem Symbol, in dessen Verehrung ihr zerrissenes Gefühl sich zum erstenmal wieder einigte, sondern seine Taten und Leiden erwarben ihm die Teilnahme, die populäre Begeisterung aller Völker. Ja, seine

Niederlagen nicht weniger als seine Siege beschäftigten nah und fern die Herzen der Menschen, das Groteske, das Don Quijotehafte seines Daseins trug dazu bei, seine Figur zu vergrößern und volkstümlich zu machen, sein Bild mit dem hintergezogenen Mund, den glanzblauen Augen und dem dreieckigen Hut, mit Krückstock, Stern, Fangschnur und Kanonenstiefeln hing in Hütte und Haus; er wurde legendär bei lebendigem Leibe. Von nun hieß er ‚Der Alte Fritz' – ein schauerlicher Name, wenn man Sinn fürs Schauerliche hat; denn es ist wirklich im höchsten Grade schauerlich, wenn der Dämon populär wird und einen gemütlichen Namen erhält.

Er hatte den Haß, den psychischen Gegendruck einer Welt überwunden, und damit waren der physischen Macht seiner Feinde wichtige Stützen entzogen. Ein übriges tat sein moralischer Radikalismus, die Tiefe seiner Entschlossenheit, die ihn den anderen so widerwärtig und zugleich entsetzlich wie ein fremdes und bösartiges Tier erscheinen ließ, so daß es für ihn um Leben und Tod ging; das gab ihm eine Unbedingtheit, von der die anderen nichts wußten. Von seinem strategischen Genie schweigen wir, da wir nur laienhaft davon zu reden verstünden. Von seinem ‚Glück' mögen wir nicht sprechen, da es immer töricht ist, das Glück als ein Unverdienst von den Verdiensten abzusondern; es gehört dazu. Doch wenn man denn will, so hatte er auch ‚Glück'. Er war im Begriffe, zugrunde zu gehen, als Elisabeth von Rußland ihren Liebhabereien erlag und ein armer Tropf namens Peter zum Thron gelangte, der Friedrich blöde verehrte und nachäffte und sofort mit ihm Frieden schloß. Aber der König mußte noch ein paar Schlachten gewinnen, bevor man endgültig einsah, daß nichts mit ihm anzufangen war, und erschöpft von ihm abließ. Er kehrte nach Hause zurück.

Er hatte nichts Greifbares gewonnen, und seine Länder waren verheert, verwildert, verarmt, entvölkert. Aber Preußen stand, nicht ein Dorf hatte es verloren, Schlesien war bewahrt und Zweck und Ziel der großen Koalition vollkommen verfehlt. Das war eine schwere

Demütigung des Erdteils durch den einen Mann. Der Spruch des Fatums hatte gegen alle Wahrscheinlichkeit für ihn entschieden, das Urteil anzufechten war untunlich auf lange Zeit, man mußte Preußen, mußte Deutschland den Weg freigeben, – welcher sich auch hinfort als ein Weg erwies so steil und schicksalsvoll, an mächtig erzieherischen Wendungen so reich wie keiner, den ein Volk je gegangen.

Was Friedrich betraf, so war sein Lebensabend, der sich noch lange hinzog, kalt, trübe und abstoßend. Sein Charakter war nach den furchtbaren sieben Jahren noch höhnischer und boshafter denn zuvor. Da er übermenschlich gekämpft und gelitten hatte, sah er in allem Menschenvolk um ihn her nur Pack und kinderzeugendes Gesindel. Es bleibt unverständlich, warum er, bis an den Hals voll Verachtung, für dieses Gesindel so ungeheuerlich zu arbeiten fortfuhr, rastlos sich der Aufgabe unterzog, das Unglück, das er verursacht hatte, wiedergutzumachen, dem Ackerbau, den Finanzen seines Landes zur Genesung verhalf, ganze Industrien hervorrief, eine weitere Provinz hinzu erwarb und sie durch großartigste Kolonisation aus ihrem vernachlässigten Zustand erhob, – wenn man sein Pflichtgefühl nicht als eine Art von Besessenheit und ihn selbst nicht als Opfer und Werkzeug höheren Willens begreift. Sein Fleiß war kalte und glücklose Passion. Ausgebrannt, öde und bös, liebte er niemanden und niemand liebte ihn, sondern sein königliches Dasein bildete einen lastenden, entwürdigenden Druck für alle Welt. Um ein wenig tierische Wärme zu empfinden, ließ er seine Lieblingswindhündin des Nachts sein Lager teilen. Er hielt sich mehrere Hunde und wollte neben ihnen begraben sein. Als der letzte davon verendete, weinte er tagelang. Seine Philosophen zu ‚brouillieren' machte ihm noch eine Weile Vergnügen; dann setzte er sie vor die Tür. Denn während er früher nur die Religion verhöhnt hatte, verhöhnte er später auch die Philosophie, indem er erklärte, daß es für jedermann wichtiger sei zu verdauen, als das Wesen der Dinge zu erkennen. Übrigens verdaute er sehr schlecht, da er es nicht lassen konnte, sich täglich mit höllisch überwürzten Speisen zu verderben. Als er, vierundsiebzig Jahre alt, nach qualvoller und widerwärtiger Krankheit starb, „war alles totenstill", wie es heißt, „aber niemand war traurig". Man fand kein heiles und sauberes Hemd in seinen Schubladen, und so gab ein Diener eins von den seinen her, womit man die Leiche bekleidete. Sie war klein wie ein Kinderleib.

Zuweilen möchte man glauben, er sei ein Kobold gewesen, der aller Welt Haß und Abscheu machte und alle Welt hineinlegte, ein ungeschlechtlicher, boshafter Troll, den umzubringen hundert Millionen Menschen sich vergebens ermatteten, da er entstanden und gesandt war, um große, notwendige Erdendinge in die Wege zu leiten, – worauf er unter Zurücklassung eines Kinderleibes wieder entschwand.

Aus: Thomas Mann, GESAMMELTE WERKE Bd. X
© 1960, 1974 S. Fischer Verlag GmbH, Frankfurt am Main

Robert Musil:
Von der Freiheit in der Nähe des Todes

> Robert Edler von Musil, 1880 in Klagenfurt geboren, studierte erst Maschinenbau, dann Philosophie und war im Ersten Weltkrieg ein hochdekorierter Hauptmann des österreichischen Landsturms. Er starb 1942 in Armut im Exil.
>
> Sein berühmtes Werk „Der Mann ohne Eigenschaften", an dem Musil fast dreißig Jahre lang gearbeitet hat, ist ein Torso von eintausendsechshundert Seiten, „Roman" genannt, aber ebenso als eine Sammlung von Essays zu beschreiben, die durch eine unendlich langsam fortschreitende Handlung locker verknüpft sind.
>
> Dagegen enthält seine Erzählung „Die Amsel" (1928) ein pralles Stück Prosa: Ein Erlebnis an der Dolomitenfront des Ersten Weltkriegs voll starker Stimmung und kühner Bilder – eine Probe seiner Fähigkeit, sich an die äußersten Grenzen dessen heranzutasten, was gerade noch in Worten eingefangen werden kann.

Zwei Jahre später befand ich mich in einem Sack, dem toten Winkel einer Kampflinie in Südtirol, die sich von den blutigen Gräben der Cima di Vezzena an den Caldonazzo-See zurückbog. Dort lief sie tief im Tal wie eine sonnige Welle über zwei Hügel mit schönen Namen und stieg auf der anderen Seite des Tals wieder empor, um sich in einem stillen Gebirge zu verlieren. Es war im Oktober; die schwach besetzten Kampfgräben versanken in Laub, der See brannte lautlos in Blau, die Hügel lagen wie große welke Kränze da; wie Grabkränze, dachte ich oft, ohne mich vor ihnen zu fürchten...

In der Nacht bezogen wir mitten darin eine vorgeschobene Stellung. Sie lag so offen im Tal, daß man uns von oben mit Steinwürfen erschlagen konnte; aber man röstete uns bloß an langsamem Artilleriefeuer. Immerhin, am Morgen nach so einer Nacht hatten alle einen sonderbaren Ausdruck, der sich erst nach einigen Stunden verlor: Die Augen waren vergrößert, und die Köpfe auf den vielen Schultern richteten sich unregelmäßig auf wie ein niedergetretener Rasen. Trotzdem habe ich in jeder solchen Nacht oftmals den Kopf über den Grabenrand gehoben und ihn vorsichtig über die Schulter zurückgedreht wie ein Verliebter: da sah ich dann die Brentagruppe hell himmelblau, wie aus Glas steif gefältelt, in der Nacht stehen. Und gerade in diesen Nächten waren die Sterne groß und wie aus Goldpapier gestanzt und flimmerten fett wie aus Teig gebacken, und der Himmel war noch in der Nacht blau, und die dünne, mädchenhafte Mondsichel, ganz silbern oder ganz golden, lag auf dem Rücken mitten darin und schwamm in Entzücken. Du mußt trachten, dir vorzustellen, wie schön das war; so schön ist nichts im gesicherten Leben. Dann hielt ich es manchmal nicht aus und kroch vor Glück und Sehnsucht in der Nacht spazieren; bis zu den goldgrünen schwarzen Bäumen, zwischen denen ich mich aufrichtete wie eine kleine braungrüne Feder im Gefieder des ruhig sitzenden, scharfschnäbeligen Vogels Tod, der so zauberisch bunt und schwarz ist, wie du es nicht gesehen hast.

Tagsüber, in der Hauptstellung, konnte man dagegen geradezu spazierenreiten. Auf solchen Plätzen, wo man Zeit zum Nachdenken wie zum Erschrecken hat, lernt man die Gefahr erst kennen. Jeden Tag holt sie sich ihre Opfer, einen festen Wochendurchschnitt, soundsoviel vom Hundert, und schon die Generalstabsoffiziere der Division rechnen so unpersönlich damit wie eine Versicherungsgesellschaft. Übrigens man selbst auch. Man kennt instinktiv seine Chance und fühlt sich versichert, wenn auch nicht gerade unter günstigen Bedingungen. Das ist jene merkwürdige Ruhe, die man empfindet, wenn man dauernd im Feuerbereich lebt. Das muß ich vorausschicken, damit du dir nicht falsche Vorstellungen von meinem Zustand machst. Freilich kommt es vor, daß man sich plötzlich getrieben fühlt, nach einem bestimmten, bekannten Gesicht zu suchen, das man noch vor einigen Tagen gesehen hat; aber es ist nicht mehr da. So ein Gesicht kann dann mehr erschüttern, als vernünftig ist, und lang in der Luft hängen wie ein Kerzenschimmer. Man hat also weniger Todesfurcht als sonst, aber ist allerhand Erregungen zugänglicher. Es ist so, als ob die Angst vor dem Ende, die offenbar immer wie ein Stein auf dem Menschen liegt, weggewälzt worden wäre, und nun blüht in der unbestimmten Nähe des Todes eine sonderbare innere Freiheit.

Über unsere ruhige Stellung kam einmal mitten in der Zeit ein feindlicher Flieger. Das geschah nicht oft, weil das Gebirge mit seinen schmalen Luftrinnen zwischen befestigten Kuppen hoch überflogen werden mußte. Wir standen gerade auf einem der Grabkränze, und im Nu war der Himmel mit den weißen Schrapnellwölkchen der Batterien betupft wie von einer behenden Puderquaste. Das sah lustig aus und fast lieblich. Dazu schien die Sonne durch die dreifarbigen Tragflächen des Flugzeugs, gerade als es hoch über unseren Köpfen fuhr, wie durch ein Kirchenfenster oder buntes Seidenpapier, und es hätte zu diesem Augenblick nur noch einer Musik von Mozart bedurft. Mir ging zwar der Gedanke durch den Kopf, daß wir wie eine Gruppe von Rennbesuchern beisammenstanden und ein gutes Ziel abgaben. Auch sagte einer von uns: Ihr solltet euch lieber decken! Aber es hatte offenbar keiner Lust, wie eine Feldmaus in ein Erdloch zu fahren. In diesem Augenblick hörte ich ein leises Klingen, das sich meinem hingerissen emporstarrenden Gesicht näherte. Natürlich kann es auch umgekehrt zugegangen sein, so daß ich zuerst das Klingen hörte und dann erst das Nahen einer Gefahr begriff; aber im gleichen Augenblick wußte ich auch schon: Es ist ein Fliegerpfeil! Das waren spitze Eisenstäbe, nicht dicker als ein Zimmermannsblei, welche damals die Flugzeuge aus der Höhe abwarfen; und trafen sie den Schädel, so kamen sie wohl erst bei den Fußsohlen wieder heraus, aber sie trafen eben nicht oft, und man hat sie bald wieder aufgegeben. Darum war das mein erster Fliegerpfeil; aber Bomben und Maschinengewehrschüsse hört man ganz anders, und ich wußte sofort, womit ich es zu tun hätte. Ich war gespannt, und im nächsten Augenblick hatte ich auch schon das sonderbare, nicht im Wahrscheinlichen begründete Empfinden: Er trifft!

Und weiß du, wie das war? Nicht wie eine schreckende Ahnung, sondern wie ein noch nie erwartetes Glück! Ich wunderte mich zuerst darüber, daß ich bloß das Klingen hören sollte. Dann dachte ich, daß der Laut wieder verschwinden werde. Aber er verschwand nicht. Er näherte sich mir, wenn auch sehr fern, und wurde perspektivisch größer. Ich sah vorsichtig die Gesichter an, aber niemand nahm ihn wahr. Und in diesem Augenblick, wo ich inne wurde, daß ich allein diesen feinen Gesang hörte, stieg ihm etwas aus mir entgegen: Ein Lebensstrahl; ebenso unendlich wie der von oben kommende des Todes.

Ich erfinde das nicht, ich suche es so einfach wie möglich zu beschreiben; ich habe die Überzeugung, daß ich mich physikalisch nüchtern ausgedrückt habe; freilich weiß ich, daß das bis zu einem Grad wie im Traum ist, wo man ganz klar zu sprechen wähnt, während die Worte außen wirr sind.

Das dauerte eine lange Zeit, während derer nur ich das Geschehen näher kommen hörte. Es war ein dünner, singender, einfacher hoher Laut, wie wenn der Rand eines Glases zum Tönen gebracht wird; aber es war etwas Unwirkliches daran... Ich muß einfach sagen, ich war sicher, in der nächsten Minute Gottes Nähe in der Nähe meines Körpers zu fühlen. Das ist immerhin nicht wenig bei einem Menschen, der seit seinem achten Jahr nicht an Gott geglaubt hat.

Inzwischen war der Laut von oben körperlicher geworden, er schwoll an und drohte. Ich hatte mich einigemal gefragt, ob ich warnen solle; aber mochte ich oder ein anderer getroffen werden, ich wollte es nicht tun! Vielleicht steckte eine verdammte Eitelkeit in dieser Einbildung, daß da, hoch oben über einem Kampffeld, eine Stimme für mich singe. Vielleicht ist Gott überhaupt nichts, als daß wir armen Schnorrer in der Enge unseres Daseins uns eitel brüsten, einen reichen Verwandten im Himmel zu haben. Ich weiß es nicht. Aber ohne Zweifel hatte nun die Luft auch für die anderen zu klingen begonnen; ich bemerkte, daß Flecken von Unruhe über ihre Gesichter huschten, und siehst du – auch keiner von ihnen ließ sich ein Wort entschlüpfen! Ich sah noch einmal diese Gesichter an: Burschen, denen nichts ferner lag als solche Gedanken, standen, ohne es zu wissen, wie eine Gruppe von Jüngern da, die eine Botschaft erwarten. Und plötzlich war das Singen zu einem irdischen Ton geworden, zehn Fuß, hundert Fuß über uns, und erstarb. Er, es war da. Mitten zwischen uns, aber mir zunächst, war etwas verstummt und von der Erde verschluckt worden, war zu einer unwirklichen Lautlosigkeit zerplatzt. Mein Herz schlug breit und ruhig; ich kann auch nicht den Bruchteil einer Sekunde erschrocken gewesen sein; es fehlte nicht das kleinste Zeitteilchen in meinem Leben. Aber das erste, was ich wieder wahrnahm, war, daß mich alle ansahen. Ich stand am gleichen Fleck, mein Leib aber war wild zur Seite gerissen worden und hatte eine tiefe, halbkreisförmige Verbeugung ausgeführt. Ich fühlte, daß ich aus einem Rausch erwache, und wußte nicht, wie lange ich fort gewesen war. Niemand sprach mich an;; endlich sagte einer: Ein Fliegerpfeil! und alle wollten ihn suchen, aber er stak metertief in der Erde. In diesem Augenblick überströmte mich ein heißes Dankgefühl, und ich glaube, daß ich am ganzen Körper errötete. Wenn einer da gesagt hätte, Gott sei in meinen Leib gefahren, ich hätte nicht gelacht. Ich hätte es aber auch nicht geglaubt. Nicht einmal, daß ich einen Splitter von ihm davontrug, hätte ich geglaubt. Und trotzdem, jedesmal, wenn ich mich daran erinnere, möchte ich etwas von dieser Art noch einmal deutlicher erleben!

Auszug aus: Robert Musil, DIE AMSEL
Copyright © 1978 by Rowohlt Taschenbuch Verlag GmbH, Reinbek bei Hamburg

Gottfried Benn:
Weihnachten 1943

>Der Hautarzt und berühmte Lyriker Dr. Gottfried Benn trat 1933 öffentlich für das Nazi-Regime ein. Noch im selben Jahr aber wandte er sich, wiederum öffentlich, von Hitler ab. Er wählte, in seinen Worten, „die aristokratische Form der Emigration": Er ging zum Militär, als Stabsarzt.
>Im Herbst 1943 bezog Benn, 57 Jahre alt, in einer Kaserne östlich von Berlin „Block II, Zimmer 66" – so auch der Titel eines 1944 niedergeschriebenen Stückes seines autobiographischen Berichts „Doppelleben", den er 1950 veröffentlichte. Hier Auszüge aus diesem Abschnitt – anschaulich, hellsichtig und zynisch, wie es von jeher Benns Stil gewesen war.

Die Blöcke werden durchflutet von den Wellen Eingezogener. Zwei Sorten unterscheiden sich: die Sechzehnjährigen, unterernährt, dürftig, armselige Arbeitsdiensttypen, ängstlich, ergeben, beflissen, und die Alten, die Fünfzig- bis Sechzigjährigen aus Berlin. Am ersten Tage sind diese noch die Herren, tragen Zivil, kaufen sich Zeitungen, flotter Gang, der besagt: Wir sind Syndikusse, selbständige Handelsvertreter, Versicherungsagenten, haben hübsche Frauen, Zentralheizung, dieser vorübergehende Zustand berührt uns nicht, sogar ganz humoristisch – am zweiten Tag sind sie eingekleidet und der letzte Dreck. Jetzt müssen sie durch die Gänge flitzen, wenn ein Unteroffizier brüllt, auf dem Kasernenhof springen, Kasten schleppen, Stahlhelme aufquetschen. Die Ausbildung ist kurz, zwei bis drei Wochen; interessant dabei, sie lernen schon vom zweiten Tag an schießen, früher begann das erst nach vier bis sechs Wochen.

Dann, eines Nachts, wird angetreten mit Tornister, zusammengerolltem Mantel, Zelttuch, Gasmaske, Maschinenpistole, Gewehr – fast ein Zentner Gewicht –, und fort geht es zur Verladung, ins Dunkle. Dieser Abmarsch im Dunkeln ist unheimlich. Eine Kapelle, die man nicht sieht, führt vorneweg, spielt Märsche, flotte Rhythmen, hinter ihr der lautlose Zug, der für immer ins Vergessen zieht. Das Ganze geht sehr schnell, es ist nur ein Riß in Schweigen und Schwarz, dann liegt das Plateau wieder in der dunklen, erde- und himmellosen Nacht. Am nächsten Morgen kommen Neue. Auch diese gehen wieder. Es wird kälter draußen, beim Exerzieren. Jetzt erhalten sie Befehl, die Handflächen zu reiben, mit den Fäusten auf die Knie zu schlagen, Anregung der Zirkulation, das Leben wird wachgehalten, militaristische Biologie. Die Blöcke stehn, die Wogen rauschen. Immer neue Wogen von Männern, neue Wogen von Blut, bestimmt, nach einigen Schüssen und Handgriffen in Richtung sogenannter Feinde in den östlichen Steppen zu verrinnen. Unbegreiflich das Ganze, stände dahinter nicht so eindrucksvoll der General, hinreißend in seinem Purpur und Gold, und der schießt und läßt schießen, sein Ruhegehalt ist noch nicht unmittelbar bedroht.

Mittags treffen sich die Offiziere bei Tisch. Die Gespräche sind die von netten, harmlosen Leuten, von denen keiner ahnt, was ihm und dem Vaterland droht. Badoglio ist ein Verräter, der König ein rachitisch verkürzter Schuft. Dagegen fand sich in einem holsteinischen Grabhügel eine germanische Festmütze, die von der hochentwickelten Mützenmacherkunst unserer Ahnen vor dreitausendfünfhundert Jahren zeugte. Auch die Griechen waren Arier.

Alle diese Leute, so zackig sie sich geben, denken im Grunde nur daran, wie sie ein Gericht Pilze ihrer Frau mitbringen können, wenn sie auf Urlaub gehen, ob der Sohn in der Schule mitkommt, und daß sie nicht wieder auf die Straße fliegen wie 1918, falls – dies ist der Ausdruck, der manchmal fällt und den sie sich gestatten – falls „es schiefgeht". Es sind fast alles Offiziere der alten Armee, den Jahren nach um die Fünfzig herum, Weltkriegsteilnehmer. In der Zwischenzeit waren sie Vertreter von Zigaretten- oder Papierfirmen, landwirtschaftliche Beamte, Stallmeister von Reitervereinen, haben sich alle durchgeschunden. Jetzt sind sie Majore. Keiner spricht eine fremde Sprache, sah ein fremdes Land außerhalb der Kriege.

*

Die Armee im fünften Kriegsjahr wird von zwei Dienstgraden getragen, den Leutnants und den Feldmarschällen, alles andere ist Detail. Die Leutnants, hervorgegangen aus der HJ, also mit einer Erziehung hinter sich, deren Wesen systematische Ausmerzung von gedanklichem und moralischem Lebensinhalt aus Buch und Handlung war und deren Ersatz durch Gotenfürsten, Stechdolche – und für die Marschübungen Heuschober zum Übernachten. Ferngehalten von etwa noch gebildeten, im alten Sinne geschulten Eltern, Erziehern, Geistlichen, humanistischen Kreisen, kurz Bildungsträgern irgendwelcher Art, und zwar dies schon im Frieden: bewußt, zielgerecht und gut durchdacht, übernahmen sie so wohlausgerüstet die Erdteilzerstörung als arischen Auftrag.

Über die Feldmarschälle nur ein Wort: Es ist wenig bekannt, daß sie lebenslänglich ihr Marschallgehalt bekommen, und zwar ohne Steuerabzug, ferner für immer einen Stabsoffizier als Adjutant und beim Ausscheiden aus dem aktiven Dienst ein Landgut oder ein fair proportioniertes Grundstück im Grunewald. Da der Marschall-Ernenner in unserem Rechtsstaat auch der Marschall-Entzieher ist und in letzterer Funktion kräftig mit Entziehung von Titeln, Orden, Versorgungsansprüchen und positiv mit Sippenhaft um sich spuckt, stehen die Marschälle als gute Familienväter nahezu gerechtfertigt da, für Dämonen wird sie sowieso keiner gehalten haben.

*

Der Herbst um die Blöcke war wie im ganzen Reich gefährlich trocken, die Felder sind zerfressen von Mäusen, die Kartoffelernte ist katastrophal, die Rüben enthalten zu wenig Zucker. Der Verlust der Ostgebiete bedeutet für die Ernährung Ausfall von zwei Monaten Brot, einem Monat Fett, einem Monat Fleisch. Die Rationen werden gekürzt. Es gibt keine langen Stiefel mehr, es fehlt an Leder; es gibt keine Kunstglieder mehr für die Versehrten, das Material ist zu Ende. Es gibt keine

Schnürsenkel mehr und keine Gebisse, keine Mullbinden und keine Uringläser; es fehlt an Ärzten, ganze Divisionen rücken ohne einen Chirurgen ins Feld, die Zivilbevölkerung ist stellenweise mit fünfundzwanzigtausend Einwohnern auf eine Ärztin angewiesen, und die hat kein Benzin. Aber der Führer verleiht Ärmelstreifen, bestimmt die Breite der Kranzschleifen für Militärbegängnisse, verbietet den Soldaten Heirat mit Ausländerinnen, auch den skandinavischen: „die edelste nordische Frau" bleibt „rassisches Treibgut" gemessen am Großdeutschen.

*

Im Dezember 1943, also zu einer Zeit, in der die Russen uns fünfzehnhundert Kilometer vor sich hergetrieben und unsere Front dutzendfach durchlöchert hatten, sagt ein Oberstleutnant, klein wie ein Kolibri und sanft wie ein Kaninchen, mittags bei Tisch: „Hauptsache, die Schweine brechen nicht durch." Durchbrechen, Aufrollen, Säubern, bewegliche Kampfführung – was für eine Gewalt haben diese Worte, positiv um zu bluffen, und negativ, um sich Tatbestände zu verschleiern. Stalingrad: ein tragischer Unfall; die Niederlage der U-Boote: eine zufällige kleine technische Entdeckung der Engländer; daß Montgomery den Rommel von El Alamein bis Neapel viertausend Kilometer vor sich herjagte: Verrat der Badoglio-Clique.

Und inzwischen nähert sich das Weihnachtsfest. Es gibt hundert Gramm Streichmettwurst als Sonderzuteilung und zum Wochensatz Fleisch fünfundzwanzig Prozent Bratlingspulver. Ferner, wer auf dreißig Gramm Margarine und hundert Gramm Zucker verzichten will, kann eine Stolle bestellen. Ich trage mich in die Liste ein. Weihnachtslieder sind verboten, Wintersonnenwendbetrachtungen dienstlich erwünscht mit Betonung der Erneuerung des Lichts aus dem Schoß der Allmutter Natur, die Kommandeure haben dementsprechend zu verfahren. Von Erneuerung ist vorläufig nichts zu bemerken.

Ich stehe am Fenster von Zimmer 66, der Kasernenhof liegt in einem grauen Licht, ein Grau aus den Flügeln von Möwen, die in alle Meere tauchen. Das Fest ist da. Am Morgen war ein großer Angriff auf Berlin; man fragt sich, ob die Wohnung noch steht, und was von den wenigen Bekannten, die noch dort leben, übriggeblieben ist.

Dann ist es Abend, die Verpflegung wird gebracht. Ich frage die Ordonnanz, was sein Asthma macht, er ist schwerhörig, die Verständigung stößt auf Schwierigkeiten. Ich blicke weiter über den Platz, über ihn hinweg in die Niederung, die Steppe, den Osten – alles so nah, alles so gegenwärtig, alle diese schauerlichen Scharen von Geschlechtern, die zu keiner Klarheit über sich selber kamen. Und dann sinkt sie hernieder, des Jahres 1943 Heilige Nacht.

Aus: Doppelleben, in: Gesammelte Werke in vier Bänden, Band 4, Autobiographische und vermischte Schriften, 4. Auflage 1985, Klett-Cotta, Stuttgart.

Literaturverzeichnis

Abend, Michael: Verständliche Fernsehnachrichten. In: Straßner, Nachrichten
Aitchison, Jean: Language Change – Progress or Decay? London 1981
Althaus/Henne u. a. (Hrsg.): Lexikon der germanistischen Linguistik, Tübingen 1980
Amstad, T.: Wie verständlich sind unsere Zeitungen? Zürich 1978
Arntzen/Nolting (Hrsg.): Der Spiegel. Analyse, Interpretation, Kritik. München 1977
Asmuth/Berg-Ehlers: Stilistik, Wiesbaden 1978
Ballstaedt/Mandl u. a.: Texte verstehen – Texte gestalten, München 1981
Baroth, H. D. (Hrsg.): Schriftsteller testen Politikertexte, München 1967
Baumann, Hans-Heinrich: Linguistik für den Verbraucher, München 1974
Bausinger, Hermann: Deutsch für Deutsche. Dialekte, Sprachbarrieren, Sondersprachen. Frankfurt 1972
Bayer/Seidel: Verständlichkeit („Praxis Deutsch", 7/1979)
Berlitz, Charles: Native Tongues (1982). Deutsch: Die wunderbare Welt der Sprachen. Wien 1982
Betcke, Bruno: Deutscher Sprach- und Stilratgeber, Rosenheim 1959
Betz, Werner: Aufs Maul geschaut. Deutsch – wie es wurde und wirkt. Zürich 1975
Binder, Alwin: Einführung in Metrik und Rhetorik, Königstein 1980
Bosshart, Louis: Untersuchungen von Verstehbarkeit von Radio- und Fernsehsendungen, in: Rundfunk und Fernsehen, 24 (1976)
Böttcher/Ohrenschall: Gutes Deutsch kann jeder lernen, Bad Wörishofen 1982
Braun, Peter: Tendenzen in der deutschen Gegenwartssprache, Stuttgart 1979
Brawand, Leo: Die Spiegel-Story. Wie alles anfing. Düsseldorf 1987
Breitenstein, Rolf: Die wirksame Rede, Düsseldorf 1981
Buffon, Georges: Discours sur le style (1753)
Bundesverwaltungsamt: Bürgernahe Verwaltungssprache. Empfehlungen zu Inhalt und Darstellung. Köln 1985
Bünting, Karl-Dieter: Auf gut deutsch. Was ist richtiges Deutsch? Was ist gutes Deutsch? Zug o. J.
Burger, Harald: Sprache der Massenmedien, Berlin 1984
Burger/Buhofer u. a.: Handbuch der Phraseologie, Berlin 1982
Burger/Imhasly: Formen sprachlicher Kommunikation, München 1978
Carstensen, Broder: SPIEGEL-Wörter, SPIEGEL-Worte. Zur Sprache eines deutschen Nachrichtenmagazins. München 1971

Diederich, Georg: Textgestaltung in Wirtschaft und Verwaltung, München 1977
Drosdowski, Günther (Hrsg.): Stilwörterbuch (Der Große Duden, Band 2), 6. Auflage 1971
Dunger, Hermann: Zur Schärfung des Sprachgefühls (1927)
Duve, Hans-Ernst: Juristisch eindeutig und trotzdem allgemein-verständlich – ein unlösbares Problem? (Vortrag auf dem Deutschen Notartag 1981)
Eggers, Hans: Deutsche Sprache im 20. Jahrhundert, München 1978. Sprachwandel – Sprachnormen – Sprachvorbilder. In: Mogge
Ehehalt/Krempin: Deutsch auf fröhliche Art, Bad Homburg 1984
Eichler, Richard: Verhexte Muttersprache, München 1974
Elertsen, Heinz: Moderne Rhetorik. Rede und Gespräch im technischen Zeitalter. Heidelberg 1982
Endres, Walter: Zur Ausdrucksweise im betriebswirtschaftlichen Studium, in: Zeitschrift für betriebswirtschaftliche Forschung, 9/1969
Engel, Edward: Deutsche Stilkunst (1912)
Ermert, Karl (Hrsg.): Sprüche – Sprachen – Sprachlosigkeit. Ursachen und Folgen subkultureller Formen der Kommunikation am Beispiel der Jugendsprache. Rehburg 1985
Fackler, Maxim: Über uns gesagt. Kleiner Leitfaden für die Sprachpflege in der Zeitung. München 1975
Flesch, R. A.: The Art of Readable Writing, New York 1949
Früh, Werner: Lesen, verstehen, urteilen. Untersuchungen über den Zusammenhang von Textgestaltung und Textwirkung. Freiburg 1980
Fuhrmann, Manfred: Rhetorik und öffentliche Rede. Über die Ursachen des Verfalls der Rhetorik im ausgehenden 18. Jahrhundert. Konstanz 1983
Ganter, Richard: Die Sprüchemacher, Reinbek 1980
Gass, Franz Ulrich: Was kommt an in Wort und Bild? Erfolgsgrundlagen werblicher Kommunikation. Darmstadt 1982
Gauger, Hans-Martin: Sprachbewußtsein und Sprachwissenschaft, München 1976. „Schreibe, wie du redest." Zu einer stilistischen Norm. In: Sprachnormen in der Diskussion, Berlin 1986
Gauger/Oesterreicher u. a.: Sprachgefühl? Ist Berufung auf „Sprachgefühl" berechtigt? Heidelberg 1982
Geißner, Hellmut: Rhetorik, München 1978
Gellert, Christian Fürchtegott: Praktische Abhandlung von dem guten Geschmacke in Briefen (1751)
Gesellschaft für deutsche Sprache: Fingerzeige für die Gesetzes- und Amtssprache, Wiesbaden 1980
Glaser, Hermann: Das öffentliche Deutsch, Frankfurt 1972
Gleiss, Alfred: Unwörterbuch. Sprachsünden und wie man sie vermeidet. Frankfurt 1981
Glinz, Hans: Der deutsche Satz, Düsseldorf 1970

Glotz/Langenbucher: Der mißachtete Leser, Köln 1970
Graubner, Johannes: Bilanz – ein Jahrzehnt Journalismus am Terminal, in: Bernd-Jürgen Martini (Hrsg.), Journalistenjahrbuch 87, München 1986
Grebe, Paul (Hrsg.): Grammatik (Der Große Duden, Band 4)
Griesbach, Heinz: Deutsch für Fortgeschrittene, 5 Bände, Ismaning 1970–78
Groeben, Norbert: Leserpsychologie. Textverständnis – Textverständlichkeit. Münster 1982
Groeben/Scheele: Produktion und Rezeption von Ironie, Tübingen 1984
Großfeld, Bernhard: Sprache, Recht, Demokratie, in: Neue Juristische Wochenschrift, 28/1985
Günnewig, Heinz: Lesenlehren – Lesenlernen, Stuttgart 1981
Habermas, Jürgen: Umgangssprache, Wissenschaftssprache, Bildungssprache. In: „Merkur", 4/1978. Theorie des Kommunikativen Handelns, 2 Bände, Frankfurt 1981
Hallwasss, Edith: Mehr Erfolg mit gutem Deutsch. Ein unterhaltsamer Ratgeber für jedermann. Frankfurt 1978. Deutsch müßte man können! Bad Wörishofen 1986
Handt, Friedrich (Hrsg.): Deutsch – gefrorene Sprache in einem gefrorenen Land? Berlin 1964
Hans-Böckler-Stiftung: Journalisten an Bildschirmgeräten, Düsseldorf 1983
Hartwig, Heinz: Besseres Deutsch, größere Chancen, München 1984
Häusermann/Käppeli: Rhetorik für Radio und Fernsehen. Luzern 1986
Henne, Helmut: Jugend und ihre Sprache, Berlin 1986
Hennig/Huth: Kommunikation als Problem der Linguistik, Göttingen 1975
Henscheid/Lierow u. a.: Dummdeutsch. Ein satirisch-polemisches Wörterbuch. Frankfurt 1985
Heringer, Hans Jürgen: Verständlichkeit – ein genuiner Forschungsbereich der Linguistik? In: Zeitschrift für germanistische Linguistik, 7 (1979)
Hirsch, Eike Christian: Deutsch für Besserwisser, Hamburg 1976. Mehr Deutsch für Besserwisser, Hamburg 1979
Hirte, Werner: Besser schreiben. Eine Stilkunde für jedermann. Leipzig 1967
Horx, Matthias: Schrift und Chips. Textverarbeitung kreativ. Reinbek 1986
Ickler, Theodor: Vom Dichten und Denken, Heidelberg 1977. Die Ränder der Sprache. Ist freier Ausdruck in Rede und Schrift ohne Sprachnormen möglich? Heidelberg 1978
Jean Paul: Vorschule der Ästhetik (1804): XIV. Über den Stil oder die Darstellung; XV. Fragment über die deutsche Sprache
Kampmann, Helmut: Sprachnormen und Zwecksprache in Zeitungsredaktionen, in: Mogge

Kayser, Wolfgang: Das sprachliche Kunstwerk. Eine Einführung in die Literaturwissenschaft. München 1978
Kelle, Antje: Gutes Deutsch, der Schlüssel zum Erfolg! München 1986
Kerkhoff, Emmy: Ausdrucksmöglichkeiten neuhochdeutschen Prosastils, Amsterdam 1950
Klare, G. R.: The Measurement of Readability, Ames (Iowa) 1963
Klein, Wolfgang (Hrsg.): Sprachverfall? Heft 62 der „Zeitschrift für Literaturwissenschaft und Linguistik", Göttingen 1986
Klopstock, Friedrich Gottlieb: Von der Sprache der Poesie (1758). Über Sprache und Dichtkunst (1779)
Korn, Karl: Sprache in der verwalteten Welt, Frankfurt 1958
Koszyk/Pruys: Handbuch der Massenkommunikation, München 1981
Kraus, Karl: Die Sprache (1937), München 1969
Krautmann, Axel: Zur Analyse von Verständlichkeitsproblemen bei der Gestaltung von Gebrauchsanleitungen (Beiträge zum Produkt-Marketing, Band 10)
Krischke, Wolfgang: Der Journalist als Sprachexperte? Sprachkritik in der Publizistik. In: Medium, 8/1985
Langer/Schulz/Tausch: Verständlichkeit in Schule, Verwaltung, Politik, Wissenschaft. München 1974
La Roche, Walther von: Einführung in den praktischen Journalismus, München, 9. Auflage 1985
La Roche/Buchholz (Hrsg.): Radio-Journalismus, München 1980
Lausberg, Heinrich: Handbuch der Literarischen Rhetorik, München 1960
Leisi, Ernst: Der Wortinhalt, Heidelberg 1971
Leonhardt, Rudolf Walter: Auf gut deutsch gesagt. Ein Sprachbrevier für Fortgeschrittene. Berlin 1983
Lichnowski, Mechthilde: Worte über Wörter, Wien 1949
Lobentanzer, Hans: Jeder sein eigener Deutschlehrer, München 1985. Deutsch muß nicht schwer sein, München 1986
Lühr, Rosemarie: Neuhochdeutsch, München 1986
Luther, Martin: Sendbrief vom Dolmetschen (1530). Aus rechter Muttersprache (Hrsg. Walter Sparn), Frankfurt 1983
*Mackensen,*Lutz: Gutes Deutsch in Schrift und Rede, Reinbek 1968
Magass, Walter: Das öffentliche Schweigen. Gibt es Maßstäbe für die Kunst der öffentlichen Rede in Deutschland? Heidelberg 1967
Maier, Hans: Sprache und Politik, Osnabrück 1977
Maier/Schneider/Schmölders: Politische Sprache. Medienkommunikation und Manipulation. Köln 1978
Maier, Lothar: Optimierung von Gebrauchsanweisungen, Dortmund 1986
Maletzke, Gerhard: Ziele und Wirkungen der Massenkommunikation, Hamburg 1976
Manekeller, Wolfgang: Briefe schreibt man heute so, Bad Wörishofen 1972
Mast, Claudia: Der Redakteur am Bildschirm, Konstanz 1984

Mayer, F.: Schöpferische Sprache und Rhythmus, Berlin 1959
Meyer, Werner: Journalismus von heute, Percha 1980 ff.
Michler, Günter: Deutsch für Schule und Beruf, Wiesbaden 1985
Miller, G. A.: Language and Communication, New York 1956
Mittelberg, Ekkehard: Wortschatz und Syntax der Bildzeitung, Marburg 1971
Mogge, Birgitta (Hrsg.): Die Sprachnorm-Diskussion in Presse, Hörfunk und Fernsehen, Stuttgart 1980
Möller, Georg: Praktische Stillehre, Leipzig 1968
Moser, Hugo: Satz und Wort im heutigen Deutsch, Düsseldorf 1967
Moser, Hugo (Hrsg.): Sprachnorm, Sprachpflege, Sprachkritik. Düsseldorf 1968
Müller, Helmut: Deutsch mit Phantasie, Ismaning 1985
Müller, Wolfgang: Das Sprachgefühl auf dem Prüfstand der Philologie, in: Gauger/Oesterreicher
Müller-Thurau, Claus Peter: Laß uns mal 'ne Schnecke angraben. Sprache und Sprüche der Jugendszene. Düsseldorf 1983. Über die Köpfe hinweg. Sprache und Sprüche der Etablierten. Düsseldorf 1984. Lexikon der Jugendsprache, Düsseldorf 1985
Nail, Norbert: Nachrichten aus Köln, London, Moskau und Prag. Untersuchungen zum Sprachgebrauch deutschsprachiger Auslandssendungen. Marburg 1981
Neue Zürcher Zeitung: Sprachlich-technisches Vademecum, 1971 ff.
Nüsse, Heinrich: Binde-Striche. Beiträge zu Praxis und Theorie der Sprache, Zürich 1986
Oberländer/Reinhardt: Presse-Sprache, Stuttgart 1971
Ong, Walter J.: Orality and Literacy. The Technologizing of the Word, London 1982
Otto, Walter: Amtsdeutsch heute – bürgernah und praxisnah, Stuttgart 1978
Paul, Hermann: Deutsches Wörterbuch (1897), 8. Auflage 1981
Peisl/Mohler (Hrsg.): Der Mensch und seine Sprache, Frankfurt 1979
Polenz, Peter v.: Sprachnormen, 3 Bände, Stuttgart 1975/76
Pöppel, Ernst: Grenzen des Bewußtseins. Über Wirklichkeit und Welterfahrung. Stuttgart 1985
Popper, Karl: Gegen die großen Worte, in: Auf der Suche nach einer besseren Welt. Vorträge und Aufsätze aus 30 Jahren. München 1984
Pörksen, Uwe: Plastikwörter. Die Sprache einer internationalen Diktatur. Stuttgart 1988
Pörksen/Weber: Jugendsprache. Spricht die Jugend eine andere Sprache? Heidelberg 1984
Prott/Blöbaum u. a.: Journalisten an Bildschirmgeräten, Düsseldorf 1983
Radtke, Ingulf (Hrsg.): Die Sprache des Rechts und der Verwaltung, Stuttgart 1981
Rauter, E. A.: Vom Umgang mit Wörtern, München 1980

Reiners, Ludwig: Stilkunst. Ein Lehrbuch deutscher Prosa. München 1943, Sonderausgabe 1980. Stilfibel, München 1971
Renckstorf, Karsten u. a.: Zur Wirkung von Darstellungsformen in Fernsehnachrichten, Berlin 1981
Reuters: Style Book, Bonn 1981
Riesel, Elise: Der Stil der deutschen Alltagsrede, Leipzig 1970
Rost, Walter: Deutsche Stilschule, Hamburg 1960
Ruge, Peter: Praxis des Fernsehjournalismus, Freiburg 1975
Rupp, Heinz: Über die Notwendigkeit von und das Unbehagen an Stilbüchern, in: Sprachnormen in der Diskussion, Berlin 1986
Sanders, Daniel: Wörterbuch der Hauptschwierigkeiten in der deutschen Sprache (1888)
Sanders, Willy: Linguistische Stiltheorie. Probleme, Prinzipien und moderne Perspektiven des Sprachstils. Göttingen 1973. Linguistische Stilistik, Göttingen 1977
Sandig, B.: Stilistik, Berlin 1978
Schäpers, Roland: Deutsch 2000. Eine Einführung in die moderne Umgangssprache. München 1972
Schirm, Rolf W.: Kürzer, knapper, präziser. Der neue Mitteilungsstil moderner Führungskräfte. Düsseldorf 1970
Schlemmer, Johannes: Über die Verständlichkeit des gesprochenen Worts im Hörfunk, in: Rundfunk und Fernsehen, 16 (1968)
Schneider, Wilhelm: Ausdruckswerte der deutschen Sprache. Eine Stilkunde. Darmstadt 1968. Stilistische deutsche Grammatik, Freiburg 1969
Schneider, Wolf: Wörter machen Leute. Magie und Macht der Sprache. München 1976 (5. Auflage 1986). Deutsch für Profis. Handbuch der Journalistensprache. Hamburg 1982 (7. Auflage 1986)
Schöne, Albrecht: Aufklärung aus dem Geist der Experimentalphysik. Lichtenbergsche Konjunktive. München 1982
Schopenhauer, Arthur: Über Schriftstellerei und Stil (Kap. XXIII der „Parerga und Paralipomena", 1851). Über die seit einigen Jahren methodisch betriebene Verhunzung der deutschen Sprache (Nachlaß, 1856–1860)
Schramm/Roberts (Hrsg.): The Process and Effects of Mass Communication, Chicago 1971
Schult/Buchholz (Hrsg.): Fernsehjournalismus, München 1982
Schulz/Enkemann u. a.: Verständlich informieren. Ein Trainingsprogramm für Schüler. Freiburg 1975
Schumann, Otto (Hrsg.): Grundlagen und Technik der Schreibkunst, Herrsching 1983
Schütt, Bernd: Vom Tagesschriftsteller zum technischen Redakteur, Frankfurt 1981
Schwarze, Christoph: Sprachpflege – Sprachkritik – Spracherziehung. Thesen und Empfehlungen zum Sprachgebrauch in den Medien. In: Mogge

Seibicke, Wilfried: Wie schreibt man gutes Deutsch? Eine Stilfibel. Mannheim 1969

Seidler, Herbert: Allgemeine Stilistik, Göttingen 1971

Seiffert, Helmut: Stil heute. Eine Einführung in die Stilistik. München 1977

Simons, Heinz-Josef: Bürokratisch. Von der Verungfallung der deutschen Sprache. Düsseldorf 1986

Sitta, Horst: Satzverknüpfung als Problem der Textkonstitution in der Schule, in: Sprachnormen in der Diskussion, Berlin 1986

Sloane, William: The Craft of Writing, New York 1979

Sowinski, Bernhard: Deutsche Stilistik, Frankfurt 1973

Staiger, Emil: Stilwandel, Zürich 1963

Stalb, Heinrich: Deutsch für Studenten, 4 Bände, München 1986

Stave, Joachim: Wörter und Leute. Glossen und Betrachtungen über das Deutsch in der Bundesrepublik. Mannheim 1968

Steger, Hugo: Zwischen Sprache und Literatur, Göttingen 1967. Über die Würde der alltäglichen Sprache und die Notwendigkeit von Kultursprachen, Mannheim 1982

Steiner, George: Klasse, Kind, Geschlecht und Sprache. In: Merkur, 4/1978

Sternberger/Storz/Süskind: Aus dem Wörterbuch des Unmenschen, Hamburg 1968

Stickel, Gerhard: Untersuchungen zur Negation im heutigen Deutsch, Braunschweig 1970

Stock/Zacharias: Deutsche Satzintonation, Leipzig 1971

Storz, Gerhard: Laienbrevier über den Umgang mit Sprache (1937). Deutsch als Aufgabe und Vergnügen, Stuttgart 1984

Straßner, Erich: Niveau und Verständlichkeit von Texten in Hörfunk und Fernsehen (Vortrag im Bayerischen Rundfunk, 1975). Sprache in Massenmedien, in: Althaus/Henne

Straßner, Erich (Hrsg.): Nachrichten. Entwicklungen – Analysen – Erfahrungen. München 1975

Strunk, William: The Elements of Style (1919)

Strunk/White: The Elements of Style, 3. Auflage, New York 1979

Sturm, Dietrich (Hrsg.): Deutsch als Fremdsprache weltweit. Situation und Tendenzen. München 1987

Süskind, W. E.: Vom ABC zum Sprachkunstwerk, Stuttgart 1953. Dagegen hab' ich was. Sprachstolpereien. Stuttgart 1970

Teigeler, Peter: Verständlichkeit und Wirksamkeit von Sprache und Text, Stuttgart 1968. Satzstruktur und Lernverhalten, Bern 1972. Verständlich sprechen, schreiben, informieren. München 1982

Tern, Jürgen: Der kritische Zeitungsleser, München 1973

Thiekötter, Friedel: Autor, Text und Leserinteresse, Düsseldorf 1974

Tschirch, Fritz: Stehen wir in einer Zeit des Sprachverfalls? In: Jahrbuch des Instituts für deutsche Sprache, 1966/67

Ueding, Gert: Rhetorik des Schreibens, Königstein 1985

Voßler, Karl: Geist und Kultur in der Sprache (1925)

Wagenschein, Martin: Verstehen lehren, Weinheim 1968
Wagner, Hildegard: Die deutsche Verwaltungssprache der Gegenwart, Düsseldorf 1972
Wandruszka/Rössner (Hrsg.): Der Mensch und seine Sprache, München 1979
Weigel, Hans: Die Leiden der jungen Wörter. Ein Antiwörterbuch. Zürich 1974
Weinrich, Harald: Linguistik der Lüge. Kann Sprache Gedanken verbergen? Heidelberg 1970. Computer für die Laien, in: Merkur 29/1975. Sprache in Texten, Stuttgart 1976. Vom Zusammenhalt der Sprache im Sprechen, in: Jahrbuch der Akademie der Wissenschaften in Göttingen, 1981. Wege der Sprachkultur, Stuttgart 1985. Klammersprache Deutsch, in: Sprachnormen in der Diskussion, Berlin 1986
Weinrich, Harald (Hrsg.): Schulen für einen guten Sprachgebrauch, Stuttgart 1981
Weisgerber, Leo: Von den Kräften der deutschen Sprache, 4 Bände, Düsseldorf 1962–1971
Weizsäcker, C. F. v.: Sprache als Information, in: Sprache und Wirklichkeit, München 1967
Wember, Bernward: Wie informiert das Fernsehen? München 1976
White, E. B.: An Approach to Style, in: Strunk/White
Wiese, Ursula v.: Kleine Fibel für gutes Deutsch, Bern 1984
Wimmer, R. (Hrsg.): Sprachkultur. Jahrbuch 1983 des Instituts für deutsche Sprache, Düsseldorf 1985
Winkler, Christian: Die Klanggestalt des Satzes, in: Der Große Duden, Band 4, S. 637–666
Winkler, Emil: Grundlegung der Stilistik (1929)
Wustmann, Gustav: Sprachdummheiten (1891), 14. Auflage 1966
Zimmer, Dieter E.: Redens Arten. Über Trends und Tollheiten im neudeutschen Sprachgebrauch. Zürich 1986
Zimmermann, H. D.: Die politische Rede. Der Sprachgebrauch Bonner Politiker. Stuttgart 1969
Zinsser, William: On Writing Well, New York 1976

Namen- und Sachregister

Wörter, die im Text kritisch betrachtet werden, sind *kursiv* gesetzt.

abändern 81
abfahren auf 134
abklären 81, 83
Ableitungen 101
Ablichtung 102
abmildern 81
Aborigines 109 f
Abstraktion 62 f, 67, 71, 75–79, 81, 83, 95, 239, 245 s. auch konkretes Deutsch
abzielen 81
Action 134
Adam, Konrad 133
Adamstaler, Richard 313
Adenauer, Konrad 265
Adjektive 38, 41, 48–60, 62, 73 f, 91, 95, 103, 134 f, 168, 248, 292
Administration 109
Adorno, Theodor 32, 119–121, 284
Adresse 102
Adverbien 48, 60, 177
affengeil 134
akademischer Schwulst s. Soziologen-Jargon
Aktivitäten 41, 49 f, 64, 81, 106, 111, 119, 280
Akustik 145
Akzent s. Wortakzent
Albrecht, Ernst 37
Alibifunktion 119
alldieweil 119
alle 19, 151, 295
Allegorie 245
Alltagssprache s. mündliche Rede
Alt, Franz 148
alternativ 78, 119
Altertümelei 119, 122
Althochdeutsch 101, 103
altus (lat.) 19
Amerikanismen s. Anglizismen

Amtsdeutsch s. Bürokratenjargon
Analphabetismus 10 f, 255
Anfang (die Kunst des) 86, 88 f, 192, 197 f, 255–264
Anglizismen 14, 67, 107–115, 118 f, 134 f, 146, 286, 323
Angstschweiß 222
Anliegen 119
anmieten 81
anmotzen 134
Anruf 119
Anschaulichkeit
– der Wörter: 41, 59, 62 f, 67, 75–84, 102–104, 248, 264
– der Texte: 87 f, 252 f, 256–258
anscheinend 280
Anschrift 102
ansonsten 118 f, 299
Anspannung (warum man dem Leser eine kleine A. zumuten soll) 88, 117 f, 237 f, 249–251, 264–271
anwachsen 81
Apel, Hans 148
Arbeitsgemeinschaft für Sprachpflege 287, 290
Argumentation 81
asozial 145
asphyktisch 103
Associated Press 178, 198
Asthma-Stil 195, 307
attraktive Texte 39–43, 59, 88, 117 f, 192, 196–198, 220, 226 f, 237 f, 246–271
Attribute 48, 60, 168, 210 f, 217, 256
Attributenschlange 175 f, 182, 185 f, 211, 293, 314
ätzend 134
Aufgabe 19
Aufmerksamkeit s. Anfang, Anspannung, attraktiver Text

aufoktroyieren 66 f, 81
aufspalten 81
Auftakt s. Anfang
Auftrag 120
aufweisen 67
aufzeigen 81
Aufzug 20
Augenblick 103
Augstein, Rudolf 281, 284, 302 s. auch „Spiegel"
Auschwitz-Lüge 20 f
Ausdrucksstellung 191
Ausflug 103, 283
Ausklammerung (Zerbrechen der Satzklammer) 184–217
Ausleseverfahren 82
Ausrufezeichen 248
Aussage 120
Außentüraktivitäten 111
Aussparungen im Text 94–96, 250
Auto (als Stilbildner) 306
automobil 51
Babel, Isaak 209, 237, 241 f
Baby 102
Babysitter 109
Balkon 107
Balzac, Honoré de 79 f
Barzel, Rainer 243
Basar 102
Base 102
Baskisch 323
basta 101
Baudelaire, Charles 337
Baumann, Hans Heinrich 30 f
Becker, Boris 141, 179, 322
Beckett, Samuel 262
Bedeutungserwartung (beim Lesen o. Hören) 158 f, 214, 226 s. auch Zwischensinn
Bedeutungssprung s. Metapher
Bedeutungsverschiebung 22
Bedrohungssignal 82
Beefsteak 109
Beethoven, Ludwig van 171 f
Befehle 17, 192
Befindlichkeit 64, 81, 83
Begegnung 120

beinhalten 67, 69
Beispiele 87 f, 252, 258
Beiwörter s. Adjektive
Belange 50
Belgien 317
bemühungsresistent 129
Bendixen, Peter 64
Benjamin, Walter 231 f
Benn, Gottfried 267, 349, 367–371
„Beobachter" (Zürich) 258
Bereich 50, 63 f, 129
bereits schon 91
Bernhard, Thomas 142
Bestände 63, 129
Betonung s. Wortakzent, Rhythmus, Satzmelodie
Betroffenheit 41, 120
Beuys, Joseph 121
Bevölkerung 75
Bewegung (attraktiver als Ruhe) 252 f
bewerkstelligen 67
Bewußtseinsinhalt 171–175
Beziehungsstress 133
Bibel 59, 68, 79, 86, 142, 198–200, 207, 297
Bierce, Ambrose 258
bilateral 100, 103
Bilder s. Metaphern
Bilderschrift 221, 307
Bildhaftigkeit s. Anschaulichkeit
Bildschirm s. Computer
„Bildzeitung" 43, 131, 167, 198, 276, 306
Bindung 120
Binswanger, Otto 349
Birken, Andreas 311
Bismarck, Otto v. 55
Bittsteller 103
Blackout 108
Blähung s. Geschwätzigkeit, Silbenschleppzüge
Blindenstil 80, 85 s. auch Aussparungen
Bloch, Ernst 196
bloody 238
blutgefrierend 111

Bode, Thilo 286
Böll, Heinrich 14, 69, 131, 276, 317
Borges, Jorge Luis 76, 180, 195, 245–247
Bosheit 243, 264, 266 f
Boulevardzeitungen 42 f
Brahms, Johannes 85
Brainstorming 113
Brautpaar 122
Brecht, Bert 59, 145, 173, 232, 267
Brentano, Clemens 69
Bretonisch 323
Brion, Friederike 334
Broch, Hermann 198
Brügge, Peter 262
Buchdruck 12, 132, 278, 305
Buchmacher 18
Büchner, Georg 14, 193, 197, 334–336
Bundesanstalt für Arbeitsschutz 41, 282
Bundeselternrat 289
bundesrepublikanisch 51
Bundesstelle für Büroorganisation und Bürotechnik s. Bundesverwaltungsamt
Bundesvereinigung der Oberstudiendirektoren 279 f
Bundesverwaltungsamt (Köln) 45, 83, 97, 169, 282
„Bunte Illustrierte" 195, 302
Burckhardt, Jacob 241
Bürger, Gottfried August 197
Bürgerliches Gesetzbuch 168 f
Burgess, Anthony 258
Burkina Faso 108, 141
Büro 238
Bürokraten-Jargon (Amtsdeutsch, Behördendeutsch) 22, 45, 50, 62–65, 73, 78, 97, 129, 168 f, 199, 203, 215, 246 s. auch Experten-Jargon
Busch, Wilhelm 95, 166, 325
Café 102
Cagniard de Latour, Charles 239
Campe, Joachim Heinrich 103, 283

Canetti, Elias 37
Cäsar 94, 192, 240
Casper, Johann Ludwig 198
Cellini, Benvenuto 321
Ceram, C. W. 229
Cervantes, Miguel de 247, 266
Chance 107
Chancengleichheit 11, 276, 279
Chaos 101
checken 134
Chic 107
China, Chinesisch 221, 319
Chomsky, Noam 217
Chruschtschow, Nikita 265
Churchill, Winston 80, 230, 325
Cicero 202
„Civis" 162
Claudius, Matthias 201, 213
Clausewitz, Carl v. 94
Clemenceau, Georges 48
Clique 107
Cocteau, Jean 255
Comics 307
Computer 10, 12, 108, 114, 119, 130, 304–315
Conrad, Joseph 242
cool 134 f
Couleur 119
Countdown 108
Crick, Francis 29
Dahrendorf, Ralf 31
damn 238
Dämon 101
Dampfwagen 104, 240
Dänemark 316
daß 183, 185
Datscha 102
dazwischenleimen 161 f s. auch linearer Satzbau, Nebensätze, Partizipialkonstruktion, Umklammerung
Defizite 129, 133, 153
Deklination 109, 125, 175, 181, 301 f, 318
Demokratie und Sprache 26–28, 34 f
Denkanstoß 120
Denkpause 20

Deutsch
- *Besonderheiten:*
  - Umklammerung s. diese
  - Stellung des Verbs s. dieses
  - viele Konsonanten 222 f
  - blasse Vokale 223 f
  - lebhafte Melodie 225
  - Schwierigkeit für Ausländer 317–319
- *Rang* (im internationalen Vergleich):
  - ästhetisch 215, 222–225, 234, 246, 322
  - politisch 316–324
  - kulturell 316 f, 319–322

Deutschbankier 125
Deutsche Presse-Agentur 14, 122, 125, 141, 198, 276 f, 281, 313
Deutschlehrer 11, 114, 138–143, 156, 187–190, 196, 199, 205, 209, 215, 274, 280 f, 284, 288 f
Deutschtümelei 103, 323 f
Deutschunterricht s. Deutschlehrer
Diaghilew, Sergej 255
dialektal 51
Dialekte 147–150, 191, 223, 274, 279, 287, 303, 318
Dichter 11, 42 f, 57–59, 84, 95, 174, 242, 280 s. auch Gedichte
Diderot, Denis 271
Diepgen, Eberhard 129
Diktiergerät (als Stilbildner) 307, 315
Dinkelmann, Fritz 258
dislozieren 66
Ditfurth, Hoimar v. 183
„DM" 309
Doderer, Heimito v. 188
domizilieren 141
Doppelperspektiven 170 f
Doppelpunkt 124, 206 f, 225–227, 248, 314
Dostojewski, Fjodor 95 f, 229, 247, 261, 337
dpa s. Deutsche Presse-Agentur

Drama 101
Dramaturgie von Texten 87–89, 246–263
Dressman 112
Droge, Drogerie 22
Drops 109
Duden
- sein Schlingerkurs in der Sprachnorm-Frage: 12, 237, 275–278, 281–285, 289, 299
- als Quelle: 71, 100, 105, 114, 119, 181, 186, 205, 237, 291 f, 295, 301
- erwähnt: 110, 223, 294, 313

durchführen 314
Dürrenmatt, Friedrich 213, 265
düsen 134
Dyck, Joachim 34
dynamisch 119
eben 25
Ebene 63
echt 80, 135
Eckart, Gabriele 117
„Economist" 322
effizient 119
Eggers, Hans 274
ehern 121
Eichendorff, Joseph v. 57, 70, 229
Eiermann, Egon 243
Eigennamen 292
Eigenschaftswörter s. Adjektive
Einbettung s. Partizipialkonstruktion, Schachtelsatz
Einbildungskraft 101
einbüßen 145
Eindeutschungen 100, 103 f, 109–111, 114 f
Einfachheit s. Kürze, linearer Satzbau, schlichte Wörter
Einsatz 223
Einstein, Albert 317
Einstieg s. Anfang
Einvernahme 29
Eisberg, Spitze des 116
Eisenbahn (als Stilbildner) 305
eisern 121

383

eklatant 48
elektronische Texteingabe s. Computer
elitäre Sprache s. Soziologen-, Experten-, Studenten-Jargon
Ellipsen (Stummelsätze) 73, 156, 158, 193–195
Emanzipation 118
Endlösung 223
Engels, Friedrich 265
England 108
Englisch 53, 68 f, 107–115, 118 f, 134 f, 145, 149, 158, 187, 191, 203, 238, 300, 317–319, 322 f
Entrüstung 20
Entsorgungspark 26
Enzensberger, Hans Magnus 57, 121, 189, 271, 297, 315
Enzyklopädien 35, 38, 169, 279, 290
eppileppi 134
Erdrutsch 236 f
Erdtrabant 141
Erfahrungshorizont 87, 90
erfolgen 67, 73
Erhard, Ludwig 52
erklecklich 119
ersatz 322
erst 19
Erwartungshorizont 85 f, 89, 251
  s. auch Bedeutungserwartung
Euphemismen 26, 245
Euphorie 101
Evangelische Akademien (als Stilbildner) 119 f
Experten-Jargon (Fachchinesisch, Wissenschaftsdeutsch, Jargon der Naturwissenschaften) 11, 27–31, 34 f, 37 f, 62, 105, 113–115, 246, 254, 294
  s. auch Bürokraten-Jargon, Soziologen-Jargon
Explorationsdefizite 33
Fachchinesisch s. Experten-Jargon
Fahrstuhl 20
fair 102
fanatisch 121

Farbe, Färbung s. Sprachfarbe
Faszilitäten 110
Feeling 134
feministische Sprache 121 f
Fenster 100, 114
Fernsehen 10 f, 14, 34, 86 f, 109, 113, 132, 134, 255, 304, 306 f, 315 s. auch Tagesschau
Fernsprecher 101
Festrede 92 f, 97 f
fetzig 134
Feuchtwanger, Lion 33
fighten 134
Film (als Stilbildner) 306
fit 102
flätig 145
Flesch, R. A. 282
Flirt 109
Fontane, Theodor 191
Floskeln s. Sprachklischees
Forgy, Howell 325
Foto, Fotokopie 102
Fotokopiergeräte 10
frachtbriefmäßig 58
Fragezeichen 207, 214, 225–227, 248, 314
„Frankfurter Allgemeine"
  – als positives Beispiel: 212 f, 297
  – als negatives Beispiel: 15, 23, 51, 72, 82, 111, 122, 125, 159, 163 f, 175, 178, 182, 184 f, 301
  – als Quelle: 30, 61, 106, 120, 133, 168, 201, 315
„Frankfurter Rundschau" 72, 123, 141, 146, 179, 301
Französisch 19, 21, 53, 68, 103, 107, 113 f, 145, 161, 175, 187, 203, 224 f, 228, 235, 285, 316–319, 322 f
Freiräume 63
Fremdwörter 13, 100–106, 224, 235, 287
Freud, Sigmund 29 f, 212 f, 215, 267, 321
Freudentränen 268
Friedrich der Große 121, 357–361

Frisch, Max 14, 188, 197, 257
fröhliche Urständ 119
Frontlinie 82, 110, 115
Früh, Werner 88, 282
Frühschöppner 125
Frustrationstoleranz 133
Füllwörter 48, 136, 235 s. auch Geschwätzigkeit, mündliche Rede
Funktionsverben 68
Future 134
galaktisch 134
Gangster 104
García Lorca, Federico 243
GAU 22
Gauger, Hans-Martin 148, 189, 279 f, 283
Gazetten 119
Gebiet 63
Gebrauchsanweisungen 28, 41, 71, 87, 192, 282
gegebenenfalls 84
Gedächtnis 170–176
Gedankenstrich 206
Gedichte 69, 84, 130, 170, 172–175, 192, 199–201, 229–233
Gefahrensituation 82
geflissentlich 48
Gegengewalt 27
Gegenwartsfenster 170–175
Gehirnwäsche 114
geil 134 f
Geisha 102
Geißler, Heiner 281, 283
Geisterfahrer 80
„Gelbes Heft" (Zürich) 193
gemach 119
gemütlichkeit 322
„Generalanzeiger" (Bonn) 122
Gentleman 102
George, Stefan 236, 292, 294
geradeaus schreiben s. linearer Satzbau
geraum 119
Germanisten s. Deutschlehrer, Sprachwissenschaft
geschlacht 145

Geschwätzigkeit 39–41, 79–98, 118–121, 129 f, 135 f, 286, 306
Geschwister 122
gestüm 145
Girlanden s. Nebensätze
Gisli-Saga 89, 200 f
Glaser, Hermann 93
Gleichnis 241, 245
Gliederung und Ordnung von Texten 87–89, 208, 250 f, 260 f, 264
Glotz, Peter 35
Glückwunschschreiben 222 f
Goebbels, Joseph 13, 281, 283
Goethe, Johann Wolfgang 14, 40, 43, 57–59, 66–68, 70 f, 76, 79 f, 95, 100, 129, 131, 142 f, 147 f, 166, 173 f, 193 f, 196, 200 f, 224, 226, 236, 241, 248 f, 253, 256, 274, 279, 321, 334
Goethe-Institut 317, 324
Gohlke, Reiner 61 f
Goldwyn, Samuel 255
Gorki, Maxim 257
Gottfried, Horst 309
Gotthelf, Jeremias 190
Gottsched, Johann Christoph 40 f
Grass, Günter 14, 94, 197, 207, 317
Graubner, Johannes 308 f, 313
Grazie 102
Griechisch 104, 107, 111
Grillparzer, Franz 76, 79, 95
Grimm, Jacob 83, 202, 285, 292 f
Grimm, Wilhelm 202
Grimmelshausen, H. J. C. v. 58, 266
Groeben, Norbert 282
Groove 107 f
groß 57
Gross, Johannes 36, 120
Großbritannien 107
Groß- und Kleinschreibung 287, 292–295, 319
Grosser, Alfred 28, 31
Großer Bahnhof 117

385

Grufti 134 f
Grüne (Partei) 139
guatemaltekisch 51
guineisch 52
Gummi 100
Gymnasium s. Deutschlehrer
haben 68
Habermas, Jürgen 32, 284
hämen 67
Hamsun, Knut 197
„Handelsblatt" 61 f, 177
Handke, Peter 14, 134, 168, 189
Handlung (attraktiver als Zustand) 252 f, 256, 264
Hängematte 285
happy 134
Hardware 108
Harmonie 101, 224
Harnischfeger, Horst 323
Haßliebe 268
Hauptsachen in Hauptsätze 178–182, 204, 210 f
Hauptsätze, Lob der 13, 178–183, 196, 199–210, 216 f, 227, 248, 310, 328
Hauptwörter s. Substantive
Hayek, Friedrich August v. 52
Hebbel, Friedrich 36
Hebel, Johann Peter 188
Hegel, G. W. F. 72, 212, 321
Heidegger, Martin 32, 64, 224
Heilungsverlauf 82
Heimpel, Hermann 30
Heine, Heinrich 14, 123, 146, 173 f, 188, 211, 213, 234, 237, 242, 247 f, 261, 264, 266, 268 f, 271, 324
Heiratsanzeigen 34, 120
Helikopter 104
Hemingway, Ernest 94, 210, 257, 306
Hentig, Hartmut v. 176
Herbert, Zbigniew 166
Herder, Johann Gottfried 321
Herder-Institut (Leipzig) 320
Herzmanowsky-Orlando, Fritz v. 57, 268
Hesse, Hermann 317

Heym, Georg 241, 243
hierarchisch, Hierarchisierung 48, 59, 64
high 134
hinterfragen 48, 66, 147
hinterland 322
hip 135
Hitler, Adolf 60, 75, 104, 369
Hochsprache s. Sprachnormen, Dialekte, mündliche Rede
Hofmannsthal, Hugo v. 40
Hohoff, Curt 342
Hölderlin, Friedrich 173, 230
Holland 107
Holland (Deutschunterricht in) 316 f
Holländisch 186
Holocaust 104
Holzhacker-Stil 195 f
Homer 130, 199, 207, 209, 253
homosexuell 102
Horaz 202 f, 253
Hören: Lesen 136 f, 167, 172, 221–223, 225, 229
Hörfunk 10 f, 13, 86 f, 90, 92, 113, 132, 167, 304, 306, 315
– Funktexte: Zeitungstexte 167
Horx, Matthias 309–311, 313
To-Tschi-Minh 174
Hubschrauber 104
Hugo, Victor 337
Humboldt, Alexander v. 316
hypnopompische Visionen 29, 100
Hypotaxe 202, 217 s. auch Nebensatz
Ideal 101
Identität 121
Imponier-Jargon s. Soziologen-Jargon, Experten-Jargon
Indonesien 319
inflammable (engl.) 145
Infinitiv 72 f, 212, 217
Information 121
informationell 51
Informationsdichte 89 f, 194
Ingeborg-Bachmann-Wettbewerb 11

Ingenieur 104
Inkohärenz 100
Innovation 51, 64, 105 f
instrumentalisieren 66, 73
interessant 106
interessante Texte s. attraktive Texte
Interferenz 107
intergouvernemental 51
Intermedia-Kongreß (Hamburg 1985) 33, 74
„International Herald Tribune" 322
Interpunktion 124, 162, 175, 195, 206–208, 212, 214, 225–228, 248, 301
Inversion 191 s. auch Wortstellung
irgendwie 136
Ironie 102, 148, 247, 259, 261 f, 264–267, 297, 328
irre 80, 135
irritiert 102
Istnorm s. Sprachnormen
Japan 319
Jargon s. Bürokraten-, Experten-, Politiker-, Soziologen-, Studenten-, „Spiegel"-Jargon, Jugendsprache
Jargon der Eigentlichkeit (Adorno) 119 f
Jargon der Eindeutigkeit (Enzensberger) 121
Jean Paul 40, 43, 60, 64, 67, 76, 80, 86, 94, 147, 167, 172, 239, 268, 283, 325, 337–341
jemand 122
Jens, Walter 201
Jetztgefühl 170–175
Job 109, 113
job sharing 108
Jogging 108
Johnson, Uwe 197
joint venture 108
Journalisten s. Verständlichkeit, Deutsche Presse-Agentur, „Spiegel", Tagesschau und die einzelnen Zeitungen

Jugendsprache 14, 80, 133–136 s. auch Studenten-Jargon
Jünger, Ernst 231
just 119
Kaffee 100, 102
kaffeeklatsch 322
Kafka, Franz 77 f, 206, 229, 257, 266, 317, 328, 332 f
Kaiser 240
Kakophonien 223 s. auch Klangfarbe
Kalter Krieg 115
Kandidat 238
Kant, Immanuel 92, 168, 252, 321
Karl XII. 208 f
Karsunke, Yaak 93
Kaskaden s. Nebensätze
Katachrese 236 f, 241, 245
Katalanisch 323
Kauderwelsch s. Anglizismen, Fremdwörter, Jargon
Kaufmann, Richard 30
Kayser, Wolfgang 64
Keks 114
Keller, Gottfried 188
Kenning 245
Kerr, Alfred 124, 268
Kierkegaard, Sören 268
kindergarten 322
kindlich 52
Klages, Ludwig 103
Klammer und Parenthese 162, 175. Satzklammer s. Umklammerung
Klangfarbe 220, 222–224
Klarheit s. Verständlichkeit, linearer Satzbau
Klassifizierung (zoologische) 77
Klein, Wolfgang 287, 289
Kleinschreibung 287, 292–295, 319
Kleist, Heinrich v. 89 f, 167, 234, 243, 268, 342–349
Klemmkonstruktion s. Partizipialkonstruktion
Klemperer, Victor 281
Klopstock, Friedrich Gottlieb 70, 84, 202 f, 220, 223

Klugmann, Norbert 261
Knesseth 102
Knilli, Friedrich 282
Kochbücher 71
Kohl, Helmut 221
Koks 114
Komma 206–208
Kommunikation 121
Kommunikationswissenschaft 31 s. auch Soziologen-Jargon
Komparativ s. Steigerung
Kompetenzdefizite 129
Konjunktiv 280, 296–301, 303
konjunkturell 50
konkrete Wörter 41, 62 f, 75–84, 248, 264
Konsonanten 222 f
konstituieren 84
kontakten 67
Konterrevolution 27
Konversationslexika 35, 38, 169, 279, 290
konzertieren 67
Kopernikus 252
korrektes Deutsch s. Sprachnorm, Verständlichkeit, Deklination, Konjunktiv
Korrektoren 295, 308
Köster, Helga 309, 313
Kracauer, Siegfried 211
krallen 134
Kraus, Karl 15, 100, 117, 132, 236, 266 f
Kreativität 105
Kriegsversehrte 238
Kübler, Fritz 309, 311
Kühner, Otto Heinrich 97
Kult- 135
Kultusministerkonferenz 292
kuren 67
Kürze
 – der Wörter: 62 f, 71, 80–84, 248
 – der Sätze: 129 f, 181, 187, 192–198, 215, 246, 248
Kurzweil s. attraktive Texte
Kusine 102
Küstenlinie 110

Langenbucher, Wolfgang 35
Langer, Inghard 44 f, 88, 250, 282
langweilige Texte s. Abstraktion, Geschwätzigkeit, Jargon, attraktive Texte
Lapidarstil 130 s. auch Kürze
Lärmentwicklung 82
La Roche, Walther v. 141
Lateinisch 107, 113 f, 202 f
laut lesen (als Qualitätsprobe) 136 f
Lebendigkeit von Texten 87 f, 251–253
leberwurst 322
Leerstellen im Text 94–96, 250
Lehnwörter s. Fremdwörter
Lehrer s. Deutschlehrer
Leiris, Michel 224
leitmotiv 322
Lendl, Ivan 179
Lenin 281, 283, 320
Lenz, J. M. R. 334–336
Lenz, Siegfried 70, 188, 197, 237 f, 270
Lesekultur s. Analphabetismus
Lesen: Hören 136 f, 167, 172, 221–223, 225, 229
Lessing, Gotthold Ephraim 14, 33, 40, 43, 57, 68, 93, 103, 129, 131, 138, 142 f, 149, 196, 222, 225, 253, 279, 283
Lessing, Theodor 149
lexikalische Varianz s. Synonyme
Lichtbild 102
Lichtenberg, Georg Christoph 14, 33, 37 f, 40 f, 57 f, 93, 116, 123, 131, 149, 156 f, 186 f, 192, 210–215, 227, 233, 244, 247 f, 265, 268 f, 271, 279, 287, 296, 325
linearer Satzbau (Pfeilstil, geradeaus schreiben) 161–167, 178–217, 248, 264
Linguistik s. Sprachwissenschaft
Litotes 270 f
Locher, Helmut 309

lohnenswert 91
Lokomotive 104
Lübbe, Hermann 38, 55, 60, 64
Luftbrücke 115
Luftschiff 240
Lüge 17, 26 f
Luther, Martin 39, 79, 142 f, 188 f, 279, 283, 316, 321, 349
Lyrik s. Gedichte
Mabry, Hannelore 121
Machiavelli, Niccolo 246
Mackensen, Lutz 40, 56, 67, 116
Mädchen 318
Maier, Helene 309
Mailer, Norman 123
Malraux, André 321
man/frau 121
Mandelstam, Ossip 241, 305
Manipulation 26 f, 105 f, 113, 281, 283
Mann, Heinrich 197, 257
Mann, Thomas 13, 58, 94, 187 f, 197 f, 206 f, 256, 266, 317, 321, 342, 357–361
Märchen 199, 202
Marcuse, Herbert 284
Mark Twain 75, 160, 184, 267
Marotten s. Sprachmarotten
Marx, Karl 321
-mäßig 57 f, 135
Matt, Peter v. 168, 315
Maugham, Somerset 96
mausern 237
Mauthner, Fritz 17
Max-Planck-Institut für Psycholinguistik 287
McLuhan, Marshall 305
mehrheitlich 116
mehrheitsentscheidungskompetenzfrei 55
Meineid 145
Melodie s. Satzmelodie
Melville, Herman 197
Mendel, Gregor 239
Mensch 221. mensch 121
Menschen (attraktiver als Sachen) 251–253, 264
Merz, Carl 269

Meßner, Reinhold 194
Metaphern 236–246
– Bedeutungssprünge 239–241
– Sprechblumen 239–244
– entgleiste (Katachresen) 236 f, 241, 245
– entleerte (Sprachklischees) 116–118, 237 f, 241, 245
– spöttische 242 f
– meisterliche 242–244
Metonymie 140, 245
Mexiko-City 112
Meyer, Claus Heinrich 308, 310
Meyer, Conrad Ferdinand 77
Miller, G. A. 172
Minder, Robert 337
Ministerrunde 141
Mißbefindlichkeitspegel 64 f
Mittelhochdeutsch 199, 202
mochte („Spiegel"-Jargon) 127
Modewörter 115–128, 133–136, 220, 275, 280
Mommsen, Theodor 192
monegassisch 51
Montaigne, Michel de 247
Moral, Manfred 318
Morgenluft wittern 116
Morgenstern, Christian 296 f, 328
Motivation 81 f, 133
Müller, Friedrich Max 321
Müller, Wolfgang 223, 285, 299
mündliche Rede 123, 129–137, 172, 175, 194, 198, 202, 349
Musik 101. Musik in der Sprache s. Rhythmus, Satzmelodie
musikalische Motive 170–172
Musikant 101, 224
Musil, Robert 328, 362–366
Müsli 134
Mynarek, Hubertus 187
Nadolny, Sten 257
Nagel, Wolfgang 310 f
Namibia 316
Napoleon I. 70
narrativ 105
Nash, Ogden 265
Natur, Naturschutz 24

Nebensätze 157–169, 177 f, 181, 199–217
- Girlanden (eingehängte Nebensätze, Zwischensätze) 161–164, 168–170, 175, 178–180, 182 f, 186, 204, 208, 210 f, 213, 216 f
- Kaskaden (angehängte Nebensätze) 164, 185, 209–214, 248
- Pyramiden 214 f

Negation s. Verneinung
nein s. Verneinung
Netzwerk 110, 115
„Neues Deutschland" 276
„Neue Zürcher Zeitung" 51, 106, 159, 169, 179 f, 205 f, 247
Newton, Isaac 170
Nichtachtung 147
Nickisch, Reinhard 276
Niederlande 107
niemand 122
Nietzsche, Friedrich 14, 17, 40, 52, 70, 83, 131, 215, 231, 246, 252, 267, 321, 349–356
Nobelherberge 123 f, 268
Nobelpreise 316 f
Nomen s. Substantiv
Nominalgruppe s. Partizipialkonstruktion
Nominalklammern s. Attribute
Norddeutscher Rundfunk 73
Nordhofen, Eckhard 121
Normen s. Sprachnormen
notwendigerweise 110
Novalis 268
Null Bock 136, 148
Nullwachstum 26
Nur-Hausfrau 26
ob 185, 211 f
„Oberhessische Presse" 308
Obervolta 108, 141
Ochsentrott (im Satzbau) 195, 206, 248
Öffentlicher Münzfernsprecher 102
Ohren (für die Ohren schreiben) 136 f, 222, 349

Ökotrophologie 107
operationalisieren 69
opportun 285
optimal 119
Ordnung s. Gliederung
Ortega y Gasset, José 17
Orthographie s. Rechtschreibung
ostpolitik 322
Oxymoron 123 f, 264, 267–269
Palmer, Lili 176
Parabel 241, 245
Paradoxon 268
Parallelitäten 83
Parataxe 202 s. auch Hauptsatz
Parenthese 162, 175
pars pro toto 79 f, 87, 95
Partizipien 48, 60, 68, 168, 177 f, 180, 183, 186, 191
- satzwertiges Partizip (Partizipialsatz, Partizipialgruppe) 60, 68, 186, 217
- Partizipialkonstruktion (Klemmkonstruktion) 60, 177 f, 180, 183, 211

Pascal, Blaise 268
Passiv 60, 68, 71–73, 84, 95, 248
Pension 104
Periphrase 245
personne (frz.) 19
Petrarca, Francesco 268
Pfeil-Stil s. linearer Satzbau
Pferdmenges, Robert 265
Phantasie 101
physisch 103
Piktogramme 221
Pipeline 108
Platen, August Graf v. 146, 266
Platon 260
Pleonasmen s. Tautologien
Plivier, Theodor 197
Plural (Kompliziertheit im Deutschen) 318 f
Plural-Manie (der Deutschen) 61, 75, 83, 286
Plusquamperfekt 140
Plutarch 181
"P.M." 208, 309

Poesie s. Dichter, Gedichte
Polen 319
Poliomyelitis 105 f
Politiker-Jargon 22, 132, 281, 283 f, 304
Pöppel, Ernst 170–172
Popper, Karl 26, 32 f, 35, 120, 260 f, 325
Pörksen, Uwe 121, 310
Porzellan 18
post- 135
Postwertzeichen 78 f
Pound, Ezra 40
Power 134
Prädikat 48, 60, 191, 207
Präpositionen 176–178, 191
– Präpositions-Salat 176 f
Präside 125, 306
Preisgabe 19, 145
Problem, Problematik 61 f, 81, 121
problematisieren 66
Professoren s. Experten-Jargon, Soziologen-Jargon
Profit 102, 139
progressiv 119
Prott, Jürgen 304
Proust, Marcel 123
Prozeß 121
Pschyrembel (Klinisches Wörterbuch) 314
psychisch 103
Punkt (das Satzzeichen) 195, 206 f, 212, 225–227
„Psychology today" 144
Pyramiden s. Nebensätze
Quintilian 56
Rabelais, François 269 f
Radio s. Hörfunk
Rahmenrichtlinien für den Deutschunterricht (Hessen 1972) 288
Randgruppensensiblität 119
Ranke, Leopold v. 79
rasant 285
Ratlosigkeit 65
Raue, Paul-Josef 308
Raum 63 f, 129
Räumlichkeit 81

Rauter, E. A. 56, 192, 196
Reagan, Ronald 10, 148
realisieren 67, 112
Rechner 114 s. auch Computer
Rechtschreibung, Rechtschreibreform 278, 287–295, 313 f
recycling 108
Redaktroniker 308
Rede s. Festrede, mündliche Rede
Redensarten s. Sprachklischees, Sprichwörter
Redseligkeit s. Geschwätzigkeit, mündliche Rede
Redundanz 41, 84–98 s. auch Geschwätzigkeit
Reiche, Reimut 174
Reim 174, 224, 230 f
Reiners, Ludwig 13 f, 40, 66–68, 70, 80, 138, 166 f, 177, 193, 195, 198, 276, 283
reitende Artilleriekaserne 54
Relativsätze 217 s. auch Nebensätze
relaxen 109
relevant 33, 119
repressive Toleranz 27
researchen 134
Reuter 314
Rhäto-Romanisch 224
„Rheinpfalz" 56
Rhetorik 112
rhetorische Fragen 225, 248
Rhythmus 101, 136, 220–222, 228–235
Rhythmus (Schreibweise) 279, 288, 290
Rilke, Rainer Maria 66, 173, 224, 230, 241–243
Ringelnatz, Joachim 144
Roastbeef 104, 113
Rochefort, Christine 258
Roda-Roda 170
rollenspezifisch 48
Rollstuhl 20
Rosenfeld, Sandor 170
Rousseau, Jean-Jacques 24, 233, 259

Rückert, Friedrich 321
Rundfunk s. Hörfunk, Fernsehen
running gag 108
Rußland 108
sackgasse 322
Sagas 89, 200 f
Saison 100
Samjatin, Jewgenij 305 f
Sammons, Jeffrey L. 319
Sarg 18
Satire s. Bosheit, Ironie, Witz, Altertümelei
Satzbau 13, 39, 123, 132, 137, 155–217, 220, 225–228, 248 f
Satzlänge s. Kürze des Satzes
Satzmelodie 220, 225–228, 248, 264
Satzreihe 217
Satzschachtel s. Schachtelsatz
Satzzeichen s. Interpunktion
Säugling 102
Sauzay, Brigitte 321 f
Schablone s. Sprachklischee
Schachtelsätze 38 f, 73, 156–169, 177–183, 187, 202–204, 208, 210 f, 215, 314
– und wie man sie zerbricht: 184–217
Schal 114
schamhaft – schamlos 22
Schauspieler 103
Scheel, Walter 243
scheinbar 280
Schiebelhuth, Hans 236
Schiller, Friedrich 43, 69, 173, 188, 200, 202, 206, 230–233, 259
Schlaffi 134
Schlagertexte 84, 108, 134
Schlagworte 174 f
Schlegel, August Wilhelm 266, 321
Schlegel, Friedrich 268
Schleimi 134
schlichte Wörter 45, 61–65, 68, 71, 80–84, 116 f, 249
schlußendlich 91

Schmidt, Arno 243, 296
schnallen 134
Schnellzugzuschlag 222
Schnörkelstil s. Geschwätzigkeit, Jargon
Schokolade 100
Schöne, Albrecht 11, 35, 189, 296
Schopenhauer, Arthur 15 f, 40, 44, 70, 80, 116, 130, 161 f, 165 f, 223, 227, 229, 247, 274, 286, 321, 325, 332
schräg 135
Schreibautomaten 10
Schreibmaschine 130, 304–306, 312
Schrift 12, 129 f, 221 f, 305
Schriftsprache 129–132
Schriftsteller s. Dichter
schrill 134 f
schulisch 50
Schulz v. Thun, Friedemann 44 f, 88, 250, 282
Schumpeter, Joseph 259
Schwatzhaftigkeit s. Geschwätzigkeit
schweigende Mehrheit 115
Schweitzer, Albert 243
schwul 102
Schwulst s. Geschwätzigkeit, Soziologen-Jargon
sehr 238
Seibicke, Wilfried 198
Seiffert, Reinhard 311
sein 68
Sektor 50, 63
Selbstbedienung 115
Selbsterfahrung 119
Selbstverständnis 120
Selchfleischaufstrich 222 f
Semikolon 207, 227
Senegal 316
sensibilisieren, Sensibilität 48, 66, 83, 119
Seume, Johann Gottfried 57, 70, 188, 197
Sex 102
sexistische Sprache 121 f

Shakespeare, William 268, 321
Showbusiness 108
Showmaster 112
Silbenschleppzüge 51, 61–64, 67, 71, 80–84, 91, 106, 111, 115, 119, 248, 314
Silbentrennung 308
Simmel, Johannes Mario 276
sinnverwandte Wörter s. Synonyme
Sirene 239 f
Sitta, Horst 281 f
situationell, situativ 49 f
skandinavische Sprachen 225
sky diver, sky scraper 241
Slang s. Anglizismen, Jugendsprache, Jargon
Smoking 112
Snob Appeal 106
Softi 134
Sollnorm s. Sprachnormen
Sondersprachen s. Jugendsprache, Jargon
Sonntagsreden 92 f, 97 f
sorgen 22 f
Sowjetunion 108, 316, 319 f
soziale Kälte 52
soziale Marktwirtschaft 52
soziolektal 51
Soziolinguistik 11
Soziologen-Jargon (akademischer Schwulst, Imponier-Jargon der Geisteswissenschaften) 11, 14, 22, 26–39, 48, 51, 62, 64–66, 91, 105, 113, 118–120, 129, 133, 168 f, 199, 203, 215, 246 s. auch Experten-Jargon
Spanisch 222, 228, 317–319, 322
Spannungsfeld 120
Spasti 134 f
speichern 134
Spencer, Herbert 14
Spengler, Oswald 215, 260 f
„Spiegel" 32, 121, 139, 148, 162 f, 220, 262, 297, 302
– als Stilbildner („Spiegel"-Jargon, „Spiegel"-Soße): 14, 67, 122–128, 194, 226, 277, 281, 284, 300, 302, 306
Sport 109
Sportjournalisten 11, 281
sportlich 53
Spott s. Bosheit, Ironie
Sprachbilder s. Metaphern
Sprachblähung s. Geschwätzigkeit
Sprachentstehung 17 f, 193
Sprachfarbe 20, 222–224
Sprachglossen 12 f, 181
Sprachklischees 49, 116–128, 237 f, 241, 245, 249
Sprachmagie 17
Sprachmarotten 118–128, 190, 194, 281, 302
Sprachnormen 12–16, 39, 220, 274–287, 308, 313–316
Sprachpflege s. Sprachnormen
Sprachverfall 11 f, 274, 280, 286, 308, 313, 323
Sprachwandel 304–307 s. auch Anglizismen, Bedeutungsverschiebung, Fremdwörter, Sprachnormen, Sprachverfall
Sprachwissenschaft 14, 37, 275–277, 280–283, 287
Spraydose 108
Sprechblasen 307 s. auch Geschwätzigkeit, Zunftjargon
Spreizverben 67
Sprichwörter 193, 229
Springprozession (als Satzmodell) 204 s. auch Schachtelsatz, Nebensatz
Stabreim 224
Staël, Madame de 337
Standardsprache s. Sprachnormen
Standesdünkel s. Soziologen-Jargon, Studenten-Jargon
State Department 102
Steger, Hugo 115, 278
Steigerung 19, 21, 54 f
Steinbacher, Karl 37
Stellenwert 120

Stephan, Cora 310
„Stern" 23, 126, 139, 141, 252, 302, 309
Sternberger, Dolf 287
Steuerungsprozeß 82
Stifter, Adalbert 40, 231 f
stigmatisieren 66
Stilbruch (als Stilmittel) 267–269
Stillschweigen 91
Stilnormen s. Sprachnormen
Stimpel, Roland 309, 311
Stimulanz s. Anspannung, attraktive Texte
Stolpersteine s. Anspannung
Stopfstil 177
Storm, Theodor 231 f
Storz, Gerhard 195
Straßner, Erich 282
Strategie 121
Strauß, Botho 83
Streckverben 68 f
Streik 114
Strukturen 59, 81–84, 121
Strunk, William 14, 75, 84, 144
Stücklen, Richard 149
Studenten-Jargon 33 f, 129, 133, 284 s. auch Jugendsprache, Soziologen-Jargon
Stuttgarter Empfehlungen (der Arbeitsgemeinschaft für Sprachpflege) 287, 290
„Stuttgarter Zeitung" 176
Subkontinent 109
Substantive 31, 38, 48–50, 52 f, 56, 58, 61–66, 73
„Süddeutsche Zeitung"
– als positives Beispiel: 57, 189, 248, 250 f, 259, 269, 297
– als negatives Beispiel: 49, 54, 125 f, 160, 176 f, 179, 184, 194, 205, 237
– als Quelle: 11, 56, 146, 286, 308, 318
Südkorea 319
Sündenbock 122
Super-GAU 22
Superlativ s. Steigerung, Übertreibung

Süskind, W. E. 40, 54, 56, 58, 60, 62, 68, 80, 195, 282
Swimmingpool 108
Symptomatiken 83
Synekdoche 79
Synonyme 128, 138–143, 156, 313, 315
Syntax s. Satzbau
tabuisieren 66
Tacitus 94
„Tages-Anzeiger" 309
Tagesschau (der ARD) 23, 64, 86, 109, 125, 132, 138, 141, 236, 238, 281, 299, 304
Tätigkeitswörter s. Verben
Tausch, Reinhard 44 f, 88, 250, 282
Tautologien 41, 49 f, 52, 55 f, 66 f, 72, 82 f, 90 f s. auch Geschwätzigkeit, Redundanz
Team 109, 113
Technische Universität Berlin: Arbeitskreis technische Dokumentation 28, 282
Technologie 51, 64, 78, 106, 111
Teenager-Jargon s. Jugendsprache
Teigeler, Peter 282
Telefon 101, 291
– als Stilbildner 306
Telefonzelle 102
Telegramm 12, 306
„Tempo" 135, 314
Tempolimit 106, 226
Texte s. Anschaulichkeit, Anspannung, attraktive Texte, Dramaturgie, Gliederung, Redundanz
Textverarbeitung s. Computer, Schreibautomaten
Thematik 81
thematisieren 69, 84
Thoma, Ludwig 59, 94, 150, 191, 266 f
Thukydides 94
Tieck, Ludwig 321
tierisch 135
Tierreich-Expeditioner 125

„Time" 124
Tinguely, Jean 201
toll 80, 135
Tolstoi, Leo 94, 255 f
Tondehnung, Tonhöhe, Tonstärke 228 f, 233, 235
Tonkunst 101
Topos 245 s. auch Sprachklischee
total 135
Training 109
Trakl, Georg 57
transparente Sätze s. linearer Satzbau, Verständlichkeit
Trauerarbeit 120
treffende Wörter 80–84, 248
trendy 135
Trivialliteratur 71, 84, 95
Tropus 245 s. auch Metapher
tschadisch 51
Tschechoslowakei 319
Tschechow, Anton 251
Tschernobyl 22, 212
Tucholsky, Kurt 199, 242
Twen 112
Überfrachtung mit Fakten 89 f, 251
überrunden 22
übersehen 145
Übersetzungen (ins Deutsche) 321
Übertreibung 21 f, 55, 264, 269 f
überwältigende Mehrheit 60
Umfeld 63
Umgangssprache s. mündliche Rede
Umklammerung 158–161, 204, 318
– und wie man sie zerbricht: 184–217
umständehalber 84
unbeirrbar 121
understatement 270 f
Ungarisch 228
ungeahnt 48
Ungewitter 144
unheimlich 135
unhinterfragt 48, 147

Universität Bochum 294
Universität Hamburg: Psychologisches Institut 28, 282; 44 f, 88, 250
Universität München: Institut für Medizinische Psychologie 170–172
Universität Paderborn: Institut für Kybernetik 172
Unmenge 144
unmißverständlich 48
Unterdetermination 94–96
Unterforderung s. Anspannung
Untertreibung 203, 264, 270 f
Untiefe 19, 145
unumstößlich 121
unverfroren 145
unverschämt 22
urlauben 67
Urnengang 141
Valentin, Karl 97
Veränderung der Sprache s. Sprachwandel
Verantwortlichkeiten 110, 115
Verästelung 20
verbal 34, 41
verbalisieren 66
Verben
 – die Königswörter: 48, 53, 66, 69–74, 207 f, 237 f, 248
 – zu vermeidende: 66–69, 71 f, 193 f
 – korrekte Stellung im Satz: 158–160, 182, 191, 199, 203, 210, 314
 – anzustrebende Stellung im Satz: 185–191, 207 f, 212
vererben 239
Vergangenheitsbewältigung 120
verheerend 238
verkrustet 59
Verneinung 13, 19, 23, 144–153
Vernünfte 83
verschämt 22
Verschachtelung s. Schachtelsatz
Versmaß 230–233, s. auch Gedichte, Rhythmus

Verständlichkeit
- korrektes Deutsch ist oft unverständlich: 13, 39–45, 100–106, 140 f, 144–149, 156–183
- Auch Journalisten verkennen das Problem: 15, 34 f, 42 f, 86, 92, 100, 140 f, 156, 167, 180, 193 f, 199, 209
- Wissenschaftler streben V. nicht einmal an: 26–41
- Mittel zur Erhöhung der Verständlichkeit: 40–45, 80 f, 85–91, 94, 97, 184–216, 249 f
- Die junge Wissenschaft von der V.: 14, 28, 40, 88, 282 f

Vetter 102
Vielsilbigkeit s. Silbenschleppzüge, Kürze der Wörter
vierstöckige Hausbesitzer 54
Vigny, Alfred de 337
Visite 138
Vize 125
Vokale 223 f
Volk 75
Volksetymologie 285
vollinhaltlich 116
Voltaire 94, 208 f, 246, 286
Voranfang 86
vorprogrammieren 66 f, 81
vorrangig 48
Vorständler 125
vorurteilslos 55
Wagner, Richard 50, 171, 224, 267
wähnen 22 f
Waldheim, Kurt 127
waldsterben 322
Walisisch 323
Walkie-talkie 108, 113
Walser, Robert 175, 233 f, 242 f, 328–331
Watson, James D. 29
Weber, Reinhard 309, 311
Wehner, Herbert 238, 249

Weib 318
Weigel, Hans 66
weiland 119
weilen 67
Weinrich, Harald 11, 27 f, 40, 115, 137, 190, 277–279
Weitschweifigkeit s. Geschwätzigkeit
Weizsäcker, Carl Friedrich v. 89 f, 260
„Welt" 111, 122, 126, 161, 176, 180, 193, 208, 237
weltanschauung 322
weltschmerz 322
Weltsprachen 322
Werbetexter 42, 49, 105, 108, 119, 195, 281, 284
werblich 49, 51
Werfel, Franz 262
Westbank 109
„Westdeutsche Allgemeine" 198
Westdeutsche Rektorenkonferenz 279
Wettergeschehen 82
White, E. B. 14, 45, 53, 61, 116
Wiederholung s. Redundanz, Tautologie
Wieland, Christoph Martin 103
Wilde, Oscar 317
Wilder, Thornton 257
Wilhelm, Kurt 303
Windhund 285
Wirkungskreis 84
Wirtschaftsjournalisten 35, 50
Wissenschaftsdeutsch s. Expertenjargon
Witterungsbedingungen 83
Wittgenstein, Ludwig 38, 325
Witze 17, 95, 192
Wohlklang s. Klangfarbe, Rhythmus, Satzmelodie
wohlweislich 48
Wolkenkratzer 241
Wonneschauer 268
Workshop 106
Wortakzent 228 f, 233, 235
Wortdreimaster s. Silbenschleppzüge

Wörterbücher 289 f s. auch Duden, Enzyklopädien
Wortgruppen (wir sprechen in...) 172
Wortkreuzung 285
Wortlänge s. Kürze der Wörter, Silbenschleppzüge
Wortmagie s. Sprachmagie
Wortschatz 128
Wortspiele 267–269
Wortstellung 117 f, 158–167, 184–191, 203
wunderkind 322
Wüstenschiff 240
Zahlwörter 295
„Zeit" 34, 120 f, 156 f, 175, 188, 242, 277, 310, 319
Zeitgeist 135, 314, 322
Zeitwort s. Verb
Zesen, Philipp v. 103
Zielsetzung 82
Zimmer, Dieter E. 120, 310–312
Zitate 248
„Zofinger Tagblatt" 236
zombig 134
Zukunftstechnologien 111
zukunftsweisend 48
Zunftjargon s. Bürokraten-, Experten-, Soziologen-, Studenten-Jargon
Zusammensetzungen 20 f, 53, 64 f, 322
Zuse, Konrad 114
Zweck 239 f
Zweig, Stefan 224, 260, 342
Zwischenbilanzen (erwünscht) 87, 208, 250 s. auch Gliederung
Zwischensätze s. Nebensätze
Zwischensinn, falscher 159, 204

Wolfgang Hars
Nichts ist unmöglich! Lexikon der Werbesprüche

500 bekannte deutsche Werbeslogans und ihre Geschichte. Mit 15 Abbildungen. 463 Seiten. Serie Piper

Daß Haribo Kinder froh macht, daß man bei Fielmann keinen Pfennig dazubezahlt und daß Ariel nicht nur sauber, sondern rein wäscht, ist heute Bestandteil guter Allgemeinbildung. Manche Werbespots sind nicht nur Kult, sondern längst zu Redewendungen geworden: »Man gönnt sich ja sonst nichts« oder »Nicht immer, aber immer öfter«. Doch hätten Sie gewußt, daß der Spruch »Persil bleibt Persil« von 1913 stammt oder daß in den sechziger Jahren mit dem schönen Satz geworben wurde: »Wenn Sie kein Coca Cola Schild mehr sehen, haben Sie die Grenzen der menschlichen Zivilisation erreicht«? Die schönsten und bizarrsten, die hintergründigsten und brisantesten Werbesprüche und Kampagnen der letzten Jahrzehnte hat Wolfgang Hars in seinem Lexikon versammelt.

Hermann Simon (Hg.)
Geistreiches für Manager

374 Seiten. Serie Piper

Führungskräfte und Unternehmer müssen Vorträge halten, referieren, kommunizieren. Gut vorbereitet oder spontan – ein treffendes Zitat an richtiger Stelle kann da nur hilfreich sein, denn in vielen Aphorismen steckt hochverdichtete Wahrheit über die wesentlichen Probleme menschlicher Interaktion. Sei es Platon, Aristoteles, Seneca oder Konfuzius – die Aussagen und Wahrheiten großer Denker überdauern die Zeiten und bleiben aktuell wie eh und je.
Ob besonderer Einstieg in einen Vortrag oder überraschende Pointe, die das Publikum zum Schmunzeln bringt – hier werden Manager fündig.

SERIE PIPER

SERIE PIPER

Walter Krämer, Wolfgang Sauer

Lexikon der populären Sprachirrtümer

Mißverständnisse, Denkfehler und Vorurteile von Altbier bis Zyniker. 224 Seiten. Serie Piper

Das Wort »verballhornen« hat weder etwas mit Bällen noch mit Hörnern zu tun, sondern leitet sich von einem Lübecker Buchdrucker namens Johann Ballhorn ab. Der »Boxring« ist noch nie rund wie ein Ring gewesen. Und den »Arbeitgeberbeitrag« zahlt keineswegs der Arbeitgeber, sondern der Arbeitnehmer. Die deutsche Sprache ist reich an Irrtümern, Verdrehern und Denkfehlern. Wo sie herkommen, wie sie entstanden sind und warum sie unseren Alltag trotzdem bereichern, zeigen Walter Krämer und Wolfgang Sauer in ihrem amüsanten und geistreichen Sprachpanoptikum.

»So unterhaltsam und aufschlußreich zu lesen, daß man gar nicht aufhören möchte, aus dem Buch zu zitieren.«
Frankfurter Neue Presse

Walter Krämer

Modern Talking auf deutsch

Ein populäres Lexikon. 277 Seiten. Serie Piper

Ob in der Werbung, den Medien oder in der Alltagssprache – überall ist »Denglisch« auf dem Vormarsch: das bekannte Kauderwelsch aus englischen Wörtern und deutscher Grammatik. In diesem Lexikon hat Bestsellerautor Walter Krämer über 800 Begriffe zusammengestellt – von A wie adventure bis Z wie zipper. Augenzwinkernd erklärt er die Herkunft und Bedeutung der Wörter und führt vor, wie sich das pseudo-weltläufige Neusprech in allen Bereichen durchsetzt. Wer mitreden will über die hippsten hotlines und events, wer knowledge braucht über die interessantesten issues, die smartesten snacks und die coolsten locations, erfährt in diesem guide ganz easy alle nötigen essentials und basics fürs korrekte name-dropping – in den vacations am beach oder am round-table im office.

Deborah Tannen

Warum sagen Sie nicht, was Sie meinen?

Jobtalk – wie Sie lernen, am Arbeitsplatz miteinander zu reden. Aus dem Amerikanischen von Maren Klostermann und Michael Benthack. 447 Seiten. Serie Piper

Sie haben ein Gespräch mit Ihrem Vorgesetzten geführt und konnten Ihren Standpunkt nicht überzeugend vertreten? Sie haben als Chefin den Abschlußbericht eines Angestellten gelesen, wissen aber nicht, wie Sie Ihre Kritik am besten verpacken sollen? Oder sind die Gehaltsverhandlungen für Sie wieder einmal mehr als unbefriedigend verlaufen? Nicht nur in Gesprächen im Privatleben, sondern auch am Arbeitsplatz spielen Muster und Rituale eine große Rolle. Deborah Tannen zeigt Wege auf, wie man diese Muster durchbrechen und zu einer erfolgreichen und positiven Verständigung gelangen kann.

Erving Goffman

Wir alle spielen Theater

Die Selbstdarstellung im Alltag. Aus dem Amerikanischen von Peter Weber-Schäfer. Vorwort von Lord Ralf Dahrendorf. 256 Seiten. Serie Piper

An verblüffenden Beispielen zeigt der Soziologe Goffman in diesem Klassiker das »Theater des Alltags«, die Selbstdarstellung, wie wir alle im sozialen Kontakt, oft nicht einmal bewußt, sie betreiben, vor Vorgesetzten oder Kunden, Untergebenen oder Patienten, in der Familie, vor Kollegen, vor Freunden. Erving Goffman gibt in diesem Buch eine profunde Analyse der vielfältigen Praktiken, Listen und Tricks, mit denen sich der einzelne vor anderen Menschen möglichst vorteilhaft darzustellen sucht. Goffman wählt dazu die Perspektive des Theaters. Wie ein Schauspieler einen bestimmten Eindruck vermittelt, so inszenieren einzelne und Gruppen im Alltag »Vorstellungen«, um von den eigenen echten oder vorgetäuschten Fähigkeiten zu überzeugen.